De smaak van de verovering

Venetië, Lissabon, Amsterdam en de strijd om de specerijen

Vertaald door
Ruud van de Plassche

Ambo|Amsterdam

ISBN 978 90 263 2113 9

Oorspronkelijke titel *A Taste of Conquest. The Rise and Fall of the Three Great Cities of Spice*
Oorspronkelijke uitgever Ballantine Books
Omslagontwerp Steef Liefting
Omslagillustraties *De terugkomst in Amsterdam van de tweede expeditie naar Oost-Indië, 19 juli 1599*, Hendrik Cornelisz Vroom (*boven*)·
© Michelle Garrett/Corbis (*onder*)
Foto auteur Lucia DeRespinis

Verspreiding voor België:
Veen Bosch & Keuning uitgevers n.v., Wommelgem

De smaak van de verovering

Inhoud

Voorwoord

Het schrijven van dit boek was een geweldig avontuur! Ik heb gegeten in de huizen van Indiase peperkwekers en Venetianen met blauw bloed. Ik heb Nederlandse ondernemers en Portugese zeelieden ontmoet. Ik ken nu het verschil tussen een driehoekig en een vierkant zeil, en ik kan uitleggen hoe gember wordt geoogst en schoongemaakt omdat ik dat heb zien doen. Wat kan er nu leuker zijn dan de studie van voedsel?

Misschien is dát de reden dat geleerden zich heel lang niet verwaardigd hebben om serieus onderzoek naar de geschiedenis van eten te doen en nooit de moeite hebben genomen om de feiten te controleren wanneer ze beweerden dat de middeleeuwse adel zijn eten bedolf onder een tsunami van specerijen. Inmiddels heeft de academische wereld de culinaire geschiedkunde schoorvoetend geaccepteerd. Het is echter nog een nieuw onderzoeksveld, en er moet nog enorm veel werk verzet worden. Niettemin groeit onze kennis gestaag, waardoor we uiteindelijk over een vollediger beeld zullen beschikken van wat mensen vroeger aten. En dan zullen we misschien echt begrijpen waarom specerijen bijvoorbeeld een even wezenlijk deel uitmaakten van de Europese dagelijkse kost in de renaissance als dat tegenwoordig in Marokko of India het geval is. En misschien kunnen we dan ook de Europese veroveringszucht daadwerkelijk begrijpen.

Ik ben geen specialist, wat gezien de aard van dit boek wellicht een voordeel is geweest. Daardoor was ik echter wel gedwongen het meer in de breedte dan in de diepte te zoeken. Soms, wanneer er te weinig gegevens waren voor een echte bewijsvoering, moest ik dingen afleiden en terugvallen op werk van anderen. In de gevallen dat ik het wetenschappelijk onderzoek overduidelijk niet vond standhouden, moest ik de fundering blootleggen. Daarbij bleek de constructie zo vaak ondeugdelijk te zijn dat ik me afvraag hoeveel auteurs die ik op hun woord geloofd heb, de plank gewoon misslaan. Dat wil niet zeggen dat ik anderen de schuld van mijn missers kan geven. Ik heb ongetwijfeld zelf ook een hoop fouten gemaakt. Maar er zullen gelukkig vast anderen komen om ze te verbeteren.

Zoals met ieder project van deze omvang hebben talloze mensen mij geholpen en me suggesties van onschatbare waarde gedaan. Velen hebben me op weinig meer dan goed vertrouwen gastvrij onthaald. Anderen hebben me tegengehouden wanneer ik op het punt stond een stommiteit te begaan – zij het waarschijnlijk niet vaak genoeg.

Ik wil graag allereerst mijn redacteuren, Susanna Porter en Dana Isaacson, bedanken voor al hun waardevolle suggesties. Bovendien ben ik dank verschuldigd aan Elisabeth Dyssegaard, die het boek oorspronkelijk bij Random House verdedigde en zonder wie het misschien nooit van de grond was gekomen. Mijn agenten, Jane Dystel en Miriam Goderich, waren in alle opzichten fantastisch en hebben in elk stadium van het project veel meer gedaan dan in hun taakomschrijving stond.

Dan zijn er de tientallen mensen die me onderweg hebben bijgestaan. In Venetië was dat Luca Colferai, wiens onbegrensde vrijgevigheid me blijft verbazen. Maar hij was niet de enige. Mijn dank gaat ook uit naar Jurubeba Zancopè, Sergio Fragiacomo, dr. Marcello Brusegan en Antonio Barzaghi.

De Portugezen lieten zich echter niet onbetuigd. Ik weet niet wat ik had moeten doen zonder Mónica Bello, wier journalistieke talenten en vriendschap een godsgeschenk waren. Verder gaat mijn dank uit naar Alexandra Baltazar, Bruno Gonçalves Neves, Hernâni Amaral Xavier, Isabel Cruz Almeida, José Eduardo Mendes Ferrão, José Marques da Cruz en Rui Lis. Hoewel hij niet in Lissabon gevestigd is, zou mijn bezoek aan Portugal op een mislukking zijn uitgelopen zonder Filipe Castro, de maritiem archeoloog die zijn persoonlijke rolodex en daarmee vele deuren in Portugals hoofdstad voor me opende.

Wat Nederland betreft fungeerde Peter Rose als mijn particuliere goede fee, door aan elke obscure wens om informatie te voldoen en me op het smalle rechte pad te houden. In Nederland zelf waren Cees Bakker, Christianne Muusers en Anneke van Otterloo gul met hun tijd en expertise. Ik waardeer het bijzonder dat Frank Lavooij ondanks zijn drukke rooster tijd voor me vrijmaakte, om nog maar te zwijgen van onze lunch samen.

Ook in India waren de mensen de hartelijkheid zelve. In Cochin waren C.J. Jose en zijn medewerkers van de Raad voor Specerijen enorm behulpzaam, evenals Heman K. Kuruwa, Jacob Mathew, K.J. Samson, Nimmy en Paul Variamparambil en Ramkumar Menon. Thomas Thumpassery was zo vriendelijk zijn huis voor me open te stellen en me te laten zien hoe een peperkweker leeft. Mijn dank gaat ook uit naar V.A. Parthasarathy en zijn medewerkers aan het Indiase Instituut voor Specerijenonderzoek, die mij een blik gunden in hun hoogste heiligdom. In Baltimore verleende James Lynn me dezelfde gunst op het McCormick-hoofdkwartier.

Een onvolledige lijst van anderen die me met raad en daad bijstonden, behoort in elk geval te omvatten: Amanda J. Hirschhorn, Ammini Ramachandran, David Leite, Gopalan Balagopal, Kenneth Albala en Paul W. Bosland.

Ten slotte wil ik graag mijn vrouw en dochter bedanken voor hun geduld met mijn langdurige perioden van afwezigheid en monomane arbeid.

VOORPROEFJE

St. Albans

De sultan en de orgie

Volgens mij zijn smaak, geur en herinnering met elkaar vervlochten. Om een lang vervlogen tijd en plaats echt te begrijpen, zou je de smaken uit dat verleden moeten kunnen proeven, de oude lucht moeten kunnen opsnuiven en de toenmalige obsessies moeten kunnen beleven. Maar hoe kun je het eten van een feodale edelman proeven? Waar kun je een middeleeuwse geest ontmoeten?

Ik stuitte op een goede plek in een klinkerstraatje van het oude Engelse pelgrimsstadje St. Albans. Restaurant De Sultan ligt in de schaduw van een grote normandische kathedraal en is gevestigd in een huis dat eerder op de smalle middeleeuwse straat lijkt te wankelen dan te staan. Ik had mijn pelgrimstocht naar St. Albans ondernomen om de overblijfselen van een beroemde middeleeuwse reisschrijver op te sporen – over hem later meer – maar alvorens naar spoken te zoeken had ik enorme behoefte aan een lunch. Om bij de eetzaal van De Sultan te komen moet je via een steile en wankele trap naar de tweede verdieping, waar de doorgezakte, houten zolder is uitgerust met tafels die van elkaar worden gescheiden door gevaarlijk lage dakspanten. De ruimte schreeuwt om blonde, rondborstige deernes die af en aan lopen met kannen bier en reusachtige schalen beladen met grote hompen wildbraad, rijkelijk bestrooid met kaneel, gember, peper en kruidnagel. En zowaar, uit de keukendeur stroomt een zoete en prikkelende kruidenlucht. Maar de kelner is mager, mannelijk en beslist niet van Normandische origine, en als dat nog geen aanwijzing genoeg is, dan zullen de Indiase hiphop uit de luidsprekers en de Mogolprenten aan de ruwe muren je algauw elke illusie ontnemen dat je *Merrie Olde England* binnentreedt.

De Sultan is gespecialiseerd in de Balti-kookkunst, een variant van de Zuid-Aziatische keuken die Engeland enkele jaren geleden stormenderhand heeft veroverd. Deze kookstijl vindt zijn oorsprong in Baltistan, een streek die ooit werd vereenzelvigd met Shangri-La maar nu eerder de kranten haalt wegens het bloedige sektarische geweld. Door de bergachtige regio loopt een zijtak van de Zijderoute, waarover ooit specerijen van Zuid-India naar China, Perzië en het Middellandse Zeegebied werden gebracht. Dientengevolge is Balti-eten intens gekruid, zoals voor zo'n mythisch land ook toepasselijk is. Maar is het even gekruid als het eten in het middeleeuwse Europa, vraag ik mij af?

Ik bestel *gosht chilli masala*, gestoofd lamsvlees met scherpe Kashmir-pepers. De roestvrijstalen schaal met vlees ziet er tamelijk onschuldig uit, en de eerste hap smaakt vrij zacht. Het begint met zoete tonen van koriander, kardemom en kaneel. Dan laaien de rode pepers op. De zowel verse als gedroogde chilipeper is van zo'n ontvlambare kwaliteit dat de schaarse zwarte peperkorrels zich als een milde onderbreking voordoen. Ik neem een grote slok wijn en schep nog wat extra lamsvlees op de platte snee brood.

Laat de chilipepers weg (in Europa onbekend totdat Columbus terugkeerde van zijn speurtocht naar de pepereilanden), en je hebt het eten waarvan ik wed dat elke zichzelf respecterende ridder in wapenrusting het zou herkennen.

Hoewel de meeste historici het erover eens zijn dat de middeleeuwers van gekruid eten hielden, verschillen ze van mening over de vraag hóe gekruid. Het probleem is dat de recepten uit die tijd jammerlijk onnauwkeurig zijn. Typerend zijn instructies om gerechten te bestrooien met 'fijne specerijen', of zoals een oud Vlaams kookboek het in een recept voor konijnensaus voorschrijft: 'Neem wat tezamen fijngestampte korrels paradijs, gember [en] kaneel en wat met saffraan vermengde suiker [...] en voeg daaraan een weinig komijn toe.' Er wordt aangenomen dat de kok al weet wat hij doet. Toch geven sommige andere bronnen wel specifieke hoeveelheden aan en we komen her en der ook beschrijvingen van feesten tegen waar ogenschijnlijk enorme hoeveelheden specerijen in één enkele maaltijd worden gebruikt. De grote Franse historicus Fernand Braudel schreef over wat voor zijn Gallische fijngevoeligheid een 'orgie van specerijen' was. Sommigen hebben zich ontzet afgewend van middeleeuwse recepten die handenvol kruidnagels, nootmuskaat en peper bevatten. (Moderne schrijvers waarschuwen dat een ons kruidnagel volstaat voor de bereiding van een effectief narcoticum en dat te veel nootmuskaat giftig kan zijn.) Anderen kunnen zich simpelweg niet voorstellen dat iemand zo sterk gekruide gerechten kan eten. De Italiaanse culinair historicus Massimo Montanari stelt: 'Deze consumptieniveaus zijn irreëel en behoren dan ook verwezen te worden naar het rijk van verlangen en verbeelding.'

Ik zou deze academici graag uitnodigen in restaurant De Sultan. Misschien zouden ze dan wel geloof hechten aan een middeleeuwse bron die gewag maakt van twee pond kruiden bij de bereiding van één feestmaaltijd. Dit schijnbaar spectaculaire cijfer komt uit een manuscript genaamd *Ménagier de Paris*, dat een welvarende burgerambtenaar eind veertiende eeuw heeft opgesteld voor zijn jonge vrouw en dat allerlei soorten adviezen bevat, onder meer wat je precies moet kopen als je een feest geeft. Als voorbeeld beschrijft de auteur een hele dag durende trouwpartij met een diner en souper voor respectievelijk veertig en twintig gasten plus een half dozijn bedienden. Op het boodschappenlijstje staan inderdaad een half pond gember en een half pond kaneel en daarnaast kleinere porties lange peper, galanga, foelie, kruidnagel, paradijskorrels en saffraan. Maar het bevat ook twintig kapoenen, twintig eendenkuikens, vijftig kippen en vijftig konijnen en daarnaast nog wildbraad, rundvlees, schapenbouten, kalfsvlees, varkensvlees en geitenvlees – in totaal ongeveer driehonderd kilo vlees! Deze maaltijd is niet uitzonderlijk door de hoeveelheid specerijen – op z'n hoogst omstreeks een halve theelepel overwegend zoete specerijen voor elk pond vlees – maar door de extravagantie van het hele gebeuren. Als dit een orgie van voedsel is, hebben de specerijen daarin een relatief bescheiden aandeel.

Niettemin zou zelfs die halve theelepel ongebruikelijk aandoen in de huidige Franse of Italiaanse keuken, al zou deze hoeveelheid in een Indiaas restaurant nauwelijks vermeldenswaard zijn. Om *gosht à la Balti* te maken gebruik je veel meer specerijen, namelijk omstreeks vijftien gram (ofwel zo'n twee afgestreken eetlepels) op elk pond vlees. Het is dus goed mogelijk dat de gosht zelfs voor het geoefende gehemelte van mijn middeleeuwse ridder aan de heftige kant is. Naar de reactie van de academici kan ik alleen maar raden.

De behoefte aan specerijen

Er is door uiterst goed geïnformeerde mensen een hoop onzin geschreven over de specerijenzucht van de Europeanen. Economisch historici die onderzoek naar de specerijenhandel hebben verricht, de relatieve waarde van peper-kwintalen en gember-kintars (beide gewichtsmaten) op hun duimpje kennen en de prijsverschillen van kruidnagels tussen Mekka en Malakka moeiteloos kunnen analyseren, beginnen hun omvangrijke boekwerken gewoonlijk met de bijna terloopse vermelding van het vanzelfsprekende feit dat Europeanen specerijen nodig hadden als conserveermiddel of om de smaak van ranzig voedsel te maskeren. Dit moet dan als verklaring gelden voor de behoefte die de Europeanen ertoe heeft aangezet de wereld te veroveren. Uiteraard sluiten de experts het hoofdstuk over de vraagzijde dan snel af en wijden de rest van hun studie aan een complexe analyse van de aanbodzijde. Maar strooiden rijke Europeanen echt kaneel en peper over hun zwanen- en pauwenpastei omdat het vlees ranzig was? Het idee is een belediging voor het gezonde verstand en bovendien volstrekt in tegenspraak met wat er in de oude kookboeken staat.

In de hele menselijke geschiedenis vóór de komst van de diepvries is voedsel met succes geconserveerd door een van de volgende drie methoden: drogen, inzouten en in zuur bewaren. Denk aan pruimedanten, *prosciutto* en *pickles*. De technieken om voedsel te conserveren liepen niet zo ver uiteen in de dagen van Karel de Grote, de Medici of zelfs gedurende het geknotte leven van Marie Antoinette, hoewel de kookkunst in elk tijdperk volslagen verschilde. Vrijwel de enige specerij waar de eenvoudig levende Franken mee bekend waren, was peper. In het Italië van de renaissance sierden gember, kaneel, nootmuskaat, saffraan en kruidnagel niet alleen de tafels van kooplieden en vorsten, maar ze vonden ook hun weg in geneesmiddelen en de brouwsels van alchemisten. Specerijen werden zelfs als mondwater gebruikt. En toen keerden Franse trendsetters aan het einde van de zeventiende eeuw, na zelf zeshonderd jaar lang verleid te zijn door de aroma's van de Oriënt, zich af van de meeste specerijen teneinde een keuken te bedenken die wij vandaag de dag nog zouden herkennen. Dus als specerijen omwille van hun conserverende eigenschappen werden gebruikt, waarom hielden zij daar dan mee op? De Fransen hadden niet een of andere nieuwe conserveringsmethode voor voedsel ontdekt. Zeker, de smaak veranderde, maar dat betrof eenzelfde soort verandering als toen salsasaus de plaats van ketchup innam als Amerika's favoriete smaakmaker. Er lagen vele redenen aan ten grondslag. Technologie hoorde daar niet bij.

Uit oude kookboeken blijkt duidelijk dat specerijen niet als conserveringsmiddel dienden. Ze raden meestal aan de specerijen aan het eind van het bereidingsproces toe te voegen, dus wanneer ze geen enkel conserverend effect meer kunnen hebben. De Ménagier bijvoorbeeld instrueert zijn echtgenote 'de specerijen zo laat mogelijk toe te voegen, want hoe eerder ze worden toegevoegd, hoe meer ze aan smaak verliezen.' In ten minste één Italiaans kookboek, dat na zijn eerste verschijning in 1549 vele herdrukken beleefde, oppert Cristoforo Messisbugo dat peper zelfs bederf kan bespoedigen.

Hoewel kruiden in Europa dus niet als bederfwerend middel werden toegepast, had dat ironisch genoeg wel gekund. Recent onderzoek heeft bij verscheidene kruiden sterke antimicrobiële eigenschappen aangetoond. Piment en oregano zijn bijzonder effectief ter bestrijding van salmonella, listeria en dergelijke. Kaneel, foelie, kruidnagel en mosterd kunnen eveneens bogen op enige dapperheid in de strijd tegen bacteriën. Peper daarentegen, dat het leeuwendeel van alle Europese specerijenimport vormde, is in dit opzicht een doetje. Toch verslaat zout ze allemaal met stukken. En dus blijft de vraag onverlet: waarom zouden Europeanen duurdere en minder effectieve importproducten gebruiken om voedsel te conserveren als de ingrediënten die ze bij de hand hadden veel beter werkten?

Maar wat als het vlees ranzig was? Zou een lading peper en kruidnagel bedorven vlees niet eetbaar maken? Nou, misschien voor een uitgehongerde keuterboer die nog geen kruimel zou verspillen, maar niet voor de maatschappelijke elite. Wie zich extravagante, exotische specerijen kan permitteren, kan zich beslist vers vlees veroorloven, en de handleidingen wemelen dan ook van instructies om vlees spoedig na de slacht van het dier te bereiden. Als het vlees werd opgehangen om te besterven, was dat niet langer dan een dag of twee, en zelfs dat hing af van het seizoen. Bartolomeo Scappi, een andere populaire auteur uit de Italiaanse renaissance, merkt op dat fazanten in de herfst tot vier dagen kunnen hangen, maar in de koude wintermaanden wel tot acht dagen lang. (Toen ik opgroeide in Praag, hing mijn vader precies zoals hier bedoeld wild gevogelte aan het balkon van ons appartement, en ik betwijfel of ons huis enige andere specerij dan paprikapoeder bevatte.) Wat meer is: middeleeuwse bepalingen verordonneerden dat vee op dezelfde dag geslacht en verkocht moest worden.

Slecht vlees bestond natuurlijk wel. Uit de speciale straffen die voor gewetenloze handelaars waren opgesteld, blijkt duidelijk dat bedorven vlees wel degelijk de keukens van de rijken en machtigen bereikte, maar dat gebeurt nu ook. Het advies dat kookboekauteur Bartolomeo Sacchi in 1480 geeft is hetzelfde als je nu zou geven: gooi het weg. De rijken konden het zich veroorloven vers vlees en specerijen te eten. De armen konden het zich geen van beide veroorloven.

Met wijn was het wellicht anders gesteld. Want hoewel zelfs betrekkelijk arme mensen af en toe vlak voor het avondmaal een kip konden slachten, dronk iedereen, tot de koning toe, wijn die vele maanden lang in vaten van vaak matige kwaliteit was opgeslagen. Zodra een vat werd aangebroken, oxideerde de wijn daarbinnen snel. Met name in Noord-Europa, waar de lokale wijn waterig en zuurrijk was en geïmporteerde wijn een vermogen kostte, moet het toevoegen van kruiden, suiker en honing de smaak aanzienlijk hebben verbeterd (of de bedorven smaak hebben gemaskeerd).

In plaats van te zoeken naar een praktische reden die de hang naar specerijen verklaart, is het waarschijnlijk productiever om hun meer tijdgebonden eigenschappen onder de loep te nemen. Eén aannemelijke grond voor het rijkelijk strooien met kaneel en kruidnagel is juist hun hoge prijs. Al waren ze dan niet hun gewicht in goud waard, zoals je soms leest, specerijen waren beslist een luxeartikel. Begin vijftiende eeuw, toen de peperhausse een historisch hoogtepunt bereikte, kon je in Venetië nog steeds meer dan driehonderd pond peper kopen voor één pond goud. Weliswaar had je met een pond gember een schaap kunnen aanschaffen in het middeleeuwse St. Albans, maar dat zegt mogelijk meer over de prijs van schapen dan over de waarde van specerijen. Schapen waren in die tijd klein, schriel en zeer talrijk, en derhalve goedkoop.

Je kunt ook lezen dat peper werd gebruikt om soldaten hun soldij te betalen en zelfs om de huur te voldoen. Maar ook dit moet in de juiste context worden gezien. In het middeleeuwse Europa heerste een nijpend tekort aan edelmetalen als betaalmiddel, en wanneer je een betrekkelijk klein bedrag moest betalen (soldaten kregen destijds niet al te best betaald), waren er vaak onvoldoende kleine munten in omloop. Zo kon het gebeuren dat peper de plaats van kleingeld innam. Maar zakken zout fungeerden op de markt met nog grotere regelmaat als een soort betaalmiddel. Dit alles impliceert dat specerijen niet de truffels of kaviaar van hun tijd maar eerder een luxeartikel in de orde van de huidige extra-vergine olijfolie waren. Evenals de flessen Toscaanse olijfolie die op het granieten aanrecht van de hedendaagse designkeukens staan te prijken, waren specerijen een essentieel onderdeel van de levensstijl der gegoede klassen, een even onmiskenbaar signaal van rijkdom als de faiencetegels die de muren van middeleeuwse herenhuizen opsmukten en de zijde, bont en satijn waarmee welvarende buiken waren omzwachteld.

In die dagen kon iemand van belang je evenmin uitnodigen voor een lekkere, simpele avondmaaltijd van geroosterde kip met landwijn als een modern advocatenkantoor een mogelijke klant mee kan nemen naar McDonald's. Zoals het bruiloftsfeest van de Ménagier duidelijk maakt, was fêteren op z'n middeleeuws bepaald niet subtiel. Onze eigen maatschappij is grotendeels overgegaan tot andere vormen van opzichtig geld uitgeven – hoewel je nog steeds een echo van dat vervlogen tijdperk kunt ontwaren in de high-societybruiloften die doorgaans verscheidene modale jaarsalarissen kosten. Nog meer dan tegenwoordig was het eten een manier om indruk te maken op je gasten. Hoe overvloediger en exotischer het was, des te meer het zei over jouw plaats in de pikorde. Toen Karel de Stoute, de machtige hertog van Bourgondië, in 1468 trouwde met Margareta van York, kwam er geen einde aan de banketten. Bij één banket prijkten er op de hoofdtafel zes schepen, met op elk daarvan een gigantische schotel vlees versierd met de naam van een van de hertogelijke gebieden. Daaromheen cirkelden kleinere schepen, die op hun beurt elk weer waren omgeven door vier kleine boten gevuld met specerijen en gekonfijte vruchten. Specerijen geurden uiteraard naar de mysterieuze Oriënt, en opzichtige consumptie ervan was een onmiskenbaar teken van rijkdom. Teneinde de bezoekende Franse koning Karel v te imponeren, lieten diens neven in Napels met specerijen gevulde pauwen en fazanten opdienen. Toen de vogels werden aangesneden, werden de gasten omhuld door een paradijselijke geur. Dat idee was niet nieuw: een van Karels voorgangers, keizer Heinrich vi, in 1191 in Rome voor zijn kroning, kreeg een rondgang door straten die met muskaatnoten en andere aromatische stoffen waren uitgerookt.

In de late middeleeuwen, toen de in toenemende mate welvarende burgerij zich inmiddels zelf enig uiterlijk vertoon kon veroorloven, waren de feesten van de aristocraten zelfs nog legendarischer geworden, de smaken verfijnder, de schotels exquiser en kunstzinniger opgemaakt. En om er helemaal zeker van te zijn dat de hele bevolking zou weten hoe geweldig de vorst en zijn intimi het hadden, gebeurde het wel dat het hele diner aan het plebs werd getoond. 'Alvorens te worden opgediend, werden [de schotels] met veel ceremonieel over de binnenplaats van het kasteel gedragen [...] opdat het volk ze kon zien en dergelijke luister kon bewonderen,' verhaalt Cherubino Ghirardacci, die getuige was van een bruiloftsfeest dat in 1487 door de heerser van Bologna werd gegeven. Onze verslaggever heeft het niet over de geur, maar toch moet de overvloed aan duur vlees dat op het laatst met specerijen was bestrooid een aroma hebben voortgebracht dat de macht van de heerser zelfs nog doeltreffender overbracht dan de aanblik van de grootste schotels vanaf de overkant van de weg.

Het gold in de middeleeuwen als vanzelfsprekend dat mensen van verschillende status en positie niet slechts verschillende spijzen verdienden maar zelfs nodig hadden. Een boer zou ernstig ziek kunnen worden van het eten van witbrood en kruidenwijn in plaats van de aangewezen gortepap en bier. Een monnik zou beslist last krijgen van pijnlijke indigestie door gepeperd wildbraad te eten, een gerecht dat vooral aan ridders was voorbehouden. Deze regels werden aanvaard als onderdeel van de goddelijke voorzienigheid. Evenzeer als er een natuurlijke rangorde onder de dieren bestond, waarbij aan elk zijn gepaste voedsel door de Schepper was toegewezen, zo was ook aan ieder mens zijn positie toegewezen in het goddelijk bestel. Iets dergelijks bestaat nog steeds in de attitudes van vrome hindoes tegenover voedsel, waarbij elke afzonderlijke kaste zijn eigen regels heeft voor wat de lippen van de leden al dan niet mag passeren. Voor een brahmaan, die tot de hoogste kaste behoort, betekent het eten van verboden of verkeerd bereid voedsel een verstoring van de kosmische orde. In het christendom bestond een vergelijkbaar verband tussen eten en godsdienst voordat Maarten Luther de zaak overhoop haalde. Toen Benedictus begin zesde eeuw zijn kloostergemeenschappen stichtte, zette hij precies uiteen wat zijn monniken wanneer mochten eten. (Het was niet veel en het was niet al te vaak.) Iedere katholiek moest zich houden aan de katholieke kalender, maar binnen dat algemene schema golden voor iedere sociale laag verschillende regels. De Italiaanse boetprediker Savonarola, vooral bekend omdat hij de renaissancistische Florentijnen hekelde wegens hun zondige leven, koesterde ook opvattingen over de gepaste eetgewoonten voor de diverse kasten. 'Haas is geen vlees voor edellieden,' schrijft hij. 'Tuinbonen zijn voedsel voor boeren.' Rundvlees was kennelijk geschikt voor ambachtslieden met stevige magen maar kon slechts door adellijke dames en heren worden genuttigd als het met de geschikte kruiderijen was gecorrigeerd.

Specerijen werden met name effectief geacht als het erom ging de voedingstekorten van andere etenswaren te 'corrigeren'. Op grotendeels dezelfde wijze als wij ons eten volgens drie categorieën analyseren (eiwitten, vetten en koolhydraten), verdeelden de middeleeuwse voedingsdeskundigen het eten onder in de vier humoren of lichaamssappen (slijm, gal, bloed en zwarte gal). De dieetboeken van die tijd

Het Italiaanse woord voor apothekers was *speziali* (van *spezie*, 'specerijen'), om de eenvoudige reden dat zij degenen waren bij wie je specerijen kon kopen.

waren even geobsedeerd met het opsplitsen van etenswaren in hun bestanddelen als de meest fanatieke volger van het Atkins-dieet. Omdat de voedingsstoffen in het eten zelden in evenwicht waren, werd van de kok verwacht dat hij elk gerecht bijstelde, wat evenzeer een taak voor een alchemist als voor een chef-kok was. Buiten de keuken maakten vooral artsen gebruik van het humorensysteem. Ze bevalen namelijk speciale voedingsmiddelen aan voor bepaalde persoonlijkheden en ziekten, en omdat specerijen werden beschouwd als bijzonder geconcentreerde stoffen voor het aanpassen van het humorenevenwicht, schreven ze die voor alles voor, van de pest tot impotentie.

Dat specerijen een wezenlijk onderdeel waren van een luxueuze levensstijl, of zelfs een 'levensbehoefte' waarmee de ene groep zich onderscheidde van een andere, staat onomstotelijk vast. Dat ze op grote schaal als medicinaal voedingssupplement werden gebruikt, wordt ook door allerlei bewijsstukken gestaafd. Anderzijds, indien de gegoede klassen zich bij hun voedingskeuze vooral laten leiden door gezondheidsoverwegingen, zouden er nu nauwelijks klanten voor foie gras en bonbons à vijfendertig euro per pond zijn.

In veel opzichten zou de voorkeur van de middeleeuwse en renaissance-elite voor pikant eten wel eens niet zoveel kunnen verschillen van de huidige populariteit van Thais eten in Amerika en Balti-eten in

Engeland: het was exotisch, het was hip, maar mensen vonden het stellig ook lekker. Dat specerijen prijzig waren en bijna magische genezende krachten bezaten, verhoogde alleen maar hun aantrekkingskracht.

Sir John en de zoektocht naar het paradijs

Culturele verschijnselen laten zich slechts tot op zekere hoogte door harde feiten en tastbare realiteit verklaren, en dat gold beslist voor het middeleeuwse christendom. Als de academici niet over de antwoorden beschikten, zo dacht ik, dan kon een geest me misschien wat aanwijzingen verschaffen. Om die reden had ik me naar St. Albans begeven. De geest in kwestie was Sir John Mandeville, een veertiende-eeuwse ridder die naar verluidt begraven is in de kathedraal die als een reusachtig cruiseschip aan de rand van de stad ligt aangemeerd. Sir John was de gevierde schrijver van het populairste reisboek van zijn tijd, waarin hij een tocht beschrijft die hem van het Normandische Engeland naar Venetië, Constantinopel en het Heilige Land voerde – en zelfs helemaal tot het paradijs. *The Voiage and Travayle of Syr John Maundeville, Knight* (zoals de titel van één Engelse vertaling luidde) was een enorme internationale bestseller.

Zoals zoveel reisboeken van zijn tijd is het relaas van Sir John het verhaal van een bedevaart. De verteller, een Normandische Engelse ridder, vertrekt op Sint-Michielsdag, in 1322, uit St. Albans. Hij reist door de met juwelen getooide Oriënt naar beroemde schrijnen die vol staan met wonderbaarlijke relikwieën. Hij trekt door de zonovergoten streken waar Jezus ooit liep. Hij verkeert op vriendschappelijke voet met de sultan van Egypte. Maar dan komt het beste deel. Na zijn grand tour langs heilige plaatsen in de Levant trekt Sir John oostwaarts: naar mythische christelijke koninkrijken, naar India met zijn pepertuinen, naar de specerijeilanden van Indonesië, ja, zelfs helemaal naar de poort van Eden. De verhalen worden steeds fantastischer naarmate hij de rijzende zon tegemoet reist. Maar zijn middeleeuwse lezers gingen niet muggenziften over wat enkel verbazingwekkend en wat regelrecht onwerkelijk was. Sommige reële wonderen van Azië waren zo onvoorstelbaar dat velen meer geloof hechtten aan Sir Johns mythische heersers en mondloze dwergen dan aan de even verbijsterende beschrijving van Kublai Khan in Marco Polo's veel feitelijker relaas. Mandevilles verhalen over de wonderbaarlijke Oriënt zijn echter niet allemaal verzonnen. Zijn rapportage over de gember, kruidnagel, kaneel, nootmuskaat en foelie van Java en de omringende eilanden is min of meer accuraat, evenals de beschrijving van een woud waarin peperstruiken zich kronkelen om bomen die rozijnachtige vruchten dragen, ook al doen de beschrijvingen van rivieren van edelstenen en landen met éénogige reuzen voor ons afbreuk aan zijn geloofwaardigheid. Het valt moeilijk te zeggen of Mandevilles publiek zijn verhalen geloofde of dat het hem vooral onderhoudend vond, maar het boek van de Engelsman verkocht ruim twee eeuwen lang consequent beter dan het relaas van de Venetiaanse koopman.

Toch was het boek niet alleen geliefd vanwege zijn verhalen over miraculeuze relikwieën en bizarre hermafrodieten. Op zijn minst enkele reizigers en kaartenmakers namen Mandevilles informatie geheel en al serieus. De Duitse cartograaf Martin Behaim baseerde zich mede op Mandeville toen hij zijn eerste wereldbol maakte in dat zo cruciale jaar 1492. Verscheidene tijdgenoten van Columbus houden staande dat hij een exemplaar van het boek bij zich had toen hij van hof tot hof met zijn onwaarschijnlijke ideeën leurde. De koppige Genovees kon Sir Johns *Travels* aanvoeren als bewijs dat je de legendarische Oost-Indische specerijeilanden kon bereiken door naar het westen te varen.

Destijds echter waren de strikte scheidslijnen tussen empirische data en boekenwijsheid, tussen ervaring en openbaring, tussen natuurwetenschap en religie niet zo duidelijk afgebakend als ze dat nu zijn. Wanneer je op pelgrimstocht ging, zoals Sir John deed, was dat niet alleen een fysieke reis – het was een spirituele queeste op zoek naar het paradijs. En het doel van de reis mag dan metafysisch van aard zijn geweest, de wegwijzers die alle schrijnen en pelgrimsoorden aanwezen waren maar al te reëel. Zelfs het paradijs stond gewoon op de landkaarten, voor iedereen zichtbaar. Wanneer je oostwaarts reisde, naar Jeruzalem, was je onderweg naar het aardse Eden.

Dan, voorbij het Heilige Land, moest je – zoals Sir John met pakkende details beschreef – eerst de rijken der mohammedanen doortrekken om dan het grote christelijke koninkrijk van priester-koning Johannes te bereiken. Direct daarna, ten oosten van Azië, zo stemden alle deskundigen overeen, zou je de oorspronkelijke tuin van Adam en Eva bereiken. Daar was een land van vreugde en overvloed, altijdgroene bomen ritselden er in een zachte bries, en grasgroene weiden werden bevloeid door bronnen van eeuwige jeugd. (De toeristenorganisaties van elk Caraïbisch eiland zijn zeer bedreven in hetzelfde jargon.)

De Hof van Eden had niet alleen een locatie en adres, het had ook een smaak en aroma. Het paradijs rook naar specerijen, want precies daar groeiden deze kostbare producten. Het verband werd expliciet gelegd toen meleguetapeper, ondanks zijn Afrikaanse herkomst, werd aangeduid als 'paradijskorrels'. De dertiende-eeuwse reisauteur Sire de Joinville beschrijft hoe, als de vissers in de Nijl hun netten ophalen, deze zijn 'gevuld met de goederen die deze [verre] wereld voortbrengt, met gember, rabarber, sandelhout en kaneel; en men zegt dat die afkomstig zijn van het aardse paradijs'. De veronderstelling was dat de specerijen die in de gaarden van Eden groeiden, door die zachte Elysische bries werden losgeschud en dan in de bovenloop van de Nijl vielen. Heiligen en hun overblijfselen zouden naar specerijen ruiken omdat ze al halverwege de hemel waren. Overigens was dit denkbeeld van een bovenaardse geur niet voorbehouden aan het christendom. Perzische en Arabische bronnen verhalen ook over een zoet hiernamaals vol welriekende planten en etenswaren. Zelfs de Chinezen dachten dat kaneel de schors van de levensboom was. Het is derhalve nauwelijks verrassend dat de Europeanen, toen ze later over de halve wereld reisden in hun zoektocht naar kostbare kruiderij, altijd op de uitkijk stonden naar Shangri-La. Velen, inclusief Christoffel Columbus, hadden Mandeville als gids bij zich. Op de derde reis naar zijn 'Indië' schreef de Genovese avonturier aan zijn begunstigers: 'Er zijn vele aanwijzingen dat het hier om het aardse paradijs gaat, want de ligging ervan komt overeen met de opinie van de heilige en wijze theologen [...] die het er allen over eens zijn dat het aardse paradijs zich in het oosten bevindt.' Zoals bekend dacht Columbus nog steeds dat hij naar de oostkant van Azië was gevaren.

Hiermee is niet gezegd dat de belangrijkste reden voor Columbus' historische reis een zoektocht naar de Hof van Eden was. De meeste specerijenzoekers waren er meer in geïnteresseerd snel rijk te worden dan de zegeningen van het hiernamaals te smaken. Niettemin kunnen we de religieuze drijfveer niet geheel buiten beschouwing laten. We mogen niet vergeten dat Columbus in dienst was van koningin Isabella, de conquistadora van Granada, het laatste moslimtoevluchtsoord in West-Europa. De 'meest christelijke' vorstin en haar stoottroepen, de bereden conquistadores, zagen zichzelf als erfgenamen van de kruisvaarders, en net als bij die eerdere strijders was het hun uiteindelijke doel om Jeruzalem te bevrijden. (Toegegeven, ze belandden helemaal op het verkeerde spoor.) Het verhaal van Columbus' grote rivaal Vasco da Gama spreekt helemaal boekdelen. Toen hij koers zette naar de Indische specerijenkust, kreeg hij de specifieke opdracht mee om te zoeken naar de legendarische christelijke priester-koning. Ook in dit geval overschaduwde hebzucht de meer metafysische aspiraties, maar dat betekent niet dat mensen uit die tijd hun religieuze motieven niet serieus namen. Sterker nog, de vroege Iberische expansie kan alleen goed worden begrepen indien ze wordt opgevat als een verhaal van gewapende pelgrimage waarin de zoektocht naar specerijen slechts één hoofdstuk vormt.

Het denkbeeld dat je het paradijs kunt bereiken door ernaartoe te reizen, is bezien in zijn tijd niet van logica gespeend. Wij zijn zozeer gewend om de Europese beschaving als de voorhoede van de wereld te beschouwen dat we vergeten dat het Europese schiereiland gedurende een groot deel van de menselijke geschiedenis de ontvangende partij van de wonderen van het oosten was. In de loop van millennia stroomden innovaties als de Mesopotamische landbouw, het Foenicische alfabet, Griekse filosofie en Arabisch boekhouden allemaal van oost naar west. Zowel christendom als islam volgde dezelfde route. Evenals tarwe, olijven, suiker en specerijen. De historicus Norman Pounds heeft deze stroom van technologische en culturele innovaties uit het Midden-Oosten gekenschetst als een 'culturele helling' die voor het grootste deel van de menselijke geschiedenis naar Europa afliep. Het is zonder meer waar dat Sir John, toen hij van Engeland naar

Italië, Byzantium en uiteindelijk het Midden-Oosten reisde, geconfronteerd moet zijn geweest met in toenemende mate geavanceerde technologieën, economische structuren en culturen, en zeker ook met verfijnde keukens.

Deze helling zou echter honderden jaren later beslissend omkeren ten gunste van Europa, en wel toen Mandevilles boek in losse letters werd gezet. Het is opmerkelijk dat specerijen zeer in trek waren toen de helling van de beschaving afliep van oost naar west, maar dat, precies op het moment dat de vraag zijn hoogtepunt bereikte, de helling kantelde en de mythische oriëntaalse geurstoffen hun aantrekkingskracht in Europa begonnen te verliezen. Tegen de tijd van de Italiaanse Renaissance begonnen innovatie, cultuur en verovering in de tegenovergestelde richting te stromen. De eerste aarzelende zoektochten naar het paradijs en peper maakten plaats voor de agressieve expansie van de Europese mogendheden over de aardbol.

Mandevilles reputatie leed ernstige schade toen reizigers de legendarische specerijeilanden met eigen ogen zagen en merkten dat hij de werkelijkheid had verfraaid. Parels bleken tamelijk gewoontjes, en peper was een rommelig kruid dat het telen nauwelijks waard was. Sommige moderne wetenschappers ontkennen zelfs dat Mandeville ooit bestaan heeft. Mijn geest is wellicht nooit meer dan fictie geweest. Maar of hij nu bestaan heeft of niet, de hoofdpersoon van de *Travels* had het middeleeuwse Europa laten kennismaken met de smaak van het paradijs. De ellende was dat het paradijs, eenmaal geplunderd en gekoloniseerd, zijn aanlokkelijke specerijengeur was kwijtgeraakt. Deze transformatie was voor een klein deel het gevolg van Mandevilles succes, en leidde uiteindelijk tot zijn ontluistering.

Zwart goud

Verschafte hun mythische oosterse herkomst aan oriëntaalse smaakstoffen reeds een marketingvoordeel boven lokale kruiden, het geld dat je kon verdienen door ze in de ene plaats te kopen en in een andere te verkopen, vormde voor handelaars reden genoeg om in de specerijenhandel te gaan. De peper die in de heuvels van de Indiase kuststreek werd verbouwd, kon wel tien keer van eigenaar wisselen alvorens te belanden in de winkels die door het peperaarsgilde in Mandevilles Engeland werden beheerd. En elke keer dat de peper van eigenaar wisselde, een douanecontrole passeerde of belast werd, ging de prijs ervan omhoog. Volgens een studie naar vijftiende-eeuwse handel kon de Indiase teler één tot twee gram zilver voor een kilo peper verwachten; bij aankomst in Alexandrië, de voornaamste haven van Egypte, was de prijs gestegen naar tien tot veertien gram; de handelaars op de specerijenmarkt in Venetië vroegen veertien tot achttien gram; en tegen de tijd dat de peper aan de betere standen van Londen werd aangeboden, was de prijs toegenomen tot twintig à dertig gram zilver. Niet dat enige individuele schakel in deze keten er buitensporig aan verdiende. Geschat wordt dat de Venetianen, die in deze handel voor niemand onder deden, een royale maar ook weer niet exorbitante nettowinst van veertig procent maakten. Niettemin was dat een tweemaal zo hoog rendement als Florentijnse bankiers in die tijd met hun investeringen behaalden. Vermeldenswaard is dat de tegenwoordige winstmarges bijna even riant kunnen zijn: peper werd recentelijk in India voor ongeveer $1,60 en gros verhandeld, terwijl een chique kruidenier in New York $5,69 vroeg voor een 45-grams potje McCormick's 'Gourmet' Black Pepper (dat is $120 per kilo!). Maar het grote verschil tussen toen en nu is dat er destijds maar weinig andere artikelen waren waarmee je op deze schaal geld kon verdienen. En toen de Portugezen, en later de Hollanders, zich in de Aziatische handel begaven, behaalden zij soms nog opzienbarender winsten. In de zestiende eeuw konden de Portugezen een nettowinst van 150 procent of meer maken met de peper die ze in Zuid-India kochten en in Lissabon verhandelden. Nootmuskaat kon in Europa het honderdvoudige opbrengen van wat het in Malabar kostte. De marge was zelfs nog groter wanneer het bij de bron werd gekocht, op de specerijeilanden van het huidige Indonesië.

Een oude handel

Aangetrokken door de soms buitengewone winsten hielden kooplieden zich al duizenden jaren met specerijenhandel bezig, en dat zeker niet alleen in Europa, integendeel. Reeds lang voordat de Portugezen en Hollanders de markt openbraken, bestond er een bloeiende handel in specerijen tussen India, China en de eilanden van Zuidoost-Azië. De Chinese elite van de Tang-dynastie (618-907 n.Chr.) was even dol op Indonesische en andere specerijen als welke Bourgondische vorst ook. Marco Polo beweerde dat er voor elke Italiaanse specerijengalei in Alexandrië honderd aangemeerd lagen in de Chinese haven Zaiton (Quanzhou). Volgens sommige schattingen bedroeg het aandeel van de specerijen dat de Europese markt bereikte nooit veel meer dan omstreeks een kwart van wat Azië produceerde.

Als we mogen vertrouwen op wat het Oude Testament bericht, werd Jozef verkocht aan een karavaan die specerijen naar het oude Egypte vervoerde. We krijgen niet te horen welke specerijen dat precies waren, maar er is een goede kans dat ze in elk geval wat peper bij zich hadden. In het gebalsemde lichaam van een farao die in 1224 v.Chr. stierf, zijn peperkorrels in de neus gevonden. In een later tijdperk, toen de koningin van Sheba een beleefdheidsbezoek aan koning Salomo aflegde, bracht ze naar verluidt als relatiegeschenk kamelen beladen met specerijen mee. Een wellicht betrouwbaarder bron is een archeologische opgraving in Syrië waar kruidnagels zijn opgedolven waarvan de ouderdom is gedateerd op ongeveer 1700 v.Chr. – en dat in de keuken van een gewoon huishouden! Toen de Romeinen op het toneel verschenen, gingen zij ook specerijen uit Azië importeren, zij het bij lange na niet op de latere Europese schaal. Peper schijnt populair te zijn geweest, evenals kaneel en zijn dubbelganger, kassie, hoewel sommige geleerden betogen dat deze laatste twee in werkelijkheid volkomen andere specerijen waren dan die welke we vandaag de dag met die naam aanduiden. Na verloop van tijd ging het West-Romeinse Rijk ten onder, waarna peper buitenwoon zeldzaam werd in de voormalige Romeinse provincies. Elders daarentegen voorzagen specerijenhandelaars de rijken en machtigen nog steeds van een welvoorziene tafel. China, India, Perzië en de Arabische staten van het

Midden-Oosten gingen onverstoorbaar voort met specerijen gebruiken zoals ze dat altijd hadden gedaan, als tonicum en als smaakgever. Zelfs het Oost-Romeinse Rijk – of Byzantium, zoals het kwam te heten – behield grotendeels dezelfde culinaire gewoonten.

In Europa lagen de zaken anders. Met de ondergang van Rome veranderden de ordelijke provincies ten noorden van de Alpen in een ravage. Tarwevelden werden vermorzeld tot woestenijen, wijngaarden werden tot stof vertrapt. De handel verstikte. Grote steden schrompelden ineen tot gehuchten. Het gewone volk nam zijn toevlucht tot het verzamelen van wortels en noten, terwijl de krijgsheren grote hompen wildbraad verslonden en zich continu volgoten met bier. Dat is in elk geval ons beeld van de duistere middeleeuwen. Maar er waren ongetwijfeld enclaves van verfijnde beschaving te midden van het verruwde landschap, met name in de kloosters, waar restanten van de Romeinse levensstijl bleven bestaan. Vooral Italië behield intensieve banden met zowel het voortlevende 'Romeinse' rijk in Byzantium als met zijn eigen verleden zoals aanwezig in het oude thuisland van de Romeinse keizers. Dat neemt niet weg dat je veel kunt zeggen van de Germaanse en Slavische stammen die destijds in opeenvolgende invasiegolven het continent teisterden, maar niet dat hun komst bevorderlijk was voor de kookkunst.

Zo zonk Europa weg in een terugkerende cyclus van oorlog, honger en ziekte. Ondertussen bloeide evenwel het Midden-Oosten onder een Pax Arabica. In Bagdad, de hoofdstad van het rijk, zaten Perzen, Arabieren en Grieken samen aan één tafel te debatteren over geneeskunde, natuurwetenschap, de kunsten en vanzelfsprekend over wat ze straks zouden eten. Arabische kooplieden stuurden hun agenten naar China, India en Indonesië om zijde en juwelen in te slaan, maar nog meer voor de kruiden die de kroon op elke verfijnde keuken vormden. Het waren overigens diezelfde specerijenhandelaars die de islam naar Indonesië en Maleisië brachten. In de tussentijd hadden de moslimlegers in het westen het Iberische schiereiland overweldigd en waren diep in Frankrijk doorgedrongen. Ze veroverden Sicilië en bijna het hele Byzantijnse Midden-Oosten. In Jeruzalem torenden moskeeën boven christelijke overblijfselen uit. Een tijdlang was de stem van de muezzins, die de gelovigen opriepen tot gebed, te horen van de stoffige vlakten van Castilië tot de tropische stranden van Java.

Het christelijke Europa voelde zich begrijpelijkerwijs belaagd, en het reageerde met een reeks aanvallen op het Midden-Oosten, tussen 1096 en 1291, die we de Kruistochten noemen. Maar het kortstondige militaire succes van de kruisvaarders in het Heilige Land (ze wisten Jeruzalem slechts achtentachtig jaar te behouden) verbleekt in vergelijking met de ideologische, culturele en economische naschokken die op deze eerste katholieke jihads volgden.

Culturen ontlenen hun identiteit doorgaans niet alleen aan wat hen verenigt, maar in sterkere mate aan wat hen van hun buren en vijanden onderscheidt. Heden ten dage bijvoorbeeld worden de Europeanen evenzeer verenigd door de manier waarop ze op Amerika kankeren als door hun gemeenschappelijke munt. Op grotendeels dezelfde manier was het vroeg-middeleeuwse idee van het christendom – gezien de enorme politieke en economische verschillen binnen Europa – niet mogelijk geweest zonder de dreiging van buitenaf. Op een meer alledaags vlak veranderden de Kruistochten ook voorkeuren en modes. De Normandische ridder die naar zijn tochtige kasteel in St. Albans terugkeerde, bracht een hunkering mee naar de gerechten die hij in het zonnige Palestina had geproefd, net als vandaag de dag de zongebruinde inwoner van Manchester wanneer hij terugkomt van zijn vakantie in Turkije. In de donkere begintijd van de middeleeuwen waren specerijen vrijwel verdwenen uit de dagelijkse kost. Vanaf de terugkomst van de kruisvaarders zouden Europeanen (van een bepaalde klasse) de komende zeshonderd jaar genieten van goed gekruid eten.

Havens der hunkering

Door de eeuwen heen hebben mensen over de hele wereld bergen geld verdiend aan de Europese hunkering naar peper, kaneel en kruidnagel. Kooplieden van Malakka tot Marseille vergaarden fabelachtige rijkdommen in de specerijenhandel. Monarchen in Caïro en Calicut financierden hun legers met hun aandeel in de peperbranche.

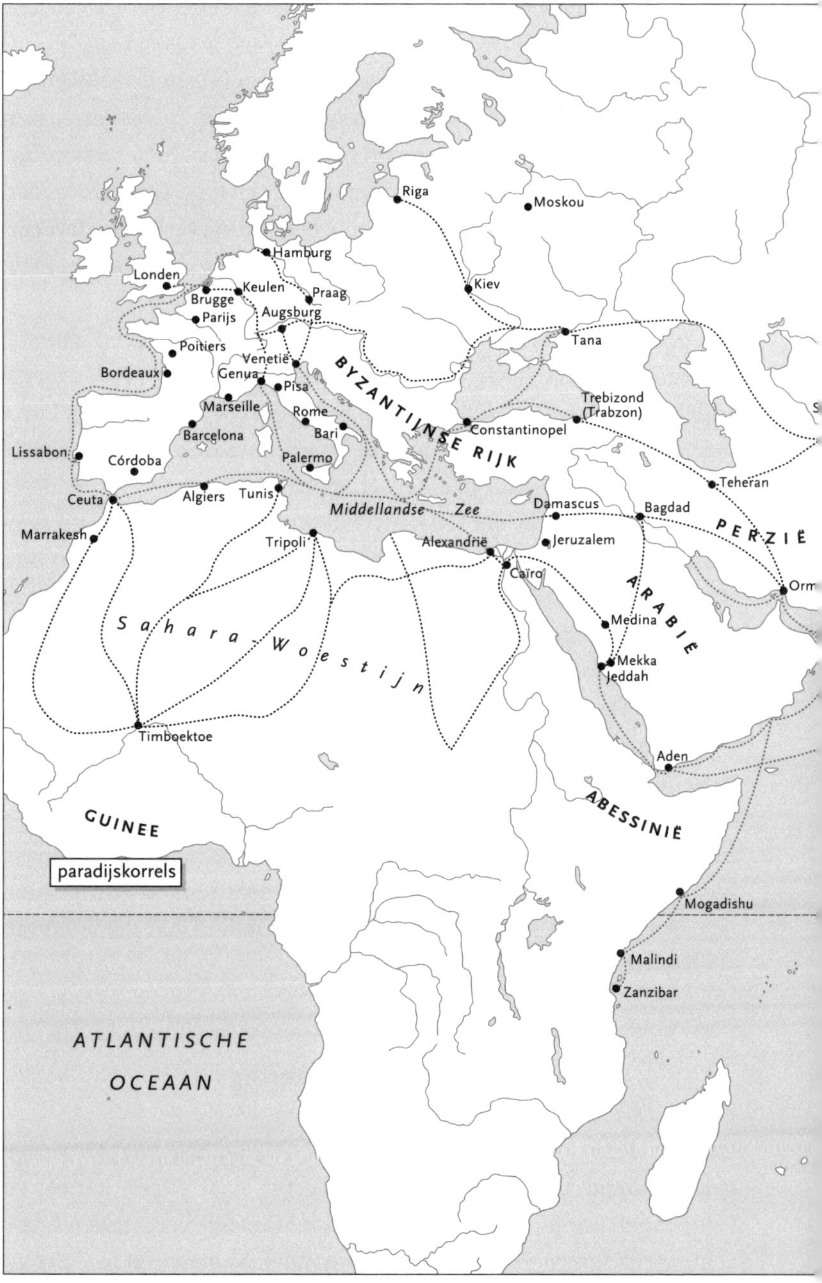
Riga
Moskou
Hamburg
Londen
Keulen
Brugge
Praag
Kiev
Parijs
Augsburg
Tana
Poitiers
Venetië
BYZANTIJNSE RIJK
Bordeaux
Genua
Pisa
Trebizond
(Trabzon)
Marseille
Rome
Constantinopel
Barcelona
Bari
Lissabon
Córdoba
Palermo
Teheran
Ceuta
Algiers
Tunis
Middellandse Zee
Damascus
Bagdad
PERZIË
Marrakesh
Tripoli
Alexandrië
Jeruzalem
Caïro
ARABIË
Sahara-Woestijn
Medina
Mekka
Jeddah
Timboektoe
Aden
ABESSINIË
GUINEE
paradijskorrels
Mogadishu
Malindi
Zanzibar
ATLANTISCHE
OCEAAN

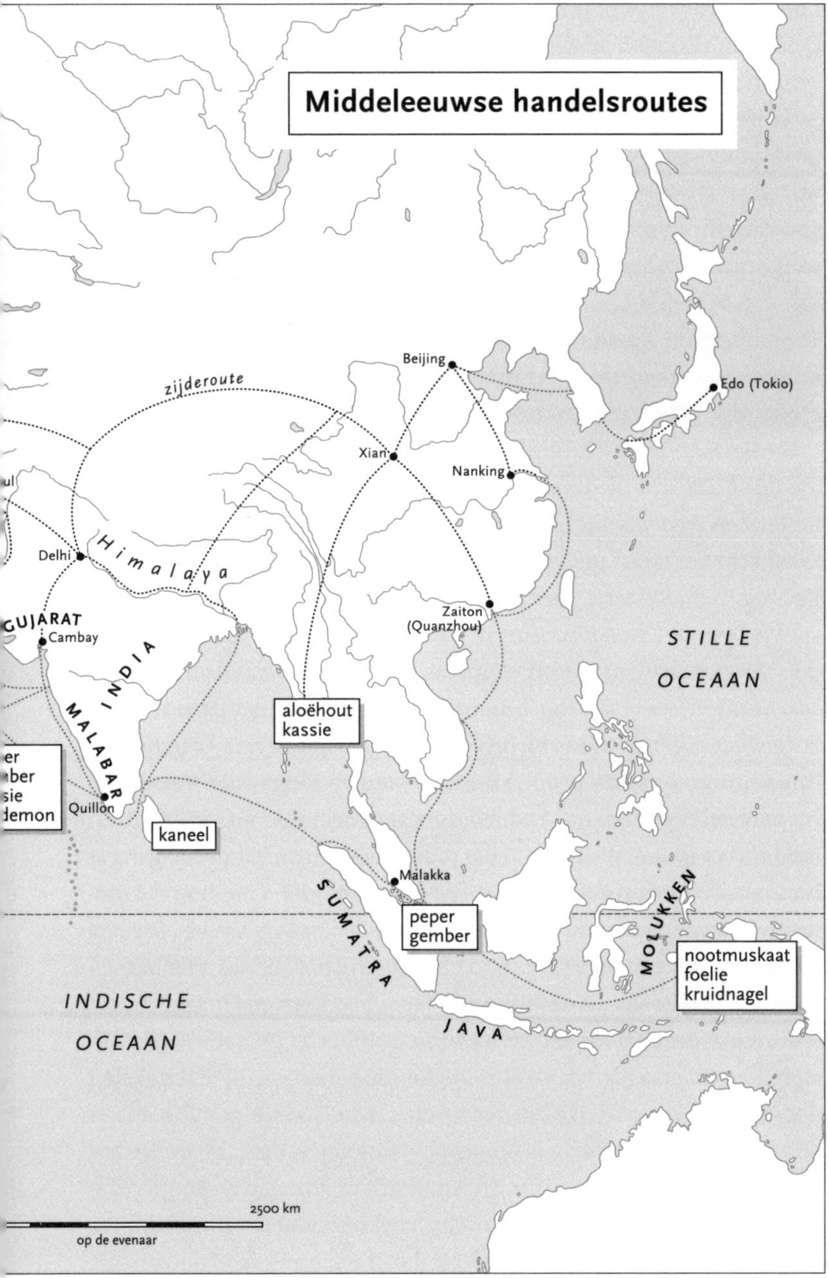

Middeleeuwse handelsroutes
zijderoute
Beijing
Edo (Tokio)
Xian
Nanking
ul
Delhi
Himalaya
GUJARAT
Cambay
INDIA
Zaiton
(Quanzhou)
STILLE
OCEAAN
MALABAR
aloëhout
kassie
er
ber
sie
demon
Quillon
kaneel
Malakka
SUMATRA
peper
gember
MOLUKKEN
nootmuskaat
foelie
kruidnagel
INDISCHE
OCEAAN
JAVA
2500 km
op de evenaar

Londen, Antwerpen, Genua, Constantinopel, Mekka, Jakarta en zelfs Quanzhou konden op zijn minst een deel van hun welvaart toeschrijven aan de passage van geurige schepen. Maar nergens vormden de Aziatische specerijen zozeer het levensbloed van de welvaart als in de grote pakhuizen van Venetië, Lissabon en Amsterdam. Om de beurt waren ze elk een der grote steden van de wereld, heersend over een specerijenimperium. Venetië gedijde het langst, tot Vasco da Gama's aankomst in India de stroom van Aziatische specerijen afsneed. Vervolgens beleefde Lissabon zijn honderd jaar van welvaart en roem. Ten slotte nam Amsterdam de aromatische fakkel over en controleerde meedogenloos de specerijenhandel gedurende wat historici de Hollandse Gouden Eeuw noemen.

Er bestaan waarschijnlijk evenveel overeenkomsten als verschillen tussen de drie steden. Alle drie stonden ze aan het hoofd van kleine landen met weinig natuurlijke hulpbronnen, zodat ze voor hun koopwaar welhaast gedwongen waren naar het buitenland te gaan. Koningen en keizers, gezeten op goedgevulde, met belastingen gespekte beurzen, hadden nooit zo'n trek in de riskante specerijenhandel. De grote havens waren vermaard om hun zeelieden en scheepsbouwers (en, niet toevallig, hun prostituees). Desondanks floreerden ze in verschillende tijden en op verschillende manieren. Venetië leek in sommige opzichten op een middeleeuws Singapore, een koopmansrepubliek waar zakendoen de staatsideologie was en de overheid als voornaamste taak had het raderwerk van de handel op gang te houden. Peper vormde daarvoor het smeermiddel. Lissabon daarentegen leefde en ademde op de luimen van de koning, die het ene oog op de specerijenhandel gevestigd hield terwijl het andere naar hemelse verlossing zocht. In de vijftiende eeuw had Portugal het geluk, bestuurd te worden door een reeks verlichte of zelfs geïnspireerde vorsten die erin slaagden de Arabische tussenpersonen uit te schakelen door helemaal om Afrika heen te varen. Of dit God welgevallig was, is de vraag, maar het loonde in elk geval in financieel opzicht. De Nederlanders waren veel zakelijker. In Amsterdam droegen ze de specerijenhandel over aan een NV, wat een veel efficiënter en meedogenlozer manier van zakendoen bleek dan Lissabons feodale aanpak. Beslissingen genomen op het hoofdkwartier van de Vereenigde Oost-

Indische Compagnie veranderden de levens van mensen aan de andere kant van de aardbol. Tegen de tijd dat de Hollanders klaar waren, was de wereld niet meer dezelfde als die waar Mandeville in zijn *Travels* over schreef.

In de tussentijd verschoof de rol van specerijen in de Europese cultuur geleidelijk: eerst van de talismans van het mysterieuze oosten, vervoerd op Venetiaanse schepen, naar exotische kostbaarheden verpakt in enorme galjoenen waarop het blazoen van de kruisvaarders prijkte, en ten slotte tot een winstgevend maar nogal alledaags handelsartikel dat als kolen in de ruimen van de Hollandse Oost-Indiëvaarders werd gestort. En terwijl dat alles gebeurde, veranderde Europa van een continent dat (zij het met tussenpozen) was verenigd in de strijd tegen de islam, één godsdienst had en waarvan de geletterde klasse zich in dezelfde taal met elkaar onderhield, in een slagveld van natiestaten, verdeeld door geloof en taal. In het Europa van na de Reformatie gebruikten de mensen nog steeds massa's peper en gember, maar dat kwam vooral doordat deze betrekkelijk goedkoop waren geworden. Maar de trendsetters waren de specerijen beu geworden, en de keuken waaraan generaties van Medici, Bourbons, Habsburgers en Tudors de voorkeur hadden gegeven, zou in korte tijd drastisch veranderen.

Precies op het moment dat de Europese wereldheerschappij de handelswegen helemaal openlegde, keerde de smaak van de Europeanen weer huiswaarts. Kruistochten en pelgrimages raakten uit de mode. En de orgie liep ten einde. Zeker niet ineens en niet overal, maar in de modecentra Madrid en Versailles maakten specerijen niet langer de man. De voorliefde waardoor Venetië van een krakkemikkig vissersdorp op palen was uitgegroeid tot Europa's grootste metropolis, de vergankelijke smaken van een paar connaisseurs die Lissabon van een afgelegen buitenplaats aan de rand van de christenheid hadden getransformeerd tot de schitterende hoofdstad van een wereldomspannend rijk, de culinaire gewoonten van een minuscuul bevolkingsdeel van dit kleine continent die Amsterdam uit de omringende veengrond had getild en het nietige Nederland voor korte tijd een van de grote wereldmogendheden hadden gemaakt – dat alles was voorbij. De mode was veranderd.

Een nieuwe wereld

De omwille van specerijen ondernomen ontdekkingsreizen, niet alleen de succesvolle als die van Da Gama, maar ook de misleide als die van Columbus, hadden ingrijpende én alledaagse gevolgen. We weten allemaal hoe het de inheemse bevolking van Amerika verging toen de Europeanen arriveerden, om nog maar te zwijgen van de daaropvolgende gruwelen van de transatlantische slavenhandel. Wellicht minder bekend is de genocide die de Vereenigde Oost-Indische Compagnie op de nootmuskaateilanden van Indonesië heeft bedreven. Of de slavenhandel die in de Indische Oceaan opkwam om de Portugezen matrozen voor hun specerijenschepen te verschaffen en arbeiders voor de Nederlandse nootmuskaatplantages aan te voeren. De aanwezigheid van Afrikaanders in Zuid-Afrika, de Boerenoorlog en zelfs het daaropvolgende apartheidsregime zouden nooit hebben plaatsgevonden als de Hollanders geen kolonisten naar Kaap de Goede Hoop hadden gestuurd ter bevoorrading van hun peperschepen. Andere gevolgen van de specerijenhandel waren meer van economische aard. De Europese hang naar oriëntaalse luxeartikelen betekende dat er continu geld naar het oosten stroomde. Zilvervloten navigeerden van Mexico en Peru naar Europa, maar voeren vervolgens net zo driest helemaal door naar Azië waar ze met klinkende munt betaalden voor de peper die terug naar huis werd verscheept. Aziaten wilden zilveren realen voor hun zwarte goud. Maar de met zilver beladen peperschepen brachten nog een andere vracht mee op hun heenreis. Franciscanen en jezuïeten kwamen mee in het kielzog van de specerijenhandel, en hoewel hun bekeringsijver minder succes had dan die van de mohammedaanse specerijenhandelaars, werd het christendom in elk geval toegevoegd aan het palet religies in Azië. Een lading met wellicht nog grotere gevolgen waren de voedingsmiddelen die met de priesters en dubloenen werden meegebracht. Allerlei gewassen uit de Nieuwe Wereld, zoals maïs, papaja's, bonen, pompoenen, tomaten en chilipepers, werden meegevoerd op de Portugese schepen onderweg naar Afrika, India en de specerijeilanden. Niet alle naschokken van de specerijenhandel waren overigens van seismische omvang. Ook alledaagse modes ondergingen de invloed van contacten met het oosten. De Portugese voorliefde voor blauw-witte tegels ontstond bijvoorbeeld toen men het Ming-porselein probeerde na te maken dat met de peper mee werd teruggebracht, en in Amsterdam was Indiase stof met borduurwerk in Mogolstijl een tijdlang de grote rage.

Ons is geleerd dat de geschiedenis zich voortbeweegt op grote wielen, op wereldoorlogen, op napoleontische ego's, op revoluties van de massa's, op enorme economische verschuivingen en technologische verandering. Toch kunnen kleine dingen, schijnbaar onbeduidende details in het dagelijks leven, leiden tot opschudding van de wereldorde. In een poging om een modern product te vinden dat dezelfde transformerende rol heeft als specerijen in de Europese expansie hebben gehad, hebben sommige historici een analogie getrokken met de huidige afhankelijkheid van olie uit het Midden-Oosten. Die vergelijking gaat echter volstrekt mank, want zonder benzine kan vrijwel geen enkel aspect van het moderne bestaan functioneren. Hele oceanen van benzine worden elke dag over de wereld gestuurd. Daarentegen kwam begin zestiende eeuw bijna alle benodigde peper met een jaarlijkse vloot van een half dozijn Portugese schepen naar Europa. Het valt gemakkelijk in te zien waarom staten een oorlog beginnen om de aanvoer van olie, het levensbloed van hun economie, zeker te stellen. Maar om nu have en goed te riskeren voor een smaakmaker die vrijwel gespeend is van voedingswaarde en die slechts een miniem deel van de bevolking zich kan veroorloven? Specerijen hebben ongeveer evenveel nut als een sjaal van Hermès. Toch maakt precies die bijkomstige eigenschap ze tot een bruikbare lens voor een studie naar de menselijke relatie met voedsel. Zodra mensen de hongerdood niet meer hoeven te vrezen, wordt de keuze van hun etenswaren bepaald door een verscheidenheid aan redenen, en die waren in de paleizen van de Medici niet heel anders dan ze in de eetpaleizen van Beverly Hills zijn. Eten is veel meer dan een brandstof; het is doordrongen van betekenis en symboliek. Die vermalen boomschors in uw havermout 's ochtends had ooit de geur van het paradijs, de geraspte tropische noot over uw eierpunch zette ooit een wereldwijd handelsnetwerk in beweging, en die verschrompelde besjes in uw pepermolen gaven de opmaat voor Europa's entree op het wereldtoneel en zijn uiteindelijke verovering van de wereld. De oorsprong van globalisering kan direct tot de specerijenhandel worden herleid.

Het retro-paradijs

Men gaat er vaak van uit dat mensen behoudend zijn in hun smaakvoorkeuren, en hoewel dit voor bepaalde individuen zo moge zijn, komt het geregeld voor dat de keuken van een samenleving in een generatie of twee een transformatie ondergaat. De voorliefde die veel Amerikanen tentoonspreiden voor zoetige Crisco-siroop en een cacaopoeder genaamd Oreos, werd beslist niet door hun ouders gedeeld. Italianen werden massaal pas na de Tweede Wereldoorlog zulke gretige pasta-eters. Tegenwoordig zijn de eetstijlen van hele naties in beweging. En ze groeien naar elkaar toe. We kunnen stellen dat de wereld – althans het deel dat de hongerdood niet hoeft te vrezen – méér hetzelfde eet dan sinds de middeleeuwen het geval is geweest. Natuurlijk vormt voedsel maar een klein onderdeel van dit verschijnsel. Er bestaat een soort hedendaagse internationale gotiek, niet alleen in kunst en architectuur (waarvoor deze term doorgaans door kunsthistorici wordt gebruikt), maar ook in eten, muziek, mode en taal. Engels is het nieuwe Latijn. Hiphop is afkomstig van clubs in Nairobi en Mumbai. McDonald's, Coca-Cola en hun imitators zijn verspreid over de hele aardbol.

Van alle wereldsteden is het wellicht Londen dat gedurende de afgelopen generatie de meest drastische culinaire transformatie heeft ondergaan. Goed eten is hier verrassend gemakkelijk te vinden, en veel ervan is uit verre werelddelen geïmporteerd.

Toen ik op een avond het swingende Londen ging verkennen, bleek dat ik St. Albans' beroemde ridder niet helemaal achter me had gelaten. Hoe had ik anders terecht kunnen komen bij de pakweg honderd meter bestrating die Mandeville Lane heette? Direct na het huizenblok verandert de naam van de laan in Marylebone High Street, een drukke doorgaande weg die tamelijk karakteristiek is voor een moderne Engelse hoofdstraat, met zijn stoet van Franse broodjeswinkels, nagelstudio's, Starbucks en winkels van andere multinationale ketens. Londense bladen beschrijven de buurt als trendy, hoewel de rommelige straten me het meest aan Baltimore deden denken. De betere pubs waren niettemin gevuld met een opmerkelijk gebruinde menigte, uitgedost in die een tikje slonzige kledij die bij de Engelse incrowd voor goedverzorgd doorgaat. De meest trendy kroeg op Marylebone High Street is een lokaal dat Providores heet en onder de Londense fijnproevers befaamd is om zijn Nieuw-Zeelandse variant van de modieuze fusionkeuken. Ik denk dat Sir John het hier wel leuk had gevonden, en dan vooral de Tapa Room (ingericht met een groot Polynesisch tafelkleed dat 'tapa' heet). Dit is een rumoerige ruimte, zinderend van lachsalvo's, waar het aroma van verre tropische tuinen opstijgt uit de langskomende schotels.

Peter Gordon, chef-kok en Nieuw-Zeelander, heeft de plaatsen die in Mandevilles middeleeuwse reisgids worden genoemd daadwerkelijk bezocht. De website van het restaurant voert de uitgebreide reizen van de Nieuw-Zeelander door Zuidoost-Azië, India en Nepal aan als de inspiratiebron voor zijn kookkunst. Als zovelen van zijn generatie is Gordon een bekende televisiepersoonlijkheid; hij is een publiekstrekker bij liefdadigheidsmanifestaties door het hele land en adviseur in ten minste drie continenten. Zijn handelsmerk is de globetrottersstijl die van Miami tot Bangkok de favoriete keuken van de betere kringen is geworden. Ook de zijne is pikant gekruid, zij het in een andere stijl dan de schotels die de adellijke heren en dames van Sir Johns Europa aten.

Niettemin zijn de exotische smaken van de Providores-keuken even prikkelend als de verhalen die Mandeville mee terugbracht van zijn fictieve reizen door Indië, en ze prikkelen grotendeels op dezelfde wijze. Ook hierbij is de exotische Oriënt voor de westerse klant in een ander jasje gestoken. Waar de rondtrekkende ridder zijn publiek onthaalde op verhalen over nijvere pygmeeën in dienst van de Chinese keizer, daar geeft de reizende kok ons krab laksa, pikante krabtaart badend in een Thaise kerriesaus. En in plaats van te dromen over de elkaars vrouwen ruilende bewoners van een naamloos eiland, kunnen we onze tong laten strelen door de smaken van een denkbeeldig land waar in Franse stijl bereide vis wordt geserveerd op een bedje van Indiaas gekruide groenten. Maar zulke gerechten zijn evenzeer een fictie als Mandevilles vertellingen. De exotische tropische smaken voeren je weg van de Engelse druilregen naar een afgelegen eiland waar de zon altijd schijnt en azuurblauw water zachtjes over roze koraalstranden kabbelt. Wij willen ook ons paradijs. En als het niet lukt om het vliegtuig erheen te pakken, dan kunnen we in elk geval aan een Caraïbische cocktail nippen en een pikant Balinees voorgerecht oppeuzelen. Het najagen van zulke genoegens zou naar mijn idee Sir Johns volledige goedkeuring wegdragen.

I

Venetië

I Antichi

Wat me het meest is bijgebleven van dat diner op Campo San Maurizio zijn de *canoce*, een kluwen van melkachtig roze zeewezens die op een grote zilveren schotel lagen uitgespreid. En Luca, afgetekend tegen de lage deuropening van de keuken, uitgedost in een leren broek, diepblauw fluwelen hemd en knaloranje laarzen, met een brede grijns op zijn satergezicht terwijl hij theatraal zijn pas inhield om de schotel omhoog te houden, zodat we zijn sappige delicatesse konden bewonderen. Canoce zijn ongeveer zo groot als de wijsvinger van een dikke man en behoren tot dezelfde familie van smakelijke zeewezens met uitwendig skelet als garnaal en zoutwaterkreeft, maar doordat ze niet de felle kleur en uitbundige scharen van andere schaaldieren hebben, zien ze er veel insectachtiger uit. Niettemin smaken ze veel verfijnder, doordrongen van zoetheid en ziltheid in een exquise balans. Zodra ze op tafel zijn gezet, leg ik mijn mes en vork terzijde zodat ik de goddelijke dieren methodisch een voor een in stukken kan scheuren om de zoete buik uit te pellen en aan mijn vingers kan slurpen teneinde elke zilte druppel binnen te krijgen. Ik probeer me de instructies te herinneren van een pamflet over etiquette dat werd uitgegeven in 1483, toen iedereen met zijn handen at: 'Eet met de drie vingers, neem geen onmatig grote happen en prop uw mond niet met beide handen vol.' Succes is niet gegarandeerd.

Zoals het meeste hedendaagse Italiaanse eten is het recept voor canoce eenvoudig: de schaaldieren worden besprenkeld met een weinig olijfolie en op smaak gebracht met zout en peper. Het is Venetiaans eten op z'n elementairst, een gerecht afkomstig uit de overvloed van de lagune die de plaatselijke vissers reeds lang voordat Venetië Europa's peperleverancier werd van voedsel voorzag en die dat, nadat de stad in de specerijenhandel was overvleugeld, alweer eeuwenlang was blijven doen. De peper is gebleven, maar er is geen spoor te bekennen van de andere specerijen – de gember, de kaneel, de nootmuskaat, de kruidnagel – die ooit door de grote galeien van de stad werden aangevoerd en haar avondmalen deden geuren naar de Oriënt. Het is alsof de stad zich de orgie van specerijen niet meer te binnen kan brengen en zich, zoals ouderen vaak doen, heeft teruggetrokken in de herinneringen van haar jeugd, voordat snobistische aristocraten haar begonnen op te dirken met snuisterijen van elders. Luca legt uit dat deze manier om canoce te bereiden meer *popolare* is, van het volk, dat het de manier is waarop de oude vrouwen ze klaarmaken, de enigen die nog Venetiaans kunnen koken. Bij de herinnering aan voorbije feestmalen verstilt zijn glimlach tot melancholie.

Ik was naar Venetië gegaan om haar het masker af te rukken, om een aantal van de antieke smaken te ontdekken, om te snuffelen naar haar oude pepergeuren. Ik had gedacht dat Luca me wel kon introduceren. Per slot van rekening heeft hij zijn veertig-en-nog-wat jaren gesleten in het gezelschap van de oude douairière aan de lagune. In het voorbijgaan heeft hij renaissancefeesten gereconstrueerd, compleet met gedresseerde beren, zwaardgevechten en trompetserenades uit die tijd, waarbij de opgesmukte fazanten en de ravioli met kaneelgeur werden geserveerd op barokke schotels en in gouden schalen. Hoewel hij eerder een manusje-van-alles dan een renaissanceman is, heeft hij vaak de rol van zo'n type gespeeld. Een beetje als Paul Bunyan in een zijden maillot, met daarboven een oogstrelend wambuis in roze en goud. In andere steden was Luca Colferai in zijn jonge dagen wellicht een punkrocker geweest, maar hier gaf hij zijn rebellie vorm door festivals voor erotische poëzie te organiseren en Casanova te doen herleven. Je zult dus begrijpen dat ik, toen zijn bombastische uitnodiging voor een diner op mijn deurmat viel, moeilijk kon weigeren.

Een van Luca's vele rollen is dat hij als inspirator voor I Antichi fungeert, een broederschap van gelijkgestemde families die men *compagnia de calza* noemt (letterlijk 'genootschap van de kous'). 'Onze compagnia bestaat uit een klein aantal gestoorde randfiguren die gewoon lol willen maken met *Carnevale,*' is de manier waarop Luca zijn metgezellen beschrijft. Overigens heeft het mandaat van het genootschap om met carnaval evenementen te organiseren de volledige officiële goedkeuring van de Venetiaanse gemeentelijke overheid. Aangezien dit Venetië is, stamt het idee uit de zestiende eeuw, toen groepen jongemannen uit de elite dergelijke verenigingen oprichtten om met carnaval feesten te geven. In die tijd was het economisch succes van de stad, met name de specerijenhandel, tanende. Voor de zonen van de bevoorrechte klasse leek het zinniger om tot het ochtendgloren met prostituees te brassen dan hun leven te riskeren in de steeds hachelijker wordende peperbranche.

De oorspronkelijke I Antichi werd door een groep Italiaanse edelmannen in 1541 opgericht onder het motto *Divertire divertendosi*, wat je min of meer zou kunnen vertalen met 'Bouw feesten opdat je kunt feesten'. In de jaren zeventig werd de groep nieuw leven ingeblazen door een Venetiaanse jurist en antiquair genaamd Paolo Zancopè, en bij diens dood nam Luca de fakkel van hem over. Zancopès villa, waar ons feestmaal van canoce plaatsvond, is uitgegroeid tot een soort clubhuis voor I Antichi, en wordt bestierd door de sprankelende Braziliaanse weduwe van de stichter, Jurubeba.

Onder het leegschenken van de zoveelste fles bruisende prosecco memoreert Luca een gouden verleden van grootse regatta's en bal masqués. Tot de leden van I Antichi behoren zowel straatvegers als miljonairs, zowel slagers als dichters. Ze komen samen voor de vele officiële feesten op de Venetiaanse kalender: voor het Festa della Salute, waarmee het einde van de pest van 1631 wordt gevierd, toen een derde van Venetië omkwam; voor het Festa di Redentore, een ander feest ter nagedachtenis aan een epidemie; voor het Festa della Sensa, wanneer Venetië de tijd doet herleven dat de doge, de gekozen Venetiaanse leider, symbolisch de zee huwde; en natuurlijk voor Carnevale, het vastenavondfeest waardoor Venetië uit zijn voegen barst en dat even afschuwelijk als de pest kan overkomen wanneer horden toeristen zich verdringen in de nauwe steegjes. Het menu voor elke feestdag volgt de eeuwenoude tradities: gepekeld en gekruid schapenvlees voor het Salute, artisjokken voor het Sensa, bigoli voor het Redentore.

Jurubeba onderbreekt Luca's anekdotenstroom om hem te raadplegen over de staat van onze *bigoli*. (De canoce waren slechts één van de vele gangen.) Hij onderbreekt zijn verhaal midden in een zin om zich over deze belangrijke kwestie te buigen. Bigoli is een soort dikke volkorenspaghetti die doorgaans wordt geserveerd met een saus van gekaramelliseerde uien en ansjovis, waarbij het zoute van de vis en het zoete van de uien de volmaakte, zij het weinig subtiele, smaakmaker voor de stevige pasta vormen. Het is een heel traditioneel gerecht, vooral onder de Joden van het Ghetto Nuovo, het oorspronkelijke 'getto'. (Bij de Joodse variant wordt knoflook in plaats van uien gebruikt.) Maar het enige wat er nu nog schijnt te resteren van de oude Joodse gemeenschap zijn chassidische Joden uit Brooklyn – en die weten ongeveer evenveel van bigoli als van prosciutto. Tegenwoordig is er in Venetië nog maar weinig traditioneel eten te vinden. Als ik Luca uitnodig om in een restaurant te gaan eten, trekt hij een lelijk gezicht en zegt dat er geen 'eerlijke' restaurants meer zijn overgebleven, dat ze nu allemaal voor de toeristen zijn.

Hoe dan ook, het Venetiaanse eten is (nog) niet helemaal verdwenen, en als je maar diep genoeg graaft, kun je nog steeds wel sporen blootleggen: aanknopingspunten voor hoe het eten hier tweehonderd, vijfhonderd of zelfs duizend jaar geleden smaakte. Veel restaurants serveren nog steeds *sarde in saor*, een gerecht van gefrituurde sardines bedekt met uien en rozijnen en op smaak gebracht met azijn, suiker en soms zelfs kaneel. Deze combinatie van zoet en zuur is karakteristiek voor de middeleeuwen; er bestaat zelfs een veertiende-eeuws recept voor ongeveer hetzelfde gerecht. Je kunt het verleden ook proeven in de koekjes die *peverini* heten en in elke Venetiaanse *pasticceria* worden verkocht. Ze zijn heel licht met stroop gezoet maar de peper overheerst, en in de pittige smaak galmt de vroegere faam van de stad als specerijenleverancier aan de westerse wereld nog zwak na.

Niettemin zijn de meeste gerechten die Venetianen nu beschouwen als behorende tot hun keuken, dus tot de kookstijl van hun oma's, van veel recenter datum. In Marco Polo's tijd zou onze canoce, afgezien van het huidige zout en peper, rijkelijk zijn bestrooid met een middeleeuwse specerijenmelange; zelfs in de achttiende eeuw bestrooide Casanova zijn pasta nog met suiker en kaneel. Feitelijk is het hele idee van een Venetiaanse regionale keuken grotendeels een uitvinding van de negentiende eeuw, net als de Italiaanse staat zelf. Pas toen Venetië haar overzeese rijk verloor, werd haar keuken afhankelijk van lokale 'Italiaanse' ingrediënten. Een enkel gekruid gerecht uit de renaissance hield stand, zij het slechts als onbekende, plaatselijke specialiteit. Pelegrino Artusi, de schrijver van de negentiende-eeuwse kookbijbel voor de burgerij, toont zich verbijsterd en ook enigszins ontsteld als hij schrijft over de mate waarin specerijen vroeger werden gebruikt.

Hoewel we op geen enkele manier kunnen achterhalen hoe het eten van vroeger precies smaakte (het vlees, de wijn, zelfs de uien verschilden van wat we nu hebben), komt het gekruide schapenvlees dat op het feest van de Madonna della salute wordt geserveerd wellicht het dichtst in de buurt van de gerechten die Shakespeares kooplieden van Venetië aten. De voorbereidingen voor dit novemberfeest beginnen in de lente, wanneer het vlees van een gecastreerde ram wordt ingemaakt met zout, peper en kruidnagel alvorens het wordt gerookt en daarna verscheidene maanden aan de lucht gedroogd. Het wordt nog steeds geïmporteerd uit Dalmatië (tegenwoordig beter bekend als de landen Albanië en Kroatië), zoals dat ook al gebeurde toen de oude Republiek het geconserveerde vlees als voedsel aan haar zeelieden meegaf. De smaak is krachtig en complex – en anachronistisch. Het is volslagen anders dan Luca's vier uur durende feestmaal van zeer licht gekruide bigoli, canoce, gebakken *triglie* (rode zeebarbeel), garnalen en gegrilde *radicchio*, en ligt mijlenver af van het simpele dessert van mascarpone en *biscotti* waarmee onze gedenkwaardige avond werd besloten.

Onwillekeurig zie ik een parallel tussen de huidige keuken met zijn afwezigheid van specerijen en het algemene geheugenverlies dat je in Venetië in verband met de specerijenhandel aantreft. Ooit was dat wel anders. Toen de Venetianen ontdekten dat de Portugezen in

India waren gearriveerd, dus bij de bron van de peper die hun economie draaiende hield, ontstond er grote paniek. Het verlies van de specerijenhandel 'zou vergelijkbaar zijn met het verlies van de voedende moedermelk voor een zuigeling', schreef specerijenkoopman Girolamo Priuli in 1501 in zijn dagboek. In veel opzichten was dat ook zo, hoewel het nog zo'n honderd jaar zou duren voordat de Nederlanders deze tepel der welvaart definitief zouden afsluiten.

Sindsdien is het immer een geliefd tijdverdrijf geweest om te jammeren over het lot van de stad. Maar misschien is daar nu des te meer reden toe. De bevolking van de stad is in de afgelopen twintig jaar met een derde afgenomen. Weliswaar vestigen zich nieuwkomers in de stad, zoals dat altijd is gebeurd, maar die vormen slechts druppeltjes vergeleken met de uitstroom. Jurubeba prevelt in haar zoetvloeiende Braziliaanse accent dat Venetië inderdaad krimpt maar dat de bevolking *più profondo*, 'dieper', is geworden. Ik vraag maar niet of dieper worden wel zo goed is voor een stad die aan het zinken is. Luca schudt zijn hoofd terwijl hij zijn prosecco drinkt: 'De afname van de bevolking ontwricht het stadsleven. Alle etenszaken sluiten zodat ze maskers kunnen verkopen, maar niet alleen maskers. Sinds kort beginnen ze om de een of andere reden allemaal een lingeriewinkel. Een enorme explosie van intieme kledij!' Luca barst in lachen uit – het is hem niet helemaal onaangenaam.

Doges en vissersvolk

Wat betreft de lingeriezaken heeft Luca gelijk: ik telde er minimaal vier toen ik me de volgende ochtend – een tikje onvast – naar het Museo Correr begaf. Het muffe gemeentelijk historisch museum is weggestopt in een van de sobere, neoklassieke paleizen die het veel gefotografeerde Piazza San Marco omsluiten. Evenals Venetië zelf is de Correr een en al luide aanprijzing en illusie. Iedere maatschappij is tot op zekere hoogte een Potemkin-dorp, gebouwd met het oog op hoe ze graag wil overkomen, maar nergens geldt dat sterker dan in de stad die aan de lagune ontsprong, waar marmeren gevels simpele baksteenconstructies verhullen die op in de modder gestoken houten palen staan te wankelen. Toen Venetië zijn rol op het wereldtoneel steeds nietiger zag worden – gedurende de zestiende, maar vooral in de zeventiende eeuw –, herschreven de inwoners zijn geschiedenis en verbouwden ze het decor zodanig dat het beter in het nieuwe verhaal paste. Evenals met de keuken is gebeurd, verstarde de mythe van Venetië in de negentiende eeuw tot de vorm die ze nu nog heeft, en tot mijn grote frustratie zijn de specerijen bijna evenzeer uit de mythe geweerd als ze uit het eten verdwenen zijn.

Het Museo Correr is een instituut dat aan dit opzettelijke geheugenverlies is gewijd, en de permanente tentoonstelling beeldt de negentiende-eeuwse mythe uitzonderlijk bombastisch uit. Reusachtige schilderijen van veldslagen, uitgestalde kanonnen en harnassen illustreren het roemrijke heldenverhaal van een machtig imperium dat werd geregeerd door grote doges, die in luister voor geen enkele Europese vorst hoefden onder te doen. In de historische versie van het Correr beleefde de stad haar meest glorieuze moment in 1571, bij de Slag van Lepanto, toen een door Venetianen aangevoerde vloot de heidense Turken verdreef uit de Middellandse Zee. Wat je niet kunt opmaken uit de theatrale afbeeldingen van duellerende triremen die door rollende golven ploegen, is dat de beroemde schermutseling doorgaans gezien wordt als Venetiës laatste stuiptrekking als grootmacht in de binnenzee en dat, in de nasleep ervan, de Turken stuk voor stuk alle overzeese bezittingen van Venetië annexeerden. Wanneer je van zaal naar zaal wandelt en omhoogkijkt naar de portrettengalerij van majestueuze doges in hun koninklijke, met goud bestikte gewaden, kom je er niet achter dat ze bijna zonder uitzondering ooit, vóór Lepanto, zijn begonnen als zakenmannen die in graan, wijn, kaas en zout maar bovenal specerijen handelden. Wanneer je de vitrines gevuld met deze blinkende gouden dukaten, *zecchini* en *scudi d'oro* bewondert, valt je oog misschien op het bordje waarin wordt uitgelegd dat deze munten van Europa tot India in omloop waren – hoewel het natuurlijk niet vermeldt waarom ook Indiase musea tjokvol oude Venetiaanse munten liggen.

Toch kent de mythe die het Correr schetst wel een zekere logica. Tegen 1571 was de Republiek als commerciële supermacht op z'n retour, en dus waren de Venetianen zo verstandig een nieuwe weg in te slaan.

Het grote handelspakhuis vormde zich om tot het vermaakscentrum van Europa. Gokken in de casino's kwam in de plaats van speculeren op de specerijenbeurs, en koopjesjagen naar plaatselijke snuisterijtjes verving de handel in exotische koopwaar. De achterkamers van het museum staan vol met roulettewielen en kaartspelen, acrobaten die uit schilderijen springen en afbeeldingen van fantastische menselijke piramiden van acht man hoog. In 1523, toen de oude, met peper beladen vloot al was afgenomen tot onregelmatig arriverende, meelijwekkende scheepsladingen specerijen, begon de nieuwe doge, Andrea Gritti, dichters, kunstenaar en musici uit te nodigen naar een stad die vooral bekend stond om zijn kooplieden en verzekeraars. Stenen bruggen en stedelijke monumenten werden schilderachtig opgesteld, zodat de glorie van de stad zich weerspiegelde in het melkachtige water van de grachten. Dit is het Venetië dat je vandaag de dag ziet, dat de bezoekers trekt en het geld binnenhaalt. Onder Gritti kwam het Carnevale, dat lang als de wanordelijke keerzijde van de zorgvuldig ontworpen sociale orde had gefungeerd, onder centraal gezag te staan. Op de plaats waar de toeristen zich nu verdringen voor het voorrecht om door de beroemde duiven van Piazza San Marco belaagd te worden, plachten de doges vanaf hun tribune te kijken naar de officiële optochten die deels kerkelijke processie, deels een soort koninginnedagparade waren (compleet met muziekkapellen). Het spektakel zorgde ervoor dat de toeristen bleven komen, ook al ging het overzeese Venetië teloor.

Maar als het Correr slechts een façade, een schijnvertoning is, waar kunnen we de geschiedenis van de stad dan wel op het spoor komen? Misschien is een museum helemaal niet de beste plek om te beginnen; misschien is dat wel een vismarkt. Je komt daar door de borden naar de Rialto-brug te volgen en dan de Ruga Orefici en Ruga Speziali (de goudsmidstraat en de kruidenverkoperstraat) omlaag te lopen tot je een groot neogotisch paviljoen ziet. Dit is de Pescaria, de oude vismarkt van de stad. Op deze plek kun je de oorsprong van Venetië en zijn eerste bron van welvaart bijna lijfelijk voelen. Je kunt deze zien in de grote hoeveelheden glinsterende zeevis, in de wriemelende, levende garnalen ter grootte van een kakkerlak en de enorme gamba's van wel vijftien centimeter, in de doorschijnende canoce en zakken messchede met de kleur van parelmoer, in de reusachtige tonijn waarvan de ogen glanzen in het ochtendlicht, en in de *scorfano* waarvan het roze uiterlijk niet lijkt te passen bij een vis met zo'n angstaanjagende grijns. Hier begrijp je dat de Koningin van de Adriatische Zee, net als de overvloed aan zeedieren onder het dak van de Pescaria, haar oorsprong heeft gevonden in de wriemelende lagune.

Recente archeologische opgravingen in de modderige grachtenbodems hebben aangetoond dat de regelmatige toevoer van vis door het plaatselijk getij al sinds de derde eeuw mensen naar deze plek trok. De fiere, onafhankelijke Venetianen mogen graag denken dat hun stad werd gesticht door Italianen die in de vijfde en zesde eeuw het vasteland ontvluchtten voor de plunderende barbaren. (Luca betitelt de 'vastelanders', de bewoners van het 'terra firma', nog steeds als barbaren.) Het lijkt echter waarschijnlijker dat die eerste moerasbewoners simpelweg een geschikte verblijfplaats in de buurt van de vruchtbare visgronden zochten. Ze vestigden zich uiteindelijk op een van de eilanden die bij hoogtij droog bleven. Ze noemden het Rivo Alto, wat 'hoge oever' betekent, later afgekort tot Rialto.

Aanvankelijk was de stad Venetië niet meer dan een strook watergebied, met her en der een veenachtig eiland. Door het moeras kronkelden vele stromen, en een daarvan zou uiteindelijk het Canal Grande worden. Het was een hoogst onaannemelijke locatie voor een stad. Die eerste Venetianen moesten het drassige landschap draineren, oevers verstevigen, grond van kilometers ver aanvoeren en houten palen in de modder slaan. De stad werd eerst opgetrokken uit modder en wilgentwijgen, daarna uit bakstenen, en ten slotte werden, teneinde een solide indruk over te brengen, per schip marmeren platen aangevoerd die de ruwe baksteen moesten afdekken. Desondanks bleef de stad zakken, zoals ze dat nu nog doet. Archeologen hebben berekend dat toen de mozaïekvloeren van de grote kerken op Torcello en San Marco werden gelegd, het grondniveau op de beide bouwplaatsen al een kleine twee meter was opgehoogd. Om de stad boven water te houden moest zowel de bevolking als het stadsbestuur continu inspanningen leveren, opdat de huizen niet zouden overstromen en de kanalen niet zouden verzilten. Deze coöperatieve gezindheid zou goed van pas komen toen de Venetianen in de overzeese handel stapten.

De lagune wemelde niet alleen van vis en schaaldieren, maar verschafte de eerste Venetianen ook een gewild verhandelbaar artikel in de vorm van zout. Zoals bekend, was deze natuurlijk voorkomende chemische stof vóór de uitvinding van de vriezer onmisbaar voor iedere menselijke economie. Hoewel sommige etenswaar met andere methoden kon worden geconserveerd, was zout noodzakelijk om vlees en vis tot een volgend seizoen te bewaren. Wij kunnen dit moeilijk naar waarde schatten nu ingemaakte voedingsmiddelen zoals ham, ansjovis en kappertjes niet meer dan een bijkomstig onderdeel van ons menu vormen. Maar tot voor kort was vers vlees voor de meeste Europeanen een bijna ongekende luxe. Gezouten vlees, op grotendeels dezelfde wijze bereid als de speciale feestdis van gekruid schapenvlees, was vroeger de norm.[1] Kwam zout in Noord-Europa uit diepe mijnen, in het Middellandse Zeegebied werd het verkregen door uitdamping van zeewater. Vrijwel iedereen op een geschikte plek kon zout produceren, en het was praktisch onmogelijk de zoutproductie te controleren.

Desondanks deden de Venetianen een poging. De vissers die zich op de eilanden rondom de Rialto hadden gevestigd, hadden al ten minste sinds de zesde eeuw eigen zoutpannen in bedrijf, maar ze konden de voornaamste zoutproducent uit de regio niet bijbenen: de stad Comacchio, zo'n tachtig kilometer verderop langs de kust naar het zuiden. De oplossing van de Venetianen was even simpel als meedogenloos. In 932 roeiden ze hun galeien naar Comacchio, brandden de citadel ervan plat, richtten een bloedbad onder de inwoners aan en voerden de overlevenden mee. Aangekomen in Venetië moesten de Comacchianen een eed van trouw aan de doge zweren voordat ze werden vrijgelaten. Deze brute methoden, ontwikkeld door de gangsters die de Venetiaanse zoutbranche runden, zouden min of meer het model worden voor de gewelddadige strategieën in de latere specerijenhandel – en dan niet slechts van de Italianen aan de Middellandse Zee maar ook van hun Portugese en Hollandse opvolgers toen die in Azië huishielden.

Venetië liet zijn pogingen om de zoutproductie te beheersen ten slotte varen, maar de handel erin was een ander chapiter. Via een combinatie van zakelijke gewiekstheid, diplomatie en moord verkreeg de stad ten slotte zeggenschap over alle zout dat in de regio circuleerde. Op vrijwel dezelfde manier als ze later een overheidsdienst zouden opzetten om de specerijenhandel te reguleren, organiseerden de leiders van de Republiek nu een departement dat moest bepalen hoe, wanneer, waar en wanneer zout verkocht mocht worden.[2]

De mannen achter deze politiek waren afkomstig uit een losse groep vooraanstaande families. Het waren gewoonlijk oude en ervaren zakenlieden, net als de patriciërs die tegenwoordig zitting hebben in Amerikaanse raden van bestuur, en evenals deze directieleden kozen ze periodiek een chief executive officer, de doge, die toezicht hield op de dagelijkse bedrijfsactiviteiten van de Venetië NV. Deze CEO kreeg zijn functie voor het leven, maar als de baas voor eigen glorie avonturen ging ondernemen die een bedreiging voor de winst vormden, kon hij beteugeld worden, en soms zelfs ontslagen. (In 1355, toen doge Marin Falier te veel sterallures kreeg, besloot de heersende Raad van Tien tot een wel zeer rigoureuze demotie door de opperste bureaucraat op zijn eigen paleistrappen het hoofd te laten afhakken.) Hoewel de Republiek van de Heilige Marcus nooit een echte democratie was, had ze ook niets van de gebruikelijke feodale middeleeuwse staat. In Venetië bestond de heersende klasse uit kooplieden die geld wilden verdienen, niet uit gewapende ridders die liever uit jagen gingen. Het was een regering van zakenlieden door zakenlieden voor zakenlieden. Wat niet wil zeggen dat ze veel in vrijhandel zagen. Niettemin hielden ze rekening met de kleine man, en onder de basisregels die ze opstelden konden ook de kleine kooplieden gedijen. In dit ondernemingsvriendelijke klimaat konden ambitieuze jongemannen zonder kapitaal vennootschappen opzetten met gevestigde financiers en rijke weduwes. Met een dosis zakelijk instinct en een beetje geluk konden beide partijen van zulke regelingen profiteren. Maar niet alleen de ondernemers voeren wel bij een regering die de handelsbelangen vooropstelde. Scheepsbouwers en zeilenmakers, matrozen en stuwadoors, leveranciers en prostituees hadden, tezamen met de bankiers en de verzekeraars, een direct belang bij het welvaren van de koopmansrepubliek.

Elders roomden vorsten en kaliefen de verdiensten van hun kooplieden zoveel mogelijk ten eigen bate af, maar niet in Venetië. Als gevolg daarvan kon de betrekkelijk nietige republiek het opnemen tegen veel grotere en bevolkingsrijker mogendheden zoals het koninkrijk Hongarije dat zich herhaaldelijk (en zonder succes) met geweld toegang probeerde te verschaffen tot Venetiës achtertuin, en zelfs, met veel belangrijker gevolgen, tegen het grote Byzantium. De reusachtige bedragen die kolkend door het Canal Grande stroomden, stelden een stad van minder dan honderdduizend inwoners in staat het op te nemen tegen een miljoenenrijk.

Als het over Byzantium gaat lijdt *La Serenissima* opnieuw aan selectief geheugenverlies. In het begin had Venetië deel uitgemaakt van het Oost-Romeinse Rijk – zij het als een onbeduidend stadje in een westerse uithoek daarvan. De stad bleef officieel tot dat rijk behoren tot het begin van de negende eeuw; daarna betrad zij door middel van een reeks verdragen een soort legalistische wildernis waarin zij technisch nog een provincie van Byzantium was maar een schatting aan de Duitse keizers betaalde. Nog in 1082 betitelde de keizer de Venetianen als 'waarlijke en trouwe onderdanen', maar ze bleven in elk geval theoretisch onderworpen aan dezelfde wetten als de Byzantijnen. De Venetianen trokken aanvankelijk maximaal profijt van deze innige relatie, buitten deze later meedogenloos uit en sneden hun ooit zo grote opperheer uiteindelijk de keel door. Je hoort daar niet veel over in Venetië. Er heerst een bijna oedipale onwil onder de bewoners om te erkennen hoeveel de stad aan Byzantium te danken heeft gehad. Toch is de geschiedenis van dit Venetië, en dan met name zijn rol als de specerijenkoopman van Europa, alleen goed te begrijpen wanneer je daarbij zijn oorsprong in dat oude rijk betrekt.

Venetië en Byzantium

Direct naast de grote San Marco-basiliek en het gelijknamige plein bevindt zich de lange kade die de Molo wordt genoemd. Hier gaat iedereen staan om het geijkte kiekje te nemen van de groene lagune met de schitterende witte San Giorgio Maggiore-kerk op de achtergrond. Als je een gondeliershoed voor je neefje wilt kopen, of een carnavalsmuts voor je nichtje, zijn een tiental souvenirstalletjes je graag van dienst. Hier neem je het veer naar het strand op het Lido, naar Murano om de glasfabriek te bezoeken of naar het vliegveld voor je vlucht. Schepen lossen hier al gedurende duizend jaar passagiers en vracht. Aan deze kade stapte de doge op zijn vergulde galei voor de jaarlijkse ceremonie waarin hij de zee huwde. Dit is immer de voordeur van Venetië geweest. Opmerkelijk aan de pier is echter, zodra je erover nadenkt, zijn ligging: de Molo is naar het zuiden en het oosten gewend. Hij keert het Europese vasteland, het terra firma van de barbaren, zijn rug toe en kijkt in de richting van keizer Constantijns luisterrijke metropolis.

In zijn oorspronkelijke vorm was de San Marco niet meer dan de bescheiden privékapel van de doge, direct tegen zijn ommuurde fort aan gebouwd. De kerk ontleende zijn roem aan een schrijn met de beenderen van de apostel Marcus, in de negende eeuw gestolen uit een kerk in Alexandrië. (Het verhaal gaat dat de kooplieden de overblijfselen tussen plakken varkensvlees verborgen en zo de douanebeambten van de kalief te slim af waren.) Zo'n tweehonderd jaar later was de stad echter volwassen geworden, waardoor ze zoals elke middeleeuwse stad met ambities een imposante kerk nodig had om haar rol op het wereldtoneel aan te kondigen. Voor een model wendden de Venetianen zich, zoals ze zo vaak deden, naar Constantinopel. Ze besloten het ontwerp te jatten van de Apostelkerk, vooral omdat Constantijn de Grote die had laten bouwen. De doge kon nu bogen op een kerk die de evenknie was van een godshuis waaraan de naam van een legendarische keizer was verbonden, met relikwieën die elke Byzantijnse kerk naar de kroon staken.

De middeleeuwse Venetiaanse cultuur was eigenlijk hoofdzakelijk een lappendeken van uit het oosten geïmporteerde fragmenten. Het Venetiaanse recht was sterker gebaseerd op de Romeinse traditie van het Oostelijke Rijk dan op de juridische benadering van het vasteland.[3] Het ontwerp van de oorlogsgaleien en het idee van een door de staat beheerd wapenarsenaal waren allebei grotendeels ontleend aan Byzantium. De smaak in kleren, kunst en eten werd geïnspireerd door Constantinopel. In Venetië waren de oosterse kledingstijl – rijkelijk met reliëfpatronen versierde gewaden die los van de schouder omlaag hingen – en iconen in Griekse stijl nog in de mode toen de

Florentijnen en Mantuanen allang waren overgegaan op nauwsluitende kostuums die het figuur deden uitkomen, en opdrachten verleenden aan schilders in de trant van Botticelli en Leonardo.

Venetianen probeerden zich niet slechts te kleden als de Byzantijnen, ze aapten ook hun eetgewoonten na. Daarbij werd niet elke oosterse culinaire innovatie onmiddellijk omarmd. De geïmporteerde vork bijvoorbeeld werd aanvankelijk verdoemd als 'een instrument van de duivel'. Toen Giovanni Orseolo, de zoon van de doge, omstreeks 1004 uit Constantinopel terugkeerde met zijn Byzantijnse bruid Maria, werd de stroom roddel die ze opwekte in belangrijke mate veroorzaakt door de bijzonder verdachte voorwerpen in haar uitzet. 'Ze raakte haar eten niet met haar handen aan,' schreef een chroniqueur jaren nadien nog vol ontzetting, 'maar ze liet het eten door haar bedienden in kleine stukjes snijden waarna ze deze hapjes met behulp van een gouden vork met twee tanden naar de mond bracht en proefde.' En of haar eetgewoonten niet al erg genoeg waren, hield Maria ook nog van baden, in geparfumeerd water nog wel! Sommigen zagen in haar komst zelfs de oorzaak van de pest die destijds de stad teisterde. (Dit is niet zo vergezocht als het klinkt, aangezien de pest evenzeer een Byzantijns exportproduct was als vorken en parfum.) Vorken waren bepaald geen ogenblikkelijk succes (ze hadden ongeveer de grootte van een hedendaagse oestervork), maar vanaf eind dertiende eeuw duiken de tere, kleine instrumenten op in testamenten en inboedelbeschrijvingen. Ze zijn te zien op een schilderij van Botticelli uit het midden van de vijftiende eeuw waarop twee vrouwen deze nietige vorken sierlijk vasthouden, en latere Venetiaanse banketaferelen wemelen ervan. Hoewel de bronnen het niet vermelden, moet Maria ook haar koks hebben meegebracht. We kunnen enig idee krijgen van de sensatie en verbazing die werden opgewekt door de exotische aroma's die opeens uit de keukens van het dogepaleis dreven, door ons voor te stellen dat een voortreffelijk gedrilde brigade van Parijse topkoks zou neerstrijken in een cowboystadje in het Wilde Westen. Het elfde-eeuwse Venetië had nog een lange weg te gaan voordat het op gelijke hoogte met de Byzantijnen kwam.

In de duistere begintijd van de middeleeuwen, toen Europa verkommerde, was Constantinopel de grootste en meest kosmopolitische mediterrane stad. Op zijn hoogtepunt, tijdens het bewind van keizer Justinianus (527-565), woonden er in de keizerlijke hoofdstad meer dan een half miljoen mensen (sommige schattingen gaan zelfs tot een miljoen). Pas over meer dan duizend jaar zou dat aantal weer door een Europese stad worden gehaald! Zelfs in 1204, toen de Venetianen op het punt stonden hun aftakelende voormalige moederstad leeg te roven, was een van hen nog van ontzag vervuld door wat hij zag:

> Degenen die Constantinopel nooit eerder hadden gezien waren in vervoering en konden niet geloven dat er op aarde zo'n grote stad kon bestaan. Ze staarden naar haar hoge muren, de grote torens waarmee zij langs de hele omtrek was versterkt, haar grote huizen, haar rijzige kerken die zo talrijk waren dat je het niet zou geloven als je het niet met eigen ogen had aanschouwd; en lieten hun gedachten gaan over de lengte en breedte van de stad die alle andere overtreft.

De stad aan de poorten van de Bosporus heeft altijd als een magneet gewerkt op mensen uit heel Oost-Europa en West-Azië. Een westerse kruisvaarder beschreef de smeltkroes die Constantinopel in 1096 was: 'Grieken, Bulgaren, [...] Italianen, Venetianen, Romanen [destijds de term voor mensen van het Griekse vasteland], Daciërs [uit het huidige Roemenië], Engelsen, Amalfitanen, zelfs Turken; veel heidense mensen, Joden en bekeerlingen, Kretenzers, Arabieren en volkeren uit alle naties komen hier bijeen.' Het hoeft geen verbazing te wekken dat de lokale cultuur door al deze buitenlandse accenten werd beïnvloed, en dat de kookstijl van de stad zich aanpaste aan de smaken uit het hele rijk.

De Byzantijnse keukens berustten voor een groot deel op de overvloedige plaatselijke vis- en landbouwproducten (zoals nu nog min of meer het geval is met het Turkse en Griekse eten), maar de keizerlijke hoofdstad kon ook rekenen op de import van graan uit de verafgelegen Krim, kaas en wijn van de Egeïsche eilanden en olie uit het achterland van Anatolië. Een van de belangrijkste smaakmakers was garum (in het Grieks garos), de gefermenteerde vissaus die zo'n essentieel ingrediënt was van de antieke Griekse en Latijnse keuken en in Byzantium nog lang populair bleef nadat het in West-Europa allang in onbruik was geraakt. De oude Romeinse invloed toonde zich ook in een voorliefde voor kruiden, specerijen en andere exotische smaakmakers. Het lijkt erop dat de voorkeur voor specerijen in de loop der jaren meer uitgesproken werd. De vroegere Romeinse koks hadden zich in hun gebruik van Aziatische kruiden grotendeels beperkt tot zwarte en lange peper (*Piper nigrum* en *Piper longum*), ondanks het feit dat specerijen langs een min of meer directe route van Zuid-India naar Italië konden worden aangevoerd. Andere aromatische stoffen werden vooral medicinaal gebruikt, hoewel ook priesters en balsemers ze goed van pas vonden komen. Tacitus vertelt ons bijvoorbeeld dat Nero, na zijn vrouw Poppaea in 65 n.Chr. te hebben vermoord, bij haar begrafenis zoveel kaneel liet gebruiken als er in een heel jaar in Rome werd aangevoerd.

Naarmate de band met het antieke Rome afnam, sijpelden er in Byzantium steeds meer specerijen van de apothekerskast naar de stoofpot. Hierover berichtte een vroegchristelijke somberaar, Asterius van Amasea, al omstreeks 400 n.Chr.: 'Onze weelde wordt met de dag uitzinniger,' schampert hij met het gebruikelijke misbaar van de asceet, 'en zet ons er nu toe aan ons eten te bedelven onder de geurstoffen van India. De specerijenkoopman schijnt tegenwoordig niet voor de dokter maar voor de kok te werken!' Asterius overdreef waarschijnlijk zodat hij zijn preek kon aanscherpen. Specerijen bleven een belangrijk onderdeel van de dokterstas; hun therapeutische waarde werd misschien zelfs wel hoger dan ooit aangeslagen omdat de humorenleer een steeds grotere verbreiding onder het volk vond. Vermoedelijk kregen de Aziatische exotica juist wegens hun vermeende genezende eigenschappen een steeds prominentere rol in de Byzantijnse keuken.

Er werd een verscheidenheid aan specerijen gebruikt in de keukens van Constantinopel. Klaarblijkelijk was op z'n minst één van de keizers, Constantijn VIII, een amateurkok, 'een bijzonder vaardig menger van sauzen, die zijn schotels zodanig voorzag van kleuren en smaken dat de eetlust van alle soorten eters werd opgewekt.' Onze bron, een chroniqueur uit die tijd, voegt daaraan toe dat de keizerlijke lekkerbek verslaafd was aan eten en seks en dat het, zoals gewoonlijk, slecht met hem afliep. De kruiderijen in de provisiekast van de keizer zouden ons slechts ten dele bekend voorkomen. Mastiek, gewonnen uit het sap van bomen op het eiland Chios, was heel geliefd in brood en taarten maar ook als een soort kauwgum voor een frisse adem. (Turken en Grieken stoppen het om die reden nog steeds in kauwgum.) Storax en balsa, beide op ongeveer dezelfde manier geproduceerd in de zuidoosthoek van het Midden-Oosten, zorgden voor geurige soepen en wijnen. Nardus, een extract van een bladplant uit de Himalaya, en *putchuk*, een plant uit de hooglanden van Kashmir, waren slechts twee van de vele Indiase specerijen die deze verdorven heerser door zijn sauzen en soepen roerde. Hij kon ook gebruik maken van zwarte peper, lange peper, gember, kassie, kaneel, kruidnagel, nootmuskaat, foelie en het al even prijzige suiker om zijn geblaseerde smaakpapillen te prikkelen. Het is moeilijk te zeggen in welke hoeveelheden de mondaine keizer deze geïmporteerde smaakmakers in zijn pannen strooide, maar als we mogen afgaan op de paar recepten die daadwerkelijk hoeveelheden aangeven, dan was het specerijengebruik gevarieerd maar niet buitengewoon overvloedig.

Er zijn geen aanwijzingen dat de fijne specerijen die we met het middeleeuwse en renaissancistische Europa verbinden, in de middenperiode van het Byzantijnse Rijk meer dan andere toekruiden werden gewaardeerd. Waarschijnlijk waren ze simpelweg een onderdeel van het rijkgeschakeerde palet van plaatselijke en geïmporteerde smaakmakers. Misschien waren ze niet eens zo exotisch voor de Byzantijnen, die immers voortdurend in contact stonden met de van specerijen doortrokken culinaire tradities van Perzië en Bagdad. Toen het Byzantijnse leger in 626 het Perzische paleis bij Dastagert binnenmarcheerde, roofden ze volgens de verslagen ongeveer vijfenzeventig pond aloëhout (een harsverbinding die in de keuken werd gebruikt), maar van de zijde, linnen, suiker en gember die ze eveneens buit maakten waren ze kennelijk niet voldoende onder de indruk om de hoeveelheden te noteren. Specerijen brachten in Constantinopel zeker een mooi bedrag op, maar ze waren daar beslist minder duur dan in Venetië, en oneindig veel minder dan in Frankrijk of Engeland. Waren specerijen wellicht minder exclusief omdat ze hier betrekkelijk goedkoop waren?

Hoe dan ook, in Constantinopel verdienden specerijenhandelaars gedurende meer dan duizend jaar een dikke boterham aan de exotische wortels en bessen. Sommigen reisden ver westwaarts, tot aan Bourgondië toe, om hun waren te slijten, en ten minste één Byzantijnse koopman werd naar het schijnt zo rond 550 aan het hof van Ceylon gezien. Toch kwam het leeuwendeel van de winst doorgaans terecht bij andere tussenpersonen die aan het hoofd stonden van een netwerk dat meer dan twaalfduizend kilometer overspande op een schaakbord waarop de stukken voortdurend werden verschoven door wisselende naties en religies. Voor kruidnagel en nootmuskaat begon de lange reis in de Molukken, een onbeduidende archipel van vulkaaneilanden in Zuidoost-Azië, waar Indiase en Chinese handelaars hun zeilschepen belaadden voor de tocht van bijna vijfduizend kilometer naar de Indiase peperkust. Aan het eind van die tocht ruilden de daar gevestigde kooplieden – Indiërs, Chinezen, Arabieren en Joden – hun zilver en goud voor peper en nootmuskaat, waarna ze die overlaadden in de gereedliggende dhows. Met hun kostbare vracht gleden deze kleine schepen dan op de herfstwinden over de Indische Oceaan en voeren de Rode en Arabische Zee op. Bij aankomst werden de specerijen nogmaals overgeladen, ditmaal op duizenden kamelen die als onafzienbare mierencolonnes door de stoffige vlakten sjokten om hun geurige last ten slotte af te leveren bij hun naar specerijen hunkerende bazen in het Egyptische Alexandrië en het Byzantijnse Trebizond aan de Zwarte Zee. Pas dan was de beurt aan de mediterrane galeien en Constantinopel. Na de zevende eeuw stonden alle routes over land onder islamitische heerschappij, maar de laatste etappe werd dan toch nog door de Byzantijnen verzorgd. Voor zolang het duurde. Want de Venetianen stonden te popelen in de coulissen.

Opgemerkt moet worden dat de Venetianen niet de enigen waren die zich een plaats probeerden te veroveren op de mediterrane specerijenmarkt. De Genuezen en de Pisanen boden hun flink weerwerk. Desondanks kregen de vissers van de modderige lagune ten slotte de overhand.

Kooplieden en piraten

Wie een kaart van het Middellandse Zeegebied bekijkt, ziet een grote massa water die is opgesplitst in talloze baaien, inhammen en riviermonden. Als je het echter als een geheel beziet, valt je op dat de zee min of meer is opgedeeld in twee ongelijke helften: het kleinere, westerse deel dat ophoudt bij de Italiaanse laars en de grotere, oosterse helft die ten zuiden en oosten van Sicilië ligt. Constantinopel, het huidige Istanbul, bevindt zich min of meer in het midden van de noordkust van de oostelijke helft, waar het als een spin boven het web van zeestraten in de Egeïsche Zee is neergestreken en door zijn strategische ligging de controle heeft over alle verkeer met de Zwarte Zee. Aan de droge zuidkust bevindt zich de grote stad Alexandrië, gelegen aan de uiterste westpunt van de vruchtbare Nijldelta, de bestemming van de karavanen die peper en andere luxeartikelen meebrengen vanaf de Rode Zee. Venetië is gesitueerd aan de uiterste noordwesthoek van de Adriatische Zee, de grootste golf van het oostelijke Middellandse Zeegebied, en ligt vanuit de Duitssprekende landen direct aan de andere kant van de Alpen. Vanaf Venetië kun je min of meer direct afzakken langs de Adriatische oostkust, om vervolgens rakelings voorbij het Griekse vasteland en langs het eiland Kreta recht omlaag naar Egypte te gaan. Deze reis is verreweg de kortste verbinding tussen de specerijencentra van de Oriënt en de zilvermijnen in het hart van Europa.

Vanaf het moment dat de bestuurders van de San Marco-republiek voor het eerst hun galeien de Egeïsche Zee op stuurden, werd de controle van deze route het overheersende doel van hun buitenlandbeleid. In het kader van die politiek breidde de stad haar invloedssfeer geleidelijk uit, eerst door in havens langs de route handelsposten in te stellen, vervolgens door deze met harde hand tot protectoraat te maken en ten slotte, met name na 1204, door ze volledig te koloniseren. Als je deze route vandaag de dag nareist, kom je langs de hele Dalmatische kust mini-Venetiës tegen, en vele Griekse stadjes in de Egeïsche Zee worden nog steeds overschaduwd door de ruïnes van Venetiaanse burchten.

De kooplieden die de Venetiaanse staat bestuurden, namen vaak hun toevlucht tot de strategie die ze in de zouthandel hadden geleerd. Dat betekende dat er hard werd opgetreden tegen iedereen die zich in de zaken van de Republiek mengde. De Venetiaanse vloot voer minstens zo vaak ten strijde tegen Italiaanse stadstaten als tegen andere indringers. Met name oorlogen met Genua waren gedurende een groot deel van de middeleeuwen aan de orde van de dag, aangezien de twee steden elkaar de controle over het oostelijke Middellandse Zeegebied betwistten. Maar geweld was niet altijd de beste aanpak. Toen de doges hadden gemerkt dat het op oorlogspad sturen van triremes soms slecht uitpakte, sloten vertegenwoordigers van de stad allerlei overeenkomsten en niet-aanvalsverdragen, zelfs als dat onderhandelen met openlijk vijandige moslimpotentaten betekende.

Hoewel de Venetiaanse gebiedsuitbreiding werd gemotiveerd door de noodzaak om de specerijenroute veilig te stellen, ongeacht of de welriekende lading nu uit de Zwarte Zee, de Levant of Egypte kwam, werd over het ontstane handelsnetwerk zo ongeveer alles vervoerd wat in een schip kon worden geladen. Aldus kon Boheems zilver worden geruild voor Slavische slaven in de Krim, die op hun beurt werden verhandeld voor peper in Alexandrië, die vervolgens werd gewisseld voor Florentijnse wol in Venetië, van waaruit het naar Trebizond werd verscheept en daar verkocht voor gember, dat gebruikt kon worden om in het zuiden van Italië Apulisch graan te kopen om dat naar Venetië te sturen, waar het een mooie prijs in Boheems zilver opbracht. De Venetiaanse kooplieden hadden derhalve veel baat bij de bases die ten behoeve van de peperhandel waren opgericht, ongeacht wat hun scheepsruimen bevatten.

Niettemin waren de specerijen cruciaal om Venetië NV uit de rode cijfers te houden. Daarover bestond brede overeenstemming, en het stadsbestuur reguleerde de specerijenhandel dan ook tot in de details. Teneinde de veiligheid van de lading te garanderen, mochten specerijen alleen vervoerd worden in een gewapend konvooi dat de *muda* heette. De muda had vanaf 1330 een wettelijk monopolie op de specerijenhandel, dat ongeveer tweehonderd jaar duurde. Bewapende galeien werden speciaal voor deze lucratieve handel ontworpen en gebouwd op de Arsenale, de enorme overheidswerf, en vervolgens verhuurd aan de hoogste bieder. Deze was op zijn beurt verplicht om

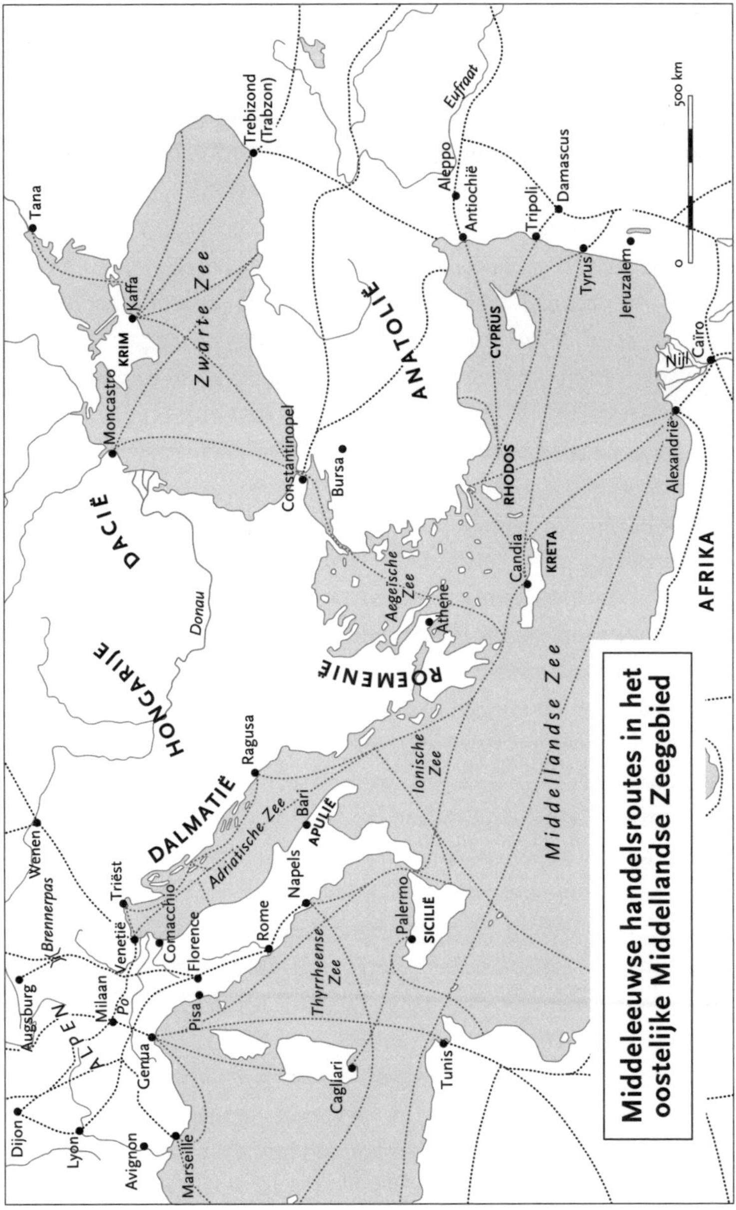

Middeleeuwse handelsroutes in het oostelijke Middellandse Zeegebied

ook kleinschalige kooplui vrachtruimte te bieden, tegen standaardtarieven. Het resultaat was, zo schatte doge Tomasso Mocenigo, dat Venetianen uit alle rangen en standen in 1423 zo'n tien miljoen dukaten investeerden in de specerijenhandel en jaarlijks een indrukwekkende winst van zo'n vier miljoen opstreken, terwijl de overheidsinkomsten in die tijd minder dan één miljoen bedroegen![4]

Evenals in Byzantium hanteerde men in Europa een ruimhartige definitie van een specerij, zodat daar behalve kaneel, gember en dergelijke ook parfums, geneesmiddelen en zelfs verfstoffen onder vielen. Een goed beeld van wat er allemaal in trek was geeft een lijst van aankopen die de Venetianen aan het begin van de vijftiende eeuw in Damascus deden. De Italianen bevrachtten hun schepen niet alleen met wat wij verschillende soorten specerijen zouden noemen, waaronder zwarte peper en lange peper, vijf soorten gember, galanga (vergelijkbaar met gember), zedoarwortel (verwant aan kurkuma), nootmuskaat, foelie, kruidnagel, kruidnagelstengels, drie soorten 'kaneel', staartpeper en kardemom, maar tevens met verschillende soorten wierook, verfstoffen en een half dozijn geneesmiddelen en andere chemische stoffen, in totaal ongeveer dertig artikelen. Deze lange lijst is echter enigszins misleidend, omdat de meeste van deze oosterse exotica in minieme hoeveelheden werden verhandeld. De enige twee goederen die in bulk werden verhandeld (ze bedroegen 50 tot 65 procent van de in Damascus gekochte specerijen) waren peper en gember. En peper spande de kroon. In de vijftiende eeuw importeerden de Venetianen tegen elke twee pond gember ongeveer vijf pond peper. Bovendien was de hoeveelheid verhandelde peper doorgaans meer dan alle andere specerijen bij elkaar. Wanneer de Venetiaanse doges zich dus inspanden om hun zeestraten veilig en hun schepen goed bevoorraad te houden, ging het hun allereerst om de aanvoer van de gerimpelde zwarte bessen uit Malabar.

Waar kwam die obsessie met specerijen vandaan, gezien het feit dat de meeste handelaars prima konden leven van de in- en verkoop van meer alledaagse artikelen? Het korte antwoord is: geld. Gemiddeld boekten Venetiaanse handelaars op specerijen netto een winst van zo'n veertig procent. De grote Florentijnse bankiers uit die tijd behaalden met hun investeringen ongeveer de helft van dat rendement.

Met andere koopwaar kon je als je geluk had 15 tot 20 procent halen. En hoewel bepaalde handelsartikelen een enkele maal nog lucratiever konden zijn, bijvoorbeeld graan in tijden van hongersnood, was de markt voor specerijen prettig stabiel, in vette en magere jaren. Bovendien hoefde je geen enorme investering te doen om je op deze markt te begeven. Iemand van begin twintig met beperkte middelen kon als jong koopman op een schip naar Egypte stappen, met een paar zakken peper terugkeren en daar nog iets aan overhouden. Om met graan een vergelijkbare winst te maken zou je fors moeten investeren, een heel schip moeten huren en dat moeten beladen met tonnen tarwe.

Maar specerijen hadden nog een voordeel, een zelden opgemerkte eigenschap die kan verklaren waarom met name peper zo aanlokkelijk was dat het talloze Venetiaanse galeien ertoe bracht met de heidenen te handelen en later de Spanjaarden en Portugezen verleidde tot verre zeereizen. Specerijen bederven niet – of in elk geval niet gauw. Wij zijn zozeer gewend om ons aan Chileense druiven te goed te doen en garnalen uit Thailand op te peuzelen dat we geneigd zijn te vergeten hoe moeilijk het was om goederen over lange afstanden te vervoeren, afgezien van enkele speciale producten. Er had in het middeleeuwse Europa geen vraag naar in India verbouwde peper kunnen ontstaan als de droge kleine bessen niet heel licht waren, en voldoende houdbaar om het vervoer over de halve wereld te doorstaan. Want een baal peper die van Quilon naar Keulen ging, moest een maandenlang transport per schip, kameel en muilezel kunnen verduren, onderbroken door vele extra maanden opslag in elke haven aan de route – en dat alles zonder een merkbare achteruitgang in kwaliteit. Peper is een opmerkelijk stabiele specerij en kan, indien betrekkelijk droog opgeslagen, wel tien jaar worden bewaard. Vergelijk dat eens met een zak mango's over de halve wereld verschepen, of een krat porselein over de Alpen zeulen. En Aziatische specerijen mogen dan wel nooit hun gewicht in goud waard zijn geweest, ze waren voor die kamelen wel een veel lichtere last! De enige andere goederen waarbij het loonde om ze over zo'n lange afstand te vervoeren, waren edelstenen en zijde. Toen Marco Polo's handelsfamilie bijvoorbeeld aan het eind van de dertiende eeuw door Azië trok, schijnt zij zich te hebben ge-

PLATE XX.—PIMIENTA.

Peper zoals afgebeeld in het laat zestiende-eeuwse kruidenboek van Garcia da Orta.

specialiseerd in parels en dergelijke waar. Het nadeel van juwelen was echter dat ze meteen bij de eerste aankoop betrekkelijk prijzig waren, wat de te behalen winst onvermijdelijk drukte. Specerijen waren daarentegen een goedkoop natuurproduct dat gemakkelijk in de bossen was te oogsten door verzamelaars zonder speciale vaardigheden. Dat verklaart hoe vorsten en zakenlieden het klaarspeelden om de prijs met 1000 procent op te krikken tussen de tijd dat de gedroogde smaakstoffen Azië verlieten en hun aankomst in een Adriatische haven.

Aan de andere kant was de langeafstandshandel niet zonder risico's. Overzee had je de vreemde heersers die continu meer inkomsten uit de handel wilden persen, buitenlandse kooplieden die een groter stuk van de koek verlangden en concurrenten uit Genua, Barcelona en Marseille die boven jouw prijs boden. Als je vracht was ingescheept, moest je je zorgen maken over schipbreuken, piraten en opnieuw de Europese mededingers, die erger dan de piraten konden zijn. De koopman die niet alleen geld wilde verdienen maar ook in leven wilde blijven, moest de ene hand op het gevest van zijn zwaard houden wanneer de andere naar zijn beurs greep. In sommige opzichten is het zelfs een beetje misleidend om de handelaars op mediterrane galleien louter als kooplieden te kenschetsen. We moeten eerder denken aan uitstekend georganiseerde, goed bewapende bendes die de zee afschuimen, van haven naar haven trekken en profiteren van elke kans die zich voordoet. Gedurende een groot deel van de geschiedenis hing het veelal van de kracht van de tegenpartij af of een transactie uitdraaide op plundering of handel. De Venetianen maakten altijd de afweging of ze zouden marchanderen of vechten, maar het was hoe dan ook verstandig om goed bewapend te zijn, al was het maar omdat het krachtsvertoon een betere prijs kon opleveren. Hoewel men piraterij tegen medeburgers van de Republiek over het algemeen te ver vond gaan, werden andere Italianen als een gerechtvaardigde prooi beschouwd, zeker als men een kostbare lading specerijen of parels aan boord vermoedde. De situatie op land was niet veel beter, en in de specerijenhavens golden weliswaar allerlei verdragen en juridische verordeningen die de handel moesten reguleren, maar er was altijd de mogelijkheid dat de ene partij geen genoegen met de deal nam en het mes trok. Ook als de goederen eenmaal in bezit waren, moesten ze geborgen en nauwlettend bewaakt worden. Ten dele is dat de reden waarom plaatselijke autoriteiten soms toestemden of zich schikten in de bouw van verrassend uitgebreide fortificaties voor elke 'handelsnatie'.

De Venetiaanse semi-oorlogsschepen waren duidelijk in het voordeel ten opzichte van de licht bewapende kooplieden van de Byzantijnen. De regeerders van het Oost-Romeinse Rijk stopten al hun slagkracht in hun marine, een strikt militair gezelschap dat zich niet met handel bemoeide. Daarentegen waren de grote, zwaarbewapende bemanningen van de Venetiaanse schepen niet slechts in staat om eventuele aanvallers af te weren; ze konden desgewenst ook zelf aanvallen uitvoeren, tussen het voortdurende kopen en verkopen door. Onder de indruk van hun maritieme slagvaardigheid riepen Byzantijnse keizers in ten minste twee gevallen Venetiaanse vloten te hulp bij invasies van de Noormannen. Als beloning kregen Venetianen belastingvrijdom in het hele rijk.

Niet alleen de scheepvaart stond evenwel bloot aan Venetiaanse agressie. Ook de slecht verdedigde zuidelijke kustlijn van de Egeïsche Zee was een aanlokkelijk doelwit voor de Venetiaanse kapers. Op hun doortocht deden de bewapende galeien naar goeddunken weerloze vissershavens aan, waar ze dan proviand eisten (als je geluk had) en kinderen en jonge volwassenen meevoerden en als slaaf verkochten (als je pech had). Volgens de letter van de wet mochten christenen alleen ongelovigen als slaaf verkopen, maar dat onderscheid werd niet altijd strikt in acht genomen. Overigens waren de Venetianen niet inhaliger dan anderen; ze waren simpelweg het doelmatigste roofdier in een van haaien vergeven zee.

Eerst namen de Venetianen de exporthandel van Byzantium naar de Adriatische Zee over, toen begonnen ze samen met de Pisanen en Genuezen Constantinopel zelf te bevoorraden, en het slot was dat de Italianen, omstreeks de tijd van de eerste kruistocht, het merendeel van de scheepvaart in het rijk voor hun rekening namen. Het luisterrijke oude domein van de Byzantijnse keizers had het ondertussen overal zwaar te verduren. Het centrale gezag was zo sterk verzwakt dat de meeste provincies inmiddels door regionale potentaten werden bestuurd, die zelden de moeite namen nog iets van de belastingopbrengst naar de hoofdstad te sturen. In het oosten hadden de Seltsjoeken, een Turkse volksstam, geleidelijk grote brokken opgesoupeerd van wat nu Turkije is. Van het rijk dat ooit het hele Middellandse Zeegebied had beheerst, resteerde aan het eind van de twaalfde eeuw nog slechts de Balkan en fragmenten van de Turkse kust. Toen het eens zo grote Byzantium wegkwijnde, stortten Venetianen zich gretig op het karkas en deden zich eraan te goed, wat de opkomende Republiek geen windeieren legde. In 1204 deelden de Frankische en Venetiaanse pelgrims die voor de Vierde Kruistocht arriveerden, de doodsklap uit.

Koks en kruisvaarders

Wanneer je tegenwoordig in Venetië aankomt, toont de stad die op zee drijft je een skyline van oprijzende koepels en puntige klokkentorens. Iedere *campo*, ieder plein, iedere buurt wordt gedomineerd door een kerk. Veel ervan zijn nog gracieus en lenig, andere worden steeds beveriger en wankel. Niettemin zou je denken dat de Venetianen met al die koepeldaken en torenspitsen een godsdienstig volkje zijn. De waarheid is veel genuanceerder. In de ogen van de rest van het middeleeuwse Europa waren de Venetianen altijd halve afvalligen. Ze waren met name berucht vanwege de akkoorden die ze met de Moren sloten om hun handelsprivileges te behouden. Pausen deden regelmatig de hele stad in de ban – al speelden daarbij gewoonlijk ook politieke motieven een rol. In de San Marco-republiek was de plaatselijke geestelijkheid geheel ondergeschikt aan de wereldlijke autoriteiten. Hier gold de leus: Veneziani, poi Christiani! ('Venetianen [eerst], dan christenen!'). Dientengevolge hebben de meeste historici de Venetiaanse betrokkenheid bij de Kruistochten volledig aan zuiver financiële motieven toegeschreven; de hele bloedige onderneming teruggebracht tot weinig meer dan een vijandig overnamebod in de peperhandel. Maar dat is al te gemakkelijk. Religie weglaten uit de Venetiaanse strategie tegenover de Arabische wereld zou even simplistisch zijn als de ideologische component negeren in Amerika's avonturen in het Midden-Oosten. Zeker, peper was belangrijk (net als olie nu), maar dat wil niet zeggen dat de Venetianen geen toegewijde christenen waren, gelijk alle andere Europeanen. Daaruit volgt niet dat Venetianen – evenals veel fervente Amerikaanse christenen vandaag de dag – zich bij hun zakendoen lieten hinderen door hun religie.

Tegen de tijd dat de Italiaanse stadstaten zich in de peperhandel begaven en het eerste millennium op zijn einde liep, was de mediterrane wereld onherroepelijk gespleten in een christelijk noorden en een islamitisch zuiden. Na de dood van Mohammed in 632 denderden de moslimlegers door het Midden-Oosten en Noord-Afrika. Ze namen het Iberische schiereiland en Sicilië in. Hun ruiters rukten op tot ver in Frankrijk, waar ze in 732 ten slotte werden gestuit door christelijke ridders bij de slag van Poitiers. In de nasleep daarvan ontwikkelde zich een min of meer stabiele entente tussen de beide religies, die zo'n driehonderd jaar duurde. Aan het begin van het tweede millennium, na de duistere vroege middeleeuwen, ontwaakte echter een in toenemende mate welvarend Europa uit zijn sluimer. Dat uitte zich onder meer een in nieuwe imperiale religiositeit, een wijdverbreid verlangen om de grenzen van de islam verder terug te dringen. Toen paus Urbanus II in 1095 opriep tot een kruistocht om Jeruzalem te bevrijden, gaven vele duizenden mannen (en vrouwen) in heel Europa daaraan gehoor en hulden zich in de witte tuniek waarop het rode kruis van de kruisvaarders was aangebracht.

Daar de Frankische ridders van West-Europa niet over een noemenswaardige vloot beschikten, moesten ze schepen huren om hun mannen en paarden naar het Heilige Land te vervoeren. Daartoe wendden ze zich tot de nautisch welvoorziene Italiaanse stadstaten. Genua verschafte een magere dertien schepen. Pisa was royaler en voorzag in een flottielje van ongeveer 120 vaartuigen. De Venetiaanse autoriteiten hadden bijna een jaar nodig om de pro's en contra's van deelname aan de heilige oorlog af te wegen, maar toen ze daar uiteindelijk toe besloten, waren hun tweehonderd schepen de grootste bijdrage aan de kruisvaardersvloot. Hoewel er onder de Venetianen ongetwijfeld velen werden meegesleept in de geloofsijver van die tijd, was er ook een flinke groep die meer uit berekenende motieven handelde. Toen de regerend doge, Vitale Michiel, zijn medeburgers aanspoorde tot deelname aan de jihad, liet hij niet na te vermelden dat er bij deze onderneming meer dan geestelijke winst te behalen viel. Volgens de bepalingen van de overeenkomst zou een derde van alle gebied dat in het Heilige Land werd veroverd aan de Italiaanse steden toevallen als betaling voor het transport. Hoewel de Italianen niet zoveel zouden ontvangen als waar ze volgens het contract recht op hadden, kregen ze voldoende land om overal in de Levant handelsposten op te zetten.

Waren de Kruistochten voor de Venetianen zonder meer een enorme strategische alsook financiële meevaller, voor de rest van Europa waren de gevolgen uiteindelijk meer van culturele dan van concrete economische of zelfs politieke aard. De Latijnse ridders die eerst in Byzantium en daarna in het Heilige Land van boord gingen, stond een cultuurschok te wachten. Want na hun ontmoeting met de luxueuze onderkomens en verfijnde keuken van het oosten zouden velen van hen zich voor het eerst realiseren hoe bedompt en treurig hun tochtige torens waren en hoe eentonig de kost thuis was.

In Constantinopel kregen de hoge heren van Europa gekruide delicatessen voorgezet in het geurige paleis van de keizer, maar ook de lagere rangen werden in de herbergen en badhuizen van de grote metropolis blootgesteld aan de decadente gebruiken van Byzantium. De keizerlijke hoofdstad was het soort plek waar de vorst met zijn gevolg op Paaszondag de Hagia Sophia, 's werelds grootste kerk, binnenschreed en dan een fontein passeerde die 'was gevuld met tienduizend kruiken wijn en wel duizend potten witte honing [...], het geheel gekruid met een kameelvracht nardus, kruidnagel en kaneel', zoals een moslim-gijzelaar het een eeuw eerder beschreef.

Intussen hadden gewone Italiaanse kooplieden in de snelgroeiende Palestijnse steden een beter leven dan Bourgondische prinsen. Hun salons waren verfraaid met mozaïeken en marmer en bekleed met tapijten van stijlvol damast. Ze kregen gekruide vleesgerechten, opgediend op zilveren of zelf gouden schalen. Uit kranen kwam stromend water, aangevoerd door de nog intacte Romeinse aquaducten. Gekoelde wijn, op smaak gebracht met oosterse specerijen, parelde in exquise kelken en bekers.[5]

Veel kruisvaarders zouden een heel jaar lang worden blootgesteld aan Constantinopel met zijn van specerijen doortrokken keuken, hoewel dat natuurlijk niets was vergeleken met de decennia die sommigen in Palestina – of Outremer, zoals het kwam te heten – zouden doorbrengen. West-Europese pelgrims trokken met duizenden naar het Heilige Land. Sommigen van hen vestigden zich er permanent, om een stap dichter bij het Paradijs te zijn. Anderen vonden God in meer aardse beloningen. 'Zij die arm waren [in Frankrijk],' schreef de koninklijke kapelaan, Fulcher van Chartres, 'heeft God hier rijk gemaakt. Hij die maar een paar stuivers had, bezit nu ontelbare bezanten [een gouden munt]; hij die nog geen dorp had, heerst nu bij de gratie Gods over een stad.' Maar tegenover elke door verovering of handel rijk geworden pelgrim stonden vele anderen die hun laatste stuiver aan de reis hadden uitgegeven en hier nu vastzaten. Hoewel ze dus behoorlijk talrijk waren, bleven de katholieke immigranten een kleine minderheid onder de inheemse Syrisch-christelijke en islamitische bevolking. Omdat de veroveraars merendeels uit mannen bestonden, waren ze bovendien wanhopig op zoek naar plaatselijke vrouwen – er was behoefte aan gezellinnen, bediendes en kokkinnen – die ze op alle mogelijke manieren vonden. Als al het andere mislukte, kon de benodigde hulp op de slavenmarkt worden aangeschaft, ofschoon het bij wet verboden was om vrouwelijke slaven voor de seks te kopen. Fulcher beschrijft de veranderingen die hij waarnam: 'We waren westerlingen, maar zijn nu oosterlingen geworden. Hij die Romein of Frank was, is hier Galileeër of Palestijn. [...] We zijn de plaatsen waar we geboren zijn al vergeten. [...] Sommigen hebben geen landgenote tot vrouw genomen, maar een Syrische of Armeense, of zelfs een Saraceense [dat wil zeggen: moslima] die de genade van het doopsel heeft ontvangen.'

Of ze het nu leuk vonden of niet, de Europeanen aten hoofdzakelijk de Arabische kost van het Midden-Oosten. Het lijdt geen twijfel dat velen van de plaatselijke keuken walgden en vasthielden aan een West-Europees dieet van zwaar bier, eenvoudig vlees, knoflook en bonen, ongeveer zoals van heimwee vervulde Amerikanen in Rome hun toevlucht tot McDonald's nemen. Toch moeten minder behoudende eters beslist verrukt zijn geweest van de nieuwe ingrediënten en smaakcombinaties. De plaatselijke keuken was nauw verwant aan wat zij in Byzantium hadden geproefd – de regio had immers eeuwenlang tot het Oost-Romeinse Rijk behoord – maar moet ook invloeden hebben ondergaan van de verfijnde gerechten die in Bagdad en Alexandrië werden opgediend. Met name Bagdad zette de toon op culinair gebied, en de kookboeken daar werden (net als nu) evenzeer geschreven om gelezen en besproken te worden als om uit te koken. In een tijdperk dat Europese hertogen en graven zich tevredenstelden met grote, kraakbeenachtige hompen wildbraad, konden de fijnproevers uit de Arabische hoofdstad genieten van eersteklas schapenvlees en malse kip die geurde naar geïmporteerde Aziatische specerijen; ze konden kiezen uit een breed assortiment van versgebakken broden en smullen van gebak met plaatselijke vruchten en geïmporteerde suiker. Deze lekkernijen konden zelfs gekoeld worden met ijs dat van afgelegen bergen werd gehaald, iets wat sinds de Romeinse tijd niet meer in Europa was vertoond. In Bagdad werd een gastheer beoordeeld op de verscheidenheid van de ingrediënten en de variatie in bereidingswijzen in plaats van op de hoeveelheid. De Arabische kookboeken van die tijd bieden de lezer recepten met specerijen als geurige boventonen op een onmiskenbaar zoetzure ondergrond. Een representatief voorbeeld uit vele is een Egyptische visstoofpot genaamd *sikba,* die werd gekruid met peper, 'geparfumeerde' specerijen, uien, saffraan en sesamolie en waaraan honing en azijn werden toegevoegd om de vereiste basissmaak te krijgen. Natuurlijk konden de Arabische koks in Palestina niet tippen aan de standaarden die voor het hof van de kalief golden, maar ze hadden beslist enig idee van wat de moslimadel at.

Desondanks kregen de pelgrims die Jeruzalem bereikten niet altijd het beste lokale eten te proeven. Dat kunnen we opmaken uit de aanduiding voor de centrale markt waar de westerlingen hun afhaalmaaltijden betrokken. Ze noemden die de *Malquisinat,* wat 'Plaats van de slechte kookkunst' betekent. Waarschijnlijk was het eten beter in de kruisvaarderswijken, waar de westerse inwoners van de stad gewoonlijk plaatselijke vrouwen in dienst hadden om voor hen te koken. Arabische koks waren heel gewild, althans volgens Usmah Ibn Munqidh, een moslimkrijger en -hoveling die een regelmatige gast in de huizen van de bezetters schijnt te zijn geweest. Hij schrijft dat sommige Franken – zij het kennelijk niet de meerderheid – zich hadden aangepast aan de plaatselijke gebruiken. In de loop van een beleefdheidsbezoek bij een kruisvaarder van de eerste generatie werd Usmah gevraagd aan het middagmaal deel te nemen. 'De ridder presenteerde een welvoorziene dis met buitengewoon zuivere en heerlijke gerechten. Toen hij zag dat ik niets nam, zei hij: "Eet en wees gerust! Ik eet nooit Frankische schotels, maar laat Egyptische vrouwen voor mij koken en eet uitsluitend wat zij bereiden."'

Het staat derhalve vast dat de in maliënkolders gehulde, onwelriekende indringers die zich met hun paarden in hun ommuurde Jeruzalemse woningen hadden verschanst, ondanks alle vijandschap tussen de twee geloven op zijn minst een indruk moeten hebben gekregen van hoe de andere partij leefde. Want ook zij huurden renbodes in om sneeuw uit de bergen van Libanon te halen – een tocht van twee à drie dagen – zodat ze in de zomerse hitte gekoelde wijn konden drinken. Ook zij bestrooiden hun eten met suiker. (Deze uitgelezen 'specerij' was generaties lang in de goed bevloeide enclaves van het Heilige Land verbouwd en in minuscule hoeveelheden naar Europa geëxporteerd.) En het leek erop dat de kruisvaarders zelfs gingen baden! Van de Frankische vrouwen is bekend dat ze in navolging van de plaatselijke gebruiken drie keer per week naar de baden gingen, en men veronderstelt dat mannen, die minder belemmeringen ondervonden, misschien zelfs wel vaker gingen.

Bovendien bleef de culinaire opvoeding van de Europeanen niet beperkt tot het Heilige Land. Moslims heersten immers tot ver in de twaalfde eeuw over het grootste deel van het Iberische schiereiland (het islamitische Granada hield nog langer stand, tot het in 1492 werd veroverd) en meer dan tweehonderd jaar over Sicilië. Moors Palermo en Córdoba waren in hun tijd de grootste steden van Europa en derhalve voorname buitenposten van de moslimcultuur en -keuken.[6] En zoals Usmahs memoires laten zien, waren de relaties tussen de twee religies niet altijd antagonistisch. Met name in Spanje leefden christenen en moslims (en Joden) eeuwenlang in betrekkelijke harmonie naast elkaar. De dominante cultuur van deze westerse kalifaten was vanzelfsprekend de Arabische: ze was oostwaarts gericht en nam voor haar muziek, literatuur en voedsel Bagdad tot voorbeeld. De introductie van sinaasappels, citroenen, aubergines en andere vruchten en groenten in het Westen wordt gewoonlijk toegeschreven aan Arabische bemiddeling. De pasta zoals wij die kennen schijnt in het Moorse Sicilië te zijn uitgevonden. Er slopen algauw Arabische gerechten in Italiaanse receptenbundels, die op hun beurt hun weg naar het noorden vonden. Culinaire ideeën stroomden door Europa, op min of meer dezelfde wijze als gotische kunst en architectuur zich over het continent verspreidden. Op dezelfde manier als de Arabische boog in westerse kathedralen werd opgenomen en vervolgens tot een eigen kunstvorm getransformeerd, werd het specerijengebruik van het Midden-Oosten aan de Europese keuken aangepast. Jan van Salisbury, een twaalfde-eeuwse Engelse kruisvaarder en geleerde, geeft ons een inkijkje in de nieuwe culinaire smeltkroes wanneer hij een maaltijd bekritiseert die hem in het huis van een koopman in de Zuid-Italiaanse provincie Apulië werd voorgezet. Het menu bestond volgens zijn opgaven uit 'de voortreffelijkste producten uit Constantinopel, Babylon, Alexandrië, Palestina, Tripoli, Syrië en Foenicië', maar dan moet de pedante pelgrim toevoegen, 'alsof de producten van Sicilië, Calabrië, Apulië en Campania niet voldoende zouden zijn om een verfijnd banket op te sieren.'

Het behoeft geen betoog dat de Arabische invloed zich niet beperkte tot eten en architectuur. Het Midden-Oosten had de westerse barbaren veel te leren over wiskunde, filosofie, astronomie en geneeskunde. De middeleeuwse voedingsleer was voor het grootste deel rechtstreeks ontleend aan Arabische auteurs, die op hun beurt de eerdere Griekse medische traditie hadden opgepakt. De geleerden in Bagdad pasten het oude stelsel aan hun eigen smaak en cultuur aan, waarmee ze hun dieetadviezen een karakteristiek Arabisch accent gaven. Het is geen toeval dat middeleeuwse voedingsspecialisten in Bologna en Parijs dezelfde ingrediënten aanbevalen (dure oosterse importproducten zoals specerijen, suiker, gedroogd fruit, citrusvruchten, amandelmelk en rozenwater) als hun islamitische bronnen.

Van beïnvloeding in de tegenovergestelde richting was vrijwel geen sprake. Usmahs bewondering voor de westerse indringers bleef beperkt tot hun bekwaamheid in vechten; hij beschreef hen laatdunkend als 'dieren in het bezit van de deugden moed en vechtlust, maar verder niets'. Toch kon ook die pugilistische dapperheid de ridders niet redden toen ze geconfronteerd werden met de superieure troepen van Salāh Ad-dīn Yūsuf ibn Ayyūb, in het westen beter bekend als Saladin. Na een bewind van nauwelijks tachtig jaar werden de Franken in 1187 uit Jeruzalem verdreven, hoewel de Europeanen nog tot 1291 stand wisten te houden op lapjes grond aan de kusten van het huidige Libanon, Israël, Syrië en Turkije.

Gedurende deze kleine twee eeuwen van kolonialisme en kruistochten hadden tienduizenden Italianen, Duitsers, Engelsen en Fransen heen en weer gereisd door het hele Middellandse Zeegebied. De heersende klassen van Europa zouden pas met de komst van de jetset weer zo bereisd zijn. De ex-kolonisten die naar Keulen, Bordeaux en St. Albans terugkeerden, kwamen thuis met opmerkelijk overeenkomstige ideeën over wat een verfijnde kookstijl was. Evenals de toerist die na een week vakantie in Toscane olijfolie en porcini-paddenstoelen mee terugsleept, moeten die vroegere reizigers hebben gesmacht naar de complexe smaken die ze achterlieten. Als gevolg daarvan zou de Europese adel in toenemende mate verlangen dat zijn duivenpastei met geïmporteerde specerijen werd gekruid. En Venetië verkeerde natuurlijk in de beste positie om met deze opkomende behoefte zijn voordeel te doen.

Er zijn maar weinig harde en precieze cijfers over de hoeveelheid specerij die naar Europa werd geïmporteerd in de jaren na de verovering van Jeruzalem door de Franken. De specerijenhandel was in de middeleeuwen nooit helemaal stilgevallen, en de koks van de elite strooiden in elk geval peper en mogelijk gember, kruidnagel, kaneel en galanga over het vorstelijk wildbraad omstreeks de tijd dat paus Urbanus II de christenheid te wapen riep, maar het is puur giswerk in welke hoeveelheden deze kruiden precies in westerse havens aankwamen. De meeste historici denken evenwel dat er met de Kruistochten een gestage toename inzette. Ten dele lag dat aan het feit dat er nu simpelweg meer verkeer over en weer was in het Middellandse Zeegebied. Maar ongetwijfeld wakkerde de vraag ook aan doordat Europa in die tijd een bevolkingsexplosie doormaakte. In het christelijke westen waren er meer mensen en meer geld voor de aanschaf van meer en meer peper.

Het was geen toeval dat het expansionistische tijdperk van de kruisvaarders samenviel met een van de meest welvarende perioden die Europa tot de negentiende eeuw zou kennen. De twaalfde eeuw was een eeuw van verruimende horizons en vooruitgang op zo ongeveer elk gebied, van landbouw tot mijnontginning, van transport tot bankwezen. Dat stelde de feodale heren in staat om steeds hogere winsten af te romen van het groeiend aantal molens, visvijvers, brouwerijen en mijnen die onder hun gezag stonden. En wat deden zij met die winst? Veel ervan (soms meer dan de lagere adel zich kon veroorloven) werd besteed aan de kleine genoegens van het leven. Door die financiële voorspoed hadden de heersende klassen van Europa de tijd en het geld om verveeld te zijn, om behoefte aan vermaak te hebben. Je zou kunnen zeggen dat de bereden erfgenamen van de Vandalen en de Hunnen week waren geworden. In plaats van ten strijde te trekken, toonden mannen hun moed in (relatief) geaffecteerde steekspelen, huurden dichters in die huilerige liefdesverhalen voor hen schreven en treuzelden boven steeds complexer smakende maaltijden. Zoals zo vaak is de informatie over de verhoogde levensstandaard vooral afkomstig van mensen die erop afgeven. In het Milaan van omstreeks het einde van de dertiende eeuw stelt de knorrige Galvano Flamma het eerlijke en simpele verleden tegenover de huidige welvaart:

> Het dagelijks leven was zwaar in Lombardije [aan het begin van de eeuw]. Mannen droegen leren jassen zonder enige versiering, of ongevoerde kleren van ruwe wol. Met een paar stuivers voelden de mensen zich al rijk. Mannen wilden vooral wapens en paarden hebben. Als je van adel was en geld had, was het je ambitie om hoge torens te bezitten van waaruit je de stad en de bergen en de rivieren kon bewonderen. De maagden droegen tunieken van pignolato [ruw katoen] en onderrokken van linnen, en op hun hoofd droegen ze geen enkele opschik. De gebruikelijke bruidsschat bedroeg ongeveer tien lire en ging op z'n allerhoogst tot honderd, omdat de kleren van de vrouwen echt heel eenvoudig waren. De huizen hadden geen open haard. De uitgaven bleven tot een minimum beperkt omdat de mensen 's zomers weinig wijn dronken en niemand een wijnkelder had. Aan tafel werden geen messen gebruikt; man en vrouw aten van hetzelfde

> bord, en men had op z'n hoogst een beker of twee voor de hele familie. Kaarsen werden niet gebruikt, 's avonds at je bij het licht van gloeiende fakkels. Je at gekookte rapen, en maar drie keer per week vlees. De kleding was sober. Tegenwoordig is alles juist overdadig. Kostuums zijn kostbaar geworden, met allerlei overbodige tierelantijnen. Mannen en vrouwen tooien zich met goud, zilver en parels. Er worden aparte wijnen en wijnen uit verre landen gedronken, er worden luxueuze maaltijd gegeten en koks staan in hoog aanzien.

Ondanks het feit dat je nu eindelijk een fatsoenlijke maaltijd in Noord-Italië kon krijgen, had Flamma's Milaan helemaal niets van het modecentrum dat het tegenwoordig is. Op dat moment waren de Italianen – of in elk geval degenen in de opkomende koopmansrepublieken Florence, Genua en Venetië – meer geïnteresseerd in geld verdienen dan in het uitgeven. In het dertiende-eeuwse Europa werd de mode gemaakt aan de hoven van rijke en machtige vorsten, en niet in steden waar bankiers en zakenlieden de dienst uitmaakten. De feodale magnaten waren degenen die hun status moesten onderstrepen met kleren die een vermogen kostten, om aldus mogelijke rivalen te imponeren en hun onderdanen ontzag in te boezemen. En deze aristocraten spraken overwegend Frans – of een bepaalde variant daarvan. In de dertiende eeuw behoorden de heersers van Engeland, Frankrijk, de Lage Landen, Napels en Sicilië, alsook de kruisvaarderskoningen van het Heilige Land, allemaal tot de Franse invloedssfeer. Zelfs in de stadstaten van Noord-Italië was het Provençaalse dialect van het Frans de trendy omgangstaal in de dertiende eeuw. Het verslag van Marco Polo's reizen (1298) werd als eerste in het Frans uitgegeven, en volgens sommigen zou Dante de *Divina Commedia* (circa 1308-1321) bijna in het Provençaals hebben geschreven in plaats van in het Toscaanse dialect dat hij uiteindelijk zou kiezen. Het zou daarom wellicht niet als een verrassing moeten komen dat het eerste 'Italiaanse' kookboek waarvan we weet hebben, *Liber de coquina*, afkomstig was van het koninklijk hof in Napels, dat werd geregeerd door leden van het Franse huis van Anjou.

Feitelijk was de culinaire mode grotendeels dezelfde op alle plaatsen waar Frans werd gesproken. Dit was de keuken die deels van de

Arabieren was overgenomen, met eenzelfde voorkeur voor zoet en zuur aangevuld met een robuuste dosis gemengde specerijen. Bepaalde specerijen raakten in en uit de mode, maar opmerkelijk genoeg bleef deze kookstijl tot in de zeventiende eeuw toonaangevend, ook al werden de smaken steeds kunstiger en kwamen er nieuwe ingrediënten bij. Daardoor kon geen enkele zichzelf respecterende edelman het zonder een gestage aanvoer van specerijen stellen. Deze 'behoefte' aan geïmporteerde luxeartikelen (niet alleen specerijen, maar ook zijde, parels en edelstenen) maakte dat iedere vorst en elke ambitieuze aristocraat beschouwd konden worden als een inkomstenbron voor de Italiaanse stadstaten.

De Florentijnen, Genuezen en Pisanen bevonden zich allemaal in een geschikte positie om bij deze groeiende stroom luxeartikelen als tussenpersonen te fungeren, en wel omdat ze precies gesitueerd waren tussen Byzantium en de Arabieren, en de katholieke koninkrijken in het noorden. Over het algemeen leverden Genua en Pisa aan Frankrijk en de Lage Landen, terwijl Venetië Midden-Europa bevoorraadde. Maar er waren nog andere partijen in de specerijenhandel actief. Zowel Marseille als Barcelona deed de West-Italiaanse steden forse concurrentie aan. Daarentegen had Venetië niet alleen geen rivalen aan de overkant van de Alpen te duchten, het lag van de grote specerijenhandelscentra bovendien zowel het dichtst bij de oosterse havens als bij de zilvermijnen van Duitsland en Bohemen. Als de Duitsers zilver over de Brennerpas omlaag brachten, stuurden de koopmannen van Venetië met peper beladen muilezels terug. Hoewel Venetië er pas aan het begin van de vijftiende eeuw in zou slagen de specerijenhandel te monopoliseren, nam het in de tussentijd al zonder meer de toppositie in, en het was vastbesloten dat zo te houden.

Naarmate de Aziatische geurstoffen aan belang wonnen voor de dynamische economie van de stad, ging het bestuur meer en meer aandacht besteden aan de bescherming van de pepergaleien. De muda, het bewapende konvooistelsel, zou een probaat middel blijken tegen piraterij, maar alvorens dit stelsel zijn definitieve vorm had gekregen werd de Republiek geconfronteerd met een kwestie die onmiddellijke aandacht vroeg. In Byzantium was men de agressieve tactieken van de Adriatische parvenu meer dan zat. Als gevolg daarvan werden Venetiaanse inwoners het doelwit van geweld, maar erger was dat de keizer toenadering had gezocht tot de Genuezen. In het paleis van de doge viel het besluit dat de 'nationale belangen' van Venetië – in hoofdzaak de route naar de oosterse specerijenmagazijnen, die dwars door het Byzantijnse Rijk liep – in gevaar waren. De oplossing die de leiders voor dat probleem bedachten, was het uitvoeren van een als kruistocht vermomde militaire expeditie, een actie die zou uitlopen op een van de meest kolossale gevallen van 'collateral damage' in de hele geschiedenis van de specerijenhandel.

De kruisvaardersdoge

Wanneer ik de basiliek van San Marco zie, moet ik altijd denken aan het gekrompen samenraapsel van New York en Parijs dat ze in Las Vegas hebben gebouwd. Ook de San Marco is een pastiche, in dit geval van Constantinopel. Toch is er op z'n minst één belangrijk verschil in constructie tussen de protserige kerk en de opzichtige casinohotels in de woestijn. Hier in Venetië zijn de brokstukken van de oostelijke rijkshoofdstad geen namaak maar echt. De grote, glanzende kerk is zowel vanbinnen als vanbuiten bezaaid met onvervalste Byzantijnse buit: de golvende kurkentrekkervormige zuilen die in de gevel zijn gezet, de beroemde bronzen steigerende renpaarden – wat ongerijmd voor een stad zonder paarden – boven de ingang van de basiliek, het altaar zelf, het grandioos met juwelen afgezette Pala d'Oro, het merendeel van de ruim tweeduizend erin vervatte smaragden, robijnen, amethisten en parels, en de 255 iconen die uit Byzantijnse kerken en kloosters zijn geroofd. En dat zijn dan nog alleen de meest opvallende stukken. Ooit waren er nog een ampul met het bloed van Christus, de arm van Sint-Joris en een deel van het hoofd van Johannes de Doper, allemaal mee terug naar de basiliek genomen om de lichaamsdelen van Marcus gezelschap te houden. Het resulterende gebouw bracht bovendien een heel andere boodschap over dan de speelse woestijncasino's. Dit was volle ernst. Hiermee maakte Venetië de wereld kenbaar dat zij nu de resten van het oude Oostelijke Keizerrijk bezat en beheerde, dat de Koningin van de Adriatische Zee zich had getooid met de mantel van het antieke Rome.

De motieven voor de Vierde Kruistocht en de daaropvolgende plundering van Constantinopel door Franken en Venetianen waren een betreurenswaardige en verraderlijke, zij het maar al te gangbare mengsel van religie, hebzucht en realpolitik. In dat opzicht kondigde deze kruistocht de latere daden van de Portugezen in Afrika en Indië reeds aan. Maar deze kruisvaarders hadden het niet gemunt op moslims (zoals eerder de Franken en later de Iberiërs); hun doelwit was een stad van medechristenen. Van heel rijke christenen, welteverstaan. Als ik beschrijvingen uit die tijd van de Vierde Kruistocht lees, moet ik voortdurend denken aan Amerikaanse dollarbiljetten met hun motto 'In God we trust'. Voor de kruisvaarders waren hun geloof en hun hebzucht eenvoudigweg twee zijden van dezelfde munt. Uit de verslagen van die tijd blijkt dat de Venetianen uitzonderlijk handig waren in het zodanig voeren van de heilige oorlog dat hun financiële doelen daarmee gediend werden. Waarmee ik natuurlijk niet wil zeggen dat ze niet allemaal belijdende, vrome katholieken waren.

De Venetianen onderhielden reeds lang een aanzienlijke kolonie in de keizerlijke hoofdstad, en hoewel ze in naam onderworpen waren aan de Byzantijnse wet, deden ze grotendeels wat ze wilden. Een Griekse ooggetuige (toegegeven, niet de meest onpartijdige beoordelaar) beschrijft de aldaar verblijvende kooplieden als zedeloos, vulgair en onbetrouwbaar, 'met alle ruwe eigenschappen van zeevarende volken'. Hun onbeschaamdheid kende blijkbaar geen grenzen, daar ze het zelfs waagden de plaatselijke Griekse adel te beschimpen en te molesteren. Het maakte de zaak er niet beter op dat zij geen belasting betaalden terwijl de plaatselijke bewoners werden uitgeknepen. Omdat de keizer zich steeds bezorgder maakte over de macht van de Adriatische stad, besloot hij in 1172 om de Venetianen in te ruilen voor de Genuezen, en om er zeker van te zijn dat de Republiek geen moeilijkheden maakte, pakte hij tienduizend van haar burgers als gijzelaars op. Uiteindelijk kwamen de meeste van deze mensen weer vrij, maar de specerijenhandel lag in duigen, zodat het zonneklaar was dat de Venetianen een duurzame oplossing voor het Byzantijnse probleem moesten vinden. Het kwam dus heel goed uit dat paus Innocentius

III in 1198 opriep tot een nieuwe kruistocht om Jeruzalem te heroveren.

Zoals gewoonlijk hadden de (hoofdzakelijk) Frankische ridders vervoer nodig en ze wendden zich daarvoor tot de enige stad die een grootschalige vloot bijeen kon brengen, te weten Venetië, want 'daar konden ze een groter aantal schepen verwachten dan in enige andere haven,' aldus Geoffroi de Villehardouin, een van de Franse edelmannen die de expeditie aanvoerden. De Venetiaanse doge maakte met de kruisvaarders de afspraak voedsel en transport voor hun mannen en paarden te verschaffen in ruil voor vijfentachtigduizend mark plus de helft van de buit die de operatie zou opleveren.[7] Kennelijk nogal ingenomen met de hele onderneming verklaarde de bijna blinde negentigjarige doge Enrico Dandolo dat hij ook het kruis zou opnemen en zich bij de kruisvaarders zou aansluiten. Dat was een ongebruikelijke stap voor de Venetiaanse hoogste leidinggevende, hoewel het bepaald onduidelijk was of hij zijn pelgrimstocht helemaal tot Jeruzalem wilde voortzetten. Dandolo stamde af van een oud geslacht van Venetiaanse kooplieden en politici. Zoals meestal bij de rijke elite van Venetië strekten de zakelijke belangen van de familie zich uit over het hele oostelijke Middellandse Zeegebied, van Alexandrië en zijn specerijenmarkten tot de keizerlijke hoofdstad aan de Bosporus. Hoewel we weinig van de doge afweten voordat hij in 1192 (op tachtigjarige leeftijd!) op de hoogste post werd gekozen, kunnen we veilig aannemen dat hij een groot deel van zijn jonge jaren op zakenreis was geweest – het gebruikelijke patroon bij vrijwel iedere aanzienlijke Venetiaanse familie. We weten wel dat hij op latere leeftijd als een soort ambassadeur in het Midden-Oosten diende. Hij schijnt ook te hebben deelgenomen aan een rampzalig verlopen reddingsoperatie die tot doel had de door de keizer in 1172 gegijzelde Venetianen te bevrijden, zodat hij ook persoonlijk gedreven moet zijn geweest om voorgoed af te rekenen met de Byzantijnse dwarsliggers.

Toen de flottielje in 1202 gereed was, kwam maar een fractie van de verwachte kruisvaarders opdagen. De schepen lagen klaar, maar er waren niet genoeg mannen om de overtocht te bekostigen. Aanvankelijk dreigde de Republiek het buitenlandse leger niet van eten en drinken te voorzien tot ze betaalden, maar toen peuterde Dandolo een nieuwe overeenkomst los die behelsde dat de Venetianen hun deel van de buit vóór alle andere kruisvaarders zouden krijgen.

Ondertussen bevond Constantinopel zich midden in een opvolgingstwist die gepaard ging met elkaar de ogen uitstekende broers en andere onverkwikkelijke taferelen. De keizer werd afgezet, en korte tijd later verscheen zijn jonge zoon Alexius in Venetië met de hoed in de hand. Daarmee bezaten Dandolo en de kruisvaarders eindelijk datgene waar ze de hele tijd op hadden zitten wachten – een reden voor een profijtelijke omweg.

Vanuit zuiver commercieel standpunt bezien was het vergulde Constantinopel een veel smakelijker hapje dan de door oorlog geteisterde steden van Palestina, en zijn verdedigers waren een gemakkelijk doelwit in vergelijking met de formidabele moslimbataljons in het Heilige Land. Venetië kon zijn strategische handelspost in de Byzantijnse hoofdstad herwinnen en de specerijenroute veiligstellen; de ridders konden rijk naar huis. Een aantal pelgrims – met name cisterciënzer monniken – had het fatsoen om te weigeren aan deze pseudokruistocht mee te doen, en de paus verbood het zelfs uitdrukkelijk. Maar terwijl de dissidenten naar huis gingen en de missives van de paus op mysterieuze wijze zoek raakten, vertrok het merendeel van het Latijnse leger naar Constantijns stad, en na een lang beleg braken de Venetiaanse en Frankische soldaten op 12 april 1204 door de muren. De daaropvolgende rooftocht was hartverscheurend.

'Waar mijn relaas te beginnen over de daden die deze infame mannen hebben bedreven?' schrijft een Byzantijnse overlevende. 'Eilaas, de beelden die aanbeden hadden moeten worden, werden door laarzen vertrapt! Eilaas, de relikwieën van de heilige martelaren werden weggeworpen op onreine plaatsen!' Onze verslaggever, Nicetas Choniates, beschrijft hoe het altaar van de Hagia Sophia aan stukken werd gescheurd, dat muilezels en paarden kerken werden binnengeleid, waar ze met buit werden beladen, dat de deuren van kloosters eruit werden gerukt en de nonnen werden verkracht. 'In de stegen, in de straten, in de tempels: jammerklachten, geween, lamentaties, smart, het gekreun van mannen, het gegil van vrouwen, wonden, verkrachting, gevangenschap, de scheiding van innig verbonden mensen.'

Wat de plundering van Constantinopel onderscheidde van de verovering van andere middeleeuwse steden was niet zozeer de door de aanvallers tentoongespreide wreedheid en hebzucht. De moordlust die elke keer bij een inname van Jeruzalem aan de dag werd gelegd, door christenen evengoed als door moslims, was zo mogelijk nog erger, en we kunnen tevens wijzen op al te veel even verwerpelijke oorlogsmisdaden die in onze eigen tijd zijn gepleegd. Het uitzonderlijke van de plundering lag veeleer in de enorme schaal waarop zij plaatsvond en de kille berekening waarmee ze was beraamd. Het is onwaarschijnlijk dat Constantinopel twee derde van alle kostbaarheden ter wereld bevatte, zoals een van de veteranen van de aanval beweerde, maar de hoeveelheden goud en edelstenen in zijn kerken en paleizen overtroffen die van elke andere christelijke stad vele malen.

Voor de koopmansrepubliek van doge Enrico Dandolo liep de Vierde Kruistocht uit op een van de bestgeslaagde fusies en overnamen in de geschiedenis. Niet alleen streek de stad een lieve duit aan transportvergoedingen op plus een enorme bonus in de vorm van goud, zilver en kostbare juwelen, Venetië sloeg ook wat betreft onroerend goed een enorme slag doordat ze drie achtste van het keizerrijk verwierf. Voortaan zou elke doge bekendstaan als 'Heer van Een Kwart en Een Half [van een kwart] van het Romaanse Rijk', oftewel drie achtste van het Romeinse Rijk. De specerijenroute was veiliggesteld.[8]

Toen de jonge Alexius weigerde om met de veroveraars samen te werken, stuurde doge Enrico hem weg. 'We hebben u uit de mestvaalt gehaald, en op de mestvaalt werpen wij u terug,' luidde zijn afscheidsgroet aan de man die keizer wilde zijn. Hij werd prompt in de gevangenis gegooid en gewurgd. Daarop bemachtigde een Franse edelman de keizerlijke troon. En hoewel de Grieken de scepter uiteindelijk terugkregen, na zestig jaar Latijns bewind, zou het keizerlijk paleis van nu af aan een somber oord zijn. In 1453 werd het Byzantijnse licht voorgoed gedoofd toen de Turkse troepen van Mehmed de Veroveraar Constantinopel tot overgave bombardeerden. De Ottomaanse verovering van Byzantium was niet alleen een verlies voor de Grieken. De mosliminvasie had onvermijdelijk tot gevolg dat het strategische plan dat Venetië in het oostelijke Middellandse Zeegebied volgde, zijn hele grondslag verloor. Zijn lot was altijd met Constantinopel verweven geweest, als satraap dan wel als veroveraar, dus toen de islamitische halve maan eenmaal op de grote koepel van de Hagia Sophia stond, was het slechts een kwestie van tijd voordat de ster van Venetië zou dalen. Niettemin zou de Koningin van de Adriatische Zee in de tussenliggende 250 jaar uitgroeien tot de onbetwiste heerseres van de specerijenhandel.

Peper op de Rialto

In Enrico Dandolo's tijd was de San Marco-kerk veruit het opzichtigste gebouw van Venetië, uittorenend boven een stad die veel eenvoudiger was dan het hedendaagse panorama van kerken en palazzi die het zonlicht glanzend weerkaatsen. Een kaart van omstreeks 1150 toont een waterstadje van bescheiden afmetingen. De grote basiliek biedt – over de tussenliggende gracht – uitzicht op de gedrongen muren van het fort van de doge. Het beroemde Piazza San Marco is een modderige weide. Evenals nu vormt de op de kaart afgebeelde stad een legpuzzel van eilandjes die tegen de dubbele boog van het Canal Grande zijn aangelegd, maar in plaats van de haag van stenen gevels en geplaveide pleinen waardoor je nu omgeven bent, zou je houten huizen, wijngaarden en moestuinen hebben gezien. De wandeling van de San Marco naar de Rialto voerde je naar het dichtstbebouwde deel van de stad. Hier moesten voetgangers wegduiken voor afval dat uit vensters werd gegooid, behoedzaam tussen de varkensdrollen in de steegjes door stappen en oppassen dat ze bij regenachtig weer of hoogtij niet diep in het slijk zakten. (Modder was zo alomtegenwoordig dat de Venetianen plateauschoenen van wel dertig centimeter hoog ontwierpen teneinde boven de vuiligheid te blijven.) Varkens waren graag geziene gasten in de stegen omdat ze de zich opstapelende vuilnis opaten, terwijl aan de oevers van het Canal Grande naar hartenlust koeien graasden. Maar dan, vlak voor de houten Rialtobrug, die gedurende de oude dag van de kruisvaardersdoge was herbouwd zodat de mensen de met vee omzoomde gracht konden oversteken, werd je omhuld door een welriekend aroma.

Want hier, op de Campo San Bartolomeo, lag het epicentrum van de Europese specerijenhandel. Het was op dit lange rechthoekige plein dat de zojuist uit Alexandrië en Londen teruggekeerde specerijenkooplieden, gedurende de driehonderd jaar na de Vierde Kruistocht, hun balen peper en kostbare kruidnagel verhandelden en het laatste nieuws, roddel en harde informatie uitwisselden over kaneeltransacties in Damascus en de dagprijs van gember in Brugge. Hier werden de geruchten over de aankomst van de Portugezen in India aanvankelijk met spot en vervolgens met ontsteltenis ontvangen. De twee decennia na Da Gama's reis waren een ellendige tijd voor de handelaars op de Campo San Bartolomeo, maar toen trokken de zaken aan. Omstreeks 1550 leken de gouden tijden te zijn teruggekeerd, maar aan het eind van die eeuw werd de specerijenaanvoer definitief afgesneden door de alerte financiers van de Nederlandse Vereenigde Oost-Indische Compagnie. Niettemin kreeg de stad in de tussenliggende bloeitijd het verrukkelijke aanzicht dat nu nog steeds te bewonderen is.

Als je boven op de nabijgelegen Rialto-brug (het was al die tijd een ophaalbrug zodat de zeilschepen konden passeren) had kunnen staan kijken naar het tafereel dat zich ontvouwde in de eeuwen tussen de plundering van Constantinopel door de Latijnse kruisvaarders en het bombardement van Calicut door de Portugese conquistadores, dan zou je een gedaanteverwisseling aanschouwen. Grote pakhuizen verheffen zich, opgetrokken voor zowel Venetianen als buitenlanders. De Duitsers bouwen hun eigen handelshuis, de Fondaco dei Tedeschi, en laten Titiaan en Giorgione, twee van de meest illustere schilders die Venetië heeft voortgebracht, de gevel verfraaien. In latere jaren betrekken de Turken hun eigen hoofdkantoor, de Fondaco dei Turchi, gebouwd in de gotisch-Byzantijnse stijl die zo karakteristiek voor Venetië is. Als je omlaag kijkt langs de wateroever, zie je hoe de houten pieren worden gesloopt en vervangen door brede stenen kades. Palazzi verrijzen aan grachten die voorheen door gras en koeienmest waren omgeven. De klokkentorens van magnifieke kerken schieten omhoog tegen het silhouet van oprijzende masten. Slechts één ding is permanent aanwezig: het goud en de koopwaar die van hand tot hand gaan – zoals ze dat vandaag de dag nog steeds doen.

In de galerijen van de Accademia bevindt zich een schilderij van deze plek dat omstreeks 1500 is vervaardigd door Carpaccio, de schilder die later zijn naam gaf aan een twintigste-eeuwse schotel van rauw rundvlees en geschaafde kaasflinters (omdat hij een voorliefde voor rood en wit zou hebben). Hoewel het schilderij *Het wonder van het heilige kruis te Rialto* heet, heeft het als eigenlijk onderwerp de mooie mensen van Venetië, de in fluweel gehulde jonge aristocraten en zakenlieden die op de kade bij het Canal Grande elkaars gezelschap zoeken. Als je een vijftiende-eeuwse Venetiaan in het gezicht wilt kijken (koopman dan wel slaaf) en de subtiliteiten van zijn uiterlijke verzorging en modieuze kledij wilt bestuderen, is geen enkele kunstenaar behulpzamer. De wijde mantels en strakke broeken glimmen van zijde, bont en gouden biezen. De internationale bevolkingssamenstelling van de stad toont zich in de Griekse kostuums van de twee mannen aan de rand van het doek, in de tulband van een Turk die op de achtergrond met een landgenoot beraadslaagt en in de opzichtige livrei van een zwarte Afrikaanse gondelier die een boot voortboomt over het groene water onder de houten brug. Carpaccio's obsessie voor het dagelijks leven heeft iets van Norman Rockwell, en net als die Amerikaanse illustrator nam hij vaak zijn vrienden in zijn schilderijen op. Luca Colferai is een toegewijd onderzoeker van Carpaccio omdat de afbeeldingen van de kostuums zo gedetailleerd zijn dat het bijna volstaat als hij een van de schilderijen gewoon mee naar de kleermaker neemt. Nog fortuinlijker voor zijn doelstellingen is dat veel van de doeken bevolkt zijn door leden van de compagnie de calza, die aan hun insignes te herkennen zijn.

Maar toch, wat weten we nu eigenlijk over deze zwierige kooplieden die her en der op schilderijen van mirakels en wonderen staan? Er zijn wat contracten, testamenten en kasboeken overgeleverd, maar die vertellen ons weinig over de riskante tochten van haven naar haven of over de sluwe onderhandelingstechnieken waarmee je een baal specerijen voor een betere prijs verkreeg. De meeste Venetiaanse zakenlieden waren er helemaal niet happig op hun beroepsgeheimen te delen, en weinigen hadden de tijd of de schrijfvaardigheid om in afwachting van de binnenkomst van hun schepen wat losse gedachten aan het papier toe te vertrouwen. Toch is er in elk geval één dagboek bijgehouden door een jonge Venetiaanse edelman, die profiteerde van de nazomer van Venetiës specerijenhandel die zich in het midden van de zestiende eeuw voordeed.

Alessandro Magno ging op 4 april 1561 scheep naar Alexandrië, en nam als handelswaar tweeduizend dukaten en een partij zijde mee. Sinds de tijd dat Venetiaanse galeischepen de laatste kruisvaarders uit het Heilige Land hadden geëvacueerd was de specerijenbranche veranderd, zij het niet zoveel als je zou denken. Er waren nu minder handelaars, en een steeds kleinere groep mensen bezat in Venetië het grote geld. Zouden specerijenhandelaars van een eerdere generatie nog tevreden zijn thuisgekomen met een paar balen kruidnagels, bij de ondernemersklasse van het renaissancistische Venetië gingen veel grotere bedragen om. Ook de zeilcondities waren beter. In de oude tijd brachten de jonge handelaars de overtocht naar Alexandrië gewoonlijk op de achterplecht van een open galei door, met niet meer dan een afdak om hun hoofd droog te houden. Alessandro had op de Egyptevaarder Crose in elk geval een krappe hut, nu grote ronde zeilschepen de smalle middeleeuwse galeien hadden vervangen.

Niettemin reisde Alessandro net als in de oude tijd als onafhankelijk agent, en hij had hetzelfde doel als duizenden Venetianen vóór hem: de aankoop van specerijen, met name peper. De reis van ruim tweeduizend kilometer duurde ongeveer een maand, en bij zijn aankomst in de Egyptische haven kreeg hij een kamer toegewezen in de *fondaco*, de ommuurde Venetiaanse wijk. De atmosfeer daar moet iets van een studentenhuis hebben gehad: een dicht opeengepakte verzameling twintigers die niets anders te doen hadden dan wachten tot de specerijkaravanen arriveerden. Gezien de onvermijdelijke wisselwerking tussen alcohol en verveling behoeft het geen verbazing te wekken dat er geregeld klachten waren over knokpartijen tussen de diverse Italiaanse kolonies in Alexandrië en Constantinopel. 's Nachts werden de jonge mannen in elk geval nog opgesloten door de moslimautoriteiten, maar overdag mochten de christelijke koopmannen vrijwel gaan en staan waar ze wilden. Er was echter nauwelijks iets te doen voor ze.

Alessandro, gewend aan de kosmopolitische drukte thuis in Venetië, was de verstikkende atmosfeer van de fondaco en het provinciale Alexandrië algauw beu. De voormalige grote havenstad, die ooit alleen voor het Rome van Caesar hoefde onder te doen, was nu weinig meer dan een tweederangs plaats die zich net staande kon houden met de passerende handelswaar. Hunkerend naar het grotestadsleven ruilde Alessandro een deel van zijn contanten en al zijn zijde tegen peper en sprong op de eerste boot stroomopwaarts over de Nijl naar Caïro. De Egyptische hoofdstad stak Venetië naar de kroon. 'Ik denk niet dat er in de wereld een andere stad bestaat die zo dichtbevolkt, zo groot, zo rijk en zo machtig is als Caïro,' aldus de beschrijving die een Europese bezoeker enkele jaren eerder had gegeven. In de weken die hij daar verbleef, deed Alessandro wat iedereen met voldoende tijd in Egypte had gedaan: hij ging sightseeën. Hij bracht een fors deel van de verzengende Egyptische zomer door met het verkennen van de piramiden en andere bezienswaardigheden rondom Caïro. Daarna, vlak voor zijn vertrek uit de hoofdstad, moet hij getuige zijn geweest van het een week durende feest waarmee het jaarlijkse wassen van de vruchtbare Nijl werd gevierd. Hij sloeg de mensen gade in de met tapijten bedekte boten, die al hun spaargeld uitgaven aan eten, parfums en musici. Als we tevens bedenken dat de wijn rijkelijk vloeide en seksuele losbandigheid naar verluidt aan de orde van de dag was, dan krijgen we een idee van de heimwee die Alessandro naar zijn eigen Carnevale gevoeld moet hebben.

Vanwege het patroon van de moesson in de Indische Oceaan kwamen specerijen doorgaans in de herfst aan in de Rode Zeehavens, waarna ze per karavaan een paar maanden onderweg waren alvorens in Caïro en Alexandrië te arriveren. Vanzelfsprekend daalden de prijzen wanneer de kamelen hun overvloedige last afleverden. Helaas voor Alessandro verscheen de karavaan niet op tijd, en de kapitein van de Crose besloot niet te wachten. Het schip maakte zich op om te vertrekken precies op het moment dat de jongeman van zijn zomervakantie terugkeerde. Alessandro vertelt dat hij verwikkeld raakte in een stormloop van handelstransacties. 'Iedereen begon verwoed te kopen,' schrijft hij. 'Peper, die eerder ongeveer twintig dukaten per *cantar* [ongeveer tachtig pond] deed, steeg naar tweeëntwintig, en was niet te krijgen, en zo ging het met alles.' Alessandro besloot zijn verlies te nemen en in kruidnagel en gember te investeren. Hoewel de Crose in oktober vertrok voordat de karavaan was gearriveerd, was ze toch nog beladen met ongeveer een half miljoen pond specerijen. Volgens documenten van het Venetiaanse consulaat – de specerijenhandel bleef van kardinaal belang voor de Republiek – nam peper omstreeks 80 procent van de lading voor zijn rekening, terwijl de rest hoofdzakelijk bestond uit verschillende soorten gember.

Het schip volgde dezelfde route als op de heenweg en legde in Kreta aan om proviand in te slaan, waarbij de lading misschien nog werd aangevuld met wat lokale wijn, de dikke, stroperige malvezij die ze aan de hoven over de Alpen zo graag naar binnen goten, en nam zeker een partij aan boord van de harde Kretenzische kaas die voor de export werd geproduceerd. We vernemen dat elke matroos recht had op ongeveer een half ons per dag als onderdeel van zijn rantsoen, wat niet veel mag heten om het dagelijkse pond droog scheepsbeschuit mee te beleggen! Wie meer wilde, moest daar kennelijk voor betalen, ongeveer zoals budget-vliegmaatschappijen nu snacks verkopen.

Zoals gewoonlijk kwam het gewapende specerijenkonvooi aan het eind van de herfst thuis aan. Je kunt een indruk krijgen van wat de terugkerende Alessandro moet hebben gezien door de *traghetto* te nemen, het passagiersveer dat van het eiland Lido over de lagune vaart. Stel je een ogenblik voor dat er in de boot niet de alomtegenwoordige diesellucht hangt, maar de geur van een half miljoen pond specerijen. Negeer de plastic stoelen en fluorescerende reddingsvesten. Het schip glijdt van de woelige, diepblauwe Adriatische Zee het kalme water van de baai binnen. Ver weg, in het noorden, kun je nog net een glimp van wit besneeuwde bergtoppen opvangen. De lagune wemelt van de vaartuigen. Met roeispanen voortbewogen galeischepen, *fuste* en *galeotte* doorklieven de zilte groene zee. Koggen, *barze* en *galeoni* deinen met hun deels opgerolde zeilen voort. Voor je zie je Venetië op de horizon drijven, zijn witte gebouwen onder een roze gloed door het afnemende winterlicht. De stad weergalmt van het klokgelui, waarmee het de boot met zijn geurige lading welkom thuis heet. Alessandro was op 18 november terug in Venetië en slaagde erin zijn specerijen voor ongeveer het dubbele wat ze hem gekost hadden, te verkopen. Hij berekende dat hij ongeveer 266 dukaten aan de hele reis verdiend had, een acceptabele, zij het niet echt uitzonderlijke winstmarge. Maar zeker genoeg om een feest te geven. Ik zie bijna voor me hoe van Alessandro die zijn vrienden opzoekt, wellicht de oorspronkelijke I Antichi, om zijn terugkeer te vieren en daarmee het motto van zijn broederschap na te komen: *Divertire divertendosi.*

De jaarlijkse terugkeer van de specerijenschepen vulde de winderige stegen en pleinen met nieuw leven en verse contanten. Hoewel de handel in Aziatische aromatica zeker niet de enige inkomstenbron van Venetië was, bepaalde deze niet slechts zijn buitenlandse politiek maar ook het ritme van de stad. De combinatie van geld en vrije tijd, in ruime mate voorhanden vanaf de aankomst van het peperkonvooi, veranderde de stad in een doorlopend feest dat pas met het Carnevale zou eindigen. Dat patroon hield nog eeuwen aan, zelfs toen de peper later in Hollandse en Engelse schepen op de Rialto arriveerde.

Malabar

Op Carpaccio's schilderij zie je vlak achter de Turken een donker getinte man de treden van de houten brug oplopen. Hij draagt enkel een lendendoek en gaat gebukt onder het gewicht van een grote witte zak. Ik moest aan hem denken toen ik in Jew Town Street stond, hemelsbreed ruim zevenduizend kilometer van de Rialto verwijderd, en Indiase mannen op blote voeten en in dezelfde eenvoudige dracht grote zakken specerijen zag lossen en laden. Lijkt de specerijenhandel in Venetië soms niet meer dan een oud familiegeheim waarover men liever zwijgt, hier, in de stad Cochin, zijn kruiden nog steeds de oerbron van alle welvaart. Daarbij komt dat de pepernering de afgelopen paar duizend jaar verrassend weinig is veranderd in India.

Cochin (Kochi op de officiële overheidskaarten) is de bedrijvige handelshoofdstad en belangrijkste haven van de Zuid-Indiase deelstaat Kerala, een streek die bij Arabieren en Europeanen lange tijd bekendstond als Malabar. Ik arriveerde er tijdens de peperoogst, in januari, om te zien hoe de kleine bessen geplukt en gedroogd werden en aldus meer dan een vluchtige zweem op te snuiven van de aromatische lading die op z'n minst enkele middeleeuwse Europeanen aanzette om op heilige oorlog te gaan. Op de bedrijvige specerijenmarkt van de 'Jodenbuurt' in het oude centrum krijg je een idee van de doordringende aroma's die vijfhonderd jaar eerder boven de kades van de Rialto moeten hebben gehangen. 's Winters zijn de pakhuizen gevuld met enorme bergen gember, en als je voorbij de geopende poorten van de groothandelaars loopt, zweeft de geur van de kronkelende knobbelwortels je dan ook uit vele deuropeningen tegemoet, zodat de middaghitte is gekruid met een weeïg zoete geur. Mocht je naar binnen gaan, dan dringt de agressieve reukstof je neusgaten binnen en is je keel algauw gecoat met wierookachtig gruis.

Middeleeuwse teksten maken onderscheid tussen ongeveer een half dozijn gembersoorten en -kwaliteiten, en de Keralaanse variant werd als de beste beschouwd. In Europa kostte micchino-gember (genoemd naar Mekka, waar ze werd verhandeld) doorgaans minder dan peper, terwijl colombino (genoemd naar de Malabarse stad Quilon, of Kollam) wel 50 procent duurder kon zijn.[9] Wanneer je tegenwoordig gember proeft, bemerk je een duidelijk verschil tussen de gember van hier, die veel steviger en aardser van kwaliteit is, en de lichtere, bijna citroenachtige wortel (strikt genomen wortelstok) die gewoonlijk van Hawaii naar de Verenigde Staten wordt geïmporteerd. Keralaanse gember past veel beter bij de complexe specerijenmengsels die in de Indiase keuken worden gebruikt dan de soorten die in Oost-Azië worden verbouwd. Evenzo moet ze goed hebben gepast in de kruidige recepten van het middeleeuwse Europa.

De specerijenkooplieden van Kerala vormen een even bonte mix van religieuze en etnische groepen als het mengsel waaruit het door de Indiërs geliefde masalapoeder is samengesteld. In de loop der tijd heeft de haven van Cochin aantrekkingskracht uitgeoefend op christenen, moslims en hindoes, maar met name op joden, die de specerijenmarkt zijn naam hebben gegeven. Afhankelijk van het seizoen handelen ze hier in gember, kardemom, kaneel en geïmporteerde kruidnagel, maar peper is nog steeds het zwarte goud dat het grote geld binnenbrengt. Als 's winters de peperoogst arriveerde, dromden ze tot voor kort allemaal samen in de verbleekte roze blokkendoos die de peperbeurs herbergde om daar op een centraal platform onder de snorrende ventilators luidruchtig tegen elkaar op te bieden. Dat aspect van de handel is veranderd. Sinds 2004 worden de transacties gekanaliseerd via een kleine armoedige ruimte, verlicht door een computerscherm, en zijn geschreeuw en geroezemoes vervangen door muisklikken.

Maar in de hoofdzaken is de peperhandel dezelfde als altijd. Op slechts een paar stappen van de beurs verwijderd, aan het eind van een vervallen gang, is de Kishor Spices Company gehuisvest. Als je de trap afdaalt en het bedrijfscomplex binnengaat, zie je een gedrongen piramide van honderden ponden peper, beschermd door een groot blauw zeildoek en veilig weggeborgen achter dikke tralies, terwijl in een smalle nis daarnaast ongeschoeide boekhouders in kleermakerszit het papierwerk afhandelen. De bovenverdieping daarentegen, waar het airconditioned kantoor van de eigenaar zich bevindt, zou evengoed deel kunnen uitmaken van een bedrijventerrein in Atlanta, wat niet wegneemt dat dit ondernemingsmodel reeds bekend was in Enrico Dandolo's tijd. Kooplieden zoals de Kuruwa, de bedrijfseigenaars, betrekken hun peper meestal bij kleine boeren die soms amper tien pond te verkopen hebben. Deze kleine partijen worden verzameld via een netwerk van plattelandshandelaars en naar de pakhuizen van het bedrijf getransporteerd, waar de peper wordt schoongemaakt en over de hele wereld wordt verscheept. In vroeger tijden moesten de tussenhandelaars balen rijst en zout over de bergpaden omhoog zeulen in ruil voor de peper; nu maken roepies en SUV's die transactie een stuk eenvoudiger. Heman Kuruwa, de derde generatie in het familiebedrijf, verzekert me dat de plaatselijke bewoners veel te weinig ondernemingszin hebben om een import-exportzaak als de zijne te drijven. Hij en zijn familie zijn moslims van de Noord-Indiase deelstaat Gujarat. Hij herinnert me eraan dat de Gujarati's deze handel honderden jaren hebben gedomineerd, dat ze hier allang waren voordat de Portugezen zich een weg naar de Indische Oceaan baanden.

De wijze van peper telen heeft sinds die tijd zelfs nog minder wijzigingen ondergaan. Aan de veertiende-eeuwse beschrijving door de Italiaanse monnik Odoric van Pordenone valt eigenlijk niets te verbeteren:

> [Peper groeit in een] zeker koninkrijk waar ikzelf heen ben gereisd en dat Minibar [Malabar] heet, en het is in geen enkel deel van de wereld

overvloediger aanwezig dan hier. Want het bos waarin het groeit heeft een omtrek van 18 dagen gaans [...]. In het voornoemde bos wordt peper op de volgende wijze gewonnen: eerst groeit het als bladeren gelijk tuinkruiden, die ze bij grote bomen planten zoals wij dat met onze wijnstokken doen, en deze brengen trossen peper voort, zoals onze wijnstokken druiven voortbrengen; eenmaal rijp, hebben ze een groene kleur, en ze worden geplukt zoals wij druiven plukken, waarna de korrels in de zon te drogen worden gelegd en zodra ze droog zijn in aardewerken vaten worden gestopt: aldus wordt peper gemaakt en geconserveerd.

In opdracht van de paus was de dertigjarige monnik in 1318 uit Venetië vertrokken op een reis die hem door heel Azië zou voeren. Zijn verslag werd bij zijn terugkomst in 1330 opgetekend en vond in Europa een breed lezerspubliek, waaronder ook de auteur van Mandevilles *Travels*. (Delen van Mandevilles beschrijving van het peperbos zijn vrijwel letterlijk overgenomen.) De peperbossen van Zuidwest-India werden genoemd door iedere reiziger die dit deel van de wereld bezocht. Marco Polo beschrijft het koninkrijk Coilum (Quilon), waar peper 'in grote hoeveelheden groeit'. De Arabische reisauteur Ibn Batūtah beschrijft de stad als een van de mooiste in Malabar, 'met schitterende markten en rijke kooplieden'.

Quilon is bereikbaar met een trage, drie uur durende rit in zuidelijke richting vanuit Cochin, over India's onwaarschijnlijke spoorwegnet. Van de oude stad resteert nu nog slechts een bescheiden provincieplaats van gemiddelde omvang, die het voor zijn inkomsten meer van rubber dan van peper moet hebben. Zelfs vóór Da Gama en zijn landgenoten zich met Malabar begonnen te bemoeien, waren de specerijschepen al geruime tijd noordwaarts naar Cochin en Calicut vertrokken.

Ik werd van het treinstation te Quilon afgehaald door Thomas Thumpassery, een lokale planter die zich bereid had verklaard me een rondleiding door een van broeder Odorics peperbossen te geven. Hij stond me op het perron op te wachten, mobieltje in de hand, en zwaaide naar de westerling tussen de papegaaienkleuren van wervelende sari's, leurende verkopers van etenswaren en zich voortreppende Indiase zakenmannen. Een moment later werd ik in een gloednieuwe SUV geschoven, en we suisden de stad uit. De autorit uit Quilon ging voorbij in een waas van magenta, citroengeel en feloranje, met in de bermen slaperige koeien die voor enorme aanplakborden met aantrekkelijke, in sari's gehulde modellen stonden en daarachter rijstvelden die nauwelijks groter waren dan tennisvelden, omringd door haveloze bananenbosjes. Ongeveer een uur later maakte het vlakke kustlandschap plaats voor weelderige en lieflijke heuvels.

Thomas, zo vernam ik algauw, is deels dichter, deels plannenmaker, deels dilettant. 'Ik ben lui,' zegt hij meer dan eens boven het glas *chai* dat we in een klein winkelcentrum recht tegenover de rituele poel van een hindoetempel drinken. Zijn laatste plan is een hamburgerbar annex biljartlokaal, en hij zit vol vragen over de finesses van de hamburger- en pizzabereiding. Hij komt magerder en jonger over dan zijn vijfendertig jaar en heeft duidelijk lol in zijn eigen mesjogge ondernemingen, een neiging die hij samen met de familieplantage van zijn vader schijnt te hebben geërfd. Zijn land is hoofdzakelijk met rubberbomen beplant, hoewel er een paar kleine lapjes zijn gewijd aan gember, nootmuskaat, bananen en kokosnootpalmen. Maar hij verbouwt jaarlijks ook zo'n zevenhonderd pond peper, als een soort nevenactiviteit, bij wijze van verzekering. Dit is typerend voor India, waar peperplanten worden geteeld in de schaduw van andere gewassen met een meer gegarandeerde opbrengst.

Op een van die zachte zuidelijke Keralaanse heuvels strekt zich de Thumpassery-plantage uit. De hele bult staat van onder tot boven vol met rubberbomen die allemaal als een suikerahorn worden afgetapt teneinde het melkachtige sap te winnen dat vervolgens tot ruw rubber wordt gedroogd. Maar de bossen bevatten ook peper. Wanneer de SUV omhoog rijdt naar de lage boerderij die als een onregelmatige inktvlek op de heuveltop ligt, stoot Thomas bijna een arbeider van zijn krukje omdat hij moet uitwijken voor de mat vol te drogen gelegde peperbessen die midden op de oprit is uitgespreid. Opritten zijn bijzonder geschikt om peper te laten drogen, met name als ze vlak zijn en in de volle zon liggen. Voor telers zonder verharde opritten stelt de Indiase Specerijenbond (een overheidsorgaan) subsidies beschikbaar waarmee zij een deel van hun land met beton kunnen verharden.

In het begin zijn de peperranken moeilijk te herkennen, maar wanneer je zorgvuldig kijkt, zie je de rommelige klimplanten overal kronkelen: in stakige arepa-palmen, slungelige mangobomen of wat er verder ook maar in de buurt groeit. Hier ontbreken de keurig rechte lijnen van een Europese boerderij of wijngaard volledig. In plaats daarvan is er jungle, met de weerbarstige peperranken die er veeleer uitzien als woekerend onkruid dan als de welvaartsbron voor verre imperia. De handgrote bladeren bekleden hun steunboom als drie meter lange hoelarokjes, terwijl de donkergroene trossen peperbessen, ook wel 'spikes' genoemd, half verscholen gaan onder het hartvormige gebladerte.

Thomas voert me dieper het peperbos in. De lucht is er schoon en aromatisch, en vol klokkende en kakelende geluiden die het nauwelijks hoorbare gezang van de hindoegebeden die uit een afgelegen tempel golven, met gemak overstemmen. Hij legt uit dat de tweeslachtige peperbloemen, met de kleur van dikke room, bestoven worden door de vroege ochtendnevel, of preciezer gezegd door de dauwdruppels die op de bloemen condenseren en van nietige bloesem naar bloesem omlaag druppelen. Hij vertelt me over de honderd of meer wilde soorten die nu nog steeds hoog in de heuvels groeien en over de honderd of meer variëteiten die zijn veredeld. Hij wijst de lange en kronkelige wilde peperranken aan die in de schaduwen groeien.

Broeder Odoric had helemaal gelijk over het oogsten van zwarte peper, wat gebeurt zodra de bessen donkergroen zijn. In Kerala is dat gewoonlijk in januari. De geplukte bessen worden op bamboe matten uitgespreid om verscheidene dagen te drogen, tot ze een volle zwarte kleur krijgen. Hoewel piperine, de chemische stof die peper zijn scherpe smaak geeft, in de bes zelf zit, bevat de wand de meeste smaakstoffen. Voor witte peper worden de groene bessen in kokend water geblancheerd, waarna de schil wordt verwijderd alvorens ze te drogen worden gelegd. De Indiërs gebruiken witte peper echter nauwelijks; deze is weliswaar even heet als de zwarte, maar mist complexiteit. Thomas' moeder lacht als ik haar naar witte peper vraag. Ze verkopen die alleen aan westerse hotels, vertelt ze me, die daarmee het eten van buitenlanders kruiden. Groene peperkorrels stellen haar daarentegen voor een raadsel, want daarvan heeft ze nog nooit gehoord. Thomas heeft erover gelezen op het internet, en hij vertelt haar dat ze in chique Franse gerechten worden gebruikt. Ze keert hoofdschuddend terug naar de keuken, waar de maaltijd boven een houtvuur staat te pruttelen.

Ironisch genoeg doen Keralanen maar heel weinig peper in hun eten. Voor hen is het geld dat aan de bomen groeit, en de meesten verkopen het liever dan dat ze het opeten, of ze slaan het op als een appeltje voor de dorst. De mensen uit het vak geven uiteenlopende schattingen over de hoeveelheid peper die in India in reserve wordt gehouden. Heman Kurawa, de handelaar in Cochin, vermoedt twintigduizend ton, maar niemand kan weten hoeveel het echt is. Alleen Thomas heeft al twee ton, een uitpuilende stapel van plastic gaaszakken, weggezet tegen de achterkant van een schuur die tevens wordt gebruikt om gerookte vellen rubber op te slaan. Sommige telers bewaren de peper wel tien jaar, wachtend tot de prijs stijgt, of ze gebruiken hem om de bruidsschat voor een dochter mee te betalen. Thomas heeft drie jonge dochters. In zijn geval vraag ik me echter af of de peper daar nog zal liggen als hij die nodig heeft, of dat deze zal fungeren als kapitaal voor een nieuw en onwaarschijnlijk plan.

Hoewel peper oorspronkelijk uit de West-Ghats komt, een bergketen die oprijst aan de Indiase westkust, is de plant mogelijk al zo'n tweeduizend jaar geleden overgebracht naar Sumatra (en misschien ook andere delen van het huidige Indonesië). Hij was beslist al heel algemeen in de regio toen Marco Polo daar aan het eind van de dertiende eeuw op de terugweg doorheen trok. Tegenwoordig wordt peper ook verbouwd in Brazilië en China, terwijl Vietnam India als 's werelds grootste exporteur is voorbijgestreefd. Toch hebben ze in Europa nog steeds het liefst Indiase peper.

Europeanen hebben op z'n minst vanaf de Romeinse tijd peper uit dit deel van India geïmporteerd. Bij Pondicherry, in Zuid-India, is een groot aantal Romeinse amfora's opgegraven, daterend uit de eerste en tweede eeuw n.Chr. De route volgde min of meer hetzelfde parcours gedurende de daaropvolgende vijftienhonderd jaar, en lang nadat de Portugezen de route om Afrika hadden opengelegd, werd een deel van de peper nog steeds over de oude karavaanroutes getransporteerd.

Niettemin ondergingen de routes in al die jaren veranderingen, afhankelijk van de politieke toestand in de wereld. De zijderoute uit Marco Polo's tijd, waarover specerijen, juwelen en zijde tussen China en het Midden-Oosten heen en weer gingen, hield slechts stand zolang Dzjengis Khan en zijn opvolgers een ijzeren greep op Centraal-Azië hielden. Maar toen hun rijk aan het begin van de veertiende eeuw ineenstortte, moest de stroom van oosterse luxeartikelen via een nieuw kanalensysteem worden doorgesluisd. Sindsdien werd het merendeel van Malabars kostbaarheden op Arabische dhows geladen (soms ook op Chinese jonken), die over de Rode en Arabische Zee scheerden, waarna de specerijen bij Aden, en later Jeddah, op enorme kameelkaravanen werden geladen. In zijn jonge jaren was Mohammed een soort toezichthouder op een van deze bezorgdiensten per dromedaris tussen Mekka en Syrië. Voor latere Arabische kooplieden was de haven van Jeddah mede zo aantrekkelijk omdat hij zo dicht bij de vaderstad van de profeet lag; moslims waren even bedreven in het combineren van zaken en religie als de Venetiaanse kruisvaarders. De kamelenstoeten, waarvan elk dier was beladen met wel een kwart ton aan specerijen, groeiden na de passage door Mekka aan tot zulke reusachtige karavanen dat het aan het eind van de reis naar Damascus of Alexandrië twee dagen en nachten kostte om de poorten te passeren.

Zodra het Middellandse Zeegebied werd bereikt, gingen de specerijen over in christelijke handen. Aanvankelijk was de westelijke markt opgedeeld tussen de Genuezen, Provençalen en Catalanen, die de specerijenstroom naar West-Europa en de Arabische steden in westelijk Noord-Afrika onderhielden, terwijl de Venetianen hun peper grotendeels over de Alpen stuurden. Maar vanaf de vijftiende eeuw begon Venetië de specerijenroute tot aan de Atlantische Oceaan te monopoliseren en zond zijn geurige galeischepen zelfs helemaal naar Engeland en de Lage Landen. In de hele christelijke wereld zou de zucht naar specerijen, aangewakkerd door de Kruistochten, gedurende vijfhonderd jaar almaar groeien. Vele generaties (gegoede) Europeanen zouden met de smaak van Malabar op hun tong worden grootgebracht.

Dol op specerijen

Het valt onmogelijk uit te maken hoe het eten in de middeleeuwen en de renaissance precies smaakte. De oude kookboeken zijn te onnauwkeurig, de bereidingswijzen zijn lastig te herhalen en de ingrediënten zijn volslagen anders. Dieren, vruchten en groenten waren allemaal kleiner. Zelfs de specerijen verschilden. De specerijen die we nu kennen, hebben een eeuwenlang veredelingsproces ondergaan om hun smaak te concentreren en te standaardiseren, terwijl de meeste aromatica van 1400 nog werden vergaard van in het wild groeiende struiken en bomen. Dan is er het punt van versheid en opslag. Wanneer we bedenken dat kruidnagel, nootmuskaat en foelie minimaal een jaar onderweg waren, en alle specerijen doorgaans jaren achtereen onder vaak dubieuze omstandigheden werden opgeslagen, moeten we ons afvragen hoe krachtig ze eigenlijk nog waren.[10] Onder ideale opslagomstandigheden is peper bijzonder goed houdbaar, maar veel andere kruiden dalen op het schap snel in kwaliteit. Het lijdt geen twijfel dat veel van de specerijen, zodra ze afgelegen Europese contreien als Engeland en Scandinavië bereikten, ongeveer zo vers waren als de pot piment die de afgelopen zes jaar in mijn kruidenkast heeft gestaan.

Ook al is het dus onmogelijk om de keuken uit het verleden te herhalen, er zijn altijd mensen die het toch proberen. Ik ben bijzonder gefascineerd door de pogingen van Sergio Fragiacomo in Venetië, die heeft ingezien dat gastronomisch tijdreizen zelfs commerciële kansen biedt. Sergio bezit een restaurant, gelegen op zo'n vijf minuten lopen van het San Marco-plein, met de merkwaardig genoeg Franse naam Bistrot de Venise. Sergio heeft meer van een goedmoedige professor dan van een restauranthouder, en als zoveel Venetianen is hij een amateur (in de oude betekenis van het woord) aangaande het onderwerp Venetië. Hij is de oude stad toegewijd als een trouwe minnaar, evenzeer bekoord door haar zwakheden als door haar charmes. 'Ik wil een gesprek hebben met haar verleden,' zegt hij me. Het is zijn grote passie om de vroegere kookstijl tot leven te wekken, om de toeristen niet slechts met specie en marmer maar met de smaken van de oude Republiek bekend te maken. Maar hij moet ook in zijn levensonderhoud voorzien, en daarom biedt hij de keuze uit twee kaarten: één met traditioneel Venetiaans eten – gegrilde vis, polenta, risotto en dergelijke – en één op basis van oude Venetiaanse bronnen. 'De andere restaurants vinden me niet goed wijs,' vertelt hij terwijl we aan een beslist eenentwintigste-eeuwse cocktail van prosecco en granaatappelsap nippen. 'In het Venetië van vandaag ontbreekt gewoon ieder historisch besef van onze culinaire cultuur,' vervolgt hij. 'Het is verschrikkelijk jammer!'

De merendeels Franse en Engelse toeristen ('De Italiaanse gasten denken met hun maag,' moppert hij) die van de historische kaart bestellen, kunnen kiezen uit schotels die dateren van de veertiende, vijftiende en zestiende eeuw. Het spreekt vanzelf dat de smaken nooit helemaal authentiek kunnen zijn. Dit is op zijn best culinair toerisme, hoewel Sergio's herscheppingen in zekere zin niet minder representatief voor het verleden zijn dan de middeleeuwse paleizen die, na te zijn ontmanteld en opnieuw in elkaar gezet, zijn voorzien van stromend water en een glasvezelverbinding. Op dezelfde manier als de smaakvol gemoderniseerde herenhuizen ons herinneren aan een glorieus verleden, geven de aantrekkelijk opgemaakte borden ons een vleug gember, kurkuma en peper, in hoeveelheden die volstaan om de galeischepen met hun specerijenvracht te laten herleven maar ons behoeden voor een overdaad aan authenticiteit. Ik stel het welbeschouwd net zo lief zonder de stinkende grachten, tochtige kamers en alomtegenwoordige vlooien van de middeleeuwse stad, ook al smacht ik naar wat meer specerij.

Het diner bestaat uit kleine, verfijnde gerechten. De eerste gang is venkelsoep met een vleugje kaneel. We vervolgen met 'ravioli', die in dit geval meer weg heeft van superfijne gnocchi in een okergele saus die is aangedikt met rijstbloem en kurkuma en bestrooid met een mengsel van zoete specerijen en kruiden – dat alles ontleend aan een anonieme veertiende-eeuwse receptenbundel die bekendstaat als de *Anonimo Veneziano*. Daarna wordt zeebaars geserveerd. De zoete vis is bedekt met een amandelkorst en ligt in een kleine poel krachtige gembersaus met een licht bittere, zelfs kalkachtige smaak die je eraan herinnert dat gember uit de grond wordt gegraven. De kaart verzekert de gast nadrukkelijk dat de ingrediënten weliswaar volledig te herleiden zijn tot de grote renaissancekok Maestro Martino, maar dat het recept aan de moderne smaak is aangepast. Sergio staat erop dat ik afsluit met *fritelle da imperador magnifici*, twee kleine beignets van ricotta en pijnboompitten, krokant vanbuiten en romig vanbinnen, die als twee kussentjes liggen op een bedje van saus op basis van *vin cotto*, honing, kaneel en kruidnagel. De beignets (maar niet de saus) zijn ook afgekeken van de *Anonimo Veneziano*. Het oorspronkelijke veertiende-eeuwse recept schrijft een mengsel van eiwitten, jonge kaas (dat wil zeggen: ricotta), bloem en pijnboompitten voor. Na het frituren worden ze met suiker bestrooid – heel veel suiker zodat ze goed genoeg voor een keizer zijn, de *imperador* in de naam van het gerecht. Ik vergeef Sergio de saus, omdat het dessert verrukkelijk blijkt en ik zijn bedaarde enthousiasme niet kan weerstaan. Bovendien heeft hij waarschijnlijk gelijk – authenticiteit heeft zijn grenzen.

Sergio houdt vol dat zijn matigheid met specerijen niet alleen voortkomt uit zijn streven om aan de huidige Europese smaak tegemoet te komen, maar ook historisch verantwoord is. Evenals Luca gelooft hij dat de geleerden die het over een 'orgie van specerijen' hebben, uit hun nek kletsen. Als die middeleeuwse kookboeken nu maar een tikje preciezer waren! *De Anonimo Veneziano* is een van de weinige middeleeuwse teksten waarin de instructies redelijke consistent zijn. De reden is misschien dat het bedoeld was voor een overwegend burgerlijk Venetiaans publiek, zodat de hoeveelheden preciezer moesten zijn dan in vergelijkbare verzamelbundels die door de zeer ervaren beroepskoks in aristocratische huizen werden gebruikt. Vreemd genoeg worden recepten uit het Venetiaanse kookboek vaak aangevoerd als bewijs dat de onbehouwen middeleeuwse eters enorme hoeveelheden specerijen tot zich namen. Luca denkt dat het misverstand voortkomt uit een foutieve aanname over de porties per persoon. Bij een vluchtige blik op bijvoorbeeld een recept voor *ambrosino*, een soort kipstoofpot met gedroogd fruit, zou je tot de veronderstelling kunnen komen dat een dozijn gasten in dit geval een gerecht nuttigt dat met ruim twee ons specerijen is gekruid (vooral gember en kaneel maar ook een paar laurierbladen en heel kleine hoeveelheden nootmuskaat, saffraan en kruidnagel), naast nog wat extra saffraan en nootmuskaat. Deze conclusie botst echter met het gegeven dat twaalf mensen met geen mogelijkheid zoveel zouden kunnen eten.[11] In tegenstelling tot de bescheiden porties die in Bistrot de Venise worden opgediend, waren de middeleeuwse tafels van de rijken beladen met enorme buffetten waarvan slechts een klein gedeelte door de gasten werd opgegeten. Dat het ook niet de bedoeling was om al het eten op deze feesten op te eten, wordt fraai geïllustreerd in de *Ordinaciones* van 1344, een gedragscode die werd afgekondigd door Peter III (de Grote) van het Iberische koninkrijk Aragon. De koning regelde de tafelschikking met de precisie van een accountant: 'Daar het gepast is dat sommige personen overeenkomstig hun status meer eer wordt bewezen dan anderen, verlangen wij dat ons bord voldoende eten voor acht personen bevat.' De koninklijke prinsen, aartsbisschoppen en bisschoppen die bij de koning aanzaten, kregen genoeg voor zes, terwijl lagere geestelijken en gewone ridders een portie voor vier werd toegekend.

Desondanks overtreft zelfs de bescheiden hoeveelheid specerijen die de Anonimo Veneziano voorschrijft ruimschoots de snufjes waaraan Sergio's klanten gewend zijn wanneer ze Italiaans gaan dineren. (De huidige Italianen eten ongeveer een ons specerijen per jaar, waarmee ze in de statistiek van Europa's toch al lage specerijenconsumptie vrijwel onder aan de lijst staan.) Maar dat is vermoedelijk een onterechte vergelijking. De smaakcombinaties in het huidige Italiaanse eten hebben nauwelijks raakpunten met het middeleeuwse menu. Noord-Afrika komt meer in de buurt. Het rijtje ingrediënten van de ambrosino – amandelen, dadels, rozijnen, gedroogde pruimen, gember, kaneel en saffraan, dat alles te sudderen met kip – lijkt zo uit een modern Marokkaans recept te komen, en het specerijengebruik is slechts een tikje overvloediger. De Arabische invloed op het middeleeuwse eten doet zich dan ook altijd gelden, rechtstreeks of impliciet. Het eerdergenoemde Napolitaanse kookboek van iets vroeger datum bevat verscheidene karakteristiek Arabische recepten, waaronder een soep in Saraceense stijl. Deze verzameling, oorspronkelijk in het Latijn geschreven, was een van de eerste wijdverbreide kookboeken in Europa. In veel van de erin opgenomen recepten worden specerijen voorgeschreven, hoewel bij lange na niet zoveel als in de Venetiaanse compilatie. Het ligt in de lijn der verwachtingen dat men de specerijenbus in Venetië het ruimhartigst hanteerde, omdat oosterse kruiden hier aanzienlijk goedkoper waren dan elders, en de culturele invloed uit het Midden-Oosten er het sterkst was.

Hoe dan ook, het laat veertiende-eeuwse *Ménagier de Paris*, min of meer uit dezelfde tijd als de *Anonimo Veneziano*, lijkt op zijn minst even royaal met specerijen om te springen – al moet toegegeven worden dat we dit slechts kunnen afleiden uit de paar recepten die precieze hoeveelheden geven. Bij een recept voor vlees in aspic moet je een varken, vier kalfspoten, twee kippen en twee konijnen klaarmaken met tien tot twaalf *cloches* (knobbels) gember en vijf à zes cloches galanga (een specerij vergelijkbaar met gember) plus bescheidener hoeveelheden paradijskorrels, foelie, zedoarwortel, staartpeper, nardus, laurierblad en nootmuskaat. Deze specerijen worden allemaal vermalen en dan in een soort kingsize theezakje geknoopt dat men met het vlees laat meesudderen. Hoewel moeilijk valt te achterhalen hoe groot een cloche gember precies is, kunnen we veilig stellen dat het gaat om een klein pond gember en alles bij elkaar nog eens ruim een half ons andere specerijen. Maar we bereiden dan ook minstens vijftig kilo vlees! Daar komt bij dat het pond gember van de *Ménagier* na zijn lange reis om de wereld beslist niet zo pittig was als het tegenwoordig zou zijn. Voor het maken van *ypocras*, de kruidenwijn waarop de Franken even verzot waren als de Byzantijnen, laat de schrijver je een weinig suiker en vijftien gram van een mengsel van kaneel, gember, paradijskorrels, nootmuskaat en galanga toevoegen aan een *quarte* wijn (iets meer dan twee liter) – wat overeenkomt met ongeveer een kwart theelepel per wijnglas. Bovendien werd deze drank doorgaans aan het eind van de maaltijd in bescheiden glazen geserveerd als een soort digestief. Degenen die nog steeds menen dat de rijken destijds hun eten bedolven onder een lawine van specerijen, zouden zich de moeite moeten getroosten het boodschappenlijstje uit de *Ménagier* voor het geven van een bruiloftsfeest eens goed te bekijken. Dit betreft de befaamde twee pond specerijen bestemd om het diner (en avondmaal) van zo'n veertig gasten te kruiden en die op dezelfde afvinklijst staan als de ruim 300 kilo vlees! Het gaat met andere woorden om enkele schamele grammen, minder dan een theelepel, voor elke kilo vlees.[12] Met zulke gemiddelden weten we natuurlijk nog steeds niet hoeveel specerijen er in een afzonderlijk gerecht gingen. Er moeten beslist pikante gerechten tussen hebben gezeten. Maar het zegt ons wel iets over de mate waarin men het eten over het algemeen kruidde.

Hoewel de toenmalige kookboeken uit Venetië, Frankrijk, Catalonië, Engeland en Duitsland zonder uitzondering royaal met oosterse kruiden omspringen, was de specerijenmode in Europa niet overal dezelfde. Uit de recepten in de *Ménagier* blijkt duidelijk dat de Fransen een stuk veelzijdiger in hun gebruik van specerijen waren dan de Italianen. De iets eerder verschenen *Viandier* (circa 1375), toegeschreven aan de Franse hofkok Taillevant, vermeldt zo'n zeventien 'specerijen', inclusief Byzantijnse favorieten als zedoarwortel en nardus naast meer gebruikelijke smaakmakers als foelie en kaneel. Daarentegen blijft het kruidenrekje van de *Anonimo Veneziano* beperkt tot ongeveer een dozijn. Duitse verzamelingen zijn nog beperkter. Maar ondanks bepaalde regionale voorkeuren (meleguetapeper duikt regelmatig in Frankrijk op maar bijna nooit in Italië; peper vaker in Duitsland dan in Frankrijk) zijn de overeenkomsten tussen de kookboeken opvallender dan de verschillen. In de veertiende eeuw waren de trendy specerijen overal dezelfde. Gember is veruit het populairst, op de voet gevolgd door saffraan.

Interessant is dat peper minder gangbaar is, met name in de Franse collecties. Werd simpelweg al aangenomen dat je peper bij het eten deed (de recepten vermelden ook geen zout), zodat het er niet meer expliciet bij werd gezegd? Of, wat wellicht waarschijnlijker is, werd peper reeds als te alledaags beschouwd voor het verwende verhemelte van de door en door geblaseerde adepten van deze culinaire stijlbladen. Vroege kasboeken bieden steun aan deze laatste opvatting. Naarmate iemand hoger op de maatschappelijke ladder stond, werd zijn boodschappenlijstje voor specerijen doorgaans langer en langer, terwijl de gewone mensen zich weinig meer dan peper konden veroorloven. Zo gebruikten de Franse koning Jan II en zijn entourage tijdens hun gevangenschap door de Engelsen in de jaren 1350 (onder blijkbaar nogal luxueuze omstandigheden) meer dan tien verschillende specerijen, maar geen zwarte peper. Een Franse burggraaf uit ongeveer dezelfde tijd beperkte zich tot het viertal peper, gember, kaneel en saffraan. Aan de andere kant wordt peper zelfstandig vermeld als onderdeel van een zending uit 1258 naar een Frans armenhuis, en door op zijn minst één middeleeuwse eetgids aanbevolen als een 'saus voor landarbeiders die het door tuinbonen en erwten roeren'.

Het behoeft geen betoog dat de dagelijkse kost van veertiendeeeuwse Europeanen ongeveer even gemakkelijk uit kookboeken voor de elite is te achterhalen als het karakteristieke Amerikaanse eetpatroon is af te leiden uit de lifestyle-boeken van Martha Stewart. Hier volgen enkele gegevens voor het tegenwicht, ook al is het altijd hachelijk om harde cijfers voor de middeleeuwen te presenteren. Economisch historici hebben een globaal idee van de hoeveelheden specerijen die Europeanen importeerden, in elk geval vanaf de veertiende eeuw, toen Venetië de specerijenhandel beheerste.[13] Geschat wordt dat de christelijke wereld in 1400 een kleine miljoen kilo peper consumeerde en misschien nog eens bijna een half miljoen kilo andere Aziatische specerijen, waarvan gember verreweg het populairst was, op ruime afstand gevolgd door kaneel, kruidnagel, nootmuskaat, foelie en de rest. Gezien het feit dat ongeveer drie tot vier miljoen mensen (ruwweg 5 procent van de bevolking) zich de duurdere aromatica konden veroorloven, moeten we concluderen dat de gemiddelde consumptie per hoofd van de bevolking niet heel hoog kan zijn geweest. Ter vergelijking: Amerikanen gebruiken vandaag de dag ongeveer 7 ons specerijen per persoon per jaar. De hedendaagse Europeanen consumeren omstreeks de helft daarvan, en Marokkanen min of meer het dubbele. Was het eten van de middeleeuwse elite dus over het geheel genomen ongeveer even gekruid als het voedsel dat de meeste Amerikanen nu eten? Nou, wellicht de schotels van koningen en koninginnen, maar voor de overige bevolking moet pikant eten een speciale traktatie zijn geweest. Er waren simpelweg niet zoveel specerijen beschikbaar dat iedereen dag in dag uit gekruide gerechten kon eten. Bovendien kwamen veel van de duurdere en onbekendere specerijen in geneesmiddelen terecht, en verder werden kaneel, gember, paradijskorrels en dergelijke ook op grote schaal gebruikt om bier en wijn te kruiden. Ten slotte slokte de balsemindustrie een onbekend percentage van de import op. Al met al zal de sociale bovenlaag in 1400 een hoeveelheid van pakweg 60 tot 90 gram specerijen (anders dan peper) per jaar hebben genuttigd, en honderd jaar later misschien twee keer zoveel.

Zulke gemiddelde aantallen verdoezelen natuurlijk het feit dat niet iedere maaltijd even sterk gekruid was of dat sommige mensen weinig van die sterk smakende specerijen moesten hebben. Maar dat geldt nu evenzeer als in het middeleeuwse Frankrijk. De hoogste elite consumeerde ongetwijfeld heel wat meer. Voor hen waren die feestmaaltijden van gekruide kapoenen en *hipocras* een dagelijks gebeuren. Je zou hen kunnen vergelijken met de huidige topmanagers die het doodgewoon vinden om op kosten van de zaak honderden dollars te spenderen aan restaurantmaaltijden die voor gewone stervelingen hoogstens twee keer per jaar zijn weggelegd. Toch is het niet waarschijnlijk dat koning Jan II, ook nadat hij in 1360 uit Engelse gevangenschap was teruggekeerd, beduidend meer specerijen heeft geconsumeerd dan de pakweg 50 gram die de huidige Amerikaan gemiddeld maandelijks eet. De rest van de bevolking moest vermoedelijk wachten op een bruiloft of feestdag voordat er weer eens te genieten viel van kostbare etenswaren zoals kip en eieren gekruid met gember en kaneel.

Of lag het toch anders? Gebruikten zij werkelijk even zelden specerijen (afgezien van peper) als wij cranberrysaus opdienen? De kosten op zich kunnen niet de doorslaggevende factor zijn geweest. Sommige gembersoorten waren zelfs goedkoper dan peper, en je kon voor vrijwel dezelfde prijs kruidnagelstengels kopen. Indien specerijen zo zelden gegeten werden, hoe kan het dan dat de kookboeken wemelen van de recepten met peper, kaneel en gember als benodigdheden? Hoogstwaarschijnlijk gingen bij speciale gelegenheden inderdaad alle remmen los, maar dat wil niet zeggen dat het dagelijks eten helemaal geen specerijen bevatte.

Het eten uit die tijd verschilde niet alleen van de tegenwoordige Europese kost in de mate waarin specerijen werden gebruikt. De basis van veel gerechten was een typerende zoetzure smaak, verkregen door honing, en later suiker, samen met gedroogd fruit te mengen met azijn of *verjus* (het zure sap van onrijpe druiven of appels). Diezelfde methode wordt veelvuldig toegepast in moderne keukens waarin specerijen een grote rol spelen. In de Indiase keuken bijvoorbeeld completeren specerijen vaak een gerecht dat is gezoet met ongeraffineerde suiker en aangezuurd met onrijpe mango's.

De Italiaanse culinair historicus Massimo Montanari heeft de moderne Italiaanse en Europese kookkunst als overwegend 'analytisch' gekarakteriseerd, waarmee hij bedoelt dat wij smaken bij voorkeur duidelijk onderscheiden. Om die reden houden we de bonbons van de salami vandaan en isoleren we onze specerijen in zoete en hartige getto's. Het idee dat 'koolsoep moet smaken naar kool, prei naar prei, rapen naar rapen', zoals een zeventiende-eeuwse Fransman het stelde, was geen concept dat in de eeuwen tussen de Kruistochten en de Reformatie veel opgeld deed. Om Montanari's terminologie te gebruiken: de keuken van dat tijdperk was 'synthetisch'. In plaats van het isoleren van smaken lag de kunst van de kok juist in een zorgvuldige synthese, opdat idealiter alle belangrijke smaken aanwezig waren in elke gegeven schotel. Bovendien was het volgens de voedselleer uit die tijd van groot belang om de, zoals zij het zagen 'natuurlijke' smaken van veel ingrediënten in evenwicht te brengen of te corrigeren. Specerijen werden in dit opzicht heel nuttig geacht, maar los van theoretische overwegingen zouden mensen die sterk gekruid voedsel gewend waren, kool die als kool smaakte maar saai hebben gevonden.

De prijs van specerijen

In de Venetiaanse staatsarchieven ligt een rechtbankverslag verborgen dat ons een aanknopingspunt verschaft voor de prijs van specerijen (en toevallig ook van kool) voor burgers uit de middenklasse anno 1340. Blijkbaar was een zekere Bernardo Morosini na de dood van zijn vader belast met de zorg voor zijn jongere broers. Alles bij elkaar moest hij een huishouden voeden dat afgezien van zijn drie jongvolwassen broers bestond uit zo'n drie bedienden en een oudere voormalige slaaf die zijn vader bij testament had vrijgemaakt. Af en toe moesten nog anderen worden gevoed, onder wie een verpleegster die was ingehuurd om Bernardo tijdens een langdurige ziekte te verzorgen alsook de kruiers die de wijn, het hout en het graan bezorgden.

Bernardo's zorgvuldig bijgehouden aankopen bieden ons een enigszins verrassend inkijkje in de dagelijkse kost van een tamelijk welgestelde Venetiaan aan de vooravond van de Zwarte Dood. (We moeten bedenken dat dit een tijd was van toenemende hongersnood en bevolkingsdruk, waardoor het voedsel duurder was dan het in eeuwen was geweest of zou zijn in de komende honderd jaar na de pest.) Het journaal bestrijkt alleen de winter- en lentemaanden, zodat de dan beschikbare of (wegens de vasten) toegestane etenswaren sterker vertegenwoordigd zijn. Het behoeft ons niet te verbazen dat er meer vlees beschikbaar is in de koudere seizoenen (het bedierf dan niet en was betrekkelijk goedkoop), maar wie zou gedacht hebben dat het huishouden van de Morosini's in de drie maanden vóór de vasten gemiddeld ruim drie kilo rundvlees per dag at, naast alle ganzen, kippen en vis die ze kochten? En dat voor maar acht tot tien personen! Tijdens de vasten daalde de vleesconsumptie scherp, maar de aankopen van vis, kaas en eieren maakten dat gemakkelijk goed. De wijnconsumptie was al even royaal, gezien de zestien liter die het huishouden per dag achteroversloeg! In andere opzichten moet het menu inderdaad saai zijn geweest. Kool is bijna de enige groente die gedurende verscheidene maanden wordt opgetekend (deze moet goedkoop geweest zijn, hoewel exacte cijfers ontbreken); deze wordt alleen vervangen door *le erbe,* hoogstwaarschijnlijk groene sla of radicchio. Interessant is dat peper en saffraan ook in het journaal verschijnen, hoewel het niet duidelijk is of ze uitsluitend als geneesmiddel waren bedoeld of dat een deel van het rundvlees werd omgetoverd in steak *au poivre* (of het Venetiaanse equivalent daarvan). Niettemin mogen we concluderen dat peper voor de Morosini's geen buitensporige luxe was. Waarmee niet gezegd is dat het niet duur was, maar dat waren eieren ook.

Laten we de voedselprijzen in het middeleeuwse Europa eens nader bezien. Wat sterk opvalt – en deze situatie blijft min of meer voortduren tot aan de industriële revolutie – is dat veel etenswaren die wij als vanzelfsprekend beschouwen, voor een groot deel van de bevolking vrijwel onbetaalbaar waren. In goede jaren besteedden Europeanen uit de werkende klasse zo'n 80 procent van hun inkomen aan brood of het equivalent daarvan. Als de oogst slecht uitviel, kon dat cijfer oplopen tot 150 procent.

Met andere woorden: ze leden honger. Ze konden zich absoluut geen geïmporteerde specerijen veroorloven, maar ook eieren, gevogelte, olie en wijn waren buiten bereik.

Verrassend is, dat als we de prijs van specerijen vergelijken met die van meer gangbare hedendaagse voedingsmiddelen, deze verhouding min of meer gelijk is aan die in Bernardo Morosini's tijd. 25 gram peper of een van de mindere kwaliteiten gember had ongeveer de waarde van 16 eieren. (Kaneel en de duurdere gemberkwaliteiten kostten doorgaans het dubbele daarvan.) En dit geval staat niet op zich. Die 25 gram was in 1225 in Venetië omstreeks 10 eieren waard, ongeveer 12 in 1450 in Londen, en vrijwel evenveel in 1506 in Wroclaw (Polen). Zeventig jaar later, in Wenen, waren de eieren duurder geworden: je kreeg er nog maar 8 voor je kwart ons. Kijken we naar het heden. Mijn buurtsuper vraagt 1,5 tot 3 dollar voor een ounce peper [28,3 gram – vert.], wat ook ongeveer de prijs is van 12 eieren. Hetzelfde geldt voor gember. In de tijd dat de *Ménagier* de voor het bruiloftsbanket betaalde prijzen vermeldde, deden kippen omstreeks 9 penny's per pond, terwijl gember een kleine 6 penny's per 25 gram kostte. Vergelijken we vandaag de dag de prijs van een scharrelkip met die van gember, dan zien we dat ook deze verhouding ruwweg gelijk is.

Bezien we gewapend met deze kennis nogmaals de receptenboeken van de vijftiende eeuw, dan kan de conclusie niet anders luiden dan dat ze niet alleen vanwege de aanwezigheid van gember en saffraan voor de gegoede klasse bedoeld moeten zijn geweest, maar tevens vanwege de overvloed aan gevogelte, suiker en eieren. De specerijen vallen op omdat wij ze weinig in de keuken gebruiken, maar er is geen grond voor de stelling dat ze in verhouding tot veel andere voedingsmiddelen buitensporig kostbaar waren.[14]

Het grote verschil is dat de mensen nu meer verdienen. Aan het eind van de vijftiende eeuw moest een geschoolde werkman van de Arsenale, de scheepswerf van Venetië, een kleine anderhalf uur werken om 25 gram peper te kunnen kopen (en in Noord-Europa tegen de tweeënhalf uur), terwijl een hedendaagse arbeider van General Motors datzelfde peperbusje in een paar minuten verdient.

Uit dit alles volgt dat in de vijftiende eeuw op z'n minst sommige specerijen een betaalbaar luxeartikel waren, niet in de orde van een fles Dom Perignon (150 euro per liter) maar eerder in die van een Starbucks-latte (6 euro per liter). Daarmee is niet gezegd dat ze betaalbaar waren voor de gemiddelde man of vrouw die bij de Arsenale werkte (vrouwen werden in dienst genomen als zeilmaaksters), maar voor het slag mensen dat zich af en toe een dozijn eieren of een gebraden kapoen kon veroorloven, waren peper en gember geen onoverkomelijke uitgave. (De kookboeken uit die tijd houden soms rekening met minder vorstelijke budgetten door goedkope surrogaten aan te bevelen, zodat je smaak de dukaten in je beurs niet te boven zou gaan.) Tegen de tijd dat Bernardo Morosini stierf, was peper in veel ruimere mate in de keuken van de gewone man aanwezig dan enige andere geïmporteerde specerij. Wellicht verklaart dat waarom de Europeanen zwarte peper zijn blijven gebruiken toen gekruid eten onder de elite uit de mode raakte.

Voordat het echter zover was, kreeg een toenemend aantal Europeanen de smaak van de duurdere Aziatische specerijen te pakken. In met name de vijftiende eeuw steeg de gemberconsumptie spectaculair (naar 200 tot 300 procent), terwijl de volgende eeuw een hausse in kruidnagel, nootmuskaat en foelie te zien gaf (tot wel 500 procent). Ondertussen herstelde de bevolking langzaam van de verliezen door de Zwarte Dood en nam in de twee eeuwen daarna toe met 60 procent. De peperimport per hoofd van de bevolking steeg daarentegen slechts een fractie in de vijftiende eeuw en veranderde de daaropvolgende honderd jaar nauwelijks. Maar toen in de zeventiende eeuw de prijs van peper tot een ongekend laag niveau daalde dankzij een prijsoorlog tussen de Hollanders en de Engelsen, verdubbelde de consumptie ervan ondanks een stagnerende bevolkingsgroei. Het lijkt erop dat de torenhoog gestegen kosten van basale voedingsmiddelen in de zestiende eeuw (een tijd van gierende inflatie) de middenklasse noodzaakten om op overbodigheden als peper te besparen – de armen stierven simpelweg aan ondervoeding –, terwijl men het de eeuw daarop, toen peper betrekkelijk goedkoop werd, weer rijkelijk over het eten strooide.

Ironisch genoeg is het goed mogelijk dat de prijs van basale levensmiddelen weliswaar steeg, maar het leven voor de kapitaalkrachtige klasse juist goedkoper werd. In de zestiende eeuw gaven de rijken nooit veel meer dan een kwart van hun inkomen aan eten uit, en de gegoede burgerij misschien het dubbele. De rest van hun geld ging grotendeels op aan luxeproducten (strikt genomen vielen ook veel van de etenswaren die ze kochten in die categorie). Juist dat type goederen, nodig om de stand op te houden, werd in de zestiende eeuw goedkoper. Boeken, mooie kleren en bedienden waren beter betaalbaar dan ooit. Dat gold in het bijzonder voor de renaissancistische Italiaanse stadstaten, waar de inflatiespiraal minder ernstig was dan in de rest van Europa. In het zestiende-eeuwse Florence had bijna een kwart van de huishoudens twee of meer bedienden, wat stellig een behoorlijk goede indicatie geeft van het aantal mensen dat zich de nieuwe populaire specerijen kon veroorloven. In Venetië was de levensstandaard vermoedelijk nog hoger. De lonen waren dat in elk geval wel, en dat in een stad waar tarwe vaak goedkoper was dan op het vasteland. Hier verdiende een meesterbouwer in één dag genoeg om zo'n veertien kilo brood of ongeveer 5 kilo rundvlees te kopen. Iemand in deze loonschaal kon zich beslist nu en dan een kwart ons peper of gember veroorloven, wat hem ongeveer evenveel kostte als een half pond rundvlees. Architecten en bankdirecteuren verdienden mogelijkerwijs nog twee tot drie keer zoveel, zodat het voorstelbaar is dat ze zich zo nu en dan te buiten gingen aan een kwart ons nootmuskaat of kaneel à twee maal de peperprijs. Maar dit was dan ook Venetië. In het afgelegen Engeland, waar specerijen algauw twee tot vier keer zo duur waren in verhouding tot het normale loon, hadden de heren het minder goed.

Dit kan ten dele verklaren waarom peper, gember, kaneel en nootmuskaat zo'n grote rol spelen in de Italiaanse keuken van de renaissance. Toch vormt elke economische reden beslist slechts een deel van het verhaal. Luca heeft de bondigste verklaring voor de populariteit van specerijen in de hoogtijdagen van I Antichi en de andere compagnie de calza. '*Fa più figo,*' zegt hij. (Specerijen waren 'cool', vertaalt hij zelf.) Ze waren ín. Iedereen die het zich kon veroorloven, wilde gember en kaneel in zijn eten. Een trend heeft altijd vele redenen, maar tot op zekere hoogte ook een eigen dynamiek.

Topkoks, de nieuwe media en de opkomst van de uitgaansstad

De renaissance staat bekend als een tijd van culturele vooruitgang. Een van de innovaties uit dat opmerkelijke tijdperk die je echter zelden hoort noemen, is die van de topkok. 'Welk een culinaire gaven, o onsterfelijke goden, hebt gij geschonken aan mijn vriend Martino van Como,' oreerde de studieuze Bartolomeo Sacchi (beter bekend onder zijn schrijversnaam Platina) in zijn succesvolle kookboek dat op recepten van zijn vriend was gebaseerd. Een van de veranderingen die de renaissance teweegbracht, was dat vakmensen die altijd op de achtergrond hun werk hadden gedaan, nu voor het voetlicht traden. Dit verschijnsel is uitvoerig geboekstaafd bij schilders, die zich van anonieme decorateurs van paleizen en kerken ontwikkelden tot wereldnamen als Leonardo da Vinci en Rafaël. Hetzelfde gebeurde (zij het op veel kleinere schaal) in de culinaire kunsten. Niet dat we nu echt zoveel weten over Martino, 'de voornaamste kok van onze tijd' (opnieuw volgens Platina), afgezien van het feit dat hij waarschijnlijk werd geboren in Como, in de heuvels aan de voet van de Alpen. Hij had misschien rood haar, want hij stond ook bekend als Martino de Rossi.

Maar zelfs als het eerbetoon van de kookboekenschrijver had ontbroken, kun je al aan het cv van de chef-kok zien dat hij zeer in trek was bij de meest illustere hoven van Italië. Hij heeft naar alle waarschijnlijkheid voor aristocraten in Milaan en Napels gewerkt. Zijn meest prestigieuze aanstelling kreeg hij echter toen hij in het midden van de vijftiende eeuw in Rome aankwam en daar de keukens van kardinaal Ludovico Trevisan ging leiden. De kardinaal was een van de rijkste leden van de pauselijke hofhouding en was vermaard om zijn voorliefde voor gokken, paarden, vrouwen, kunst, honden en een verfijnde keuken. Hij had de naam alleen al aan eten zo'n 20 dukaten per dag te besteden. (Dat was het jaarsalaris van onze arbeider bij de Arsenale!) Hij bemachtigde vanzelfsprekend de beste kok van de stad, en het is niet onwaarschijnlijk dat deze getalenteerde chef de cuisine en de erudiete Platina elkaar omstreeks 1463 in zijn huis ontmoet hebben. Binnen korte tijd lieten ze een receptenboek het licht zien. Het product van hun samenwerking, *De honesta voluptate et valetudine* (Over eerlijk genot en goede gezondheid), zou het meest gelezen kookboek van zijn tijd worden. Was Martino duidelijk een praktiserende kok – of *scalco*, zoals de culinaire maestro's werden genoemd –, Platina was een geleerde die door het Vaticaan als bibliothecaris was aangesteld. Platina maakte deel uit van een Romeinse kring van humanisten die hun tijd verdeeld lijken te hebben tussen Vergilius citeren en het menu samenstellen. Evenzo wisselt het boek erudiete verwijzingen naar reeds lang gestorven Romeinen af met recepten voor geroosterd speenvarken en Siciliaanse macaroni.

Uiteraard zou Martino het zonder zijn intellectuele publicist niet zo ver gebracht hebben. Martino's recepten waren eerder ook al verzameld, maar zonder het prestige van iemand als Platina, die vloeiend Latijn schreef, is het niet waarschijnlijk dat het boek buiten het schiereiland gelezen zou zijn. Nu was dat beslist wel het geval. Er waren ten minste acht Latijnse edities tot 1517, en de bundel werd nog populairder toen hij in de landstaal werd vertaald. Alles bij elkaar waren er eind zestiende eeuw zo'n vijftien Franse, zeven Duitse, vijf Italiaanse en zelfs een Nederlandse vertaling verschenen. Voorts werd Martino's receptenbundel in de tweehonderd jaar na de eerste uitgave intensief geplagieerd en verschenen er tientallen roofdrukken onder allerlei dekmantels. Met als gevolg dat koks in het Elizabethaanse Engeland (en elders) hun pasteien met evenveel Italiaans gekruide ragouts vulden als Shakespeare Italiaanse personages in zijn toneelstukken stopte.

Maar wat aten fijnproevers nu eigenlijk aan de vooravond van Columbus' en Da Gama's reizen naar de specerijenlanden? Het is van meet af aan duidelijk dat Martino's kookboek niet geschreven is voor prijsbewuste eters. Het bevat een overvloed aan duur gevogelte en wild. Eieren, vlees en allerlei soorten vis zijn alomtegenwoordig. En in de meerderheid van de gerechten gaat minimaal één specerij. Verreweg het meest geliefd is saffraan, op de voet gevolgd door kaneel, gember en peper. Kruidnagel, nootmuskaat en paradijskorrels duiken sporadisch op. Alle minder bekende specerijen uit de oudere verzamelingen zijn evenwel afwezig. Je zoekt vergeefs naar lange peper en galanga, om maar te zwijgen van staartpeper en zedoarwortel. In die zin gaat het hier om een meer burgerlijke keuken, gekenmerkt door een betrekkelijk beperkt palet aan specerijen dat ook voor bankiers en architecten en niet slechts voor prinsen en kardinalen was weggelegd. Kijken we bijvoorbeeld naar Martino's oorspronkelijke recept voor *fior di ginestra* (de saus die Sergio in Bistrot de Venise bij zijn zeebaars serveert), dan blijkt dat waarlijk een toonbeeld van eenvoud te zijn. Martino laat je een saus op amandelmelkbasis maken, die vervolgens wordt 'getemperd' met verjus, gebonden met eigeel, gekleurd met saffraan en gekruid met gember. Vermoedelijk werd ook zout toegevoegd. Hier wordt dus matig met specerijen omgesprongen. Karakteristieker is echter een recept voor paling-*torta* (een soort pastei), op smaak gebracht met gember, peper, kaneel en saffraan en tevens wat suiker en rozenwater. Zoals bij zoveel kookboeken uit de late middeleeuwen kun je van geen enkele specerij zeggen hoeveel er in het eten ging, omdat Martino noch Platina eraan heeft gedacht om hoeveelheden te specificeren. Bezien we Italiaanse kookboeken van iets later datum, bijvoorbeeld de uitgave van 1549 van Cristoforo da Messisbugo's *Banchetti* (Banketten), dan lijken de hoeveelheden specerijen daarin ruwweg overeen te komen met die in de *Anonimo Veneziano*; gebruikelijk is een tot twee theelepels specerij per pond vlees.

Al met al is de chef-kok die we in Platina's populaire boek tegenkomen (evenals in Martino's eerdere manuscripten van eigen hand) een vakman op de top van zijn kunnen, die met behulp van een breed arsenaal aan bereidingswijzen en specerijen een complexe en subtiele keuken creëert. Maar ondanks het feit dat de kookstijl beslist verfijnder is dan de recepten die we in eerdere Italiaanse of Franse kookhandboeken aantreffen, bezit deze nog steeds een grotendeels Byzantijnse en Arabische smaakstructuur. Zoet wordt gemengd met zuur en in balans gebracht met specerijen, ook al is de honing grotendeels vervangen door suiker. De eerdere middeleeuwse voorkeur voor gember is een beetje naar kaneel verschoven, en peper treedt veel sterker op de voorgrond dan in sommige eerdere bronnen het geval was. Toch is de kosmopolitische inslag van de eerdere kookstijl ook nog aanwezig, met Catalaanse en Franse recepten gewoon tussen de schotels uit Italië in. Met andere woorden: het betreft hier geen cu-

Een laat-renaissancistisch banket zoals weergegeven in Cristoforo da Messisbugo's *Banchetti*.

linaire revolutie. Onder de Romeinse smulpapen mag Martino dan beroemder dan Michelangelo zijn geweest, hij evenaarde de Vaticaanse plafondbeschilderaar niet in diens iconoclasme. Hoewel de kookstijl van de Italiaanse renaissance dus geen culinair equivalent van het perspectief voortbracht, waren de Romeinse topkoks even invloedrijk in de keukens van Noord-Europa als de radicale Italiaanse prentenmakers in de ateliers van Vlaamse en Duitse kunstenaars.

In de pakweg tweehonderd jaar tussen de laatste Kruistochten en de komst van de al te wereldse pausen aan het eind van de vijftiende eeuw waren de modecentra weggedreven van de Franssprekende wereld. Ten dele lag dat eenvoudigweg aan de afnemende Franse invloedssfeer. De Franken waren verdreven uit Outremer (de kruisvaardersstaten 'overzee'), de Gallische koningen van het huis Anjou raakten Zuid-Italië kwijt, de hogere kringen in Engeland spraken niet langer Frans, en de paus keerde na een lang verblijf in Avignon terug naar Rome. Daarbij kwam de catastrofe van de Zwarte Dood, de pandemie die tussen een kwart en een derde van de Europese bevolking wegvaagde. De vlooien die de builenpest bij zich droegen, arriveerden in 1348 in Europa op dezelfde manier als de vork: op Venetiaanse schepen uit Constantinopel. De routes waarlangs peper naar Parijs en kruidnagel naar Keulen werd vervoerd, bleken een noodlottig effectieve verspreidingsweg voor de ziekte. Daarmee is niet gezegd dat de Zwarte Dood een gevolg van de specerijenhandel was, maar het ruilnetwerk dat het ontstaan van een kosmopolitische kookstijl onder de elite had bevorderd, vergemakkelijkte nu de verspreiding van de pestbacil onder de hele bevolking. De handel leed enorm onder de epidemie, niet alleen omdat in sommige stedelijke centra de helft van de inwoners dood was, maar ook door de zware restricties die de daaropvolgende jaren voor reizen werden ingesteld.[15] Deze handelsbeperking maakte iedere stad de eerstvolgende paar jaar een stukje provincialer, inclusief Parijs. Frankrijk beleefde echter de bijkomende tragedie van een min of meer continu bloedbad dat ongeveer een eeuw zou aanhouden, de zogeheten Honderdjarige Oorlog, die pas in het midden van de vijftiende eeuw ten einde liep. Zo kreeg Italië de ruimte om het onbetwiste modecentrum van het hele continent te worden.

Het herstel van de Zwarte Dood verliep grillig en langzaam, en Europa als geheel bereikte pas weer omstreeks 1500 het bevolkingspeil van vóór de pest. Venetië werd bijzonder hard getroffen door de epidemie, hoewel zijn vermogen om geld te verdienen, in tegenstelling tot zijn inwoners, betrekkelijk snel herstelde. Het waren echter Florence en Rome, samen met een aantal kleinere Noord-Italiaanse steden, die als eerste het verschijnsel herbergden waarvoor negentiende-eeuwse Duitse historici de term renaissance bedachten. In deze periode verkeerde Florence als manufactuur- en bankierscentrum van wereldformaat, waartoe ze in de jaren vóór de pest was uitgegroeid, reeds in haar nadagen. Rome was vervallen en corrupt maar wemelde van mensen die naam probeerden te maken. Wie zich boven de massa wilde verheffen, huurde de topschilder van zijn tijd in om zijn kapel te verfraaien en de beste kok om zijn banketten te verzorgen. Elders in Italië deden de tweederangsvorsten hun best om hun stand op te houden. Beroemde chef-koks waren derhalve bijzonder gewild.

Martino als chef-kok bestempelen doet echter nauwelijks recht aan zijn takenpakket. Zeker, hij moest erop toezien dat de koks niet dronken op het werk kwamen en het ontbijt op tijd werd geserveerd, zoals elke hedendaagse leidinggevende, maar hij had tevens de verantwoordelijkheid voor extravagante evenementen die de vaardigheden van een circusimpresario op de proef zouden stellen. Waren middeleeuwse banketten al een feest voor alle zintuigen geweest – met een bonte vaudeville van muziek, dans en ander vermaak ter onderbreking van de diverse gangen –, bij de beschrijvingen van Italiaanse renaissancefeesten krijg je de indruk dat je van een experimentele variétévoorstelling pardoes in een spectaculaire dansshow te Las Vegas bent beland.

Het bruiloftsmaal dat Giovanni II Bentivoglio in 1487 in Bologna organiseerde om het huwelijk van zijn zoon Annibale met Lucrezia d'Este luister bij te zetten, is typerend voor de overtrokken vertoningen van die tijd. Onze societyverslaggever, Cherubino Ghirardacci, beschrijft een souper dat om acht uur 's avonds aanving en duurde tot drie uur in de nacht. Het diner begon met een keur van zoete kruidenwijnen en antipasti van divers klein gevogelte, waaronder patrijzen met 'gesuikerde olijven en druiven'. Vervolgens kwamen de bedienden aanzetten met een kasteel van suiker 'met kunstig gevormde kantelen en torens' waarop levende vogels zaten, die werden vrijgelaten en door de eetkamer scheerden 'tot grote verrukking en hilariteit van de gasten'. Daarna werd een schijnbaar eindeloze stoet van vleesschotels de zaal binnengebracht. Hert en struisvogel omgeven door pasteien, kalfsvlees, kapoenen, geiten, worsten en patrijzen, op diverse manieren klaargemaakt, alle in hun eigen saus, vermoedelijk gekruid met kaneel, peper en gember volgens Martino's instructies;

dan pauwen 'getooid met hun eigen veren alsof ze hun staart opzetten', één voor iedere gast; dan mortadella, hazen en gestoofd hertenvlees dat zo vaardig terug in de huid was gebracht dat 'het dier lijkt te leven'; dan duiven en fazanten 'die vuur uit hun snavels spuwden', begeleid door citrusvruchten en pikante sauzen; dan suiker- en amandelgebak, kwarktaart en biscotti; dan nog meer vlees en gevleugeld wild alsook een 'kasteel vol konijnen', die tussen de voeten van de gasten wegsprongen; dan konijnenpasteien en kapoenen in saus; dan een 'kunstig kasteel' waarin een varken gevangen zat, knorrend en gnuivend achter de transen; daarna kwamen de obers met hele, goudbruin geroosterde speenvarkens, divers ander gebraad, wilde eend 'en dergelijke'. Ten slotte werden de desserts opgediend, bereid met melk, jam, peren, pasteien, suikergoed, marsepein 'en soortgelijke smaken'. En vlak voor hun vertrek kregen de gasten gekruide bonbons en 'uitgelezen wijnen' mee naar bed.

Hoewel dit hele diner nogal uitputtend klinkt, moet bedacht worden dat het vooral bedoeld was als spektakel, om indruk te maken. De gasten waren niet eens in staat het merendeel van het eten te proeven, al was het maar om logistieke redenen. Hadden ze dat echter wel gekund, dan was waarschijnlijk niet alles naar hun smaak geweest. In dat opzicht leek het renaissancefeest op die onfatsoenlijk overdadige buffetten van tegenwoordig op cruiseschepen: veel te veel eten voor het aantal gasten maar tevens zo gevarieerd dat iedereen iets naar zijn of haar gading vindt. Ook vergelijkbaar met de Queen Mary was dat het van de status van de eters afhing welke selectie aan gerechten ze kregen aangeboden. Middeleeuwse hofmeesters beschouwden het als hun plicht om de lekkerste hapjes naar de vip-tafels te sturen. Desalniettemin kreeg iedereen de voorstelling te zien.

In de hieropvolgende jaren kon de Europese geletterde klasse in boeken als dat van Platina lezen hoe het er op deze fantastische evenementen aan toeging. Deze werden zelfs nog explicieter beschreven in geschriften als dat van Da Messisbugo's *Banchetti*, een soort gids voor het geven van een renaissancefeest uit 1549. De hardnekkige maar veelvuldig ontkrachte mythe dat Catharina de' Medici, toen ze in 1533 de Franse koning huwde, een rage voor alles wat Italiaans was ontketende aan het Parijse hof, is niet zonder een grond van waarheid. Haar komst aan het koninklijk hof moet zonder meer een trend hebben versterkt die al in volle gang was. De voorkeur voor specerijen was al gedurende het hele christendom een kenmerk van de aristocratische keuken geweest; nu maakten deze nieuwe Italiaanse kookgidsen het tot een rage. Dankzij het gloednieuwe medium van het gedrukte boek verspreidde de Italiaanse smaakstijl zich tot in alle hoeken van het renaissancistische Europa.

Door zijn gunstige ligging kon Venetië ten volle profiteren van de communicatierevolutie die het continent doormaakte nadat Gutenberg zijn losse letters had geïntroduceerd. Toen de specerijenhandelaars van de Republiek steeds meer buiten spel werden gezet door de Portugezen en vervolgens helemaal werden weggevaagd door de Nederlanders, ontplooide de stad zich als wereldwijd informatieknooppunt. Venetië was van oudsher een nieuwscentrum geweest, al was het maar omdat zijn peper- en zijdekooplieden over de hele wereld reisden en de handelaars op de Rialto klinkende munt overhadden voor inlichtingen over van alles en nog wat, van de rijstprijs in China tot de laatste haremcoup in Istanbul. Geen wonder dat vier Venetiaanse edelmannen een keer een deel van het dak van het hertogelijk paleis weghaalden teneinde een vertrouwelijk verslag uit Istanbul af te luisteren. In 1501, toen Venetië het gerucht bereikte dat er in Lissabon Indiase specerijen arriveerden, reageerde de overheid door een agent op onderzoek naar Portugal te sturen. Zijn verslag is bewaard gebleven. Toen Antonio Pigafetta di Vicenza terugkeerde van zijn reis om de wereld met Magellaan, bezocht hij Venetië, waar de bestuurders belast met de specerijenhandel zijn relaas over India 'met de grootste belangstelling' aanhoorden. Maar meer nog dan een dataconsument was Venetië Europa's meest vooraanstaande distributeur van informatie. En met de komst van de boekdrukkunst in de stad nam dat alleen maar toe.

De techniek bereikte Venetië al vroeg via de peperroutes die de stad van oudsher met Midden-Europa verbonden. De eerste drukkers die er arriveerden waren de Duitse broers Johann en Wendelin von Speyer, die kort voor 1469 een winkel in de stad openden. Ze hadden de nieuwe techniek kennelijk in Mainz geleerd, waar Gutenberg zo'n vijftien jaar eerder zijn drukkerij was begonnen. Omstreeks 1500 hadden zich ongeveer vijfentwintig Duitse drukkerijen in Venetië gevestigd. De stad had twee duidelijke voordelen voor een drukker: de continue aanvoer van papier, en de kerkelijke censors lieten je met rust. Tot de negentiende eeuw werd papier in Europa gemaakt van katoen of linnen, en Venetië was dankzij zijn kolonies in Cyprus welvoorzien van katoen; en doordat de Republiek meestal op gespannen voet met Rome stond, had de pers doorgaans geen last van religieuze bemoeizucht. Dit vormt op z'n minst de gedeeltelijke verklaring voor het feit dat er in het vijftiende-eeuwse Venetië meer boeken werden gedrukt dan in enige andere stad in Europa (mogelijkerwijs maar liefst 4500 titels met een totale oplage van 2,5 miljoen exemplaren), en hoewel de stad in de volgende eeuw haar koppositie moest afstaan aan andere centra zoals Parijs, wist zij gedurende de daaropvolgende honderd jaar niettemin zo'n 15.000 tot 17.500 titels te produceren. Deze boeken waren geschreven in het Latijn, Grieks, Hebreeuws, Arabisch, Slavisch, Duits, Frans en Spaans en daarnaast in verschillende Italiaanse dialecten. De onderwerpen liepen uiteen van theologie tot geografie, van militaire verhandelingen tot handboeken over tafelmanieren. Er verschenen ook flink wat kookboeken en voedingshandleidingen. Begrijpelijk dus dat het eerste kookboek dat ooit in druk is verschenen, *De honesta voluptate et valetudine* van Platina en Martino, in 1475 in Venetië werd gezet. Gedurende de daaropvolgende dertig jaar zouden ten minste vijf herdrukken volgen.

Overigens werd er een groot aantal kookboeken in Venetië gepubliceerd, waaronder de eerste gedrukte uitgave van Apicius, de enige bewaard gebleven antiek-Romeinse receptenbundel. Voor het merendeel betrof het echter contemporaine Italiaanse boeken over eten, van de hand van mensen als Cristoforo Messisbugo en de in Venetië geboren Bartolomeo Scappi, die gretig aftrek vonden onder hippe eters in heel Europa. De vele vertalingen tonen aan dat er veel vraag naar kookboeken was, maar de medische gidsen en voedingshandleidingen waren nog populairder. Vele ervan waren afkomstig van de Venetiaanse universiteit in Padua, in de vijftiende eeuw allerwegen erkend als de Harvard Medical School van die tijd. Dieetboeken, met name indien goedgekeurd door medische deskundigen, waren voor uitgevers even lucratief als tegenwoordig. Het is verbazend om te zien hoe snel deze

Venetiaanse boeken in heel Europa aansloegen. Om slechts één voorbeeld te geven: *Secreti* van Girolamo Ruscelli, een verzameling recepten en geneesmiddelen, werd het eerst gepubliceerd in Venetië (1555), waarna er vertalingen verschenen in het Frans (Antwerpen, 1557), Engels (Londen, 1558), Latijn (Bazel, 1559), Nederlands (Antwerpen, 1561) en Duits (Bazel, 1575) – en dit is nog slechts de lijst van exemplaren die in Amerikaanse verzamelingen bewaard zijn gebleven!

Deze informatierevolutie stimuleerde de culturele uitwisseling immens. Doordat de boeken in oplagen van honderden of duizenden exemplaren van de persen rolden, konden veel meer mensen een glimp opvangen van het culinaire vuurwerk dat lang achter paleismuren verscholen was geweest.[16] De vrouwen van kooplieden in Bordeaux en van investeringsbankiers in Augsburg konden zich nu wagen aan de bereiding van de schotels die op de feesten van vorsten en pausen werden geserveerd. Ongetwijfeld boekten zij daarbij soms evenveel succes als ik wanneer ik bepaalde beroemde gerechten van topkoks uit de pagina's van *Gourmet Magazine* tracht te reproduceren. Maar in weerwil van eventuele mislukkingen moet bij de middenklassen het idee hebben postgevat dat specerijen, hoewel aan de dure kant, nodig waren voor wie als de Medici wilde leven. De populaire handboeken met voedingsadviezen hadden hetzelfde effect. Het geletterde publiek kon nu keuvelen over de noodzaak om de flegmatische eigenschappen van steur te compenseren met een snufje kaneel, dat alles op wetenschappelijk gezag van hooggeleerde dokters uit Padua.

De Italiaanse interesse in eten werd niet door iedereen gewaardeerd. De Franse schrijver Michel de Montaigne was alle onderricht over eten dat hij tijdens zijn bezoek aan Italië in 1580 had ontvangen onmiskenbaar beu toen hij een beeld schetste van de gedreven hoofdkok of *scalco*:

> Ik vroeg hem naar zijn werk, en hij antwoordde met een betoog over de kunst van het zwelgen, dat werd gehouden met professorale ernst en dito attitude alsof hij een uiteenzetting gaf over een allerbelangrijkst theologisch leerstuk. Hij onderhield me uitvoerig over de verschillende soorten eetlust: die welke we voor de maaltijd ervaren, die

welke we na de tweede en de derde gang voelen; de middelen om haar nu eens te bevredigen, en dan weer op te wekken en te stimuleren; de bereiding van zijn sauzen, eerst in het algemeen, daarna in detail over de kenmerken van de ingrediënten en hun effecten; de verschillen in salades naargelang het seizoen, welke moeten worden opgewarmd en welke koud opgediend, de manieren om ze op te maken en te versieren zodat ze ook fraai ogen. Daarna begon hij over de volgorde van opdienen, wat leidde tot vele kostelijke en gewichtige beschouwingen.

Tegelijk met het verlangen om de verfijnde Venetiaanse, Romeinse en Florentijnse modes te imiteren kwam er een reactie op tegen de decadente gebruiken van de Italianen. Voor elke hoveling die bij Catharina de' Medici in het gevlij probeerde te komen door zijn koks schotels uit Da Messisbugo's *Banchetti* te laten herscheppen had je een andere die wilde terugkeren naar een geïdealiseerde Franse eenvoud. Met name Venetië werd zowel bewonderd als beschimpt. Evenals New York nu werd de stad beschouwd als het toppunt van verfijning én als een poel van zonde. En eigenlijk ook net als bij New York kwam haar rol als modecentrum een beetje als mosterd na de maaltijd.

Wanneer we Carpaccio's schilderijen van eind vijftiende eeuw bekijken, zien we een samenleving die piekfijn gekleed is en klaarstaat om te feesten. Misschien was Venetië niet de meest culturele stad in het vijftiende-eeuwse Europa, maar het was wel de rijkste. Zijn positie als internationaal entrepot maakte het tot dé winkelstad van Europa, voor specerijen maar tevens voor alle andere luxeartikelen. De Milanese priester Pietro Casola aanschouwde die overvloed tijdens zijn bezoek in 1494:

Over de kwaliteit van de koopwaar in de genoemde stad valt veel te zeggen, zij het niet de hele waarheid, want die is nauwelijks te bevatten. Het lijkt voorwaar of de hele wereld hier samendromt, en de mensen hier al hun krachten voor de handel hebben gebundeld. Op mijn rondleiding bezichtigde ik verscheidene pakhuizen, eerst die van de Duitsers – die me op zich al voldoende toeschenen om heel Italië te voorzien van de goederen die komen en gaan – en daarna zo veel

> andere dat ze met recht ontelbaar kunnen worden genoemd. [...] En wie zou de tel kunnen bijhouden van de vele winkels, zo welvoorzien dat ze ook pakhuizen lijken, met talloze stoffen van iedere snit: tapijtwerk, brokaat en draperieën van elk ontwerp, kleden van elke soort, kamelotten van elke kleur en weefwijze; dan de eindeloze pakhuizen vol specerijen, kruidenierswaren en geneesmiddelen, de hoeveelheid schitterende witte was! Deze dingen verbijsteren de toeschouwer, en kunnen niet toereikend beschreven worden voor hen die het niet zelf hebben gezien.

Het staat buiten kijf dat de stad buitensporig rijk was. Die rijkdom belandde echter in toenemende mate in de beurzen van steeds minder mensen toen de bankiers zich afwendden van het gesjoemel en gesjacher. Voorheen, op het hoogtepunt van de specerijenhandel, verdiende iedereen tenminste iets, van de roeiers op de galeischepen tot de rijke weduwes die hun gouden dukaten in peper staken. Maar nu de winsten steeds vaker in onroerend goed en manufactuur dan in handel werden belegd, voer een kleiner deel van de bevolking daar wel bij. In dit klimaat werden de oude, machtige, maar niet altijd goed bij kas zittende families bijzonder prikkelbaar toen de nouveaux riches en zelfs de middenklassen met geld gingen smijten door grote herenhuizen op het drooggemalen land te bouwen en verkwistende feesten in hun grachtenpaleizen te geven. En dus werden telkens nieuwe wetten aangenomen in een vergeefse poging om het opzichtige consumeren te beperken. In 1460 werd een verordening uitgevaardigd die excessieve uitgaven voor bruiloftsfeesten en banketten door de compagnie de calza moest terugdringen, in 1466 gebeurde dat nogmaals. De overheid stelde een bovengrens van een halve dukaat per gast in, en iedereen die de regels overtrad kon rekenen op een zware geldboete van minimaal tweehonderd dukaten.[17] Klokkenluiders mochten de helft van de boete houden, en als de verklikker een contractbediende of slaaf was, kreeg hij bovendien zijn vrijheid. Toen de financiële limiet vervolgens niet bleek te werken, kondigden de knorrige bureaucraten regels af over wat er wel en niet geserveerd mocht worden. Duiven, pauwen, patrijzen, fazanten en ander gevleugeld wild kwamen op de index van verboden voedsel. Er waren niet meer dan drie gangen toegestaan, zoetigheden niet meegeteld, en het opsieren van eten werd onwettig verklaard. (Dat specerijen niet op deze lijst van verboden verrukkingen voorkomen, biedt steun aan Luca's bewering dat ze niet als bijzonder luxueus werden beschouwd.) Feestelijke diners in het openbaar, zoals I Antichi die nu geregeld organiseert op het Campo San Maurizio naast Jurubeba's huis, waren eveneens niet meer toegestaan: 'doch uitsluitend besloten diners in de kamers zoals vroeger de gewoonte was, en dan alleen met kleine desserts.'

In 1489 werd een bijzondere commissie van 'drie onzer achtenswaardige burgers, bereidwillig en enthousiast' (later verheven tot de rang van magistraat) speciaal belast met het vervolgen van spilzieke boosdoeners, vanuit de burelen aan de Rialto. De Venetianen hielden zich in ongeveer dezelfde mate aan deze wetgeving als de huidige automobilist aan de maximumsnelheid. Hierop wijst onder meer een wetsbepaling uit 1526: 'En let wel, zij die zich te schande maken door brood of sinaasappels naar de gemachtigden [van de commissie] te gooien, of hen de deur uit duwen of trappen, worden bestraft met een boete van vijftig dukaten.'

Het zou overdreven zijn om te zeggen dat de gretige, onverzettelijke koopmansrepubliek die Venetië in de tijd van doge Dandolo was, omstreeks het begin van de zestiende eeuw was veranderd in een futloze, zelfgenoegzame feeststad. Van oudsher kende de stad immers de aanhoudende periode van het Carnevale, waarin niet boekhouden maar losbandigheid tijdelijk de voornaamste bezigheid van de stad was. En in de zestiende eeuw was handel nog steeds de motor van de stedelijke economie. Maar veranderingen binnen en buiten de stad kondigden aan dat haar bloeitijd ten einde liep.

Het bittere einde

In weerwil van de maskers die de Venetianen met zoveel talent vervaardigen, is het niettemin mogelijk een kijkje achter de met gsmmasten bezette marmeren gevels te nemen en daar sporen te vinden van het vroegere Venetië, de stad die ooit half Europa van specerijen voorzag. Onder de eetbare aanwijzingen die dat roemrijke verleden terug in de herinnering roepen bevindt zich een donkergekleurd koekje dat *peverino* heet en een subtiel aandenken vormt aan de band tussen de stad van de heilige Marcus en de peperbossen van Malabar. Deze relikwie van de kruidige keuken uit de renaissance heeft ongeveer de omvang van een ijshockeypuck, is bestrooid met amandelen en rozijnen en heeft een licht bittere stroopsmaak. Het hangt van de bakker af hoeveel zwarte peper erin zit. Bij sommige koekjes brand je je tong aan een peperachtige scherpte, terwijl andere bijna mild smaken.

Weinigen zijn zo bezeten van deze lekkernijen als Franco Colussi, wiens bakkerij is weggestopt in een lange steeg die op de Campo San Barnaba uitkomt. Als je de voordeur van Colussi's winkel opendoet, word je omhuld door het aroma van boter en specerijen, hoewel de ruimte en de hier verkrijgbare producten de eenvoud zelf zijn. Er zijn bescheiden manden met *baìcoli*, de knapperige kleine biscotti die stammen uit de tijd dat het bakken van scheepsbeschuit voor zeelieden een bloeiende industrietak was. *Panetoni* in alle maten staan op

Venetië ontwikkelde vele harde, droge broodsoorten die op de lange zeereizen niet bedierven. Ook toen de haven wegkwijnde, bleven ze populair. Hier leuren achttiende-eeuwse verkopers met *bussolai*, een ringvormige broodstengel die nu nog in de bakkerijen van de stad wordt verkocht.

een schap als een leger matroesjkapoppen. Peverini zijn in ordelijke piramiden uitgestald. Maar bovenal wordt de ruimte gedomineerd door een grote oven en de onstuitbare Franco. Als hij hoort dat ik in zoetigheden met peper geïnteresseerd ben, schiet hij bruisend van enthousiasme achter zijn marmeren toonbank vandaan, zijn blozende hoofd getooid met een zwierige koksmuts. Zijn peverini zijn behalve met peper nog met nootmuskaat en komijn bereid, vertrouwt hij me toe. Maar hij maakt ze niet meer zo vaak als vroeger. Blijkbaar is de vraag naar dit of ander traditioneel Venetiaans gebak niet meer wat het is geweest. Met de passie van een archeoloog die over een lang vergeten beschaving praat, beschrijft Franco een koek die hij tegenwoordig zelden meer maakt, de zogeheten *bussolà di Murano*, een soort super-peverino die de vorm heeft van een ring van bijna dertig centimeter doorsnee en ongeveer een kilo weegt. Ook die is gekruid met peper en daarnaast met kaneel. 'Het is diep treurig,' fluistert hij hoofdschuddend, 'maar tegenwoordig herkennen zelfs de Venetianen het gebak niet meer. Het [eiland van Murano] is hier maar vijf minuten vandaan, maar vijf minuten, en toch weten ze niet wat het is!' Toch wil hij zijn gebak per se op de oude manier maken, want wie zal het anders nog doen? Hoewel het hem niet is aan te zien, is Franco al grootvader, en hoe hard hij ook zoekt, hij kan niemand vinden die de winkel wil overnemen. Jonge mensen willen niet meer in Venetië blijven, gaat hij verder, waarmee hij de standaardklacht over het verval van de stad inzet. Uiteindelijk bedank ik de witharige bakker en sluit de deur achter me. Terwijl ik wegloop, beladen met een *panetone*, een zak peverini en tas vol baìcoli, vraag ik me af of hij echt de laatste van zijn soort is en of de kleine winkelpui bij mijn volgende bezoek verdwenen zal zijn.

Iedereen in Venetië klaagt over de verdwijnende winkels, een gevolg van de overduidelijke demografische terugval. Venetië is in dat opzicht niet uniek: Italië heeft het laagste geboortecijfer ter wereld, en de bevolking van het land krimpt. Zoals Luca uitentreuren benadrukt ging de bevolking van Venetië altijd al op en neer. Tijdens de middeleeuwen en de renaissance sloeg de pest herhaaldelijk toe, met enorme aantallen slachtoffers, maar dan arriveerden er algauw anderen om te profiteren van de mogelijkheden die de stad bood. Maar van de verwoestingen die de epidemie van 1575 aanrichtte wist de trotse stad zich nooit meer helemaal te herstellen. Er is berekend dat Venetië zijn maximum van omstreeks 180.000 inwoners in dat noodlottige jaar bereikte (een volkstelling van 1581 kwam tot slechts 134.000), en pas eind jaren vijftig van de vorige eeuw zou dat aantal weer worden gehaald. Vanaf 1980 is de druppelsgewijs verlopende uittocht veranderd in een zondvloed. De stad is ruim een derde van haar inwoners kwijtgeraakt, en er wonen nu minder mensen dan in de tijd van de Vierde Kruistocht.

De weg naar het verval werd onafwendbaar ingezet in 1453, toen Constantinopel in handen van de Turken viel. Venetië dankte zijn succes voor een groot deel aan de overname van de maritieme activiteiten van het Byzantijnse Rijk, maar beging vervolgens de fatale fout die alle succesvolle parasieten vermijden – je moet je gastheer niet dusdanig verzwakken dat hij sterft. De Venetianen hadden de Byzantijnen zozeer uitgekleed dat het oude keizerrijk de geest gaf toen de Ottomanen arriveerden. Daarna was het slechts een kwestie van tijd voordat Venetië zijn bezittingen in de Egeïsche Zee zou verliezen.

In 1500 liet de geopolitieke constellatie, die lang in het voordeel van de Republiek was geweest, de eerste voortekenen van een minder gelukkige toekomst zien. Door de val van Constantinopel was de strategie die sinds 1204 zo effectief was gebleken – Venetiës route naar de Oriënt beschermen en beveiligen – niet meer uitvoerbaar. In 1498, na de aankomst van Vasco da Gama in Calicut, leek de specerijenhandel bij de bron te worden afgeknepen. De stad had niet eens voldoende middelen om de eigen omgeving te controleren: op de Adriatische Zee lagen bandieten en piraten op de loer en overvielen argeloze passerende handelaars. Toen het overzeese koopmansrijk in de versukkeling raakte, verlegde de stad haar blik van het oostelijke Middellandse Zeegebied, waar zij sinds de eerste Venetianen hun schepen met zout belaadden zo'n dominante rol had gespeeld, naar West-Europa en het Italiaanse achterland.

Wat moest een jonge Venetiaan met geld in deze gewijzigde omstandigheden doen? Handel, met name de nog immer lucratieve maar in toenemende mate onbestendige specerijenhandel, leek nu te riskant. Als gevolg daarvan stak een steeds groter deel van de Venetianen hun winst in onroerend goed en in de nieuwe luxe-industrie. Je kon je geld beter investeren in de druiventeelt of de glasblazerij of een nieuw op te zetten uitgeverij, dan have en goed of zelfs het vege lijf te verliezen door een gevaarvolle reis naar Alexandrië. Venetië gonsde van verhalen over stadgenoten in het buitenland die door Barbarijse kapers (hoofdzakelijk doch niet uitsluitend Arabische piraten uit Noord-Afrika) waren gekidnapt en als slaaf verkocht, en onder onvoorstelbaar onmenselijke omstandigheden moesten werken voor hun goddeloze overweldigers.

Toch trokken de Venetiaanse kooplieden zich niet en masse terug uit de specerijenhandel om thuis illegaal opgesierde duiven te kunnen eten. Nadat de mediterrane specerijenhandel aan het begin van de zestiende eeuw kortstondig was ingezakt – meer als gevolg van de oorlogen met Turkije dan door inmenging van de Portugezen – herwon Venetië een groot deel van de specerijenhandel en behield die tot omstreeks 1600. (Zowel de Turken als de Venetianen zagen algauw in dat ze beter lucratieve handelsgoederen dan dodelijke salvo's konden uitwisselen.) Ten gevolge van onder meer de opgeleefde specerijentrend, tot op zekere hoogte aangewakkerd door modieuze Venetiaanse kookboekuitgeverijen, nam de vraag naar specerijen in heel Europa toe. Ondanks het feit dat Lissabon inmiddels zo'n 1,2 miljoen kilo peper per jaar rechtstreeks uit Indië verscheepte, waren de Venetianen nog steeds in staat meer dan de helft van die hoeveelheid te verkopen. Ze bleven hun waar betrekken bij hun gebruikelijke leveranciers in het Nabije Oosten, ook al waren minder koopmannen bereid de verhoogde gevaren te trotseren.

Niet de Portugezen, maar de Nederlanders veegden Venetië als specerijeninkoper voor Europa definitief van de kaart – niet zozeer doordat ze de aanvoer afsneden, maar doordat ze de prijs zo sterk verlaagden dat in het Midden-Oosten aangekochte specerijen de concurrentie simpelweg niet meer aankonden. Zelfs de Ottomanen vonden het doorgaans goedkoper hun specerijen bij de Hollanders en Engelsen te kopen dan ze via Perzië en Arabië aan te voeren (hoewel er tot ver in de achttiende eeuw kleine hoeveelheden bleven komen over de oude karavaanroutes). Bijgevolg was de aanvoer van specerijen via Venetië omstreeks de eerste decennia van de zeventiende eeuw afgenomen tot een iel stroompje. Vermoedelijk hadden de Rialto-handelaars dit nog wel te boven kunnen komen als daar niet de Dertigjarige Oorlog (1618-1648) op was gevolgd. Vrijwel alle Midden-Europese klanten van Venetië – de klanten die de stad de meeste winst opleverden – werden het strijdgewoel ingezogen, zodat het nog overgebleven marktaandeel ten noorden van de Alpen verloren ging. Op het moment dat de openingssalvo's van dat langdurige conflict werden afgevuurd, was duidelijk dat de koopmansrepubliek voorgoed uit de specerijenhandel was verdrongen.

Na 1498, in de nasleep van de eerste terugval in de specerijenhandel, waren steeds minder jonge edelmannen bereid om als Alessandro Magno voor de gebruikelijke Venetiaanse loopbaan te kiezen: eerst een paar jaar in de handel en dan de politiek in. Dat vormt de gedeeltelijke verklaring voor de aantrekkingskracht van groepen zoals I Antichi. Venetië, altijd al een gerontocratie, bood jongemannen niet de mogelijkheid om systematisch op te klimmen op de politieke ladder – dus wat moesten ze eigenlijk nog nu hun traditionele baan als leerling-koopman was weggevallen? Eén alternatief was het organiseren van openbare feesten waarmee ze indruk op hun vrienden konden maken en die tevens de gelegenheid boden tot netwerken en invloed uitoefenen. Het is vermeldenswaard dat de oorspronkelijke broederschappen, anders dan de huidige I Antichi, vrijgezellenclubs waren. De verdwijning van de handelscultuur in Venetië had geleid tot het merkwaardige gebruik om maar één zoon te stimuleren om te trouwen, zodat de erfenis niet over alle kinderen zou worden uitgesmeerd. Hier ligt duidelijk een rechtstreeks verband met de wijdverspreide prostitutie waar de stad bekend om stond. Wat ik me echter ook afvraag, is of de vitaliteit van de bevolking niet verder is ondermijnd door het effect van geslachtsziekten. Dit was het tijdperk waarin syfilis in Europa epidemische vormen aannam, en Venetië moet een ideale petrischaal voor soa's zijn geweest.[18] Maar wat de oorzaken ook waren, de jonge aristocraten van Venetië hadden ruimschoots de tijd en de inclinatie voor wijn, vrouwen en gezang.

Kunst, literatuur, eten en muziek waren de onderwerpen van gesprek in het laat zestiende-eeuwse Venetië. Toen de stad begin zeventiende eeuw definitief haar positie in de peperhandel kwijtraakte, kwamen bezoekers evenzeer naar Venetië om aan de kaarttafels te gokken als om in de handel te speculeren. Tegen 1700 was Venetië het Las Vegas van Europa geworden, een stad van bordelen en casino's, een fantastisch vakantieoord waar toeristen prijzige snuisterijen kochten en naar huis terugkeerden met prentbriefkaarten van *La Serenissima* die door de bedreven ateliers van schilders als Guardi en Canaletto aan de lopende band werden geproduceerd. De Venetiaanse aristocratie liet zich in haar culinaire voorkeuren steeds meer leiden door Franse chef-koks, en de gekruide keuken zoals de Republiek die bijna vanaf haar ontstaan had gekend, werd verbannen naar een klein groepje traditionele gerechten: de *peverada*, een pepersaus die hoofdzakelijk op het vasteland werd aangetroffen; de gnocchi die in afgelegen dorpen aan de voet van de Alpen soms nog met kaas en kaneel worden bestrooid; de nog alomtegenwoordige *sarde in saor*, sardientjes die in een azijnachtige mengsel van rozijnen en uien worden gesmoord, hoewel ze slechts zelden naar aanwijzing van de oude kookboeken met kaneel worden afgemaakt.

Toen Mark Twain Venetië aan het eind van de negentiende eeuw bezocht, herinnerde vrijwel niets de bezoeker meer aan de befaamde pepervloten:

> Haar kades zijn nu verlaten, haar pakhuizen leeg, haar koopmansschepen verdwenen, haar legers en oorlogsvloten niet meer dan een herinnering. Haar luister is heengegaan, en in haar vergane glorie van werven en paleizen ligt zij daar, omgeven door stilstaande lagunes, troosteloos en berooid, door de wereld vergeten. De koningin die in haar bloeitijd de handel van de halve aardbol domineerde en met één wenk van haar machtige vinger het fortuin van naties bepaalde, is de nederigste onder de volken der aarde geworden – een marskramer in glazen kralen voor vrouwen, en waardeloze speeltjes en snuisterijen voor schoolmeisjes en kinderen.

Dat neemt niet weg dat zich telkens weer nieuwe bezoekers laten verleiden door de gedistingeerde dame aan de lagune. En in de regel klagen de Venetianen niet over de toeristen; ze beseffen immers dat vreemdelingen altijd van groot belang zijn geweest voor de stedelijke economie. Nee, ze klagen over het boodschappen doen. 'Deze toestand maakt onze manier van leven kapot,' zegt Luca wanneer ik hem vertel dat bakkers zoals Franco Colussi niemand kunnen vinden om hun zaak aan over te doen. In Venetië kun je eigenlijk alleen maar te voet boodschappen doen, en bij elke winkel die verdwijnt moet je weer verder lopen. Wat betreft vervoer kun je in de stad geen kant op, tenzij je je per boot verplaatst. Als we Carpaccio's schilderij van de Rialto bekijken, zien we dat de oevers verbonden worden door een ophaalbrug, zodat de lading gemakkelijk kon passeren. Tussen 1588 en 1591 werd deze vervangen door onwrikbare steen. Vroege afbeeldingen van de stad tonen drijvende bruggen, luchtbruggen uit één stuk, draaibruggen en natuurlijk het gebruikelijke type ophaalbruggen die de vrije doortocht van zeilschepen mogelijk maken. Geleidelijk werden ze allemaal vervangen door permanente voetbruggen, waardoor een stad van zeelieden zich omvormde tot een stad van bootloze voetgangers die gestrand waren op zinkende eilanden midden in een lagune. De historische maritieme oorsprong van Venetië werd daarmee even ontastbaar als al haar andere mythes.

Maar er is ten minste nog één feestdag waarop duizenden Venetianen het ruime sop kiezen. Dat is de Festa di Redentore (het Feest van de Verlosser), het leukste festival van het jaar, dat gehouden wordt om die verschrikkelijke pestepidemie van 1575 te gedenken. Deze epidemie trof de stad toen zij op een wankel hoogtepunt verkeerde, vier jaar na de afstraffing van de Turkse vloot bij Lepanto. Het werd spoedig duidelijk dat de Venetiaanse schepen weliswaar de slag gewonnen hadden, maar dat de oorlog tegen de Turken verloren was en dat de stad voorgoed was afgesloten van de rijkdommen van de Oriënt. Kort daarop beroofden de Ottomanen haar van Cyprus, de kolonie met de suiker- en katoenplantages, waarna de wapperende vlaggen van de heilige Marcus op de overige Egeïsche eilanden als dominostenen omvielen. Thuis in Venetië dachten velen ondertussen dat de pest een hemelse straf was voor het zondige leven van de stad, en de bevolking werd bevangen door een golf van heroplevende vroomheid. Het stadsbestuur, dat zich zo lang verzet had tegen de macht van Rome, liet zich overhalen de poorten voor de Inquisitie te openen. De stedelijke universiteit te Padua, bakermat van onafhankelijke denkers als

Galileï, zwichtte nu voor de jezuïeten, en de koningin van de Adriatische Zee werd een frontsoldaat in de Contrareformatie.

De sociaal-politieke omstandigheden waardoor de heiligedag ontstond zijn nu vrijwel vergeten, wat niet verhindert dat de halve Venetiaanse bevolking in boten klautert en de lagune op peddelt om daar te picknicken en te wachten op het middernachtelijke vuurwerk dat de feestdag uitluidt. De leden van I Antichi hebben zich voor de gelegenheid gekleed in stralend wit en zitten als neergestreken zeemeeuwen in hun met banieren bedekte boot, de Manissa. Terwijl ze in de lagune dobberen, spreiden ze een damasten tafellaken op het dek uit en eten een maaltijd van bigoli in salsa, de zoetzure sarde in saor, geroosterde eend en peren uit de oven gevuld met amandelen, boter en amaretti. Luca heeft zijn eend onder meer gekruid met kaneel, kruidnagel, peper en rozemarijn. '*Fantastico!*' roept hij uit wanneer hij het menu van vorig jaar tot in detail beschrijft. 'De Venetianen zeggen altijd dat het dit jaar een heerlijke heiligedag was.' Hij lacht. 'Maar hun volgende zin – ze kunnen het gewoon niet laten – is altijd dezelfde. Ze mompelen: "Heerlijk, heerlijk, zeker. Maar vorig jaar was het nog heerlijker."'

Luca vertelt me dit laatste verhaal aan het eind van onze lange maaltijd in het oude huis van Zancopè aan Campo San Maurizio, die begon met de canoce en bigoli. Als dessert smeren we romige mascarpone en *mostarda veneta* op *baìcoli*, de kleine knapperige biscotti uit Franco Colussi's bakkerij. De zoete en pikante mostarda herinnert aan een recept van Martino ('Vermaal mosterd, rozijnen, dadels en geweekt brood samen met een weinig kaneel'), behalve dat zijn moderne tegenhanger is gecombineerd met peer en kweeappel in plaats van met gedroogd fruit en brood. De mosterd is afkomstig van de laatste *spezieria* oftewel specerijenwinkel in de stad, de Drogheria Mascari, net voorbij de Rialtobrug vanaf de eens zo grote specerijenmarkt op de Campo San Bartolomeo. De winkels daar waren ooit gespecialiseerd in de specerijen en andere 'geneesmiddelen' van de Oriënt, maar stapten, toen de prijs van specerijen daalde, geleidelijk over op andere etenswaren. Toch is dit de plek waar de grootmoeders hun specerijen en mostarda kopen. Jurubeba vertrouwt me toe dat ze plannen heeft om op de Campo San Maurizio een andere specerijenwinkel te openen, 'van het ouderwetse Venetiaanse type', samen met een

Amerikaanse vriendin die al heel lang in de oude stad woont. Ter bevoorrading van haar winkel zal ze zich echter moeten wenden tot een groothandel op het vasteland, die zijn specerijen zonder twijfel betrekt bij een handelaar in Rotterdam. De leden van I Antichi moeten hard werken voor hun vleugje authenticiteit.

Terwijl de gangen van ons diner in Jurubeba's eetkamer elkaar opvolgden, breidde de groep eters zich langzaam uit. Eerst schoof Mizue, Luca's Japanse lerares en voormalige geliefde, bij ons aan en vervolgens Jurubeba's half-Braziliaanse, half-Venetiaanse zoon. Ik moest denken aan een beschrijving van een zeventiende-eeuwse Franse bezoeker die zich uitlaat over 'de enorme toeloop van vreemdelingen' in de stad. Jurubeba houdt staande dat er mensen naar Venetië trekken: Brazilianen en Japanners en Amerikanen. Ze beweert dat de stad nog steeds de magneet is die ze vroeger was, toen Turk en Duitser en Jood op de Rialto onderhandelden over de prijs van peper. Maar als ik Luca, de enige hier aanwezige volbloed-Venetiaan, vraag naar zijn gedachten over de toekomst, laat hij zijn reusachtige schouders hangen. '*Son vecio...*' zegt de vitale drieënveertigjarige in Venetiaans dialect, slechts half-schertsend. 'Ik ben oud...'

'Aan de andere kant,' – hij neemt een laatste slok prosecco op het moment dat de klok van de San Marco in de verte middernacht slaat – 'is er ook een geest van onverzettelijkheid. De Venetiaan is vastberslotener dan ooit om te blijven voortbestaan, *fino alla fine* – tot het bittere eind.'

II

Lissabon

Het karveel

Vanaf de kade lijkt de Vera Cruz niet groter dan een speelgoedboot, haar masten niet hoger dan twee rechtopstaande eetstokjes; ze verschrompelt tot een jolletje naast het kolossale vrachtschip dat aan de aangrenzende ankerplaats ligt afgemeerd. Van dichtbij heeft het kleine vaartuig ongeveer de omvang van een touringcar, met masten en stengen die uit bescheiden boomstammen zijn vervaardigd en door een web van tuitouwen en stagen samen zijn gebonden. Ze ligt voor anker aan een anonieme betonnen pier in de haven van Lissabon, en haar zwarte romp oogt mistroostig onder de opgedoekte zeilen. Maar zelfs wanneer haar driehoekige lakens zijn gehesen en in de oceaanbries opbollen, maakt dit oude zeilschip, dit karveel, nog steeds een onbeholpen of zelfs primitieve indruk. Het lijkt bijna ongelooflijk dat zeelieden uit zo'n klein land op zulke pretentieloze vaartuigen als de Vera Cruz de Atlantische Oceaan bezeilden teneinde een route over zee naar de specerijenkust van Malabar te vinden; dat deze kleine en pezige matrozen de voorhoede waren in de Europese verovering van de wereld.

Toen de Venetianen, de Genuezen en ook de onafhankelijke Catalanen scheep gingen om hun aromatische lading in het Midden-Oosten op te halen, bevoeren ze routes die al duizenden jaren lang uitvoerig waren becommentarieerd. De winden, de zandbanken, de rotskusten waren dezelfde als die welke Odysseus op zijn lange terugreis had getrotseerd. Maar toen de Portugezen hun stevens zuid- en oostwaarts wendden, de Atlantische stormen tegemoet, lagen de zaken heel anders. Deskundigen betwijfelden of zoiets überhaupt wel mogelijk was. De vrees bestond dat enorme monsters de schepen volledig zouden verzwelgen; dat de zeelieden bij het betreden van de verzengende zuidelijke streken tot as zouden vergaan; dat de schepen bij het volgen van de kromming van de aarde simpelweg in het niets zouden storten. Eigenlijk waren de reële beletselen nog erger. En toch, ondanks dat alles, vertrokken duizenden bereidwillig om te sterven aan scheurbuik en uitdroging, om de dood te vinden op verre rotsen en door vreemde speren. Historici hebben talloze, van uitvoerige voetnoten voorziene boekdelen gevuld ter verklaring van de opzienbarende prestaties die dit chronisch verarmde minilandje heeft verricht. En hun theorieën hebben vast grote verdiensten. Zelf leek me echter dat ik, voor een goed begrip van dit alles, er beter aan deed een zeeman te raadplegen.

Om bij de ligplaats van de Vera Cruz te komen moest ik met de dikke stroom ochtendverkeer mee die ongedurig voortronkte over de Avenida Infante Dom Henrique (toepasselijk vernoemd naar koning Hendrik 'de Zeevaarder', die gewoonlijk wordt beschouwd als de instigator van de reizen die de Portugezen ten slotte voorbij Kaap de Goede Hoop brachten). Voorbij het asfalt en het draadgaashek bevindt zich een stoffige caravan die dienstdoet als het hoofdkwartier van Aporvela, een organisatie die beschreven zou kunnen worden als een jachtclub voor tijdreizigers, varend in schepen die in geen vijfhonderd jaar op zee zijn geweest. In de propvolle caravan heette Hernâni Xavier, omringd door schappen waarop de kaarten en boeken hoog waren opgetast, me welkom in zijn kantoor. Hij verhief zich van zijn oude kantoorstoel en had meer van de Portugese Ford-directeur die hij was geweest dan van de zeeman die hij was geworden. 'Oorspronkelijk had ik op een kabeljauwschip willen aanmonsteren, maar toen ontmoette ik mijn vrouw...' vertelde hij me later, waarna hij de herinnering aan zijn tijd als loonslaaf schokschouderend van zich afzette. Al tijdens zijn werk bij de autofabrikant begon hij antieke scheepsmodellen te bouwen – eerst van plastic, toen van hout en ten slotte dát daar: hij gebaart naar de zwarte romp achter het raam.

Hernâni is gedrongen, zwaargebouwd en volstrekt serieus, min of meer zoals het karveel zelf. Hij weet zo ongeveer alles wat er te weten valt over het kleine schip en erg veel van maritieme geschiedenis in het algemeen. 'Ik heb veertienduizend boeken over geschiedenis, zeilen en navigatie,' merkt hij op terwijl hij een weerbarstig boekwerk terug op zijn plaats duwt.

Hernâni's stugge humorloosheid slaat pas om wanneer de volle omvang van mijn onwetendheid tot hem doordringt. Ter toelichting tekent hij me het verschil tussen een schip met vierkante zeilen en het karveel met zijn driehoekige zeilen, waarna hij een eenvoudige kaart tekent om me uit te leggen hoe de karvelen bijna recht tegen de wind konden zeilen, terwijl de vierkant getuigde schepen wel tien of meer keer heen en weer moesten laveren. Daardoor konden de karvelen langs de Afrikaanse kust zuidwaarts scheren, helemaal tot aan Kaap de Goede Hoop. Hij haalt zijn potlood opnieuw tevoorschijn en tekent een schematische voorstelling die aangeeft waarom de veel grotere vierkant getuigde peperschepen helemaal naar Brazilië moesten om dezelfde reis te kunnen maken.

'Maar om het echt te begrijpen moet je het karveel zien.' Hij sommeert me hem te volgen over de bouwvallige kade. 'Precies om die reden, om te kunnen bestuderen hoe zo'n schip werkte, hoe het zich op zee hield, hoe het bestuurd werd – omdat dat allemaal onbekend was – hebben we dertig jaar geleden Aporvela opgericht.' Een bruuske beweging duidt de aan de ketting gelegen zwarte romp aan. Van dichtbij glanst het goed geboende houten scheepsdek je tegemoet, maar het voelt al krap aan als je op het dek staat. De oorspronkelijke bemanning bestond slechts uit een twaalftal zeelieden, alleen al omdat het schip niet genoeg voedsel voor meer mensen kon bergen. Hernâni wijst het ondiepe ruim aan. 'De Vera Cruz heeft een diepgang van maar 330 centimeter, zodat ze de Afrikaanse rivieren op kon varen.' Maar datzelfde krappe en ondiepe ruim betekende dat ze alleen de kostbaarste Afrikaanse lading mee terug kon brengen. In de vijftiende eeuw betekende dat goud, paradijskorrels en slaven. 'We vingen de slaven niet,' verzekert Hernâni me, 'we verkregen ze door ruilhandel met de inboorlingen' – een onderscheid dat naar mijn mening nog technischer is dan zijn uitleg over zestiende-eeuwse tuigages.

De Vera Cruz, Aporvela's replica van een vijftiende-eeuws karveel.

Het allereerste karveel dat Aporvela bouwde, de Bartolomeu Dias, werd gefinancierd door de Portugese gemeenschap in Zuid-Afrika die daarmee Dias' beroemde reis om Kaap de Goede Hoop wilde gedenken. Vanzelfsprekend moesten vrijwilligers van de club het schip daarheen zeilen. 'Tot dan toe waren er alleen maar theorieën. Nu hadden we er een gebouwd en voeren we ermee, waardoor we weten hoe het zeil werd bediend.' Vervolgens werden nog twee schepen gebouwd. Hernâni's aandacht voor de praktische details roept de vroegere Portugese zeevaarders in herinnering, die hun bestemming bereikten door te vertrouwen op de ervaring van de zeebonken onder hen, waar andere ontdekkingsreizigers (een zekere Genuees bijvoorbeeld) zich verlieten op studeerkamergeografen die hun kennis over de wereld van Ptolemeus en Mandeville hadden.

De amateurmatrozen van Aporvela hebben in hun speelse vaartuigen van de Baltische Zee naar Brazilië, naar Zuid-Afrika, naar de Azoren gezeild. Hernâni Xavier staat zichzelf een miniem glimlachje toe. 'Alles bij elkaar hebben we zo'n zeventigduizend mijl met ze gevaren!'

Je vraagt je af of sommigen van die eerste zeelieden net zo nieuwsgierig en bezeten waren en om die reden hun leven in de waagschaal stelden. Misschien waren het er meer dan de historici ons willen doen geloven. Mensen gedragen zich vaak zodanig dat rationeel ingestelde geesten zich afvragen of ze hun verstand verloren hebben. Toch moeten ook redelijke mensen zijn meegesleept door de rijkdommen die op de kades van Lissabon werden gelost – aanvankelijk, in de veertiende eeuw, druppelsgewijs in de vorm van kostbaar Afrikaans goud en toen, in de eeuw daarop, in de vorm van een fabelachtige stroom Indische specerijen. Tellen we derhalve de nieuwsgierigen, de verveelden, de verarmden en de hebzuchtigen bij elkaar op, dan hoeft het geen bevreemding te wekken dat ruimschoots voldoende mannen bereid waren om aan boord van de karvelen de verraderlijke zee te trotseren.

Portugal was, zoals nu nog, een arm, klein land gelegen aan het westelijke uiteinde van Europa. Het beslaat niet meer dan 15 procent van Europa's meest westelijk gelegen schiereiland, en die smalle strook land heeft dan ook nog eens weinig te bieden om in je levensonderhoud te voorzien. De steile, hoekige rotswanden aan weerszijden van smalle valleien vormen een prachtig decor voor de kiekjes van toeristen, maar probeer die grond maar eens te bewerken. Het was een helse onderneming om van de ene plek naar de andere te komen. Pas sinds heel kort is het land ontsloten door een behoorlijk wegennet. Voor het grootste deel van de Portugese geschiedenis waren alle bedrijvigheid en handel afhankelijk van de zee.

De middeleeuwse Portugese koning João I besefte dat maar al te goed toen hij zijn leger van gewapende en hongerige ridders bezag, die nergens meer heen konden en niets omhanden hadden. In de vroege middeleeuwen hadden conquistadores uit Noord-Portugal zich geleidelijk het land van de moslims toegeëigend in een opmars die parallel liep aan de christelijke expansie in het aangrenzende Castilië. In 1385 was het koninkrijk beveiligd tegen inbreuken van de opdringerige Castilianen en verenigd onder João I. Maar wat kon je als koning nog doen, nu de Moren waren afgeslacht en de Castilianen teruggedrongen? Toen de verstandige João 'op land niemand meer te verslaan had', om de Portugese nationale dichter Luís Vaz de Camões te citeren, 'viel hij de golven van de oceaan aan'.

Of alledaagser gezegd: in 1415 stuurde hij een vloot bemand met zijn rusteloze conquistadores de smalle Straat van Gibraltar over om aan de overkant uit plunderen te gaan in de welvarende moslimhaven Ceuta. Het was gewoon een logische voortzetting van de christelijke campagne in Europa. 'De Portugese koningen waren bezield van het idee van de *guerra justa*' of 'rechtvaardige oorlog', geeft Hernâni als verklaring. Hiermee wordt bedoeld dat christelijke wetsgeleerden het beoorlogen en tot slaaf maken van moslims altijd konden goedpraten. En als de ongelovigen dan toevallig woonden in een stad die barstte van graan en goud, des te beter. Ceuta was rijk geworden doordat ze het eindpunt vormde van de karavaanroutes waarlangs goud van beneden de Sahara, paradijskorrels en slaven naar de Middellandse Zeekust werden vervoerd. Deze werden dan verkocht aan Arabische, Genuese en Catalaanse kooplieden, die in ruil daarvoor graan aanboden, maar ook specerijen die vanuit de Levant werden ingevoerd. Hoewel João's hebzuchtige soldaten al min of meer wisten wat er achter Ceuta's poorten te halen viel voordat ze die met hun stormrammen versplinterden, hadden ze slechts een vaag idee waar die rijkdommen vandaan kwamen. Na een hardhandige ondervraging van enkele inwoners wisten ze dat ook. Een belangwekkend gegeven is dat zich onder de met woestijnstof bedekte ridders die Ceuta binnengaloppeerden ook de zonen van de koning bevonden, inclusief de jonge Hendrik die later 'de Zeevaarder' zou worden gedoopt. De prins, later tot gouverneur van de gekoloniseerde stad benoemd, schijnt bijzonder gespitst te zijn geweest op details over de karavaanroute.

Hernâni vertelt me dat deze eerste Afrikaanse expeditie nog zonder karvelen gebeurde, maar dat ze daarna heel snel in het spel kwamen. De reizen in zuidelijke richting langs de Afrikaanse kust begonnen kort na de verovering van Ceuta, ongetwijfeld onder invloed van de rijkdommen die de conquistadores daar hadden aangetroffen, en op z'n minst sommige van deze tochten vonden onder auspiciën van Hendrik plaats. In veel opzichten waren deze expedities gewoon een voortzetting van wat Portugese zeelui al ontelbare generaties hadden gedaan. Koopmannen uit Lissabon bevoeren al heel lang de woelige noordelijke Atlantische baren naar Vlaanderen en de Baltische havens, bevracht met olijfolie, zout en sinaasappels. In het zuiden hadden Portugese vissersschepen de Afrikaanse kustlijn honderden mijlen gevolgd. Hernâni lacht schamper wanneer ik hem eraan herinner dat de Venetianen en Genuezen ook specerijen afleverden bij de noordelijke havens. 'Zij bleven dicht aan de kust,' corrigeert hij me. 'Wij voeren rechtstreeks over open zee.'

Toch ontdekten de Portugezen niet alles, al wekt de huishistoricus van Aporvela een beetje die indruk. Ook zeelieden uit Genua, Catalonië en zelfs Castilië waren de uitgestrekte Atlantische Oceaan op gevaren en het staat vast dat zij in elk geval de Canarische Eilanden en Madeira hebben ontdekt. Het denkbeeld dat je de specerijlanden kon bereiken door Afrika te ronden is hoogstwaarschijnlijk afkomstig van de Genuezen, die daarmee de Venetianen een slag voor wilden zijn. Maar hoe gedurfd ook, die eerste ontdekkingstochten bleven vrijwel zonder gevolg. Pas toen de Portugezen Madeira en de verder in de Atlantische Oceaan gelegen Azoren opnieuw ontdekten, werden deze onbewoonde eilanden door Lissabon gekoloniseerd en ontgonnen. In de ravijnen tussen de woeste hellingen van Madeira werden aan het begin van de vijftiende eeuw op grote schaal suikerplantages uitgehakt. Zo'n honderd jaar later werden de Azoren van groot belang voor de proviandering van vloten die op en neer naar Amerika voeren. Ondertussen zeilden de karvelen zuidwaarts de woestijnkust voorbij en nog verder zuidelijk naar de oerwoudkust van Guinee (zoals het grootst deel van Afrika onder de Sahara werd genoemd). Van de rijkdommen die ze daar ontdekten, hadden de karavanen op hun tochten door de zandwoestijn slechts een vaag vermoeden gegeven.

Het staat buiten kijf dat het de karvelen allereerst ging om het goud dat in de West-Afrikaanse rivieren omlaag spoelde. Maar naast die kostbare lading werden andere 'goederen' ingeslagen, met name Afrikaanse slaven, ivoor en de 'peper' die in de binnenlanden werd vergaard. Meleguetapeper oftewel paradijskorrels en Guinese peper werden al eeuwenlang in Europa ingevoerd, hoofdzakelijk via Noord-Afrikaanse havens zoals Ceuta. Vooral de Fransen hadden een bijzondere voorliefde voor *les graines de paradis*, wat overduidelijk blijkt uit veertiende-eeuwse kookboeken zoals de *Ménagier de Paris*, maar deze Afrikaanse specerij werd ook elders in Noord-Europa gebruikt, met name om bier en wijn te kruiden. Volgens middeleeuwse dokters was deze specerij 'warm en vochtig', zodat ze wellicht om die reden in koudere streken bijzonder werd gewaardeerd. De korreltjes waren gedurende enige tijd duurder dan Aziatische zwarte peper. In Ceuta werden paradijskorrels zelfs als plaatselijk betaalmiddel gebruikt (op dezelfde wijze als peperkorrels in Europa), en prijzen werden aangegeven in goud en korrels, ongeveer zoals wij dollar en cent zeggen. Toen karvelen de plaats van kamelen innamen, vloeide de winst van de meleguetahandel in de Portugese schatkist. De West-Afrikaanse specerijenimport zou tot ruim in de zestiende eeuw een gestage stroom geld opleveren, al viel deze in het niet bij de fabelachtige winst door de latere import van zwarte peper.[1] Hoe dan ook, in de tijd van prins Hendrik kwamen de Portugezen maar net kijken in de specerijenhandel.

Het is onduidelijk wanneer precies het idee ontstond om die winstgevende reisjes langs de Afrikaanse kust te bundelen tot één grote krachtsinspanning om Kaap de Goede Hoop te ronden. Hernâni houdt staande dat Hendrik de Zeevaarder met het idee kwam, al is zelfs hij het met de meeste andere historici eens dat pas diens achterneef, koning João II, het bereiken van Azië over zee tot een nationaal project maakte. Onder zijn toeziend oog, en vaak met zijn directe bemoeienis, werd het oogmerk om rechtstreeks naar de Indiase peperkust te varen en aldus de moslimwereld te omzeilen, ten uitvoer gebracht.

Met onze wijsheid achteraf moeten we welhaast bewondering koesteren voor João's gedurfde plan, de gestage opmars langs de kust naar het zuiden, de enorme investeringen voor een doel dat misschien pas een generatie later zou worden verwezenlijkt. Een Venetiaan zou het idee waarschijnlijk als onverantwoordelijke waaghalzerij van de hand hebben gewezen. En trouwens, geen koopman in de grote handelsrepubliek had voldoende investeerders voor een dergelijk riskant avontuur kunnen vinden – of zou bereid zijn geweest de levens van duizenden van zijn werknemers op te offeren voor zo'n verafgelegen beloning. De Portugezen benaderden de specerijenhandel op min of meer dezelfde wijze als ze de aanval op Ceuta hadden uitgevoerd: door wild met hun lansen te zwaaien en uit te barsten in hun strijdkreet *Santiago e a elles*! ('Sint-Jakob en eropaf!'). Elke strooptocht konden ze rechtvaardigen als aanval op de Moren, elke boottocht stroomopwaarts over een Afrikaanse rivier als verkenningsexpeditie naar mogelijke christelijke bondgenoten. Zulke argumenten waren waarschijnlijk niet steekhoudend geweest in de directiekamers aan de Rialto, maar in het koninklijk paleis, waar ridderlijkheid en heilige queestes de heersende ideologie waren, kon niemand iets inbrengen tegen een koning die openlijk had verklaard de ongelovigen te zullen verslaan en Jeruzalem te bevrijden. Teneinde deze doelen naderbij te brengen kreeg elk karveel de opdracht mee naar de priester-koning Johannes te zoeken, de legendarische christelijke vorst die zich naar verluidde in het achterland van de moslims ophield. Het deed de missie van de koning natuurlijk geen kwaad dat het geld binnenstroomde, dankzij goud, paradijskorrels en in toenemende mate suiker. Niettemin hadden João II en zijn mannen de onbezonnenheid van conquistadores nodig om op koers te blijven, gezien de vele ontberingen onderweg.

Maar toch, waarom India? Waarom peper? João's koninkrijk verdiende al uitstekend aan de paradijskorrels, dus een mogelijk antwoord luidt dat zwarte peper gewoon een ander lucratief artikel was waar men handel in zag. Gedurende vele jaren hebben historici volgehouden dat de Portugese expansie zijn reden vond in een stijging van de peperprijzen aan het eind van de vijftiende eeuw. Dat wordt echter niet geschraagd door de feiten: in werkelijkheid daalden de prijzen. Bovendien hoeft daar niet uit te volgen dat een kleine zeevarende natie aan de uiterste westrand van Europa besluit zijn handelsgebied uit te breiden van het midden van de Atlantische Oceaan tot India, hemelsbreed meer dan achtduizend kilometer de andere kant op, dus per karveel nog veel verder.

Het lijdt geen twijfel dat de koning meer geld voor de schatkist nodig had. De hofhouding moest de stand ophouden, wat bergen Afrikaans goud opslokte: voor de aanschaf van Florentijns wolgoed, oosterse zijde en Venetiaanse specerijen. Konden de koninklijke verwanten in Castilië, Bourgondië en Engeland terugvallen op de inkomsten uit hun uitgestrekte landgoederen en tot op zekere hoogte de belastingen, de monarchen in Lissabon werden steeds afhankelijker van de overzeese verdiensten om de eindjes aan elkaar te knopen. Het kwam erop neer dat ze altijd op te grote voet leefden en geld van Italiaanse bankiers moesten lenen om hun rekeningen te kunnen betalen.

Het is een relevant gegeven dat Lissabon direct aan de Italiaanse route tussen het Middellandse Zeegebied en Vlaanderen lag. Venetiaanse schepen, beladen met specerijen, gingen voor anker aan kades op nog geen honderd meter afstand van João's havenpaleis, waar ze hun voorraden aanvulden alvorens verder noordwaarts te varen. De koning kon letterlijk zijn raam opendoen en de kostbare lading opsnuiven wanneer de pepergaleien voorbij zeilden. Hernâni Xavier brengt naar voren dat de Italianen niets konden aanvangen met het zout en de olijfolie die Portugals handelsmerk waren, zodat het koninklijk hof, als het peper of kaneel nodig had, die specerijen moest betalen met het kostbare Afrikaanse goud.

Evenals in de rest van Europa at de Portugese elite bij voorkeur gerechten gekruid met saffraan, gember, kruidnagel, peper en in het bijzonder kaneel. Het oudste overgeleverde Portugese kookboek is kennelijk meegereisd met het huishouden van de Infanta Maria, de achternicht van João II, toen ze met iemand uit een Italiaanse familie trouwde. Verspreid in het manuscript *O livro de cozinha* treffen we een aantal recepten aan waarvoor de gebruikelijke middeleeuwse kruidenmix is vereist. Bij een bepaald lampreigerecht bijvoorbeeld sauteer je de vis, waarna je 'een heel klein beetje water en azijn toevoegt en daaroverheen kruidnagel, peper, saffraan en een beetje gember strooit'. Het renaissancistische *O livro de cozinha* bevat echter veel minder van deze stevig gekruide recepten dan zijn Italiaanse en Franse pendanten. Bij een flink aantal recepten worden helemaal geen specerijen gebruikt, bij andere blijft het beperkt tot een handjevol suiker en kaneel op het laatst. Dit type strooisel is vermoedelijk toe te schrijven aan Moorse invloeden, zoals een recept voor *galinha mourisca* (Moorse kip) laat doorschemeren.[2] Het feit dat de Portugezen contant voor hun geliefde kaneel moesten betalen verklaart wellicht het betrekkelijk lage specerijengebruik in die tijd; bovendien kon het koninklijke huishouden daardoor in de eigen portemonnee ervaren hoeveel geld er in de specerijenhandel te verdienen viel, een gegeven dat met iedere koninklijke hap werd onderstreept.

Bij João moet de gedachte zijn opgekomen dat als zijn kooplui al een aardige winst maakten op de paradijskorrels (inmiddels minder duur dan peper), ze nog veel meer konden verdienen door de peperhandel te ontfutselen aan die gondelende, inhalige collaborateurs met de Moren. Dergelijke gedachten moeten hem ook herhaaldelijk zijn ingefluisterd door de Genuezen die zich aan het hof te Lissabon hadden verzameld. De aartsrivalen van Venetië waren al geruime tijd in Iberië actief, als bankiers, kooplieden en zeevaarders. Voorheen hadden zij het Atlantische Europa ook een fors deel van zijn specerijen geleverd, maar in de loop van de vijftiende eeuw hadden de Rialtokooplieden de meeste Genuezen uit de specerijenhandel verdrongen. Hoe zoet zou de wraak zijn als Portugal het specerijenmonopolie zou afnemen van hun Adriatische vijanden! De Genuezen waren bovendien niet de enige Italianen die hun kans waarnamen aan het hof te Lissabon. De Florentijnen waren ook present en stonden klaar om bij de eerste gelegenheid die zich aanbood in de lucratieve specerijenhandel te investeren. Toch vraag ik me af of João's mannen ook al die offers hadden gebracht voor een meer alledaags handelsartikel, bijvoorbeeld de aluin (gebruikt als hechtmiddel in de wolververij) waarmee de Genuezen destijds scheppen geld verdienden of de vaatjes haring die de jonge Hollandse republiek haar financiën verschaften. Zou de geur van het Paradijs, van oudsher geassocieerd met specerijen, deze niet tot een waardiger doel van de queeste der conquistadores maken?

Het idee om de Afrikaanse kust te ronden moet langzaam tot de koning zijn doorgedrongen terwijl de Portugese karvelen gestaag de Guinese kust afzakten, maar op een gegeven moment werd het oorspronkelijke motief voor de reizen – de zoektocht naar goud en de priester-koning – gekoppeld aan een eendrachtige strategie om de peperkust van India te bereiken. Ter ondersteuning van het plan stuurde João spionnen door de Sahara naar Alexandrië en zelfs helemaal tot Malabar, in de hoop nadere inlichtingen te verkrijgen. Maar vooral stuurde hij de wendbare kleine schepen verder en verder zuidwaarts langs onbekende kusten, om de juiste weg te vinden onder vreemde sterren en de zuidelijke passage naar de Oriënt te ontdekken. Ten slotte, begin januari 1488, rondden twee karvelen onder bevel van Bartolomeu Dias de kaap die João 'Kaap de Goede Hoop' zou noemen vanwege de belofte die deze inhield.

Gedurende het tijdperk van de ontdekkingsreizen waren de geavanceerde scheepswerven van Lissabon voortdurend bezig hun vaartuigen te verbeteren en uit te bouwen. Een document uit 1478 vermeldt een *caravela de descobrir* dat speciaal voor de ontdekkingsreizen was gebouwd, en een rondere versie die *caravela redonda* heette werd populair vanwege de grote inhoud van het ruim. (Columbus' Niña en Pinta waren allebei caravelas redondas.) Uiteindelijk werd een veel groter schip ontworpen: de *nau* oftewel het galjoen. De nau had zelfs nog meer vrachtruimte, waardoor de reis naar India lonend werd.

De kennis van deze uitermate bedreven scheepsbouwers is niet helemaal verloren gegaan, althans nu nog niet. Aporvela was in staat hedendaagse karvelen te bouwen doordat er nog een scheepswerf resteert waar ze vissersboten nog grotendeels op dezelfde wijze bouwen als ze dat al vijfhonderd jaar lang doen. De zeemannen varen er nog net zo mee als in de heroïsche dagen van koning Hendrik en Bartolomeu Dias, vertelt Hernâni me wanneer we uit de Vera Cruz klauteren en afscheid nemen.

Een stad komt op

In de Alfama, de wijk die bij het caravankantoor van Aporvela aan de overkant van de weg oprijst, hangt de geur van gegrilde vis in iedere steeg en elk betegeld plein, vooral rond lunchtijd, wanneer de restaurants geïmproviseerde grills op de trottoirs zetten en de bewoners schouder aan schouder zitten aan tafeltjes die tot ver op de straten staan. De buurt, een arbeiderswijk, geeft je een idee van de nogal bescheiden plaats die Lissabon moet zijn geweest voordat de stad door de opbrengst van het zwarte Indiase goud een gedaanteverandering onderging: meer een Lissabon van vissersvrouwen dan van God vervulde ontdekkingsreizigers. De huidige restaurants hier geven echter vrijwel geen enkele aanwijzing over het verleden dat Lissabon als hoofdstad van een specerijenimperium moet hebben gekend. De vis is heerlijk vers en de porties zijn overvloedig, maar specerijen zijn er vrijwel niet in te bekennen, ook al is er iets vaag middeleeuws aan de emmers zout die de Portugezen in de keuken gebruiken. Misschien moet ik ook gewoon niet naar overblijfselen van een wereldomspannend rijk zoeken in mijn uit grote en verrukkelijke sardines bestaande lunch. Ik kan maar beter om me heen kijken. De oogst van Lissabons peperschepen bevindt zich overal om me heen: in de roze, bruine en zwarte gezichten van de mannen aan het tafeltje naast me, in de verstrengelde lichte en donkere vingers van het paartje een tafeltje verder, in het kroezige haar en de zeegrijze ogen. Hier kun je de christelijk-Portugese verovervaars zien, de joden die Isabella's Spanje waren ontvlucht, de Noord-Afrikaanse Moren en de slaven uit het Afrika van beneden de Sahara. Zeelieden en vissersvrouwen gaan hier nog even vrijmoedig met elkaar om als ze dat deden in de tijd toen de eersten terugkeerden uit Cochin en Malakka.

Lissabon was destijds een van de grootste steden van Europa en werkte als een magneet op scheepsbouwers, bankiers en kooplieden alsook op zeemannen en prostituees. Zijn barokke kerken en weelderige paleizen vormden een metropolis die uittorende boven een tweede stad bestaande uit volle woningen. Toch is dat visioen van goudgeverfde kloosters, roodgedakte herenhuizen en kronkelende steegjes met scheefgezakte pastelkleurige woonhuizen even onnaspeurbaar als de Aziatische aromatica die ooit *Lisboetas'* vis kruidden. In tegenstelling tot Venetië, dat nog immer als een luchtspiegeling uit het verre verleden op het water drijft, of zelfs Amsterdam, waar de stevige grachtenpanden die met de opbrengst van de specerijenhandel werden gebouwd nog overeind staan en je herinneren aan de oude faam van de Hollandse stad, werd het Lissabon dat nu te zien is in een latere, armoediger periode gebouwd. Op 1 november 1755, het feest van Allerheiligen, werd de schitterende, met peper en goud gebouwde stad bijna volledig verwoest door een aardbeving. Ironisch genoeg was de wijk die de aardbeving overleefde een van de armste van de stad. In dit hooggelegen deel van de Alfama – op de steile hellingen van de heuvel waar de Romeinen hun fort bouwden, waar de Moren hun citadel vestigden en waar de christelijke koningen hun plannen beraamden – vind je nog sporen van de gouden stad uit het verleden.

Als je vanaf de Vera Cruz omhoog kijkt, lijken de middeleeuwse huizen van de Alfama van de heuvel te tuimelen, en maken ze eigenlijk geen pittoreske indruk. In het lagere gedeelte van de oude wijk ogen de gebouwen even kaal en onverzorgd als de katten die in de beschaduwde nissen liggen te soezen. Omhoog lopend over de smalle straatjes waar selderiegroene onderbroeken en vanillekleurige T-shirts te drogen hangen, kan ik me maar al te gemakkelijk voorstellen hoe passanten hier op hun hoede waren voor de kreet *'Àgua, vai!'* ('Water, wegwezen!'), de gebruikelijk uitroep van de vrouwen wanneer ze de inhoud van hun po uit het raam gooiden.[3] De bochtige corridors van de lagere Alfama hebben altijd toebehoord aan het proletariaat van de stad. Zelfs in de hoogtijdagen van de Portugese specerijenhandel zag de gegrilde vis hier hoogstwaarschijnlijk zelden iets van de Aziatische kruiden die de inwoners werk verschaften. Mogelijk met uitzondering van peper. Hernâni Xavier komt met de intrigerende suggestie dat de arbeidersklasse van Lissabon voor een prikje inferieure peper (bedorven op de terugreis) kon kopen, wat het zonder meer aannemelijk maakt dat deze toen gangbaarder was dan nu. Maar dat de geur van gebakken vis zich hoger op de heuvel vermengde met het aroma van kruidnagel en kaneel, is een ding dat zeker is.

Zodra je de breed uitwaaierende trappen bestijgt naar de hooggelegen citadel, laat je de scheve woningen achter je. De steegjes worden netter en breder. Achter sommige oude muren schuilen nog aanwijzingen van de rijkdom die werd binnengebracht met de *Carreira da Índia*, het konvooi dat jaarlijks beladen met peper, gember, kaneel en kruidnagel terugkeerde. Door de open deur van de Santiagokerk glanst één op zichzelf staand altaar, ontsnapt aan de vernietigende aardbeving, je tegemoet als een vervaagd baken uit dat vroegere, door koning Midas aangeraakte tijdperk. Een halfgeopende poort biedt een verleidelijke aanblik op een door palmen beschaduwde binnenhof, de oude tegelmuren tonen een bloemrijke kluwen van blauw, wit en goud. Buiten op de straten brengen de trappen je hoger en hoger, voorbij herenhuizen en boetieks gevuld met antiek aardewerk.

Op de top van de heuvel, de hoogste van de pakweg zeven pieken van Lissabon, torent de citadel, het Castelo de São Jorge, boven de stad uit. Het kasteel zelf is nep, in de jaren veertig van de vorige eeuw gebouwd door de semi-fascistische regering van die tijd, in een schilderachtige, middeleeuwse stijl waarin prins Valiant zich thuis zou hebben gevoeld. De huidige constructie onttrekt de opeenvolging van oudere heuvelforten die de Romeinen, de moslims en de zegevierende Portugezen hebben gebouwd, volledig aan het oog. Wanneer je boven op de kanteeltorens staat uit te hijgen met de andere toeristen, kun je zien waarom dit een volmaakte plek was om een fort te bouwen. In de diepte vormt de Taag bij zijn nadering van de Atlantische Oceaan een wijde riviermond, uitermate geschikt voor een haven. Deze heeft de vorm van een fles, waarbij de hals in de oceaan uitkomt en de stad aan een van beide 'schouders' ligt. De Foeniciërs noemden de monding 'Ubis Ubbo' (Kalme Baai) toen ze zich er vestigden. Onder de Romeinen werd dat 'Olisippo' of 'Olissipum' (vandaar: Lissabon). Ze noemen de inheemse bewoners Lusitaniërs, een naam die later bij de dichters van de renaissance weer in zwang zou komen.

In 1147 werd de heuvel voorlopig voor de laatste keer ingenomen door een legermacht van Portugese conquistadores, aangevoerd door koning Afonso Henriques en bijgestaan door een bende Frankische kruisvaarders op weg naar Jeruzalem (door een christelijke waarnemer beschreven als 'plunderaars, drinkebroers en verkrachters [...] mannen gespeend van de milde honing der vroomheid'). Door zijn ideale ligging werd Lissabon algauw de belangrijkste markt van het land, en daarna, in 1260, de Portugese hoofdstad. Vanuit hun adelaarsnest op de heuveltop konden de koningen aanschouwen hoe de zeilen op de brede groene Taag zich vermenigvuldigden, en, als ze recht omlaag keken, de stapels koopwaar zien aangroeien die op de kades onder hen werden geladen en gelost.

Onder de christelijke monarchen groeide de stad buiten de begrenzingen van de kasteelheuvel en spreidden de straten en pleinen zich kriskras over de omgevende heuvels uit. Tussen 1400 en 1600 verdubbelde het inwonertal van de stad ruimschoots. Niet dat de rest van het land veel terugzag van het gele en zwarte goud dat aan de kades van Lissabon werd gelost en onmiddellijk werd overgeladen op schepen met bestemming Londen of Antwerpen. Lissabon werd in toenemende mate de stralende stad op de heuvel omgeven door een land van sloppenwijken. Maar dat maakte haar des te aantrekkelijker voor de toestromende boeren en ambachtslieden. Vanzelfsprekend waren het niet alleen behoeftige landarbeiders en kundige handwerksmannen die door de welvaart in de stad werden aangelokt. Op de betegelde binnenplaatsen bij de kasteelmuren krioelde het van de geestelijken, ridders en pluimstrijkers die naar een mooi baantje hengelden. Fidalgos schaafden hun manieren en kleding bij om hun kans op een lucratieve benoeming te verhogen.[4] Maar je fortuin maken ging hier anders dan in Venetië of enige andere Italiaanse koopmansrepubliek. Hier hing alles af van de gunst van de koning. Of je nu carrière wilde maken als soldaat, koopman of priester, de zegen van de monarch was onontbeerlijk. Voor de koning was het overigens een kostbare toestand. Omstreeks 1500 had Manuel I alleen al aan zijn hof zo'n vierduizend vazallen te onderhouden. Geen wonder dat de Portugese vorsten altijd op zoek waren naar nieuwe inkomstenbronnen.

Omdat de winsten op Afrikaans goud en Indiase peper in toenemende mate over de Taag omhoog stroomden, was het meer dan een symbolische beslissing toen Manuel zijn residentie van het hoge castelo verplaatste naar de rivieroever Paço Real da Ribeira, precies midden in de haven. Aan de oostkant van het paleis lag een brede kade waar een menigte havenarbeiders buitenlandse slaven, suiker, specerijen en goud uitlaadde terwijl de boten alweer werden volgeladen met de inheemse olijfolie, gedroogde vis en zout. Een paar honderd meter westwaarts lagen gigantische droogdokken, waar het gekreun van kromgebogen spanten en hamerslagen de koninklijke ruiten van 's ochtends tot 's avonds deden rammelen. De koningen, die prat gingen op hun geloofsijver, leefden nu eerder als winkeliers die boven hun zaak gingen wonen om een oogje op de koopwaar te houden. Koning Frans I had een punt toen hij zijn Portugese collega afdeed als '*le roi épicier*' (de kruidenier-koning). Deze schimpscheut moet hard zijn aangekomen, en hier ligt op z'n minst ten dele de verklaring voor de voortdurende behoefte van Lusitaanse vorsten om hun handelsactiviteiten te paren aan een gepaste dosis zendingsdrang, om zowel naar christenen als naar specerijen te zoeken.

Voorbij Goede Hoop

Gezien vanaf het *castelo* lijkt het niet meer dan een kort klauterpartijtje naar het Praça do Comércio, waar het koninklijk paleis aan de haven vroeger stond. In werkelijkheid wacht je een lange afdaling met vele omwegen over kronkelende steegjes en steile trappen. Tegenwoordig is het enorme, onaantrekkelijke plein doorgaans uitgestorven, afgezien van een enkele met camera's beladen toerist en de rondtrekkende straatverkoper die met zijn nep-Armani-zonnebrillen leurt. Onder de kruidenier-koning en zijn directe opvolgers was dit de bedrijvige voortuin van de koninklijke residentie, waarnaar toepasselijk werd verwezen met Terreiro do Paço (letterlijk het 'Paleisterrein'). Oude afbeeldingen tonen grote parades ter ere van bezoekende potentaten, die het hele plein beslaan. Soms werden hier tijdelijke tribunes opgericht om de mensen beter zicht te geven op de ketters die levend werden verbrand tijdens de frequente en goed bezochte autodafe's. Men heeft mij verteld dat bezoekers soms beginnen over de gelijkenis tussen het Praça do Comércio en het Piazza San Marco. Het klopt dat beide pleinen min of meer direct aan het water liggen en dat ze allebei aan drie kanten omzoomd worden door eentonige neoklassieke gevels van drie verdiepingen hoog. Hier heb je echter geen beroemde cafés, en ook geen duiven. Niettemin is het opmerkelijk dat Lissabon zich net als Venetië afwendt van het vasteland om de zee te begroeten. Ook stond het paleis van de doge op ongeveer dezelfde wijze op wacht bij de Adriatische haven als het koninklijk paleis hier de voordeur van zijn rijk bewaakte.

Maar de Portugese monarch was een heel ander type dan de CEO van Venetië NV. Het is bijna alsof de plaatselijke topografie uitbeeldt hoe de besluiten in elke stad tot stand kwamen. Zoals Lissabons gevel loodrecht omlaag stort, zo stroomden alle macht en roem van de koning naar beneden; terwijl in Venetië (en trouwens ook in Amsterdam) de rijkdom en invloed horizontaal verdeeld waren, min of meer zoals de waterige stad zich aan de lagune uitstrekte. Toch ligt hierin misschien de verklaring voor het feit dat juist de Portugezen de directe route naar India openlegden. Alleen een absoluut vorst kon naar alle waarschijnlijkheid de benodigde hulpmiddelen voor zo'n reusachtige onderneming bijeenbrengen.

In het Museu de Arte Antiga te Lissabon bevindt zich een reeks vijftiende-eeuwse panelen die samen een familieportret zouden kunnen zijn. Hier is Hendrik de Zeevaarder, pafferig en grimmig. Vlakbij hangt zijn neef koning Afonso v in een weergaloze tuniek van purper en groen fluweel en zijn vrouw Isabel in een grandioos scharlaken gewaad. (Je vraagt je af hoeveel scheepsladingen paradijskorrels die weergaloze kledij heeft gekost.) Hun zoon, de toekomstige João II, bevindt zich net achter zijn vader – een mollige jonge tiener met verfomfaaid haar. Zijn amandelvormige ogen verraden nog niets van zijn latere machiavellistische inslag. Toch is het de vraag of de Lusitaniërs zonder deze meedogenloze en vastbesloten jongeman wel zo ver gekomen zouden zijn. Niet iedereen in Portugal vond Atlantische ontdekkingsreizen destijds een goed idee. Koning Afonso toonde bijvoorbeeld nooit bijster veel interesse voor het Indiase project. João ging vervolgens niet al te subtiel te werk bij het overhalen van de oppositie. Toen hij in 1481 de troon besteeg, liet hij zijn voornaamste tegenstanders onthoofden. Een tegenstribbelende bisschop verdween in een regenput. João stak een van zijn tegenstrevers zelfs eigenhandig dood. Reeds voor hij zijn vader had opgevolgd was hij er volgens alle berichten op gebrand India te bereiken. Die obsessie was kennelijk enkele jaren eerder ontstaan, toen hij als kroonprins het monopolie op Afrikaanse specerijen en goud veiligstelde voor de koning. Vanaf het moment dat hij de macht in handen had gekregen, zette hij de zoektocht naar een zuidelijke passage naar India met alle middelen voort. En toen Bartolomeu Dias uiteindelijk Kaap de Goede Hoop rondde, lag de weg naar de geurige Indiase rijkdommen open.

Tussen de vele klaplopers op Paço de Ribeira tijdens het bewind van João II bevond zich ook een Genuese zeevaarder genaamd Christoffel Columbus. Hij was met een Portugese getrouwd[5] en koesterde zo zijn eigen denkbeelden over de route naar de specerijeilanden. In tegenstelling tot wat op school nogal eens wordt onderwezen, dachten de mensen in de renaissance niet dat de aarde plat was. Er bestond echter geen overeenstemming over de precieze grootte van de aardbol. Volgens een eminente Florentijnse geograaf uit die tijd bedroeg de omtrek van de aarde ongeveer zestienduizend kilometer aan de evenaar. (De werkelijke afstand is iets meer dan veertigduizend.) Uitgaande van dat getal trok Columbus de volstrekt aannemelijke slotsom dat je, in plaats van de zuidoostelijke route te nemen, Indië veel sneller kon bereiken door naar het westen te varen. Er zijn enkele aanwijzingen dat João niet veel ophad met de Italiaanse avonturier, maar het was vooral de ongerijmdheid van zijn getallen waardoor de Portugezen niets in zijn voorstel zagen. Dankzij de vele zuidelijke reizen langs de Afrikaanse kust hadden de Portugese zeevaarders een behoorlijk adequaat beeld van de omvang van de aarde van pool tot pool. Als Columbus gelijk had met zijn getallen, dan zou de aarde de onwaarschijnlijke vorm van een rugbybal op zijn kant hebben. Toch nam de koning het idee kennelijk serieus genoeg om er een commissie naar te laten kijken. Die wees het af.

Misschien was er nog een andere reden waarom João weinig in de westelijke route zag. Het kan zijn dat hij al wist wat daar lag. Hernâni Xavier is er, met sommige anderen, van overtuigd dat twee Portugese kaarten uit maar liefst 1430 reeds Brazilië aanduiden. Maar ook afgezien van die kaarten toont ander indirect bewijs nagenoeg aan dat de Portugezen vóór Columbus' reis op z'n minst enig idee hadden van het bestaan van Amerika. In de jaren tussen Dias' ontdekking van de kaaproute en Da Gama's historische reis moeten Portugese zeelieden beslist de zuidelijke Atlantische Oceaan verder hebben verkend, en gezien de stromingen en winden kan het bijna niet anders dan dat ze Zuid-Amerika op z'n minst in zicht hebben gehad. Waarschijnlijk was dat ook de reden dat João, toen Portugal en Spanje in 1494 met het Verdrag van Tordesillas de wereld onderling verdeelden, hemel en aarde bewoog om de demarcatielijn naar het westen te verleggen. Daardoor kwam Brazilië toevallig in de Portugese invloedssfeer te liggen – zes jaar voordat het officieel werd ontdekt! João wist echter dat hij vooralsnog niet de middelen had om een nieuwe wereld te exploreren en tegelijkertijd het peperproject in het oosten voort te zetten.

Na zijn afwijzing in Lissabon klopte Columbus bij Isabella aan in het naburige Castilië. Hij haalde haar over zijn plan te steunen, en de rest is geschiedenis, zoals het gezegde luidt. Achteraf lijkt het allemaal onvermijdelijk: het verbond tussen Columbus en Isabella en de daaropvolgende Spaanse verovering van de Nieuwe Wereld, maar destijds was het een onwaarschijnlijk scenario. De Castilianen hadden voorheen weinig interesse getoond voor het Atlantische gebied, omdat ze het met hun veroveringen in eigen land al druk genoeg hadden. Maar toen Dias erin slaagde naar de Kaap te varen, moeten de Spaanse vorsten een zekere noodzaak hebben gevoeld om iets te ondernemen, daar ze het anders bij een mogelijke specerijenwedloop wel eens zouden kunnen afleggen tegen hun buren. Deze onzekerheid, teweeggebracht door de ambitieuze João, moet de koningin over de streep hebben getrokken bij haar beslissing om het plan van de Genuees te financieren. Overigens geloofde Columbus zozeer in zijn getallen dat hij zelfs na verscheidene reizen naar West-Indië niet wilde toegeven dat hij de legendarische Oriënt niet gevonden had. Niet alleen noemde hij de inheemse volkeren halsstarrig 'Indianen' en de Caraïben 'Indische eilanden', hij keerde tevens terug met specerijen die hij peper (*pimienta*) noemde terwijl het in werkelijkheid om rode pepers (*capsicum*) en piment ging. (Deze laatste specerij wordt ook wel jamaicapeper genoemd, en heet in het Spaans nog steeds *pimienta dulce* of *pimienta de Jamaica*.) Isabella was niet onder de indruk. Toen ze vernam dat Vasco da Gama met echte peper uit Calicut was teruggekomen, stuurde ze een schip achter Columbus aan, die net op zijn derde reis naar de Antillen was. De Genuees werd in de boeien naar huis gevoerd en zijn titels en inkomen werden hem ontnomen. In de ogen van de Castiliaanse koningen waren zijn reizen een fiasco, nu de route naar Indië met zijn aromatische weelde vast in handen van de Portugezen was. In Lissabon zou Vasco da Gama precies dezelfde titels krijgen (naar Castiliaans voorbeeld) die Columbus was kwijtgeraakt: die van admiraal en onderkoning van India.

Op 8 juli 1497 vertrok Vasco da Gama uit Restelo, een voorstad van Lissabon, met een kleine flottielje van twee naus, de São Gabriel en de São Rafael, en een karveel, de Bérrio, door de koning op weg gezonden 'om ontdekkingen te doen en specerijen te zoeken', aldus een anonieme kroniekschrijver van de reis. Voor koning João II was het niet weggelegd geweest die zeilen, met als blazoen het kruisvaarderskruis, te zien opbollen onder de Atlantische wind. Hij was twee jaar eerder gestorven, op de leeftijd van veertig jaar. De dag die hij zijn hele leven naderbij had helpen brengen verliep onder toeziend oog van zijn neef en zwager Manuel I. Het schijnt dat João een lage dunk van de broer van zijn vrouw had (hij deed een vergeefse poging om zijn onwettige zoon als opvolger te benoemen), wat misschien ten dele verklaart waarom koning Manuel alles in het werk stelde om de prestaties van zijn voorganger te overtreffen. Het moet hem hebben gestoken dat ze hem de bijnaam 'de Gelukkige' gaven, terwijl João 'de volmaakte vorst' was genoemd.

We weten een heleboel over Vasco da Gama's gelukkige koninklijke beschermheer, maar de jonge ontdekkingsreiziger stelt ons enigszins voor een raadsel. Volgens de archiefstukken was Da Gama pas achtentwintig toen hij het bevel over die eerste missie naar India voerde. Hij was de middelste zoon van een adellijke familie uit de zuidelijke havenstad Sines. Hoewel hij zeker geen zeevaarder van beroep was, schijnt hij wel enige ervaring te hebben opgedaan op kustreizen, toen hij als zeeofficier diende onder de regering van João. In latere jaren stond hij bekend om zijn opvliegendheid en zijn grillen. Op zijn eerste reis gaat de jonge kapitein-generaal echter te werk met een voorzichtigheid die grenst aan paranoia – in elk geval voorzover het zijn omgang met de inboorlingen aan de Indische Oceaan betreft.

Da Gama's schepen vervoerden voldoende proviand voor drie jaar, kanonnen en kanonniers, tolken, musici en priesters, en voor bepaalde riskante ondernemingen een paar veroordeelden (wier doodstraf was omgezet in dienst bij de marine). De bevelhebber had ook een koninklijke brief bij zich die aan de priester-koning Johannes was gericht. Merkwaardig was dat de armada, gezien de opdracht die ze had meegekregen, verbazend weinig handelswaar had meegenomen. De schepen voeren eerst ver de Atlantische Oceaan op, wendden toen de steven om naar Kaap de Goede Hoop af te zakken en koersten vervolgens weer noordelijk naar de stad Malindi, ongeveer halverwege de Afrikaanse oostkust in wat nu Kenia is.

Toen ze op de vooravond van Pasen 1498 aankwamen in Malindi, meer dan negen maanden na de zeilen gehesen te hebben, leden Da Gama's matrozen al weken aan vochttekort en stierven ze bij bosjes aan scheurbuik. Verscheidene schermutselingen met vijandige inboorlingen aan de Oost-Afrikaanse kust overtuigden hen ervan dat ze

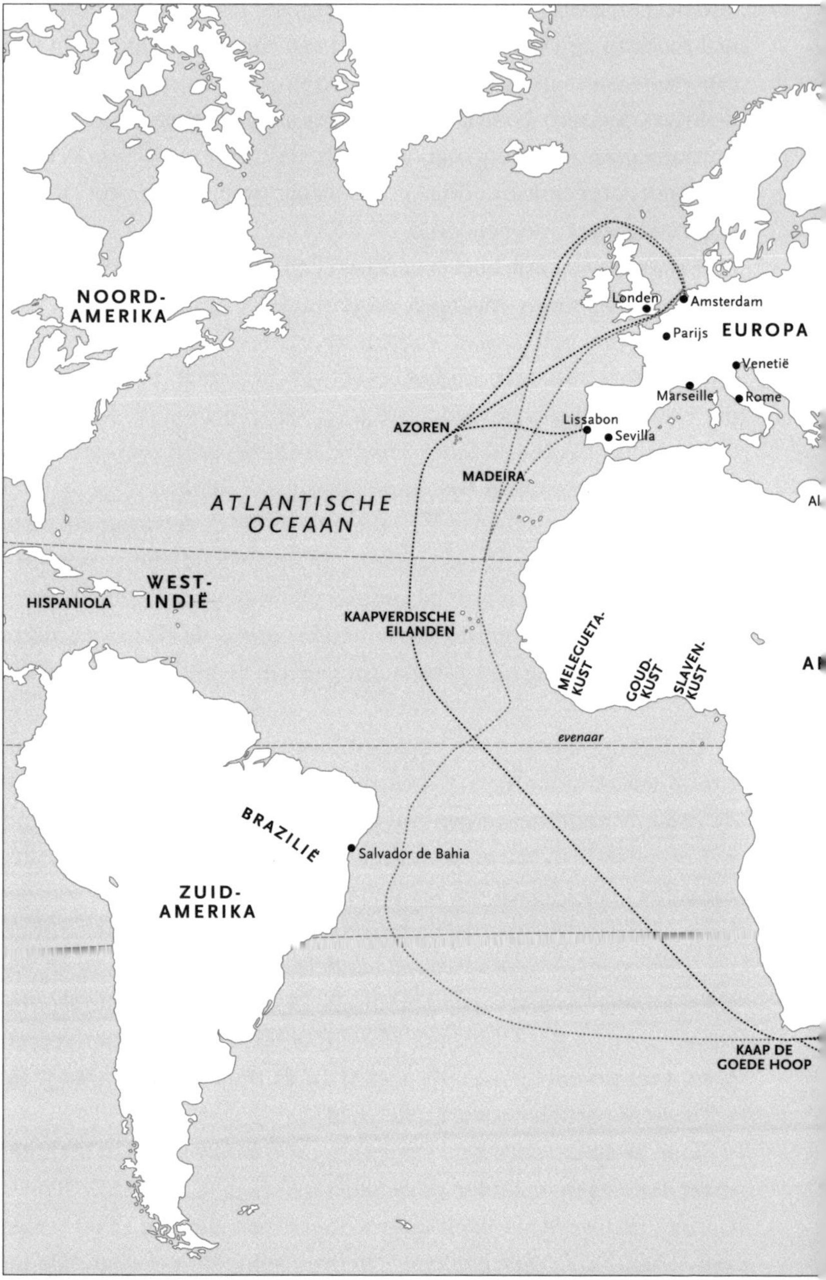
NOORD-
AMERIKA
Londen
Amsterdam
Parijs
EUROPA
Venetië
Marseille
Rome
Lissabon
Sevilla
AZOREN
MADEIRA
ATLANTISCHE
OCEAAN
WEST-
INDIË
HISPANIOLA
KAAPVERDISCHE
EILANDEN
MELEGUETA-
KUST
GOUD-
KUST
SLAVEN-
KUST
evenaar
BRAZILIË
Salvador de Bahia
ZUID-
AMERIKA
KAAP DE
GOEDE HOOP

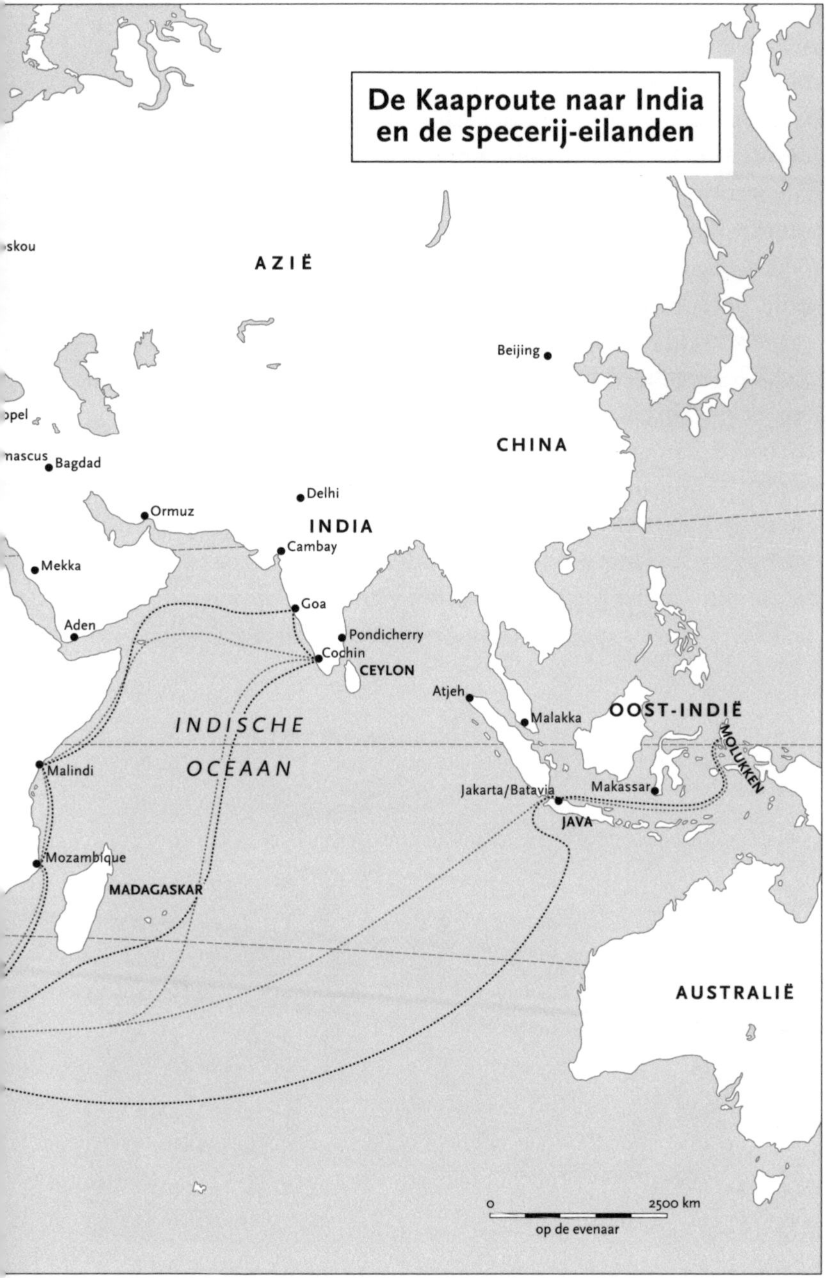
De Kaaproute naar India
en de specerij-eilanden
skou
AZIË
Beijing
opel
nascus
Bagdad
CHINA
Delhi
Ormuz
INDIA
Cambay
Mekka
Goa
Aden
Pondicherry
Cochin
CEYLON
Atjeh
Malakka
OOST-INDIË
MOLUKKEN
INDISCHE
OCEAAN
Malindi
Makassar
Jakarta/Batavia
JAVA
Mozambique
MADAGASKAR
AUSTRALIË
0
2500 km
op de evenaar

geen van allen te vertrouwen waren, zodat de Lusitaanse avonturiers zelfs in Malindi, waar ze hartelijk ontvangen werden, een behoedzame afstand bewaarden. Ze namen daar vers voedsel en water aan boord, maar minstens zo belangrijk was de Gujarati-gids die ze inhuurden om hen over de Indische Oceaan naar Calicut te loodsen. De gids was weliswaar een moslim, maar sprak naar verluidt zelfs een woordje Italiaans! De rest van de tocht was prettig saai. De vloot bereikte Calicut in slechts zesentwintig dagen, op 18 mei 1498, precies op tijd om het stortbad van de Zuid-Indiase moesson mee te maken.

Het vervolg was veeleer een klucht dan historisch drama. Na de hachelijke toestanden aan de Afrikaanse kust was Da Gama niet van zins zichzelf in gevaar te brengen. Daarvoor had hij de veroordeelden aan boord genomen. De eerste Portugese conquistadores die eropuit werden gestuurd om met de legendarische Indiërs kennis te maken, waren derhalve een stel bajesklanten. Toen ze eindelijk iemand hadden opgespoord met wie ze konden praten, bleken dat ook buitenlanders te zijn – onder wie in elk geval twee Tunesiërs die toevallig Castiliaans en Genuees spraken. Deze Arabieren waren begrijpelijkerwijs

De Portugezen maakten bij hun aankomst in India geen grote indruk op de plaatselijke bevolking.

bepaald niet verheugd met de komst van deze maar al te bekende christenhonden. 'De duivel moge jullie halen! Wat brengt jullie hier?' luidde hun onomwonden begroeting. Waarop de criminelen het veelgeciteerde antwoord gaven: 'Wij zijn op zoek naar christenen en specerijen.' Dit eerste bezoek aan Calicut was in beide opzichten niet bijster succesvol. Latere reizen zouden lucratiever blijken – althans wat de specerijen betreft.

De daaropvolgende weken sjokten de Portugezen herhaaldelijk heen en weer over de doorweekte straten tussen de haven en het koninklijk paleis. Tijdens hun eerste bezoek kwamen ze nauwelijks vooruit vanwege de drommen mensen die toestroomden om zich te vergapen aan deze nieuwe soort buitenlanders. Aanvankelijk was de plaatselijke heerser, de zamorin, de nieuwkomers vrij gunstig gezind. Hij stond Da Gama zelfs een lang onderhoud toe, waarbij de potentaat zijn uitspraken kracht bijzette door grote fluimen van betelsap en speeksel in een kwispedoor van koninklijke omvang te spugen. Maar toen veranderde de zamorin van gedachten, en hij liet de Europeanen opsluiten. Vervolgens kwam hij daarop terug en liet hen vrij, waarna hij ze nogmaals opsloot. Da Gama bracht met tussenpozen verscheidene weken onder huisarrest door, ziedend, maar zonder enig idee wat er aan de hand was. Hij was hier gearriveerd in de vaste overtuiging dat de zamorin een christen was, en hij zou zich niet door een paar kale feiten van de wijs laten brengen. De Portugezen waren er zozeer van overtuigd dat ze hun langgekoesterde geloofsgenoten gevonden hadden dat ze de hindoetempels voor kerken aanzagen. Deze 'kerken' waren, aldus de kroniekschrijver, beschilderd met 'heiligen' die kronen droegen en 'op verschillende wijze waren uitgebeeld, met tanden die ver uit de mond staken, en vier of vijf armen'. De enige verklaring voor de handelwijze van de zamorin was natuurlijk dat die hem was ingefluisterd door zijn boosaardige hovelingen, de verraderlijke Moren.

Je hoeft geen godsdienstfanaat te zijn om te begrijpen waarom de in Calicut gevestigde moslimhandelaars de Europeanen kwijt wilden. Toch maakten de Europeanen het zichzelf ook moeilijk. Het zal weinigen verbazen dat een scholing in vergelijkende theologie niet tot de basisopleiding van een ambitieuze fidalgo behoorde, maar het abc van de zakenetiquette lijkt ook ontbroken te hebben. De handelsagenten van de zamorin konden volgens de overlevering hun lachen niet bedwingen toen ze de geschenken zagen die de Europeanen voor hun meester hadden meegebracht. 'De armste koopman uit Mekka, of uit enig ander deel van India, zou meer geven,' gniffelden ze. (De Portugese kroniekschrijver van de reis boekstaaft twaalf stuks katoenstof, vier scharlaken kappen, zes hoeden, vier snoeren koraal, zes wasbakken, een doos suiker, twee vaten olie en twee vaten honing als het complete geschenkenpakket voor een heerser die zelfs zijn kwispedoor van goud liet maken.) De hindoepotentaat kon het niet waarderen.

Uiteindelijk bereikten de twee partijen niettemin een compromis, waarbij het ongetwijfeld hielp dat de Portugezen ook zelf een paar gijzelaars bemachtigden. Zodoende kon Da Gama de handelscampagne leiden vanuit de betrekkelijke veiligheid van zijn eigen kapiteinshut. Zijn mannen namen ondertussen de gelegenheid te baat om hun kisten ondersteboven te keren en alles wat ook maar enigszins van waarde was te ruilen op de specerijenmarkt. De zeelieden verkochten zich letterlijk het hemd van het lijf teneinde peper en kruidnagels te kunnen inslaan. Hun bezwete linnengoed was hier kennelijk een stuk minder geld waard dan thuis, maar specerijen waren nog veel goedkoper. De kapitein-generaal wist zijn kleren te behouden, maar leverde zijn aandeel met zijn eigen zilveren bekers en ander serviesgoed, dat hij ruilde tegen een flinke vracht specerijen en edelstenen.

Al met al maakte deze eerste Europese expeditie naar Azië geen grote indruk op de bevolking daar. Om in het vervolg minder verwarde buitenlanders op bezoek te krijgen, gaf de zamorin ze voor alle zekerheid een brief mee waarin hij precies opsomde wat hij wilde zien als ze weer kwamen: 'Mijn land is rijk aan kaneel, kruidnagel, gember, peper en edelstenen. Wat ik u daarvoor in ruil vraag, is goud, zilver, koraal en scharlaken.' Toekomstige bezoekers, inclusief Da Gama zelf, begrepen de hint. Ondertussen moesten de Portugezen eerst de terugreis nog zien te overleven. Velen haalden het niet.

Toen Da Gama's schip in de zomer van 1499 eindelijk de kalme wateren van de Taag weer opschommelde, waren er van de oorspronkelijke bemanning van omstreeks 170 man nog 55 over. Hoeveel kruiden ze precies mee naar huis brachten is onmogelijk te zeggen, omdat het merendeel in handen was van de officieren en de bemanning. Er moeten hoe dan ook vele duizenden kilo's peper, gember, kaneel, kruidnagel en nootmuskaat aan boord zijn geweest, want de koning kende Da Gama een bonus van meer dan een ton kruiden toe en de overlevende zeemannen kregen elk zo'n honderd kilo. Toch is het onwaarschijnlijk dat de kroon iets aan deze ene reis verdiende. Koning Manuel beschikte nu echter over een ruime hoeveelheid inlichtingen uit de eerste hand. Hij wist dat een zak met honderd pond peper die in Venetië zestien dukaten opbracht, in Calicut voor twee dukaten te krijgen was. En wat misschien nog wel belangrijker was voor deze erfgenaam van de kruisvaarderskoningen: hij had ook ooggetuigen (hoezeer ze het ook mis hadden) die zwoeren dat India wemelde van de christenen.

De koning haalde de thuiskomende zeevaarders als helden in. Ze werden in een optocht door de straten gevoerd, en Vasco da Gama's naam lag op ieders lippen. Manuel 'de Gelukkige' bracht de hoven in Europa onmiddellijk op de hoogte van het nieuws. In een triomfantelijke brief die nauwelijks twee dagen na terugkomst van de Indiëvloot werd verstuurd, informeerde de Portugese heerser Isabella en Ferdinand, de verbonden vorsten van Castilië en Aragon, over de Portugese 'ontdekking' van het (echte) India, waar zijn mannen grote hoeveelheden kruidnagel, kaneel en andere specerijen hadden gevonden, om maar te zwijgen van 'robijnen en allerlei soorten edelstenen'. (Geen wonder dat Isabella daarna zo uitviel tegen Columbus.) Manuel snoefde dat hij de mohammedanen uit de Indische Oceaan zou verjagen en met de hulp van de Indiase christenen de specerijenhandel zou overnemen. Hij had zelfs de onbeschaamdheid zichzelf een nieuwe titel te geven: 'Heer van Guinee [dat wil zeggen Afrika] en van de baten van scheepvaart en handel met Ethiopië, Arabië, Perzië en India.' Dat kon iedereen die hem niet goed genoeg achtte om João II op te volgen, in zijn zak steken!

In de pakweg tien jaar die hierop zouden volgen maakte Manuel zijn opschepperige titel zo goed als waar. Meteen na Da Gama's terugkeer werden de voorbereidingen voor een volgende expeditie getroffen, groter dan de vorige, beter bewapend en – het belangrijkste – ruimer voorzien van het zilver dat de Indiërs in ruil voor hun zwarte goud wilden hebben. Dit was de armada van 1500, geleid door Pedro Álvarez Cabral, die tijdens een kort oponthoud onderweg naar India bij toeval Brazilië ontdekte. Maar Cabral was een nog slechtere diplomaat dan Da Gama. Toen hij eindelijk in Calicut arriveerde, raakte hij algauw slaags met de plaatselijke moslimkooplieden. De ruzie escaleerde in een grootscheeps bombardement van de hoofdstad van de zamorin. Het behoeft geen betoog dat Calicut niet erg genegen was om daarna nog handel met de Portugezen te drijven. De aanval maakte Cabral echter geliefd bij de vijanden van de zamorin. In Cochin werden de Europeanen met open armen ontvangen en ze mochten daar hun specerijen met tonnen tegelijk kopen: hoofdzakelijk peper uit de streek, maar ook kaneel dat van het nabijgelegen Ceylon werd aangevoerd en kruidnagel en nootmuskaat uit de verre specerijeilanden van Indonesië. Deze tweede reis was nog veelbelovender dan de eerste. De vloot voer immers terug naar huis met bijna een kwart miljoen kilo specerijen aan boord (vermoedelijk voor het merendeel peper), en ze hadden Brazilië ontdekt. Maar tegen welke prijs? De stranden van Ipanema lieten Manuel koud. Het ging hem om die gezegende christenen, maar Cabral kwam ditmaal met de ware toedracht thuis. Nu wist de koning dat de langgekoesterde vijfde colonne een illusie was. Bovendien had Cabral onderweg de halve vloot verloren. Honderden mannen waren gestorven, en het stond niet eens vast dat de kroon iets aan de tocht had verdiend. Manuel klaagde tegen de Venetiaanse ambassadeur dat de hele onderneming hem tachtigduizend dukaten had gekost – al moet dat cijfer, gezien zijn toehoorder, met een korreltje zout worden genomen. Toch geeft het te denken dat die kwart miljoen kilo specerijen waarmee de gedecimeerde vloot van oorspronkelijk vijftien schepen huiswaarts keerde, gelijkstond aan de gemiddelde lading van één Venetiaanse galei die destijds van Alexandrië terugkwam. Maar hoe de bedragen zich ook verhielden, Manuel was niet tevreden en gaf Cabral nooit een nieuwe opdracht. Velen aan het hof vonden klaarblijkelijk dat het hele project moest worden gestaakt. Manuel had er echter te veel in geïnvesteerd om het nu al op te geven.

De volgende twee reizen – in het bijzonder een tweede grote expeditie die door Da Gama werd geleid – leverden zulke ongelooflijke winsten op dat er van toen af aan elk jaar een vloot uit Lissabon koers zette naar de Indiase Malabarkust. In veel opzichten baseerden de Portugezen hun aanpak op de werkwijze die de Venetianen voor hun specerijenhandel hadden ontwikkeld. Ze vertoonden hetzelfde schurkachtige gedrag, handhaafden het specerijenmonopolie op dezelfde brute wijze. Maar al waren hun oogmerken dan dezelfde, Manuel en zijn mannen pakten de zaken veel grootschaliger aan. Op strategische punten van West-Afrika tot de Molukken bouwden de Portugezen versterkte *feitorias* (handelsposten). Lissabon kondigde eenzijdig een monopolie af op de handel in peper over de hele Indische Oceaan en nam elk schip dat zich daar niet aan hield in beslag, of bracht het tot zinken. Ondertussen bezetten de geharde zee-conquistadores Ormuz, de strategisch gelegen steenklomp waarmee je de toegang tot de Perzische Golf beheerste; ze veroverden Goa, ongeveer halverwege de Indiase westkust; en ze namen Malakka in (bij het huidige Singapore), dat de controle over de zeestraten tussen de Oost-Indische eilanden verschaft en westwaarts is gericht.

Dat de Portugezen dit alles klaarspeelden, met hun beperkte hulpbronnen en op minstens zes maanden reizen van huis over een afstand van soms wel dertigduizend kilometer, grenst aan het wonderbaarlijke. De mannen van koning Manuel waren die mening inderdaad zelf ook toegedaan en schreven hun succes toe aan hun God. Objectiever beschouwd werkten ook andere omstandigheden in het voordeel van de Europeanen. Toen de Portugezen de Indische Oceaan op voeren, was de specerijenhandel grotendeels in handen van los georganiseerde kooplieden, in hoofdzaak islamitische Noord-Indiase Gujarati's. Een aanzienlijk deel van Noord- en Midden-India werd op dat moment onder de voet gelopen door de Mogols die oprukten vanuit Centraal-Azië, terwijl Egypte bezweek onder de aanvallen van de Turkse Ottomanen. Deze opkomende rijken waren veel machtiger dan het nietige koninkrijk in Europa's meest westelijke uithoek, maar het waren allebei primair landmogendheden met een verwaarloosbare vloot.[6] De magistrale scheepsbouwers in Lissabon hadden op open zee geen noemenswaardige concurrentie, en de Portugese artillerie was in die dagen ultramodern. De schepen van de moslimkooplieden bezaten geen zware wapens. Ze waren minder wendbaar, en door hun volledig houten constructie verschrompelden ze als balsahout onder de inslaande Portugese kanonskogels. In 1513 pochte de bijdehante Portugese admiraal Albuquerque tegen zijn koning dat 'alle inheemse schepen zich bij het gerucht van onze komst wegspoedden, en er zelfs geen vogels meer over het water scheerden'. Feit blijft dat er veel gesmokkeld werd, vooral in later jaren, en vaker wel dan niet met heimelijke Portugese medewerking.

Hoewel de Portugese karvelen, galjoenen en naus onbetwist de golven trotseerden, was dat op land een heel ander verhaal. Het is de Portugezen nooit gelukt een rijk te stichten naar voorbeeld van de Spaanse gebiedsveroveringen in Amerika. In Azië verwierven de Lusitaniërs een paar vierkante kilometer hier, een stel hectaren daar – nauwelijks meer dan bevoorradingsposten voor hun specerijenvloten.

Niettemin gooide de komst van de naus niet enkel zand in de raderen van de moslimhandel in de Indische Oceaan. De Portugese inmenging betekende ook een ernstige terugslag voor de belangrijkste handelspartners van de Arabieren in het Middellandse Zeegebied, de Venetianen. Aanvankelijk waren de handelaars op de Rialto ontsteld, maar ze werden gerustgesteld toen de expeditie die inmiddels 'de reis naar Calicut' werd genoemd, in financieel opzicht een fiasco bleek te zijn. De reis van Cabral leek hun theorie te bevestigen dat het slechts een kwestie van tijd was voordat de Portugese koning de geldkraan voor Indiareizen zou dichtdraaien. Anderen waren minder optimistisch. Girolamo Priuli, zelf een aanzienlijk specerijenhandelaar, schreef luttele weken na Cabrals terugkeer: 'De ondergang van Venetië tekent zich duidelijk voor me af, want zonder de [specerijen]handel zal de stad haar geld, de bron van haar glorie en faam, verliezen.'

Afgezien van de berichten uit Lissabon hadden de Venetianen thuis te kampen met urgenter, en waarschijnlijk ook ernstiger problemen. In de periode dat het nieuws van Da Gama's terugkeer naar Lissabon Italië binnendruppelde, was er tussen de Republiek en het Ottomaanse Rijk een oorlog uitgebroken. Dit was een ramp voor de specerijenhandel, die afhankelijk was van juist die havens – Alexandrië in Egypte, Aleppo in Syrië – die nu in handen van Istanbul waren (of dat binnenkort zouden zijn).[7] Vóór de oorlog vervoerde het jaarlijkse Venetiaanse specerijenkonvooi gemiddeld bijna driekwart miljoen kilo peper (iets meer dan de helft van de totale lading aan specerijen), maar tien jaar na Da Gama's eerste reis was de totale Venetiaanse specerijenimport met bijna twee derde teruggelopen. Het verschil werd ruimschoots goedgemaakt in Lissabon, dat nu omstreeks vijfmaal zoveel specerijen binnenhaalde als de stad van de heilige Marcus. De definitieve vernedering kwam in 1515, toen Venetië de Taag op moest varen om specerijen voor zijn klanten te kopen. In 1527 stonden de zaken er zo slecht voor dat de Venetiaanse senaat aanbood het specerijenmonopolie te kopen van de Portugese kroon – een voorstel dat aan de Paço da Ribeira niet voetstoots werd verworpen, maar de twee partijen konden het niet eens worden over de voorwaarden.

De Italiaanse concurrenten van Venetië aanschouwden met onverholen genoegen dat de machtige koningin van de Adriatische Zee nu haar trekken thuiskreeg. Een Florentijn die destijds in Lissabon verbleef, merkte spottend op dat de Venetianen binnenkort weer met meerval in hun levensonderhoud moesten voorzien. In de loop der jaren hebben historici de stagnerende Venetiaanse handel nu eens aan de Portugese blokkade van de Indische zeeroute, dan weer aan de oorlog in het Midden-Oosten toegeschreven, maar welk gewicht je ook aan de oorzaken toekent (iedereen is het erover eens dat beide een rol speelden), het resultaat was dat de Republiek van de heilige Marcus vrijwel werd weggevaagd in de specerijenhandel. Zo scheen het in de eerste decennia van de zestiende eeuw althans de betrokkenen toe. In het decennium na 1530 werden Istanbul, Alexandrië en de Levant weer toegankelijk voor Europeanen, zodat de Rialto-handelaars hun zaken konden heropenen. De Portugezen hadden nooit de middelen bezeten om de scheepvaart in de Indische Oceaan volledig te controleren. Ze waren er niet in geslaagd de Rode Zeeroute af te sluiten. En ze mochten dan een redelijk stevige greep op de Malabar-kust hebben, op wat er in Java, Sumatra of de Molukken gebeurde hadden ze vrijwel geen invloed. Dientengevolge glipten hun tonnen peper door de vingers (vaak dankzij een niet onaanzienlijke hoeveelheid smeergeld) via de oostelijke Middellandse Zeeroute. Toen de zestiende eeuw op zijn einde liep, zeilde er bijna evenveel peper voorbij het Lido als er op de kades van Lissabon werd uitgeladen.

Toch ging het de Portugese koning gedurende enige tijd financieel voor de wind. Het zestal schepen dat jaarlijks met de *Carreira da Índia* (de vloot van Cochin) aankwam, voerde een enorme hoeveelheid specerijen aan: zo'n één à anderhalf miljoen kilo in de beginjaren en later minstens tweemaal zoveel. Meer dan tachtig procent hiervan moet peper zijn geweest, de rest bestond merendeels uit kaneel, gember, kruidnagel, nootmuskaat en foelie.[8]

Geschiedschrijvers hebben het vaak over de tegenstelling tussen het nietige Portugal en zijn enorme prestaties. Maar dat is precies het punt: het is juist die nietigheid (en de armoede) die kan verklaren waarom de Portugezen zoveel gevaren trotseerden – ze hadden niets te verliezen. De koningen van Frankrijk, met een bevolking (en een belastingafdracht) die het tienvoudige van die van Portugal bedroeg, zouden met de winst die ze in de peperhandel konden behalen hun inkomsten slechts een fractie hebben kunnen opkrikken. Voor de Mogol-keizer, die over honderd miljoen Indiërs heerste, zou het niet meer dan een schijntje zijn geweest. Maar voor het onbemiddelde landje dat Portugal was, werden specerijen van meer waarde dan Afrikaans goud. Koning Manuel I verdiende tweemaal zoveel geld aan de specerijenhandel dan aan edelmetalen. Toen zijn dochter Isabella in 1521 werd uitgehuwelijkt aan de Habsburgse keizer Karel V, werd haar bruidschat grotendeels in zakken peper betaald. En wat zijn zoon João III betreft, deze haalde toen hij zelf koning was maar liefst de helft van zijn inkomsten uit het doorverkopen van de Afrikaanse en Aziatische specerijen waarvoor de mannen van zijn vader zoveel ontberingen hadden doorstaan. Voor de Portugese koningen was het lonend om alle middelen van hun kleine koninkrijk in te zetten voor de verwerving van de verschrompelde zwarte besjes die de Europeanen met klinkende munt betaalden. Als gevolg daarvan werd peper het betaalmiddel waarop het Lusitaanse rijk werd gegrondvest. En het waren niet louter keizers die in peper werden uitbetaald. Kapiteins, officieren en zelfs scheepsjongens ontvingen hun loon deels in de vorm van specerijen.

De Caixa

In Lissabon kom je overal zeelieden tegen. Toch had ik niet verwacht dat de officiële gids die me een rondleiding door het Museu de Marinha zou geven en me bij de ingang van het scheepvaartmuseum stond op te wachten, in een stralend wit Portugees marine-uniform zou zijn uitgedost. Het blijkt echter dat de marine luitenant Bruno Gonçalves Neves, ondanks zijn kostuum, niet betaalt om op de woelige baren dienst te doen, maar om stoffige archieven uit te pluizen. Ik merk algauw dat het beleefde, militaire gedrag van de jonge officier zijn fascinatie voor bizarre details die het handelsmerk van elke historicus vormt, niet heeft kunnen intomen. Wanneer hij me meetroont naar de zaal die aan 'het tijdperk van de ontdekkingsreizen' is gewijd, wijst hij in de minutieus uitgewerkte scheepsmodellen nadrukkelijk de ligging van de provisiekamers en -keukens aan – om vervolgens uit te weiden (met een nauwelijks merkbare, geamuseerde twinkeling in zijn ernstige bruine ogen) over de ratten en over de wormen in het scheepsbeschuit die het gewone bemanningslid een flink deel van zijn dagelijkse eiwitrantsoen moeten hebben verschaft. Luitenant Neves heeft zich gespecialiseerd in de Carreira da Índia, en hij laat bij voorkeur geen gruwelijk detail onvermeld.

Hij voert me langs de vitrines vol naus en karvelen in lilliputterformaat naar een forse, bewerkte houten kist, ongeveer zo groot als een ouderwetse telefooncel op zijn kant. Deze *caixas de liberdade* oftewel 'vrijdomkasten' waren de kurk waarop de Oost-Indische vloot dreef, zegt hij langs zijn neus weg. 'U moet weten dat de Portugese koningen nooit bij machte waren hun zeelieden een fatsoenlijke gage te betalen,' licht hij toe, 'en in plaats van een adequaat salaris mochten ze daarom deze kisten vullen met specerijen.' Hij zoekt naar het juiste woord. 'Het was een soort fooi of bonus.' Werknemers in koninklijke dienst mochten alles wat ze wilden in de caixas vervoeren, vrij van invoerrechten of transportkosten, een beetje zoals hedendaagse toeristen een bepaalde hoeveelheid drank of sigaretten belastingvrij mogen invoeren. De kisten hadden wettelijk voorgeschreven afmetingen, en zeelieden kregen afhankelijk van hun rang een of meer caixas toegewezen – een leuke bonus als ze vol peper terugkeerden en een vorstelijk geschenk als ze gevuld met kaneel mee naar huis konden worden genomen. De met mooi houtsnijwerk versierde kist in het museum moet aan een officier hebben toebehoord en kon bijna een ton peper bergen, waarmee hij op de markt van Lissabon zo'n zeshonderd dukaten waard was en bijna twee keer zoveel indien hij vol kaneel zat.[9] Een kapitein had recht op bijna tien ton specerijen, terwijl een gewoon matroos ongeveer honderdvijftig kilo mee naar huis mocht nemen, een hoeveelheid die verscheidene jaargages waard was als zijn caixa was gevuld met een van de duurdere specerijen. Zo-'n grote houten doos vol kruidnagels maakt op z'n minst invoelbaar waarom mensen bereid waren de gevaarlijke overtocht naar India te aanvaarden.

In de woorden van een Italiaanse jezuïet die de tocht in 1574 maakte, was de Carreira da Índia 'zonder twijfel de langste en zwaarste [reis] van alle die de wereld kent'. De moeilijkheden die erbij kwamen kijken, waren eenvoudigweg van een andere orde dan alles waar de Italianen in de mediterrane specerijenhandel mee te kampen hadden. Een eerdere Portugese geschiedschrijver had gepocht dat de navigatie van de Ouden kinderspel was in vergelijking met wat de Portugezen klaarspeelden. In zijn ogen waren de legendarische Argonauten nauwelijks meer dan zondagszeilers, met hun tocht van acht- à veertienhonderd zeemijlen, waarbij ze 'het middagmaal in de ene en het avondmaal in de andere haven gebruikten, vele verfrissingen tot zich namen en geregeld aanlegden om water in te nemen, wat hun reizen meer een tijdverdrijf dan een beproeving maakte.' Hoewel deze vergelijking overdreven is, verzekert luitenant Neves me dat de zeereis naar India levensgevaarlijk was.[10]

Er bestaan veel ooggetuigenverslagen over de ontberingen van de Carreira, maar als je een Portugese maritiem historicus vraagt of hij een goede bron over de specerijenroute om de Kaap kan aanbevelen, verwijst hij je tien tegen één naar een boek dat door een Hollander is geschreven. Het kleine Iberische koninkrijk bracht onvoldoende zeelieden voort om elk sprietzeil en iedere weeflijn op zijn boten te bemannen, zodat het van oudsher gebruikelijk was dat andere staatsburgers zich aanmeldden – al zouden de hoge omes deze ene buitenlander nooit aan boord hebben gelaten als ze de gevolgen van tevoren geweten hadden.

Het boek in kwestie werd geschreven door Jan Huyghen van Linschoten, een Nederlander die was opgegroeid in het havenstadje Enkhuizen aan de Zuiderzee. De zestienjarige Jan vertrok van huis om zijn geluk te beproeven in Sevilla, waar zijn broers zich eerder hadden gevestigd. Hij arriveerde daar in 1580, net op tijd om de Spaanse annexatie van Portugal mee te maken. Een paar jaar later verkreeg hij, op voorspraak van een van zijn broers, een aanstelling in het gevolg van de nieuw benoemde aartsbisschop van Goa, en voer naar India. Na zo'n negen jaar in het buitenland te hebben doorgebracht keerde hij naar huis terug, waar hij zijn waarnemingen te boek stelde. Het resulterende exposé over de Estado da Índia groeide uit tot een bestseller, niet alleen in Nederland maar ook in Engeland en Frankrijk. Het boek barstte van informatie die Lissabon als staatsgeheim beschouwde. Een Portugees die hetzelfde als Linschoten zou hebben geschreven, was spoedig een kopje kleiner gemaakt. En met reden. De Nederlanders gebruikten Linschotens boek later als handleiding om de Portugezen op hun eigen terrein te verslaan.

Het boek heeft echter meer te bieden dan droog feitenmateriaal over de finesses van de specerijenhandel. De achtentwintigjarige Hollander wist het oog voor detail van de winkelier te combineren met de nieuwsgierigheid van de menswetenschapper en verschafte zijn lezers niet alleen een waslijst aan praktische zakelijke gegevens, maar nam tevens een bijna antropologisch onderzoeksverslag van vreemde landen en culturen op. Tot slot maakte hij het geheel af met een dosis seks. Hij zette uiteen welke artikelen je nodig had om voor de peper te betalen (goud) en wat de beste plaatsen waren om specerijen te kopen (Cochin en Malakka), maar gaf bovendien een onthullend portret van de wellustige escapades van Goa's mestiezenvrouwen.[11]

Zijn beschrijving van de heenreis naar India is verrukkelijk informatief. Niet alleen specificeert hij de gages die aan zo ongeveer elk van de vijfhonderd mannen aan boord worden uitbetaald, hij vertelt ons tevens wat ze te eten en te drinken kregen.

> Alle officieren en andere personen die op het schip meevaren [...] krijgen dagelijks hun portie leeftocht uitgereikt. Deze bedraagt voor elke man, van de hoogste tot de laagste, één en driekwart pond scheepsbe-

> schuit, een halve kan wijn [waarschijnlijk de Portugese *canada*, gelijk aan 1,4 liter], een kan water, een Arroba wat neerkomt op 32 pond gezouten vlees per maand, wat gedroogde vis, en uien en knoflook die aan het begin van de reis gegeten worden daar ze van geringe waarde zijn. Andere proviand zoals suiker, honing, rozijnen, pruimen, rijst en dergelijke wordt bewaard voor degenen die ziek zijn, maar zij krijgen er maar weinig van, want de officieren houden het meeste voor zichzelf. [...] Wat de bereiding van het vlees, het hout en de potten en pannen betreft, is iedere man op zichzelf aangewezen.

De schepen van de Carreira da Índia verschilden hemelsbreed van de kleine karvelen waarmee de Portugezen een eeuw eerder de Afrikaanse inhammen waren in en uit gevaren. Het waren vaartuigen van vijfhonderd, zeshonderd of zelfs duizend ton die de constructie hadden van reusachtige houten pakhuizen met een dorp van bescheiden afmetingen erbovenop. Op de heenreis konden ze wel tussen de vijfhonderd en duizend mensen bevatten, in een ruimte ter grootte van een flinke villa. De eersteklaspassagiers, officieren en geestelijken konden op verhoudingsgewijs meer plek rekenen, waardoor de overigen nog dichter opeengepakt zaten. Niettemin was van de zeshonderd mensen die op een schip samendromden, niet meer dan een kwart bij het varen betrokken. De rest moest een halfjaar of langer de tijd zien door te komen: maanden van verveling, zeeziekte, ondervoeding en stank ('stinkende lucht en smerigheid', zoals Linschoten het uitdrukt). Er bevond zich gewoonlijk een menigte priesters en monniken aan boord, op weg gestuurd om de ongelovigen te redden, en op z'n minst een deel van hen spande zich in om te voorkomen dat ledigheid des duivels oorkussen werd tijdens de lange reis naar India. Volgens luitenant Neves fungeerden de priesters enigszins zoals de entertainmentteams aan boord van cruiseschepen. Ze organiseerden schouwspelen en processies, om maar te zwijgen van de vele missen die ze de passagiers lieten bijwonen. Niettemin schijnt de tijd tussen de gebeden veelvuldig met gokken te zijn gevuld, ondanks alle pogingen van priesters om het de kop in te drukken. Er waren heel weinig vrouwen aan boord – doorgaans een dozijn of minder – en gezien de Portugese neiging om vrouwen en dochters af te zonderen, moeten zij nog strikter dan normaal opgesloten zijn geweest. Het seksuele klimaat aan boord moet grote gelijkenis hebben vertoond met dat van een eenentwintigste-eeuwse Amerikaanse gevangenis. Naar verluidt knoopten scheepsjongens hun broek met een stevig touw dicht om te voorkomen dat ze in de tropische ochtend aangerand ontwaakten.

Naarmate de weken zich aaneenregen tot maanden, verslechterden de omstandigheden. In de eerste paar weken moet het eten overvloedig, en voor de eerste klasse zelfs tamelijk verfijnd zijn geweest. We beschikken over diverse beschrijvingen van het eten dat jezuïetenpriesters mee aan boord namen. De proviand van één geestelijke bestond uit omstreeks vijfenzeventig liter wijn, een heel gerookt varken, vijftig (levende) kippen, vijftig zijden varkensrib, zeventig pond rundvlees, zeventig heken, zeventig hondshaaien (vermoedelijk allemaal gezouten), zoetigheid, gedroogd fruit, olijfolie, boter en 'een pond van elke specerij' – en dat is nog niet eens de hele lijst. Kooien met daarin verscheidene honderden piepende vogels en mistroostige konijnen werden aan de grote mast vastgebonden, zodat ze niet bij de eerste de beste storm overboord zouden slaan. De enorme fornuizen werden 's ochtends door de scheepsjongens aangestoken en de hele dag brandende gehouden terwijl de jongens, samen met de persoonlijke bedienden en slaven van de heerschappen, ten minste twee maaltijden per dag klaarmaakten. Vanzelfsprekend moesten er stapels hout aan boord worden gestouwd. Ze moeten die eerste weken behoorlijk gesmuld hebben van hun goed gekruide fricassees en vispasteien, opgediend met een strooisel van kaneel en suiker.

Tegen de tijd dat het schip de Atlantische Oceaan over was gestoken, was men door het verse vlees en de levende kippen heen. Het water in de vaten begon te stinken. Zowel de edelen als de bemanning vielen dan terug op de ingemaakte vlees- en viswaren die ze aan boord hadden meegenomen. Hun geliefde bacalhau, de gezouten kabeljauw die naar men zegt tegenwoordig meer dan 365 verschillende bereidingswijzen kent, hadden de Portugezen nog niet ontdekt, maar heek werd ongeveer op dezelfde wijze bereid: opengesneden, zwaar gezouten en aan de lucht gedroogd. Sardines werden in vaten tussen lagen zout verpakt. Hernâni Xavier vertelt me dat hij deze *sardinhas de barrica* in het noorden heeft geproefd. 'Bwaagh,' zegt hij wanneer ik hem vraag de smaak te beschrijven. 'Het ruikt te sterk.' De geconserveerde vis werd voor het koken eerst in zeewater geweekt (om het zoutgehalte te verminderen!), maar als hoge golven de fornuizen onbruikbaar maakten of al het hout was verbruikt, werd de vis vaak rauw gegeten. Bij een andere bereidingswijze die nog steeds in gebruik is, maakt men *conserva* met varkensvlees. Dit lijkt een beetje op de *confit de oie* (in eigen vet gegaarde gans) van Zuidwest-Frankrijk. Hiertoe worden kleine stukjes varkensvlees gebakken en vervolgens met vet of olie in laagjes gelegd. Het moderne recept zou voor die zestiende-eeuwse jezuïetenmissionarissen te licht gekruid zijn. Niettemin bevat het rijkelijk veel zwarte peper, kruidnagel en chilipeper, vooral als het lang goed moet blijven. Tegenwoordig wordt conserva meestal gegeten in een sandwich en soms gegrild. Linschotens zeelieden moesten voor hun sandwich hard scheepsbeschuit gebruiken – voordat ook dat begon te bederven.

Tegen de tijd dat de schepen Kaap de Goede Hoop bereikten, zat de beschuit vermoedelijk onder de wormen en had het water in de vaten een rotte geur. Van ten minste één schip is bekend dat sommige matrozen ertoe overgingen zich met de honden en katten aan boord te voeden om de bedorven scheepsbeschuit niet te hoeven eten. De eerste gevallen van scheurbuik deden zich voor, de ziekte die veroorzaakt wordt door een tekort aan vitamine C. Bemanningsleden die hieraan leden, werden eerst mat en bleek. Dan zwollen hun ledematen op en kregen ze last van bloedend tandvlees. Ten slotte was het hele lichaam bedekt met bloedende zweren. Hoge koorts culmineerde in stuiptrekkingen, waarna de dood intrad. De remedie was destijds reeds alom bekend, maar het verse fruit dat de ziekte in de kiem zou hebben gesmoord, kon in de tropische hitte maar kort goed worden gehouden. Nadat vijfhonderd ongewassen mannen gedurende minstens vier maanden in die extreem krappe behuizing hadden gegeten, geslapen en zich van alle soorten lichaamsvocht hadden ontdaan (zeeziekte kwam veelvuldig voor), moet het schip een onbeschrijflijke stank hebben uitgewasemd wanneer het de Afrikaanse oostkust naar het noorden volgde en de haven van Mozambique binnenvoer om nieuwe voorraden in te slaan. Op zijn best verloor een schip op de heenreis niet meer dan 10 procent van zijn menselijke lading. De rest van de tocht over de Indische Oceaan verliep gewoonlijk zonder bijzonderheden, afgezien van stormen, schipbreuken en dergelijke.

De schepen legden doorgaans eerst in Cochin aan, voeren vervolgens verder noordelijk tot de hoofdstad bij Goa en maakten dan rechtsomkeert om in de havens langs de Malabar-kust peper in te laden. Ongeveer een jaar na het vertrek uit Lissabon keerden ze terug naar huis.

Waren de schepen op de heenreis naar India betrekkelijk leeg met hun lading van hoofdzakelijk ballast en proviand voor de opvarenden, op de terugreis waren ze dermate overbelast dat het navigeren er gevaarlijk door belemmerd werd. Op elke nau waren twee hele dekken voorzien van compartimenten die speciaal voor de opslag van peper waren aangelegd. Na verzegeling werden de deksels gebreeuwd en stuk voor stuk zorgvuldig genummerd onder het toeziend oog van de koninklijke functionarissen. Alle andere vracht – inclusief de caixas van de matrozen en officieren, de balen kruidnagel, nootmuskaat en foelie uit Oost-Indië, alle proviand die voor de terugreis was ingeslagen, en nu en dan zelfs een neushoorn of olifant – werd neergezet waar er verder nog plaats was.[12] De overlevende van een in 1554 verongelukte nau herinnerde zich 'zo'n tweeënzeventig kisten en zulk een stapel van balen en kisten dat ze als kastelen oprezen'. Anderen hebben opgetekend dat er soms nog extra vracht aan de buitenzijde van de romp werd bevestigd, gesjord door touwen. Geen wonder dat er op de terugreis zoveel schipbreuk werd geleden! De verliezen tussen vertrek en thuiskomst bedroegen omstreeks 25 procent.

Wie het volslagen onbegrijpelijk vindt dat een normaal mens bereid is voor zo'n met peper gevulde caixa zulke ontberingen te verduren en zijn leven te wagen, moet even terugdenken aan de sloppenwijken in Lissabon. De smalle straten daar waren een open riool dat gedurende de zomer maandenlang niet werd schoongespoeld. Dysenterie kwam veelvuldig voor, malaria was endemisch, men woonde nauwelijks ruimer dan aan boord, en de kans op maatschappelijk opklimmen was vrijwel nihil. Op het platteland leden de keuterboeren gebrek. Met één enkele caixa kon je voorgoed binnen zijn (hoewel dat gezien de levensspanne van die tijd niet noodzakelijk heel veel jaren hoefde te zijn).

Zoals altijd bezweek de bovenklasse in minder groten getale aan dodelijke ziekten dan de mensen in de Alfama. Desondanks hadden ook de betere standen hun redenen om de riskante tocht heen en weer naar India te wagen. De jongere zonen van adellijken bloede – de ridders, landjonkers en fidalgos die weinig of niets erfden – zagen in India dezelfde soort kansen als de verpauperde arbeiders. Ook zij konden terugkeren met een fortuin waardoor ze voortaan van Ming-porseleinen borden konden eten en kruidenwijn schenken uit kannen van Venetiaans glas.

Toch waren de drijfveren niet altijd zuiver financieel, of anders gezegd: met gewone hebzucht is niet alles verklaard. Als we geloof hechten aan de literatuur uit die tijd, aan alle toneelstukken, gedichten en liederen die de middeleeuwse ridderlijkheid bezongen, dan was de geest van de Kruistochten nog springlevend in de zestiende eeuw. 'Gij, Portugezen, even weinig talrijk als dapper [...] Door het martelaarschap in zijn vele verschijningsvormen verspreidt gij de boodschap van het eeuwig leven [...] De hemel heeft u voorbestemd tot het verrichten van vele en grootse daden voor het christendom,' schrijft Camões in het midden van de eeuw, al moet worden toegegeven dat de ridderlijke idealen toen inmiddels wel wat sleets waren geworden. Desondanks was omstreeks 1500 de hoogste eer nog steeds alleen te behalen met het zwaard op het slagveld, en in die tijd was het roemrijkste strijdperk dat van India (toen een heel ruim begrip). Hoe de gevaren ook uitpakten, de afloop was altijd gelukkig. Ik ben er zeker van dat de vroege Portugese conquistadores, evenals de jihadstrijders van vandaag en de Kruisvaarders die de poorten van Jeruzalem hadden opengeramd, oprecht geloofden dat de hemelse zaligheid hen deelachtig zou worden als ze de dood zouden vinden in de heilige oorlog (zoals het Lusitaanse project oorspronkelijk werd opgevat). En als ze niet omkwamen, keerden ze stinkend rijk naar huis terug. Deze oprechte overtuiging dat de specerijenhandel slechts een onderdeel was van de grote kruistocht tegen de mohammedanen moet op zijn minst de gedeeltelijke verklaring zijn voor de krankzinnige risico's die de Portugezen willens en wetens namen.

De vele priesters die elk jaar naar India werden gezonden, stelden uiteraard hun leven in de waagschaal zonder de belofte van een wereldse beloning (althans in theorie). Hoewel ze niet allemaal heiligen zullen zijn geweest, moeten de meesten van hen uit Lissabon zijn vertrokken in de overtuiging dat ze straks Gods werk gingen doen door de heidenen te bekeren en de ketters uit te roeien. Later die eeuw zou een jezuïetenmissionaris schrijven: 'Als de kooplieden niet zouden uitvaren om aardse schatten in Oost- en West-Indië te vergaren, wie zou dan de priesters die de hemelse schatten brengen daarheen vervoeren? De priesters brengen het evangelie en de kooplieden brengen de priesters.'

Het klooster

Tramlijn 15 naar de buitenwijk Belém vertrekt op een paar passen afstand van Terreiro de Paço, de oude voortuin van de Portugese koningen. Hij maakt aan de waterkant een scherpe bocht en rijdt dan in westelijke richting: voorbij de veerbootterminal van Cais de Sodré, waar forensen samendrommen voor de boten die over de Taag pendelen; dan verder langs de rivieroever, voorbij de lawaaierige kades van de Porto de Lisboa waar volgeslurpte tankers en uit hun krachten gegroeide passagiersschepen aangemeerd liggen; voorbij groepjes zeilboten die over de groene en kalme golven glijden. Wanneer je in Belém bent aangekomen, is het Mosteiro dos Jerónimos niet te missen. Het klooster beslaat een lengte van drie voetbalvelden. Wie één tramhalte mist en bij de volgende uitstapt, staat nog steeds voor het complex.

Het mag dan enorm groot zijn, maar aan de buitenkant is het Real Mosteiro de Santa Maria de Belém (Koninklijk Klooster van de Heilige Maria van Bethlehem) teleurstellend sober. Zodra je echter naar binnen loopt, betreed je een andere wereld. Het klooster is als een fantastische tuin waar alle aanwezigen in steen zijn veranderd. Een menigte droefgeestige heiligen en grijnzende griffioenen wordt in de lucht gehouden door de gedraaide stammen van wel honderd verschillende soorten zuilen. Bloeiende wijnranken kronkelen omhoog langs boomachtige pilaren waarin zich vissen en draken verschuilen, en daarboven dartelen vogels in kalkstenen gebladerte. In de kerk rijst het woud van zuilen zo'n zeven verdiepingen hoog, tot aan de sierlijk buigende vertakkingen van het gotische gewelf. Architectuurhistorici hebben deze overdaad aan ornamenten de Manuelstijl genoemd, naar de gelukkige koning onder wiens bewind deze laatgotische weelderigheid bloeide. Op het eerste gezicht lijkt het alsof de rationele ideeën van de renaissance hier geen enkele ingang hebben gevonden, alsof deze versteende Hof van Eden even middeleeuws is als de Lusitaanse kruistocht tegen de mohammedanen. Maar bij nadere beschouwing valt je op dat veel zuilen de vorm hebben van gevlochten touwen, en dat er tussen de fabeldieren sculpturen opduiken van navigatie-instrumenten, de zogeheten armillair-sferen die bestaan uit een stel in elkaar grijpende stalen cirkels en die de gps-apparaten van hun tijd waren. Ook hoog boven je zie je deze spanning tussen het oude en het moderne, tussen godsdienst en natuurwetenschap, tussen God en de Mammon, die de Portugese koningen ertoe bracht een importhandel voor specerijen op te zetten waarmee ze de vergulde kerken een halve wereld verder konden betalen. Het Mosteiro dos Jerónimos zelf werd gebouwd om de schuld aan God te vereffenen, nadat het koninkrijk met Zijn hulp de peperrijkdommen van de Oriënt had bereikt. Uit dankbaarheid voor Vasco da Gama's geslaagde ontdekkingsreis had Manuel de plechtige gelofte afgelegd een klooster te bouwen met geld dat in de specerijenhandel verdiend was, en hij stopte alle winst die een koninklijke investering van twintigduizend cruzados in een particuliere handelsmaatschappij hem opleverde, volledig in het bouwproject.

Als je de kerk binnengaat, vind je de tombe van Vasco da Gama meteen rechts en de overblijfselen van Luís Vaz de Camões, Portugals grote heldendichter en zelfbenoemd biograaf van Da Gama, ter linkerzijde. Belém was traditioneel de laatste halteplaats voor de verre reis naar India, en de hier in afzondering levende monniken van Hiëronymus hadden onder meer tot taak om de geestelijke noden van de zeelieden te lenigen, voor die hun lange en gevaarlijke reis aanvaarden. Vasco da Gama en zijn mannen gingen hier naar de mis (het was toen nog een bescheiden kapel) alvorens aan boord van de Saõ Gabriel en de Saõ Rafael te klauteren, hun twee schepen die niet toevallig naar aartsengelen waren genoemd.

Sinds zo'n honderd jaar reageren academische historici als door een wesp gestoken wanneer je suggereert dat mensen omwille van hun godsdienst tot het uiterste gaan. Ze verzekeren je dan dat godsdienst niet meer dan een voorwendsel voor andere, meer 'rationele' motieven is. Ze verklaren de wereld bij voorkeur in termen van economische belangen, klassenstrijd of troonopvolgingskwesties. Heeft de eenentwintigste eeuw echter niet op rampzalige wijze laten zien hoeveel mensen (en ook nog eens niet alleen de uitzichtlozen) bereid zijn om in naam van hun godsdienst alles op het spel te zetten? Hetzelfde ging ongetwijfeld op in 'de tijd der ontdekkingsreizen'. Hoewel hebzucht zeker niet mag worden uitgevlakt, is er geen reden om te twijfelen aan de oprechtheid van Da Gama toen hij zei dat hij zowel naar christenen als specerijen kwam zoeken. Het staat vast dat de kruidenier-koningen bergen geld uitgaven om het christendom over de wereld te verbreiden, en zich daartoe zelfs vaak in de schulden staken. Portugese onderkoningen in India klaagden regelmatig dat er geld aan gevulde altaren werd besteed terwijl hun kanonnen wegroestten. Brieven die van Paço da Ribeira overzee werden gestuurd, begonnen doorgaans met 'Daar het de eerste en voornaamste plicht van de koningen van Portugal is om het bekeringswerk te bevorderen met alle middelen waarover zij beschikken' of vergelijkbare pompeuze en gezwollen bewoordingen. En deze opvatting leefde niet slechts bij de koningen. Portugezen van alle standen beschouwden zichzelf als 'de vaandeldragers van het geloof', boven alle westerse naties uitverkoren om de katholieke leer te verbreiden.

In de ogen van de toenmalige Europeanen was de islam het obstakel dat het christendom in de weg stond. Zo beschouwd vormde de specerijenhandel simpelweg een bonus, een premie die door de bedwinger van de mohammedanen kon worden geïncasseerd – zoals dat in de tijd van de Kruistochten ook al min of meer het geval was geweest. Uit de archieven blijkt duidelijk dat de Portugese koningen al geruime tijd naar christenen hadden gezocht voordat het bij hen opkwam naar specerijen uit te kijken. En de christen die boven aan hun lijstje stond, was natuurlijk priester-koning Johannes. Zoals iedereen wist, was hij de machtige heerser van een christelijk koninkrijk ergens in 'Indië', een onduidelijk gebied dat in de meeste middeleeuwse voorstellingen van de wereld overal ten zuiden en oosten van Europa kon liggen. In populaire boeken, geschreven door evenknieën van John Mandeville, werden de fabelachtige rijkdommen van de mythische koning in aanlokkelijke details beschreven. In zijn land zouden de edelstenen zo groot zijn dat 'de mensen daaruit vaten maken, en ook borden, schotels en bekers'. Wat de legendarische koning zelfs nog aantrekkelijker voor de Lusitaanse koningen maakte, was dat hij een leger van meer dan honderdduizend soldaten op de been kon brengen – althans volgens Mandeville. Ter verontschuldiging van het hof van Lissabon moet vermeld worden dat het koninkrijk van de priester-koning niet helemaal uit de lucht gegrepen was, omdat een christelijke enclave op de hoogvlakten van Abessinië (het huidige Ethiopië) Mohammeds legers inderdaad had weerstaan – al voldeed dit bescheiden bergkoninkrijk amper aan het visioen dat de Engelse ridder had geschetst.

De Europeanen hadden alle aanleiding om te dromen over een potentiële bondgenoot in het mohammedaanse achterland. In de vijftiende eeuw stond het christendom er niet zo best voor. Toegegeven, katholiek Portugal en Spanje hadden hun rijk op het Iberische schiereiland geconsolideerd en zelfs enkele geslaagde strooptochten naar Noord-Afrika gehouden. Maar elders was de situatie beroerd. In het zuiden en oosten bezweken de christelijke legers onder de hevige aanvallen van een expansionistische Turkse supermacht. In de jaren voor hun nederlaag van 1571 bij Lepanto leken de Ottomanen onstuitbaar, nadat ze de orthodox-christelijke Balkanlanden hadden opgeslokt en nu klaarstonden om het katholieke Wenen te verzwelgen.

Omdat ze met zoveel succes moslimterritorium waren binnengedrongen – met de kanttekening dat hun tegenstanders de schriele zwakkelingen van de Noord-Afrikaanse stranden waren geweest – beschouwden de Castiliaanse en Portugese monarchen het als hun plicht om verder op te rukken en het christendom te redden. Daarmee werd de zoektocht naar de priester-koning een strategische noodzaak en het ronden van Kaap de Goede Hoop een militaire manoeuvre om achter de vijandelijke linies te komen. Koning Hendrik ging zelfs zo ver dat hij de Europese vorsten een open brief stuurde, waarin hij hen vroeg zich bij zijn zoektocht naar de priester-koning aan te sluiten en verenigd in een groot christelijk leger naar Jeruzalem te marcheren. (Ze wezen zijn voorstel af.) Ook het enthousiasme van João II voor het Afrikaanse project kwam voor een groot deel uit vergelijkbare beweegredenen voort. De talloze karvelen die de Senegal-, de Niger- en de Congorivier op voeren, kregen die opdracht in de hoop dat ze een verbinding met de Nijl zouden vinden, die hen dan naar het koninkrijk van priester Johannes zou brengen. Toen dat op niets uitliep, werd Bartolomeu Dias erop uitgestuurd om een alternatieve route te vinden. Tegelijkertijd werd een andere expeditie over land weggezonden met hetzelfde doel. Dat er onderweg geld viel te verdienen, verhoogde simpelweg de aantrekkelijkheid van het project.

In tegenstelling tot de Venetianen, die het vak van zakenman een eerbaar beroep vonden, huiverde de Europese adel bij het idee om met handel geld te verdienen – het hof van Lissabon niet uitgezonderd. In Da Gama's ridderorde van Santiago bijvoorbeeld werden niet alleen geen joden, Moren en heidenen toegelaten, maar ook geen geldwisselaars, kooplieden en hun bedienden, noch personen die op enig moment 'een kunde, ambacht of beroep hebben uitgeoefend dat onze ridderlijke Orde onwaardig is, en nog minder zij die zich ooit een inkomen hebben verworven door met hun handen te werken'. Er bestond echter een ontsnappingsclausule. Hoewel ridders onder normale omstandigheden hun reputatie verloren als ze zich tot het koopmansberoep verlaagden, werd de activiteit van kopen en verkopen aanvaardbaar geacht als dat plaatsvond in verband met oorlog (of het verpachten van grond). In de heilige oorlog waren handel en plundering, als middelen om de mohammedanen te verzwakken, zelfs een christelijke plicht. Volgens eenzelfde redenering mocht de koning een heel rijk op de handel grondvesten, mits dat als een aanhoudende kruistocht werd beschouwd. Niet voor niets noemde koning Afonso V de munt die van Afrikaans goud werd geslagen de cruzado ('kruisvaarder'). Niet iedereen zag het op die manier. Toen de Franse koning Manuel de 'kruidenier-koning' had genoemd, was dat immers duidelijk als kleinering bedoeld.[13]

De renaissancepausen – die het overigens toch te druk hadden met hun vijanden vergiftigen, kinderen krijgen en kapellen verfraaien (althans volgens de protestanten) – lieten het bevechten van de vijand met alle plezier aan de Portugezen en Castilianen over. Om de bevoegdheden glashelder te stellen, verdeelde de van oorsprong Spaanse paus Alexander VI de wereld tussen deze twee mogendheden, in een pauselijke bul die begon met 'Inter caetera'. De details werden enige tijd later geregeld in het beroemde Verdrag van Tordesillas uit 1494, waarbij Castilië de hele Nieuwe Wereld met uitzondering van Brazilië kreeg, terwijl Azië grotendeels aan Portugal werd toegewezen. In de jaren daarna gaven diverse in Rome opgestelde overeenkomsten de respectieve Iberische koningen een vrijwel absolute zeggenschap over het religieuze leven in de veroverde gebieden. Als gevolg daarvan hoefde de koning, zolang de bij Belém vertrekkende schepen maar vol priesters zaten, geen gewetenswroeging te voelen over de scheepsruimen die beladen met peper terugkeerden.

De meningen over de Lusitaanse staat van dienst inzake de verkondiging van het evangelie zijn sterk verdeeld. (We hebben het dan ook over religie.) Hernâni Xavier zou bijvoorbeeld onder de aandacht brengen dat de door Lissabon uitgezonden missionarissen hun godsdienst veel minder gewelddadig in Azië verbreidden dan de Castilianen dat in de Nieuwe Wereld deden. Uit de officiële richtlijnen kan worden opgemaakt dat bekeren met het zwaard verboden was, en de Portugese methoden waren inderdaad wat subtieler dan destijds gebruikelijk was – zij het nauwelijks minder dwingend. Van meer invloed was echter vermoedelijk dat, toen Lissabon erachter kwam dat de oostelijke christenen dun gezaaid waren en de priester-koning de middelen noch het verlangen had om de mohammedanen te helpen verslaan, de bekoring van het Indiase zwarte goud de overhand kreeg en het bekeringsvuur tot een heel laag pitje zakte. De christenen legden het eenvoudigweg af tegen de specerijen. Een groep zojuist gearriveerde geestelijken deelde de geschokte vicaris van Malabar in 1514 mee 'dat hun voornaamste reden om naar de oost te gaan het verzamelen van een fortuin aan cruzados was; en een van hen zei dat hij pas tevreden zou zijn als hij binnen drie jaar vijfduizend cruzados en vele parels en robijnen had bemachtigd.' Niet allen waren zo extreem hebzuchtig, maar de kwaliteit van de gemiddelde geestelijke verbeterde pas met de komst van de jezuïeten in 1542.

De Portugezen konden in India niet zo luchthartig te werk gaan als de Spanjaarden in Amerika, waar men de heidenen gewoon afslachtte om de tempels te kunnen plunderen. (Luitenant Neves, die als alle Portugezen elke gelegenheid te baat neemt om de Spanjaarden hun plaats te wijzen, komt met het veelzeggende detail dat de plunderende Castilianen hun lading als 'schat' omschreven, terwijl de peper met bestemming Lissabon altijd als 'koopwaar' werd aangeduid.) In tegenstelling tot hun Iberische buren hadden de Portugezen hun hindoestaanse en islamitische specerijenkoopmannen levend nodig, want die leverden hun de goederen. Daarom werd het niet-christenen in de meeste Portugese bezittingen gedurende de eerste dertig jaar na Da Gama's komst toegestaan min of meer ongehinderd hun godsdienst te belijden. Dat zou echter veranderen toen de Contrareformatie op gang kwam en een wakker geschud Rome zijn frontsoldaten het oostelijke imperium in stuurde.

De katholieke kerk in Europa had enkele tientallen jaren nodig om een antwoord op zijn protestante critici te vinden, maar halverwege de zestiende eeuw waren de stellingen met nieuwe geloofsijver betrokken. Het zogeheten Concilie van Trente, dat in het midden van deze eeuw herhaaldelijk bijeenkwam, kondigde jegens iedereen die van de rechte leer afweek een genadeloos beleid af. Ten dele als gevolg van deze compromisloze aanpak werd Europa in een eeuw van godsdienstoorlogen gestort. In India leidde de nieuwe nadruk op gehoorzaamheid aan het Vaticaanse gezag tot een veel agressiever en intoleranter beleid. In Goa werden de hindoetempels die eerder hadden mogen blijven staan tot de grond toe afgebrand. Er werden nieuwe, zeer discriminerende wetten uitgevaardigd die het de niet-christenen moeilijk maakten in hun levensonderhoud te voorzien en hun godsdienst te belijden. Wezen werden met geweld bij hun verwanten weggehaald en katholiek opgevoed. Op sommige zondagen dreven katholieke wetshandhavers hindoefamilies bijeen en joegen hen nabijgelegen kerken in, waar ze aan eindeloze preken werden onderworpen. Niet-christenen die waren gearresteerd wegens overtreding van de godsdienstwetten probeerden hun straf vaak te ontlopen door om het doopsel te vragen. Als test of ze hun woord gestand zouden doen, werden de angstige hindoes dan echter voor het middagmaal ‘uitgenodigd’ door de jezuïeten. Voor een brahmaan staat het nuttigen van een maaltijd die door onaanraakbaren is bereid, gelijk aan het verzaken van zijn geloof. Deze praktijken worden uiteengezet in een brief aan de koningin van 1552, waarin een dienaar van de kroon beschrijft dat de jezuïeten hun hindoeslachtoffers met geweld laten scheren en hen dwingen rundvlees te eten. Niet dat de correspondent de praktijken zelf bijzonder laakbaar vond; zijn klacht was dat dit overijverige optreden zoveel inheemse bewoners op de vlucht had gejaagd dat er niemand meer over was om het land te bewerken! Natuurlijk vond niet iedere jezuïet dat dwangvoeding bij heidenen deel uitmaakte van zijn taakomschrijving, en onder de lagere kasten bekeerden veel Indiërs zich vrijwillig tot het christendom. Zij hadden immers niets te verliezen wanneer ze het hindoeïsme met zijn discriminerende regels de rug toekeerden. Bovendien konden de oorspronkelijke bekeerlingen nog zo onvrijwillig zijn gemaakt, bij de tweede en derde generatie bleken hun nakomelingen onveranderd vrome katholieken te zijn geworden.

In Portugal hadden vele joden zich eveneens onder dwang bekeerd, en ook daar werden de meesten oprecht belijdende christenen. Desondanks probeerden zovelen een deel van de joodse traditie intact te houden dat de inquisitie hen niet met rust liet. Zoals de brahmanen werden gedwongen hun heilige koeien op te eten, zo moesten de zogeheten nieuwe christenen varkensworsten eten om de waarachtigheid van hun bekering te bewijzen.[14] Wie weigerde, kon in de klauwen van het Heilig Officie belanden. Op z’n best leidde dit tot eerverlies en een moeizaam bestaan, op z’n slechtst tot de vlammendood op de brandstapel.

Het behoeft geen betoog dat voedsel in veel godsdiensten wordt gebruikt om de gelovigen te disciplineren en te verenigen. De meeste religies bemoeien zich met de dagelijkse culinaire gewoonten van hun volgelingen. De christelijke voorschriften hebben zich nooit kunnen meten met de gecompliceerde talmoedische jurisprudentie over wat volgens de spijswetten wel of niet koosjer is, noch met de ingewikkelde hiërarchie van voedingsregels in het hindoeïstische kastenstelsel. Toch waren er heel wat bepalingen waaraan gehoorzame christenen zich behoorden te houden. De opvallendste beperking betrof de consumptie van warmbloedige dieren. Vogels, zoogdieren en hun bijproducten – eieren, melk, boter enzovoort – waren al met al ongeveer een derde van het jaar verboden, als je de grote vasten, de advent, elke vrijdag en een massa andere kerkelijke vastendagen bij elkaar optelde. Dankzij aanpassingen in het canonieke recht en praktische overwegingen van het Vaticaan bestonden er gewoonlijk allerlei uitzonderingsbepalingen voor bepaalde categorieën mensen (denk aan zieken en soldaten) en zelfs voor hele regio's van de christenheid. Na 1365 kregen delen van Noord-Europa vrijstelling van het boterverbod op vleesloze dagen. (In de grote vasten bleef boter wel uit den boze.) Maar ook in Europa speelden standsverschillen een rol. Leden van veel religieuze ordes bijvoorbeeld moesten zich aan strengere regels houden dan leken. Net als in diverse Indiase godsdiensten was versterving van het lichaam zeer nastrevenswaardig in het christendom, en vasten werd als uitermate bevorderlijk voor het geestelijk heil beschouwd. Boeren moesten zich overigens het hele jaar door met schrale kost behelpen, ongeacht of het grote vasten was.

Op het eerste gezicht lijkt dit alles misschien eerder thuis te horen in een specialistische voetnoot in een geschiedenis van het middeleeuwse Europa. Feit is echter dat deze religieuze voorschriften en beperkingen een reusachtige invloed hebben uitgeoefend op nationale economieën en de internationale handel – om nog maar te zwijgen van de invloed op het dagelijks menu.

De kerkelijke eetvoorschriften zijn, evenals de godsdienst zelf, uitgevonden in het Middellandse Zeegebied, met zijn vriendelijke klimaat, olijfboomgaarden en rijke visgronden. Een Italiaanse zou het amper als ontbering ervaren wanneer ze gedwongen werd met olijfolie te koken en één op de drie dagen vis te eten. In het noorden van Europa lag dat echter heel anders. Daar moesten de koks alles met dierlijke vetten bereiden, en hadden vissers te kampen met maandenlang rotweer waarin ze nauwelijks uit konden varen (met name gedurende de wintermaanden waarin de advent en de grote vasten vielen). Eén gevolg van de vastenvoorschriften was dat men overal waar mogelijk ging vissen en elders vis ging kweken. Dat de Nederlanders geld te over hadden om in de specerijenhandel te investeren, kwam ten dele doordat ze in de haringvisserij een fortuin hadden verdiend. Voor het conserveren van de bederfelijke vangst moesten tonnen zout worden verscheept over zeeën en rivieren, waarna een retourvracht volgde met de geconserveerde vis zelf. In weerwil van hun reputatie als vissers importeerden de Portugezen gedroogde vis uit Noord-Duitsland. Samen met het zout en kleinere hoeveelheden amandelen (voor het maken van amandelmelk) maakten duizenden vaten olijfolie de tocht naar het noorden, ter vervanging van spek, boter en melk. De Zuid-Europeanen exporteerden niet per definitie hun beste waar. De Engelse uitdrukking 'zo bruin als olie' is al in de vijftiende eeuw opgetekend en geeft een idee van de kwaliteit van veel olie die naar het noorden kwam. Wat de zaak nog erger maakte, was dat de geïmporteerde olie minstens tweemaal en soms wel tienmaal zoveel kostte als de plaatselijke boter (op zich een duur product). Portugal was ideaal gesitueerd om zijn voordeel met deze religieus geïnspireerde handel te doen, omdat het over zee het dichtst bij de behoeftige naties van het noorden lag. Reeds lang voordat Portugal naus optuigde voor de reis naar Oost-Indië, verdienden de Portugese kooplui een lieve duit door zout, olijfolie en amandelen naar Londen, Brugge en Hamburg te sturen.

Specerijen waren min of meer zijdelings aan dit godsdienstige kader gerelateerd. Omdat met name peper, gember, kaneel en dergelijke volgens de middeleeuwse voedingsleer als 'warm' en 'droog' moesten worden beschouwd, waren ze op al die vastendagen bijzonder in trek om de veronderstelde 'vochtige' en 'koude' aard van vis te verzachten of te compenseren. (Een vluchtige blik in een middeleeuws kookhandboek maakt duidelijk dat vasten geenszins verband hield met matigheid; sommige visgerechten zijn zelfs nog extravaganter dan de toebereidingen van vlees.) Over het algemeen had de kerk niet veel op met gekruid eten, zeker wanneer kaneel en gember louter voor de smaak werden toegevoegd. Zoals de vroegmiddeleeuwse Sint-Bernardus naar voren brengt, kon je zondigen door 'zinnelijk genot te scheppen in het ruiken aan specerijen of drankjes of bloemen of kruiden of etenswaar of andere dingen met een aangename geur, als dat niet is om God te eren, maar omwille van onmatig lichamelijk genot'. En in een laatveertiende-eeuws schotschrift, *Over de antichrist en zijn volgelingen*, beschrijft de protoprotestantse predikant John Wycliffe hoe de volgelingen van Beëlzebub zich te goed doen aan gerechten 'gekruid met scherpe specerijen en overgoten met nog pikantere sauzen en siroop'. Indien ze voor 'medische' doeleinden werden gebruikt, waren specerijen echter wel te billijken. Bovendien was de theologische afkeer van de Aziatische importproducten aan wisselingen onderhevig. In de vroege middeleeuwen werden kaneel en andere aromatica zelfs toegevoegd aan een zalfolie bestemd voor kerkelijke sacramenten, maar in de tijd van Wycliffe waren specerijen eerder te vinden op het rundergebraad dan op het altaar van de bisschop. De vroegmiddeleeuwse nadruk op versterving van het lichaam had inmiddels veel aan aantrekkelijkheid ingeboet. Het merendeel van de renaissancepausen had beslist geen moeite met de zinnelijke geneugten – culinair of anderszins. Welbeschouwd was de protestantse reactie dan ook daarop gericht. Voor Maarten Luther en zijn medestanders was de Roomse kerk een beerput van corruptie en morele verdorvenheid; het christendom kon zich slechts zuiveren door terug te keren naar zijn oorspronkelijke eenvoud. De verbanning van genot, of dat nu de vorm had van exotisch gekruide gerechten of gemengde publieke baden, werd hoog op de nieuwe puriteinse agenda geplaatst. Ongelukkigerwijs bleek de katholieke reactie hierop nog puriteinser dan de puriteinen, waarbij seks en koken ten offer vielen aan de Contrareformatie. Niet dat de godsdiensthervormers erin slaagden alle plezier uit te bannen. De mensen aten hun karbonaadjes nog steeds met smaak, alleen maakten ze zich nu meer zorgen dat ze daarom naar de hel zouden gaan.

Als een nog zijdelingser gevolg van de godsdiensttwisten die Europa in het tijdperk van de Reformatie en de katholieke reactie daarop verscheurden, boetten de specerijen sterk aan populariteit in. Deze breuk in het christendom beïnvloedde het leven op veel meer terreinen dan de zondagochtend. Grenzen werden afgesloten voor vreemde denkbeelden. Met name in Portugal en Spanje liet de katholieke censuur de plaatselijke drukkerijen zeer weinig ruimte. De censors verboden niet alleen onorthodoxe religieuze teksten, maar richtten hun pijlen op alles wat naar natuurwetenschap zweemde, waaronder ook voedingshandboeken. De doctrinaire verdeeldheid bevorderde niet slechts de opkomst van nationale kerken, maar stimuleerde tevens het gebruik van de Engelse, Duitse en Franse landstalen, zowel vanaf de kansel en in dichtwerken als door schrijvers van kookboeken. Bovendien had de breuk als gevolg dat protestanten en katholieken vanaf dat moment andere regels voor de eettafel in acht namen. De protestantse noorderlingen wierpen de katholieke vastenrituelen sneller overboord dan je een weesgegroetje kunt bidden. En hoewel het overdreven is te stellen dat de botereters van het Germaanse Europa tegen het paapse Rome in opstand kwamen omdat ze de schandalig dure, ranzige olijfolie en het maandenlange dieet van gezouten vis spuugzat waren, deed het afdanken van de eetvoorschriften de protestantse zaak beslist geen kwaad. Was het middeleeuwse Europa verbonden geweest door een gedeeld katholiek geloof, een gedeelde Latijnse taal en een gedeelde stevig gekruide keuken (althans onder de elite), de nu intredende 'balkanisering' van de christelijke wereld langs nationale scheidslijnen betekende dat landen zich niet meer zo gemakkelijk als voorheen rond dezelfde tafel konden scharen. Hoewel er nog een aantal jaren overheen zouden gaan, werd de pan-Europese voorliefde voor specerijen – evenzeer als het Latijn – het slachtoffer van Maarten Luthers aanvaring met de bisschop van Rome.

De ironie van het feit dat Europa uit elkaar viel terwijl de Iberische reizen de wereld tegelijkertijd kleiner maakten, ontging de toenmalige commentatoren niet. Camões hekelde zijn medechristenen omdat ze elkaar te lijf gingen in plaats van de rijen te sluiten om de Turken te verslaan. Hij voer uit tegen de Duitsers die 'door een nieuwe pastoor, een nieuwe geloofsbelijdenis te bedenken [...] afschuwelijke oorlogen ontketenen' en tegen de Italianen die 'zich aan hun ondeugden overgeven'. Het was daarom aan 'dit kleine huis van Portugal' om het zaad van het katholicisme in de wereld te verbreiden.

Velen onder de eerste lichtingen zeelieden die in het Mosteiro dos Jerónimos baden alvorens hun reis over de halve aardbol te aanvaarden, geloofden hier oprecht in, maar wie in Azië om zich heen kijkt, moet constateren dat Portugals zendingsdrang weinig zoden aan de dijk heeft gezet. Heden ten dage staan in Goa en Malakka grote katholieke kerken te rotten in de tropische zon. Maar andere zaken die de conquistadores van Lissabon hebben gebracht, groeien en bloeien. De Portugese zaden die in Azië en Afrika wel wortel schoten, hadden met religie weinig van doen. Een van de zelden opgemerkte, maar verstrekkende uitvloeisels van de specerijenhandel zijn de voedselgewassen die van de Amerikaanse naar de Afrikaanse en Aziatische continenten werden getransplanteerd. De schepen met rode peper die van de Nieuwe Wereld naar de Oude voeren, brachten naast monniken en fidalgos ook cashewnoten, cassave, tomaten, maïs, zoete aardappels en andere onbekende etenswaar mee.

Gouden Goa

Wanneer je in Lissabon de hoofdpoort van het hooggelegen Castelo de São Jorge uit loopt, kijk je recht tegen een klein restaurant aan de overkant van het plein aan. Met zijn houten balkenplafond en rekken vol stoffige wijnflessen heeft Arco do Castelo de ouderwetse, rustieke uitstraling die gewoonlijk onmiskenbaar wijst op veel *caldo verde* (aardappel-koolsoep) en *bacalhau*, de alomtegenwoordige clichés van de Portugese keuken. Op een bordje boven de deur staat echter COZINHA DE GOA, en een snelle blik op de kaart leert je, gezien gerechten als garnalencurry en varkensvindaloo, dat de kok het ver van huis zoekt. Ik was in deze exotische bistro uitgenodigd door Rui Lis, de jeugdvriend van een Portugese maritiem archeoloog. Hij had me Rui aanbevolen als een fascist, een totale gek en een heel goed mens. Een rake typering, zo bleek. Het komt erop neer dat Rui de helft van de tijd plaatselijke onderwereldfiguren verdedigt en voor de andere helft als mensenrechtenadvocaat werkt. Hij belandt geregeld in de voormalige kolonies van Portugal (die in het kielzog van de peper-naus werden verworven) waar hij onverantwoorde risico's neemt ten behoeve van politieke gevangenen. Portugese missionarissen leggen in Afrika kennelijk nog steeds enig gewicht in de schaal. Met een stalen gezicht vertelt hij me dat hij zich een keer als priester heeft uitgedost om langs Angolese guerrilla's te komen. Ik zie het voor me. Hij lijkt geknipt voor de rol van zo'n ronde jezuïet die op weg is gestuurd om de heidenen te bekeren, hoewel ik hem niet zo snel hamburgers als dwangvoeding aan weerspannige hindoes zie toedienen. Filet mignon, misschien. Hier in Lissabon wordt het enthousiasme waarmee de rebelse jurist met verbale molotovcocktails gooit slechts overtroffen door het genoegen waarmee hij eet.

Rui had me specerijen beloofd in een stad die, gezien haar geschiedenis, merkwaardig gespeend is van pikant eten. Zijn ogen fonkelen wanneer hij gebaart naar de schaal met Goase *sarapatel* die op tafel wordt gezet. Hij verzekert me dat het hier gewoon een variant betreft van een gerecht dat je ook in zijn geboortestad in de Zuid-Portugese provincie Alentejo aantreft, waarna hij begerig een stuk naan in de (licht) pikante saus doopt en een stuk vlees aan zijn vork rijgt. Ik heb het hart niet hem te vertellen dat ze in Goa geen Indiase platte broden zoals naan eten – ze eten *pãozinhos*, luchtige Portugese broodjes, bij hun curry – en dat een Indiër geen behoefte zou hebben aan het vele bestek dat verspreid over de tafel ligt; net als in het middeleeuwse Europa eten ze in Goa met hun handen. Wat betreft de sarapatel moet ik Rui echter gelijk geven. Portugal kent inderdaad verscheidene varianten van dat gerecht. De Alentejo-versie bestaat uit een stoofschotel van varkens- of lamsvlees, met de bijbehorende ingewanden, op smaak gebracht met kleine hoeveelheden knoflook, laurierblad, paprika, peperkorrels, kruidnagel, komijn en azijn – een mengsel dat afgezien van de paprika zo uit het middeleeuwse *Livro de cozinha* zou kunnen komen. De Goa-versie, waarin meer specerijen worden gebruikt, ligt misschien nog wel dichter bij het verloren Portugese origineel. Tot op de dag van vandaag kenmerkt de staat Goa, die pas in 1961 deel van India werd, zich als een cultuur waarin veel Portugese invloeden resteren, ingeklemd door het veelkleurige tapijtwerk van het subcontinent. In Goa zijn alleen de toeristen spaarzaam met specerijen.

Terwijl Rui in Arco do Castelo voortbabbelde over maoïstische paramilitairen en Portugese gangsters en we onze maaltijd vervolgden met de wel heel subtiel gekruide kipstoofschotel die *xacouti* heet, keerden mijn gedachten voortdurend terug naar mijn laatste etentje in Goa eerder diezelfde lente. Daar had een mand op tafel gestaan die tot de rand met luchtige *pãozinhos* was gevuld. Ik had erop aangedrongen dat de kok de reuzengarnalen zou bereiden met net zoveel chilipeper als hij voor zichzelf zou gebruiken – ondanks de opgetrokken wenkbrauwen van de ober. Het was 'Dikke Dinsdag', en de hoge ruiten van de deftige eetzaal in Hotel Mandovi trilden op de technodreun afkomstig van een van de vele feesten waarmee het carnaval in Panjim, de hoofdstad van Goa, werd afgesloten. Eerder op de dag had ik een optocht van kronkelende blote buiken kunnen gadeslaan vanaf de direct hier buiten gelegen tribunes, wat mij betreft een van de meer geslaagde overblijfselen van de koloniale tijd. Binnen, in de spelonkachtige zaal die met zijn barokke blauw- en goudkleurige pleisterwerk iets van een gigantische taart had, was het vrijwel uitgestorven. Ik kon het gefluisterde Portugese gesprek van een keurig ouder echtpaar dat in een afgescheiden hoekje zat, nog net opvangen. Algauw bracht de ober glimlachend mijn bestelling. De garnalen waren geweldig scherp, en verrukkelijk.

Panjim heeft iets van een provinciestadje aan de Portugese zeekust. De gebouwen zijn eerder mediterraan dan Zuid-Aziatisch, met het gekrulde traliewerk voor de ramen en de beschaduwde balkons achter smeedijzeren balustrades. Hier zijn de huizen echter geverfd in intense Indiase tinten: het dieproze van watermeloen, het roodbruin van scherpe kaneel en het nog scherpere mango-geel en papaja-oranje. Deze kleurcombinaties worden afgedekt met rode dakpannen, vaak aangevuld met roestige golfplaten. De hoofdstad van de kolonie werd hierheen verplaatst in 1760, toen de onderkoningen het in de eerdere locatie, enige kilometers stroomopwaarts aan de rivier Mandovi, vanwege de vele ziekten voor gezien hielden.

Er zijn rondvaartboten die je acht kilometer verder over de trage Mandovi naar de oude hoofdstad brengen, ongeveer zoals de lokale dhows ooit met vracht heen en weer voeren van de naus die aan de riviermonding voor anker moesten gaan. De manier waarop Goa Velha, 'Oud-Goa', aanschurkt tegen de laaggelegen okeren heuvels aan de oever van de brede rivier, vertoont een merkwaardige gelijkenis met Lissabon. Ik vraag me af of de Portugese onderkoning, toen hij zijn hoofdstad in het tropische oerwoud van Cochin verplaatste naar deze semi-aride locatie die zo sterk aan Zuid-Portugal herinnert, niet mede voor deze regio koos omdat deze hem aan thuis deed denken.

Tegenwoordig resteert er van de stad waaraan de staat Goa zijn naam ontleende nog slechts een zorgvuldig bijgeschaafd toeristenoord: een reeks verspreide kerken omgeven door zwerfhonden, dagjesmensen en de verkopers die de bezoekers voorzien van de onontbeerlijke vloeibare verfrissingen, namaakzilveren kruisbeelden en miniatuurschaakspellen. Ik had min of meer verwacht dat hier de vervallen overblijfselen van een koloniaal rijk zouden staan weg te rotten in het oerwoud, maar in plaats daarvan trof ik een zorgvuldig gerestaureerde verzameling blikkerend witgekalkte gebouwen aan, van elkaar gescheiden door keurig bijgehouden gazons die onder de brandende zon van het droge seizoen bruin waren verkleurd. Dat neemt niet weg dat de kerken spectaculair zijn. Geen wonder dat ze deze plaats 'het Rome van het oosten' noemen. De Sé-kathedraal is veel groter dan die van Lissabon zelf, met een overdadig verguld altaar, uitzinnige kandelaars en fantastisch beschilderde zijkapellen. Het plafond is van zijn bladgoud ontdaan, maar de okerrode afwerking geeft je een idee van de pracht en praal die het ooit moet hebben uitgestraald. Het altaar van de Basílica do Bom Jesus is nog steeds een orgie van verguldsel. Het is voorzien van een enorm reliëf in de vorm van een enorm gouden ei, met daarin een afbeelding van de heilige Franciscus Xaverius die zijn armen opheft naar een andere, kleinere bolvorm die de godheid voorstelt. De vele andere kerken – São Caetano, São Francisco, São Augustin, Santa Mónica, Santo António, Santa Catarina, Nossa Senhora da Graça, Nossa Senhora do Rosário en Nossa Senhora do Monte om er een aantal te noemen – zijn minder goed bewaard gebleven; niet meer dan een paar gouden vlekjes herinneren je nog aan de rijkdom die het fundament vormde voor de stad die de Portugezen Goa Dourada oftewel 'Gouden Goa' noemden. Hoeveel Afrikaans en later Amerikaans goud moet er niet aan de peper- en kaneelhandel onttrokken zijn, opdat het uitgewalst kon worden tot eindeloze hoeveelheden onmetelijk dunne platen om al deze altaren en plafonds en muren te bekleden?

In de tijd van Linschoten was de stad veel meer dan een religieus themapark. Hij beschrijft een bruisend stadsleven dat gonsde van het loven en bieden en het gebabbel in de talen van talloze nationaliteiten: Perzen, Arabieren, Joden, Armeniërs, Gujarati's, jaïnisten, brahmanen en 'alle Indiase naties en volkeren'. In de rijen winkels in de straten was alles te koop, van zijde, satijn en damast tot 'wel duizend soorten kleden en katoenen stoffen'. Je kon 'buitenissige voorwerpen van [porselein] uit China' kopen. Juweliers uit de Noord-Indiase haven Cambay waren gespecialiseerd in 'allerhande edelstenen'. Goud-, zilver- en kopersmeden hadden een eigen straat, evenals de timmerlieden en de groothandelaars in vlees en graan. Anderen verkochten groenten en specerijen. En zoals nu nog op de Indiase markten, waren stof en afval alomtegenwoordig.

In 1534 maakten de Portugezen Goa tot hoofdstad van de Estado da Índia, het netwerk van forten en handelsposten dat zich uitstrekte van de stad Moçambique in Afrika tot het eiland Amboina (Ambon) in Oost-Indonesië. Toch regeerde de 'Koningin van de Oriënt' over gebieden die nauwelijks als een imperium konden worden beschreven, althans niet in de betekenis van de Spaanse of later de Engelse koloniën. Ofschoon hun naus en karvelen soeverein door de zeestraten voeren, bezaten de Lusitaanse koningen nooit meer dan een paar stipjes op de Aziatische landmassa. In Goa, Malakka en Macao konden hun domeinen nog in vierkante kilometers worden gemeten, maar elders was het eerder een kwestie van hectaren – net genoeg voor de bouw van een fort of pakhuis ter bescherming van de kostbare pepervracht.

Zelfs op zee verschaften de Portugezen zich hoofdzakelijk toegang tot routes die al honderden jaren werden bevaren. De Europeanen waren nooit 's werelds grootste klanten voor de prikkelende bessen en zaden uit de geurige Zuid-Aziatische bossen geweest. Perzië, het Midden-Oosten, Noord-India en China vormden stuk voor stuk enorme markten voor specerijen. Men heeft geschat dat Europeanen niet meer dan een kwart van geproduceerde specerijen afnamen. Naar mijn idee was het zelfs nog minder.

Toen Vasco da Gama op het toneel verscheen, was de interne Aziatische specerijenhandel grotendeels in handen van moslimhandelaars uit de Noord-Indiase staat Gujarat. Een Florentijnse verslaggever uit die tijd schatte dat er ongeveer vijftienhonderd 'Moorse' schepen in Calicut aankwamen gedurende Da Gama's eerste verblijf van drie maanden. Ze brachten hun goederen ook naar China. Aan het eind van de dertiende eeuw had Marco Polo beweerd dat er voor elke Italiaanse specerijengalei in Alexandrië honderd in de Chinese haven Zaiton (Quanzhou) aanlegden. En in de daaropvolgende eeuwen

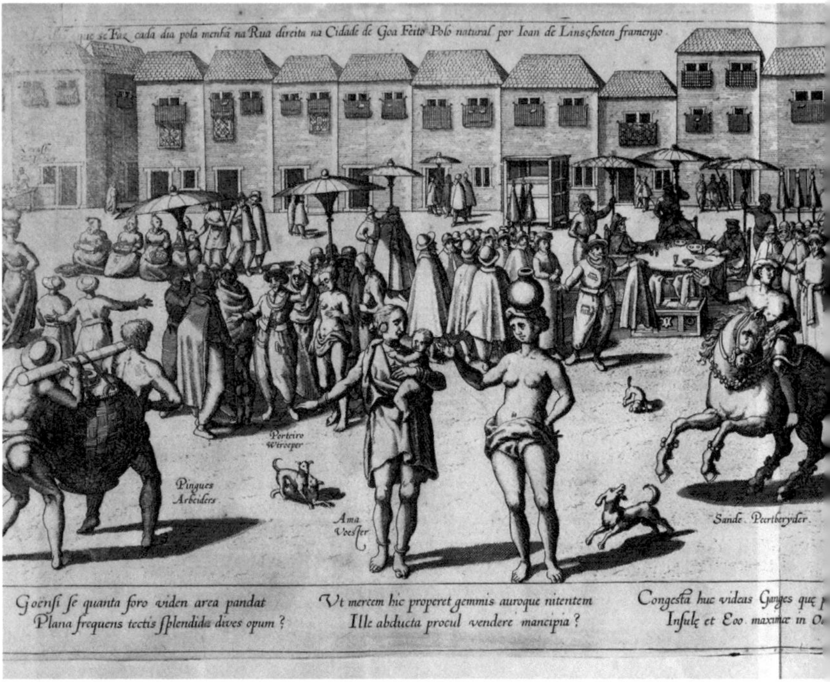

nam de Chinese vraag naar specerijen alleen maar toe. Volgens een welingelichte zestiende-eeuwse bron importeerde China in zijn eentje drie keer zoveel peper als de Europeanen. Voor de Ming-elite maakten specerijen evenzeer deel uit van een bevoorrechte levensstijl als dat in Bagdad of Barcelona het geval was. Noord-India bood zelf een enorme markt voor Zuid-Indiase peper en importeerde ook kruidnagel en nootmuskaat. Ook hier was gekruid eten verbonden met het hof – in dit geval dat van de islamitische mogols, die sinds lang bekend waren met de verfijnde Perzische keuken. We moeten niet vergeten dat specerijen ook in deze regio een exotisch importproduct waren. Lange karavanen van muilezels en ossen moesten de hoge pieken van de West-Ghats over om de tropische specerijen naar de Noord-Indiase hoofdsteden te brengen; van Cochin naar Delhi is bijna even ver als van Alexandrië naar Venetië.

Overal waar de Noord-Indiase kooplieden hun jonken en dhows belaadden met peper en nootmuskaat, lieten ze op hun beurt hun re-

De decadente gebruiken in het Portugese Goa worden uitvoerig geïllustreerd op deze prent uit een Latijnse vertaling van Linschotens *Itinerario*.

ligie achter. De verspreiding van de islam door heel Zuidoost-Azië houdt rechtstreeks verband met de specerijenroute. (Voor de eerdere verbreiding van het hindoeïsme geldt grotendeels hetzelfde verhaal.) Moslimkooplieden die een handelspost hadden opgezet, vestigden zich daar ten slotte definitief, stichtten moskeeën en huwden een plaatselijke vrouw. Opmerkelijk is verder dat de verbreiding van de islam hier zo vredig verliep, zeker vergeleken met de gewelddadige methoden die Mohammeds directe opvolgers in het Midden-Oosten hanteerden, of, nu we het daar toch over hebben, in vergelijking met de zendingsdrang van de Portugese conquistadores.

Ondanks Manuels verklaarde doelstelling om de Indische specerijenhandel van deze 'Moren' af te pakken, lukte het des konings mannen nooit om het begeerde monopolie zelfs maar te benaderen. In de beginjaren slaagden de Portugezen er tot op zekere hoogte in de oude route te verstoren toen admiraal Albuquerque Ormuz innam, de cruciale schakel tussen de Perzische route over land en het Indiase subcontinent. Omstreeks het midden van de eeuw maakten praktisch-politieke overwegingen het echter noodzakelijk de Perzische sjah gunstig te stemmen teneinde diens steun te verwerven in de strijd tegen de Turken. Als gevolg daarvan mochten Perzische kooplui, met in hun voetspoor de Arabieren en Venetianen, weer naar Ormuz reizen en daar zoveel specerijen kopen als ze wilden. Ook kwam de peper steeds vaker niet meer uit de door Portugal beheerste gebieden. Toen de Gujarati's eenmaal bekomen waren van de schok die de komst van de Europeanen teweeg had gebracht, kwamen ze op het idee de Indiase estado-bolwerken te omzeilen door de peper direct van Sumatra naar Egypte te verschepen. Onder de Lusitaniërs zelf scheen de kruisvaardersgeest die hen tot de eerste reizen had aangezet, wat bekoeld. De neiging om in te hakken op iedere moslim, die de generatie van Da Gama had gekenmerkt, maakte na verloop van tijd plaats voor een schoorvoetende co-existentie. Tegen het midden van de eeuw was de interne handel in Azië weer teruggevallen in het patroon van voor de komst van de Europeanen. De Portugezen namen genoegen met de rol van afperser: ze inden een klein percentage van alle handelswaar die binnen schootsafstand van hun schepen passeerde. De fidalgos waren erachter gekomen dat het profijtelijker was om specerijen aan plaatselijke kooplieden te verkopen dan om er koninklijke schepen mee te beladen. Zo gebeurde het dat lange karavanen beladen met aromatische handelswaar eens te meer door de stoffige Arabische woestijn ploeterden, en de pakhuizen van het Campo San Bartolomeo zich opnieuw vulden met de scherpe geur van Aziatische peper.

Hoewel de Portugezen bij lange na geen pepermonopolie wisten te vestigen, hadden ze met kaneel meer succes. In de zestiende eeuw was alle *Cinnamomum verum* ('echte' kaneel) afkomstig van Ceylon (Sri Lanka), en hoewel deze al minstens duizend jaar werd verhandeld, exporteerde het eiland altijd maar kleine hoeveelheden. Wat in het grootste deel van de wereld voor kaneel doorging, was in werkelijkheid een nauw verwante specerij die kassie (*Cinnamomum cassia*) heette en op talrijke plaatsen in Zuidoost-Azië groeit. Ook nu nog is de meeste 'kaneel' die in de Verenigde Staten wordt verkocht, in feite kassie. Echte kaneel is te herkennen aan de lichtere kleur en zachtere bast. Het heeft een bloemachtiger aroma, dat zweemt naar wierook en hars. Beide specerijen zijn zonder meer zoet, maar kassie heeft een iets branderiger nasmaak. Ze worden gewonnen door de scheuten van de kaneel- dan wel kassieboom te ontdoen van de binnenbast. Bij het opdrogen krult de bast op tot de kenmerkende stokjes. Van oudsher werd de op Ceylon groeiende specerij als de beste beschouwd. In 1563 schreef de Portugese botanist Garcia da Orta, die in Goa werkte aan zijn hoogst informatieve *Colóquios dos simples e drogas a cousas medicinais da Índia* (Verhandelingen over de heelkruiden en medicijnen van India), dat 'een vrucht nu eenmaal beter is in het ene dan in het andere land, en de kaneel van Ceylon zelfs beter is dan alle andere. [...] Ze sturen uitsluitend de kaneel van Ceylon naar Portugal.' Destijds werd de geurige schors in het wild verzameld, en waren de verkoop en distributie in handen van de koning van Ceylon. Met hun gebruikelijke overredingskracht wisten de Portugezen de koning ertoe te brengen hun een monopolie toe te kennen, met als gevolg dat er van Ceylon elk jaar een schip vertrok dat zich bij de Carreira da Índia voegde.

Lissabon was in de specerijenhandel gegaan op een moment dat de smaak van de christelijke wereld een verandering doormaakte. Met name in Zuid-Europa leek de middeleeuwse voorkeur voor scherpe smaken, overheerst door peper en gember en aangezuurd met een scheutje azijn of verjus, rond het midden van de vijftiende eeuw plaats te maken voor een duidelijk zoeter smakenpalet. Gember werd vanaf begin zestiende eeuw ook aangeplant in het Caraïbische gebied en was daardoor goedkoop en algemeen gangbaar geworden. Uit documenten blijkt dat alleen Jamaïca in 1547 omstreeks een miljoen kilo gember naar Spanje exporteerde! Andere specerijen, zoals kurkuma en kardemom, verdwenen bijna volledig uit het Europese repertoire. Peper leek zijn voormalige populariteit in elk geval nog te behouden, zij het hoofdzakelijk in Noord-Europa. Maar zowel aan de Piazza San Marco als aan de Terreiro do Paço was het de nieuwe mode om suiker te combineren met de zoete scherpte van kaneel. Da Orta heeft het volgende te melden over de favoriete specerij van zijn landgenoten: 'Men kan geen enkele specerij met genoegen eten, afgezien van kaneel. Weliswaar eten de Duitsers en Vlamingen peper, en hier eten onze negerinnen kruidnagel, maar Spanjaarden [dat wil zeggen: Iberiërs] eten geen enkele specerij behalve kaneel.'

Da Orta overdrijft hier stellig. Bovendien was hij wellicht niet de ideale persoon om de heersende Portugese eetgewoonten in kaart te brengen, want hij behoorde tot de 'nieuwe christenen' en was als velen van deze formeel bekeerde joden naar het buitenland gegaan om te ontsnappen aan de bemoeizucht van de inquisitie.[15] Toch heeft hij hier gelijk. In het *Livro de cozinha* van Infanta Maria staat herhaaldelijk de instructie om op het laatst wat kaneel over het gerecht te strooien. Dat is eveneens het geval in een Catalaans kookboek uit die tijd. En ook uit de Italiaanse bronnen, inclusief de wijdverbreide kookboeken van Scappi en Messisbugo, blijkt duidelijk dat kaneel dé specerij van de zestiende eeuw was. Niet dat kaneel voorheen niet werd gebruikt. De recepten van Martino/Platina, aan het eind van de vijftiende eeuw bijzonder populair, bevatten rijkelijk veel kaneel, maar het wordt daarin gewoonlijk samen met gember gebruikt en slechts een enkele maal als garnering over het gerecht gestrooid. Het valt moeilijk te bewijzen dat de toegenomen import van Ceylonese kaneel van betere kwaliteit, mogelijk gemaakt door de directe zeeroute tussen India en Lissabon, rechtstreeks van invloed was op de voorkeuren in de Zuid-Europese modehoofdsteden. Niettemin tonen de archieven aan dat de naus in de loop van de eeuw steeds meer laadruimte voor kaneel reserveerden.

Tegelijk met de voorkeur voor kaneel nam de populariteit van suiker toe. Culinair historici bij wie de middeleeuwse overdaad aan specerijen afkeer oproept, moeten het helemaal te kwaad krijgen wanneer ze lezen hoeveel suiker er in de renaissance in vlees- en visgerechten werd gebruikt. In een karakteristiek recept uit het trendy zestiende-eeuwse kookboek van Cristoforo Messisbugo gaat er in een vispastei gemaakt met bijna anderhalve kilo vis meer dan een kop suiker, naast kaneel en rozenwater. Het *Livro de cozinha* van iets vroeger datum geeft weliswaar geen hoeveelheden, maar van de 'hartige' gerechten hierin bevat meer dan de helft suiker. En hoewel de Europese zoetekauw zeker geen Portugese uitvinding is, schiepen de Portugese plantages – eerst in de Algarve, daarna op de Atlantische eilanden en ten slotte in Brazilië – de voorwaarden voor het ontstaan van desserts in de Europese keuken. Nog steeds strooien de Portugezen bij voorkeur kaneel over hun zoete nagerechten. Sterker nog, ook het gebruik van kaneel als garnering van hartige dingen is nooit helemaal uit het Portugese repertoire verdwenen. In *Arte de cozinha*, een kookboek dat omstreeks 1680 werd geschreven door de koninklijke kok Domingos Rodrigues, verschijnt kaneel niet alleen in de verwachte desserts maar tevens als ingrediënt van tientallen vlees-, gevogelte- en groentegerechten, waarover het doorgaans als garnering wordt gestrooid. Vis lijkt hiervan uitgezonderd; in dit geval is peper populairder. Rodrigues' boek werd tot 1836 herdrukt, waaruit blijkt dat de recepten zeer populair waren. Omstreeks de vorige eeuwwisseling werd kaneel nog steeds veel in stoofpotten gebruikt. Ook tegenwoordig is het nog aan te treffen in boerse hoofdgerechten in afgelegen bergstreken in de Algarve, alsook in soepen op de Azoren. Het is ontegenzeggelijk waar dat kaneel heden ten dage veel vaker voorkomt in Portugees gebak dan in hartige schotels, maar toch beveelt een populaire receptenwebsite kaneelstokjes aan als specerij voor 'kip, lam en gevulde groenten'.

Hoewel de opening van de zeeroute naar India specerijen op grotere schaal beschikbaar maakte in Europa (zij het geenszins goedkoper), kan Portugals invloed op de smaakvoorkeuren ten noorden van de Pyreneeën als hoogstens marginaal worden beschouwd. Maar op andere plaatsen heeft dit kleine land welhaast een revolutie in de eetgewoonten van de mensen teweeggebracht. Tegenwoordig stuit je bij een korte wandeling over de centrale markt van Panjim op stapels cashewnoten, nog vastzittend aan de gele vrucht ter grootte van een pruim waarop ze groeien, papaja's zo groot als watermeloenen, dikke winterpompoenen, bergen tomaten, strooien manden die uitpuilen van de ananassen,verzinkte metalen kuipen met witte en paarse aardappels, gevlochten schalen met bobbelige passievruchten – allemaal gewassen die de Portugezen uit Amerika hierheen brachten. De overdracht van gewassen tussen de Nieuwe en de Oude Wereld is bekend komen te staan als 'de Colombiaanse uitwisseling', maar voor wat betreft de tropen zou 'de Cabraliaanse uitwisseling' een juistere omschrijving zijn – als verwijzing naar de man die Brazilië op de kaart zette. Immers, niet de Spaanse conquistadores, maar de Portugese

Plate VI.—Canela.

Portugals favoriete specerij, kaneel, hier niet helemaal waarheidsgetrouw weergegeven op een prent in Garcia da Orta's meesterwerk.

zeelieden in hun peper-naus hebben de pinda's naar Afrika en de cashewnoten naar India gebracht.

Toch doelen we doorgaans niet op cashewnoten en zoete aardappels wanneer we over de Indiase keuken spreken. Het eerste wat ons daarbij in gedachten komt, is de scherpe smaak van rode peper. In de groentestalletjes op de markt van Panjim liggen al flink wat chilipepers in grote en kleine maten, maar pas in de slecht verlichte achterafpassages van de uitgestrekte markt, waar rij na rij van verkopers hun droge specerijen hebben uitgestald, dringt tot je door hoe ingrijpend Cabrals korte stop in Brazilië is geweest. Zoals in dit land van curry-eters te verwachten valt, zie je hier in felgekleurde plastic schalen alle inheemse specerijen liggen, van dikke gele kurkumavingers en losse bruine kassiekrullen tot fijne duivelsdrekkristallen en verschrompelde peperkorrels. Maar zodra je inademt (en ik raad aan dat behoedzaam te doen, want zelfs de plaatselijke bewoners lopen hier niezend rond), ruik je niet de specerijen waarvoor de Europeanen hun leven waagden. Wat je hier ruikt, wat in je neusgaten en je longen brandt, wat de tranen in je ogen doet springen, is de venijnige scherpte van chilipeper. Want gaat het bij andere specerijen om bakken ter grootte van wastafels, de chilipepers vullen enorme jute zakken tot borsthoogte, verlenen kniehoge piramiden massalapoeder een roodachtige kleur en potten gevuld met pikante sauzen en tafelzuur hun smaak. Het is een bijzonder ironisch gevolg van de specerijenhandel dat uitgerekend de Portugezen, naar India gekomen om zwarte peper mee terug te nemen, in het grootste deel van de wereld rode peper hebben geïntroduceerd. Allerwegen wordt erkend dat de pepers van de Nieuwe Wereld – die vanzelfsprekend in geen enkel opzicht verwant zijn aan *Piper nigrum* – in Portugese schepen naar Afrika, India en Zuidoost-Azië werden vervoerd. Minder duidelijk is hoe en wanneer dit precies is gebeurd, en nog minder bekend is hoe rode peper in Portugal zelf terechtkwam.

Het pepermysterie

Tot voor kort kochten de mensen in Portugal hun vis, hun fruit en hun specerijen op markten van hetzelfde uitgestrekte type als je ze nog in Panjim vindt. Maar de klanten die tegenwoordig nog de tocht omlaag naar de grote markt van Lissabon aan de waterkant maken, worden ouder en minder in getal. Zoals overal in de ontwikkelde wereld doet bijna iedereen nu zijn boodschappen in de supermarkt. Wie echt wil weten wat de mensen in Lissabon dag in dag uit eten, moet een Pingo Doce bezoeken. De Portugezen zijn verzot op hun winkelcentra, en je hebt de indruk dat in elk daarvan wel een Pingo Doce is gevestigd – de grootste supermarktketen van het land. De meeste van deze winkels zijn voor het betere publiek, brandschoon en extreem rijk gesorteerd. Er is Coca-Cola in grootverpakking, je kunt een bezoekje aan de sushibar brengen of vacuüm verpakte tortellini kopen. Maar aangezien dit Portugal is, vind je hier ook toonbanken met heerlijke verse sardines en penetrant riekende bacalhau. Wat leert Pingo Doce ons nu over chilipeper in de nationale keuken?

Op de groenteafdeling tref je allerlei soorten paprika's aan. In Portugal heten die *pimentão*, en je vindt ze hier geroosterd, gaar gesmoord in olijfolie en vermalen tot een pasta die als marinade wordt gebruikt. Op de schappen met specerijen staan potjes waarin dezelfde vrucht is gedroogd en vermalen tot *pimentão doce* oftewel mild paprikapoeder. Wanneer ze hier wat pikanters willen, grijpen ze naar de cellofaanpakjes met kleine gedroogde pepertjes die *piripiri* heten. Om de verwarring nog te vergroten, verkoopt Pingo Doce verse scherpe chilipepers onder de naam *malagueta*, dezelfde naam die de Portugezen ooit aan paradijskorrels gaven. Dit heeft geleid tot een misvatting die ik meer dan eens heb horen verkondigen, namelijk dat chilipepers in werkelijkheid van Afrika naar Brazilië zijn overgebracht in plaats van andersom. Toch bevat deze verwarring ook een instructief element, want ze doet vermoeden dat de route waarlangs de chilipepers van Amerika in Portugal kwamen, verre van rechtstreeks was.

Toen João II Bartolomeu Dias voorbij Kaap de Goede Hoop stuurde teneinde een snellere route naar die christenen en specerijen te vinden, leed het geen twijfel om welke specerij het zijn zeelieden ging. Dat was zwarte peper, Piper nigrum, de vrucht van de bladerrijke klimop die in de smaragdgroene Indiase wouden van de West-Ghats nog steeds langs de boomstammen omhoog slingert. Columbus had min of meer hetzelfde idee toen hij met zijn caravelas rondas naar het westen stevende. Toch is de specerij die in onze tijd het meest verhandeld wordt niet Piper nigrum, maar de specerij die gewonnen wordt uit de gedroogde vruchten van het geslacht Capsicum en die afhankelijk van degene die kookt cayennepeper, rode peper, chilipeper of Spaanse peper wordt genoemd. Bovendien groeit de vraag naar deze scherpe smaakmaker overal ter wereld met sprongen.[16]

In de wereld van 1492 waren echter alleen de koks in de keukens op het westelijk halfrond bekend met deze specerij. Kashmiri's moesten zich behelpen met zwarte peper en gember om hun rogan josh wat pit te geven, er was nog geen enkele Thaise curry die je het zweet deed uitbreken, en Koreaanse kimchi kan niet veel scherper dan zuurkool zijn geweest. Maar nog geen vijftig jaar later was chilipeper de wereld rond gereisd. Hoe heeft dat zo snel kunnen gebeuren? En wie hebben de rode pepers van de 'Nieuwe Wereld' naar de Oude gebracht, en waarom namen ze die moeite eigenlijk? Dan is er de vraag waarom ze zo snel toepassing vonden, van Spanje tot Sichuan.

In grote lijnen zijn de antwoorden betrekkelijk onomstreden. Het zijn de bijzonderheden die het verhaal een duistere kant verlenen, en dat zal wel zo blijven tot een team van bevlogen promovendi alle ongepubliceerde bronnen uitvlooit en de renaissancelatrines van vijf continenten onderzoekt op onverteerde zaden die definitief uitsluitsel kunnen geven. In de tussentijd moeten we het doen met botanische aanwijzingen, wat verspreide taalkundige sporen en een enkel ooggetuigeverslag. Helaas levert dit alles tezamen niet meer op dan indirect bewijs.

Het volgende is bekend. In Mexico werd al in 7000 tot 5000 v.Chr. chilipeper verbouwd. Tegen de tijd dat Columbus land in zicht kreeg, groeide er een hele reeks van variëteiten in grote delen van wat nu Zuid-Amerika heet. Bovendien moeten er veel variëteiten in het wild hebben gegroeid, omdat chilipeper op grote schaal wordt verspreid door bepaalde vogels die de vruchten van deze kleine struiken graag oppeuzelen. (Vogels zijn naar het schijnt niet gevoelig voor capsaïcine, de stof die verantwoordelijk is voor de karakteristieke hete smaak van chilipeper.) Chiliplanten zijn berucht om hun overspeligheid en gaan bij de geringste aanraking van een passerende insectendij over tot kruisbestuiving. Daardoor zijn ze bijzonder moeilijk te classificeren. Er bestaan niettemin zo'n vier à vijf veredelde soorten (met honderden gekweekte variëteiten) die botanisten betrouwbaar kunnen determineren.

Columbus en zijn bemanning hebben het gedurende de eerste Castiliaanse bezoeken aan het Caraïbische gebied verscheidene malen over chilipeper. 'De peper die de plaatselijke indianen als specerij gebruiken, groeit overvloediger en is waardevoller dan zowel zwarte als meleguetapeper,' schrijft hij. Elders merkt hij op: 'Er is [...] veel *aji*, dat is hun peper, die meer waard is dan de onze; niemand eet zonder peper omdat deze heel gezond is. Men zou er jaarlijks vijftig karvelen mee kunnen beladen hier op Isla Espanola [het eiland Hispaniola, tegenwoordig opgedeeld tussen Haïti en de Dominicaanse Republiek].' De verblinde Genuees noemde deze nooit eerder geziene specerij natuurlijk *pimienta*, naar het Spaanse woord voor zwarte peper, zoals hij ook de door hem bezochte eilanden West-Indië noemde en de inheemse bevolking Indianen. Sindsdien is het verwarring alom. In Zuid-Amerika werd de term *ají* (van het Arawakse *axi*) een gangbare naam voor de specerij; in Mexico gaf men de voorkeur aan *chile* (van het Nahuatl-woord *chilli*); terwijl in Spanje de uitdrukking *pimienta de India* ('Indische peper') geleidelijk vervangen werd door het woord *pimentón*. In de meeste Europese talen wordt een of andere variant van het woord peper gebruikt.

Bij Columbus' thuiskomst in Castilië sprong Isabella, zoals eerder verhaald, niet bepaald verrukt van haar troon toen ze het fijne van zijn ontdekkingen vernam. Anderen waren wel geïntrigeerd. Binnen enkele maanden na de terugkeer van de Niña was de specerij in diverse kloostertuinen geplant, de botanische kweekkamers van die tijd. In 1564 bericht de rondreizende Vlaamse botanist Charles de L'Écluse dat hij overal in Spanje pepers ziet groeien. Hij voegt daaraan toe: 'De vrucht heeft verschillende vormen en wordt zowel vers als gedroogd als specerij gebruikt.' Vijfhonderd jaar later kunnen we niet met zekerheid zeggen of hij hier op Spaanse pepers of paprika's doelt, maar er is een gerede kans dat het om beide gaat. Verderop in zijn tekst vermeldt hij in een klooster te Lissabon op een scherpere, gelige variëteit te zijn gestuit. Deze vruchten waren kennelijk zo sterk dat je kaken er verscheidene dagen van brandden. Tegenwoordig heb je in Spanje zowel hete als milde pimentón, hoewel de milde variant veel gangbaarder is. Uit het feit dat pimentón de eerste paar honderd jaar niet in de Spaanse kookboeken voorkomt, kunnen we met zekerheid opmaken dat het een kruid voor de lagere klassen was, door boeren evenzeer gebruikt om hun eten kleur als om het smaak te geven. In het huidige Spanje en Portugal wordt paprikapoeder op zo grote schaal gebruikt om het eten rood of oranje te kleuren, dat het in het culinaire ecosysteem eerder saffraan dan geïmporteerde zwarte peper lijkt te hebben verdrongen. In andere delen van Europa sloegen paprika en rode peper maar langzaam aan, hoewel botanisten in het hele continent de nieuwe plant met grote belangstelling ontvingen.

Een van de eerste beschrijvingen en illustraties van een plant van het geslacht Capsicum komt uit een kruidenboek dat in 1542 werd geschreven door de Duitse naturalist Leonhard Fuchs. Hierin (althans in de met de hand ingekleurde exemplaren) zien we paprika's in rode en groene tinten. Het boek beschreef ook kleine, champagnekurkvormige chilipepers en lange puntpaprika's als hagedissentongen. Het lijkt waarschijnlijk dat ze hun weg van de Caraïben naar Duitsland hebben gevonden via Spanje. De vraag welke herkomst Fuchs zelf aan de planten toekende, is echter veel lastiger te beantwoorden. Dat wil zeggen: over het exemplaar dat hij *Piper hispanum* oftewel Spaanse peper noemde hoeven we het hoofd niet te breken. Maar dacht hij echt dat *Indianischer pfeffer* (Indische peper) uit India kwam, of was dat gewoon een vertaling van de gangbare Spaanse naam? Intrigerender nog is *Calechutischer pfeffer* (Calicut-peper). Hadden er al capsicumplanten de rondreis van Amerika naar Malabar en terug naar Duitsland gemaakt, in de vijftig jaar na Columbus' toevallige ontdekkingen? Het zou kunnen. Fuchs bracht het grootste deel van zijn loopbaan door in Duitse steden aan de Rijn, per schip bereikbaar vanuit Antwerpen, het grote specerijenpakhuis uit die tijd. Destijds werden over deze rivier letterlijk tonnen Portugese zwarte peper verscheept, dus het lijkt geen gewaagde veronderstelling dat daar niet een paar capsicumzaadjes tussen zaten.

Maar hoe arriveerden de chilipepers om te beginnen in India? Volgens minimaal één Castiliaanse conquistador, Gonzalo Fernández de Oviedo y Valdes, aten de Europese kolonisten op z'n laatst vanaf de jaren 1520 evenveel chilipeper als de inboorlingen. De *hidalgo* was bijzonder ingenomen met de geneeskrachtige eigenschappen van de plant. Vanwege zijn verwarmende karakter is hij bijzonder geschikt voor de winter, zelfs een betere begeleiding van vlees en vis dan 'goede zwarte peper', schrijft hij. Ook vermeldt hij terloops dat de specerij naar Spanje, Italië en vele andere plaatsen is gebracht, maar jammer genoeg geeft hij geen bijzonderheden over de route.

Voor de verspreiding van chilipeper over de wereld bestaan twee mogelijke scenario's, waarvan het eerste berust op behoefte aan afwisseling en het tweede op nieuwsgierigheid. Waar officieren en passagiers genoeg uitgelezen specerijen mee aan boord namen om hun sterk gezouten eten smaak te geven, daar konden gewone matrozen zich dat doorgaans niet veroorloven. Het is een redelijke veronderstelling dat zij, wanneer het schip onderweg naar Indië een tussenstop maakte om proviand in te slaan, gedroogde chilipepers op de kop tikten om hun eentonige dieet een beetje op te peppen. Vervolgens introduceerden ze de specerij in de nieuwe havens langs de route. Deze verspreiding kan doelbewust hebben plaatsgevonden, maar wellicht ook onopzettelijk doordat er van Mozambique tot Malakka peperzaden in mesthopen werden achtergelaten. De andere mogelijkheid is dat leden van de religieuze ordes de zaden met zich meebrachten, naar tuinen die in de Portugese forten aan de specerijenroute waren ingericht.

Onduidelijk is hoe de matrozen (of monniken?) eigenlijk aan de chilipepers kwamen. De Carreira da Índia maakte onderweg naar Kaap de Goede Hoop doorgaans een of twee tussenstops: eerst op de Kaapverdische Eilanden om vers water en proviand in te slaan en soms nogmaals (hoewel Lissabon dat ontmoedigde) in Brazilië wanneer de schepen de Atlantische Oceaan overstaken om profijt te trekken van de passaatwinden. Hoogstwaarschijnlijk is het semi-aride Kaapverdië, met zijn ideale ligging buiten de Afrikaanse kust, het eerste tropische bruggenhoofd geweest in de opmars van de chilipepers over de wereld. Het valt onmogelijk te zeggen of ze afkomstig waren van de Caraïben of Brazilië. José de Acosta, een zestiende-eeuwse jezuïetenpriester die vele jaren in Nieuw-Spanje doorbracht, beweert dat chilipeper destijds in India *axi* werd genoemd (een spellingsvariant van ají). Brazilië was echter dichterbij, en de zogeheten vogelpeper die de eerste tijd in India en Oost-Afrika werd verbouwd, is nauw verwant aan zijn Zuid-Amerikaanse neefje. Wellicht zijn beide variëteiten uitgevoerd – er was genoeg verkeer tussen de Afrikaanse eilanden en de Nieuwe Wereld. Al in 1512, zo is opgetekend in een brief vanaf Kaapverdië, arriveerden daar 'drommen schepen' uit Portugal en Brazilië, alsook van de nabijgelegen Guinese kust.

Na de Atlantische eilanden was de volgende halte op de route naar India Mozambique, de Oost-Afrikaanse kusthaven iets ten zuiden van steden in het huidige Tanzania en Kenia, waar Swahili wordt gesproken. In Zuidoost-Afrika zouden scherpe pepers bekend komen te staan onder hun Swahili-naam *pili-pili* of *piri-piri*. En in Goa gebruikt men de term *periperi masala* voor een mengsel dat extra pittig is gemaakt door het toevoegen van scherpe chilipeper, maar het is onduidelijk wanneer de Afrikaanse term hier precies in zwang raakte.

Omstreeks het midden van de zestiende eeuw wordt in het Indiase subcontinent voor het eerst gewag gemaakt van de chilipeper, en wel in het werk van de zuidelijke componist Purandaradasa. 'Ik zag je groen, dan rijpen tot rood,' zong hij, 'mooi om te zien en hartig in gerechten, maar bij overdaad te scherp. Verlosser van de armen, verbeteraar van goede spijzen, zij het moeilijk voor de geest te halen [als godheid].' Een Sanskritisch werk uit ongeveer dezelfde tijd verwijst ook naar chilipepers. Evengoed is het verrassend dat de anders zo opmerkzame Garcia da Orta ze niet noemt in zijn geschrift uit 1563, hoewel hij ter plekke in Goa woonde. Werden chilipepers eerst in het zuiden ingevoerd alvorens ze Goa bereikten? (Bedenk dat Fuchs het over 'Calicut-peper' en niet over 'Goa-peper' heeft.) Portugese schepen deden doorgaans eerst de zuidelijke stad Cochin aan voordat ze doorvoeren naar de residentie van de onderkoning. Maakt dat het niet logisch dat de bewoners van de peperkust eerder dan de Indiërs in het noorden overgingen op het gebruik van chilipepers?

Ik legde deze vraag voor aan Thomas Thumpassery, tijdens onze middagmaaltijd op zijn peperplantage in de Zuid-Indiase provincie Kerala. Thomas' moeder had met zorg gerechten uitgekozen die mijn tere blanke verhemelte niet zouden verschroeien. Bijgevolg kreeg ik een aantal exquise groentegerechten en milde vleesschotels voorgezet, vergezeld van een zoete mangochutney die gewoonlijk aan kinderen wordt gegeven. Het eten was een verrukkelijke melange van rook, kokosnoot en specerij, waarbij chilipeper, kurkuma, komijn, gember en kerrieblad een subtiel samenspel aangingen. Maar waar was de zwarte peper die aan de overkant van de weg groeide? 'Wij eten die niet,' vertelde Thomas me. Een van de spelingen van het lot in de specerijenhandel is dat zwarte peper in de plaatselijke keuken bijna niet wordt gebruikt. Bijna de enige uitzondering vormen de zogeheten continentale bereidingen, de plaatselijke vertolking van de Europese keuken door hoofdzakelijk Keralaanse christenen. Maar in inheemse gerechten is het gebruik miniem. Dat geldt niet voor andere delen van India, waar Keralaanse peper veel meer toepassing vindt dan in zijn plaats van herkomst. Zelfs vlak over de West-Ghats, die Kerala afgrenzen van de deelstaat Tamil Nadu, gebruiken ze massa's zwarte peper. 'Ik gruw van de smaak,' zegt Thomas hartgrondig ter illustratie van deze toestand.

Hij brengt me in herinnering dat zwarte peper ook in India een exotisch exportproduct was, misschien niet zo duur als in Antwerpen maar toch alleen betaalbaar voor de gegoede stand. Het enige deel van India waar zwarte peper door het gewone volk als specerij werd gebruikt, moet hier in Malabar zelf zijn geweest, waar de mensen het bos in konden lopen en de bessen vrij konden plukken.

Toevalligerwijs schoot de wereldwijde vraag naar peper (zowel in China en Noord-India als in Europa) precies in de tijd dat de chilipeper in India arriveerde omhoog, dus omstreeks 1500.[17] Voor het eerst begon men zwarte peper te verbouwen in plaats van deze alleen in de bossen te verzamelen. Het werd een marktgewas. Stel je voor dat je een Keralaanse boer was. Zou je je peperoogst dan voor goed geld verkopen of die in je curry malen? De goedkoop te verbouwen chilipeper moet op het ideale moment aan land zijn gekomen, precies op tijd om de lokaal geteelde maar opeens zeer verhandelbare peper te vervangen. Er zijn andere aanwijzingen dat chilipeper de specerij voor de armen was – *pimento dos pobres*, zoals deze ooit in Goa heette. Thomas verklaart dat voor de rituele spijzen die de zuidelijke brahmaanse monniken uit de hoogste kaste klaarmaken alleen zwarte peper in aanmerking komt, zelfs voor gerechten waarin rode peper gebruikelijk is. Maar afgezien van dergelijke rituele uitzonderingen zal een groot deel van de bevolking er gemakkelijk toe zijn overgegaan om chilipeper een plaats in zijn keuken te geven. In de Indiase kookkunst fungeren specerijen ter correctie of als tegenwicht van andere voedingswaren, zoals dat ook in het Europa van Vasco da Gama's tijd het geval was. Spaanse pepers gaven het eten dus niet alleen een pikante scherpte die herinnerde aan zwarte peper, ze vervulden ook eenzelfde medicinale functie.

Vanuit Malabar moet chilipeper dezelfde routes hebben gevolgd als de zwarte peper honderden jaren lang had afgelegd: langs de kust naar het noorden tot Goa en dan naar Noord-India, vervolgens over de Himalaya naar de in het binnenland gelegen provincies van China. (Vooral de inwoners van Sichuan hadden zich enthousiast bekeerd tot de nieuwe specerij.) In westelijke richting bereikten de Indiase chilipepers in elk geval Perzië en misschien zelfs Turkije, hoewel het veel plausibeler is dat de Ottomanen hun scherpe pepers via Spanje kregen.[18] Hoogstwaarschijnlijk hebben Portugese (en Gujaratische) handelaars de chilipeper eveneens naar Zuidoost-Azië gebracht, hoewel het ook zonder meer mogelijk is dat die eer toekomt aan de matrozen van het Spaanse galjoen Manilla dat de verbinding van Acapulco naar de Filippijnen onderhield. En waar de kooplieden en zeemannen het lieten afweten, daar namen de vogels hun taak over, door op de meest afgelegen plaatsen hun met capsicumzaadjes gevulde uitwerpselen te laten vallen.

West-Afrika is een volslagen ander verhaal, dat nog een mistsluier toevoegt aan een toch al nevelig beeld. In de tijd dat Christoffel Columbus aan het hof van Lissabon rondhing, verscheepten de Portugese karvelen twee soorten 'peper' van wat toen bekend stond als de Guinese of Meleguetakust van Afrika: paradijskorrels alias meleguetapeper (*Aframomum melegueta*) en tevens een Afrikaanse peperkorrel (*Piper clusii*) die verwant is aan cubebepeper [*Piper cubeba*, in Nederland doorgaans staartpeper genoemd maar niet te verwarren met de hiernavolgende 'peper met een staart' – vert.]. De specerij die in het Portugees pimenta malagueta heet, is gemakkelijk van zwarte peper (Piper nigrum) te onderscheiden. De zaden zijn veel kleiner, gladder en lichter van kleur. Ze hebben veel weg van de kardemomzaden waaraan ze verwant zijn, hoewel paradijskorrels in gemalen vorm een eigen bloem- of jeneverbesachtig aroma hebben, met weer wel een peperachtige branderigheid. De tweede peper, die de Portugezen ontdekten toen ze in 1485 de Niger op voeren, werd *pimenta de rabo* – 'peper met een staart' – genoemd omdat hij eruitzag als een peperkorrel waaraan een stengeltje zat. De Italiaanse loods aan boord beschreef hem als bijzonder scherp. 'Hij lijkt uiterlijk sterk op cubebepeper, maar wat betreft smaak heeft een kwart ons [van deze Afrikaanse peper] hetzelfde effect als een half pond gewone peper.' Deze kleine besjes, tegenwoordig ook wel ashanti-peper genoemd, zijn feitelijk verwant aan de Indiase variëteit; ze geven dezelfde soort branderigheid. Daarbij komt echter een wat bittere smaak, die zou kunnen verklaren waarom deze zogeheten 'valse peper' een betrekkelijk kort bestaan had op de Europese markt.

De karvelen verscheepten natuurlijk niet alleen peper. Een van de belangrijkste 'goederen' die van de Guinese kust naar Madeira en Zuid-Spanje werden vervoerd, waren mensen die op de suikerplantages moesten werken. Later, na Columbus' beroemde reis, wierpen de Portugezen zich algauw op de slavenhandel naar de nieuwe Spaanse kolonies, en vanaf de jaren dertig van de zestiende eeuw konden ze ook rekenen op klandizie in Brazilië. Ook in dit geval zijn harde gegevens schaars, maar het kan bijna niet anders dan dat de chilipeper via de Kaapverdische Eilanden in West-Afrika is gekomen, aangezien die de gangbare tussenstop waren voor de slavenschepen in beide richtingen. Aan het eind van de zestiende eeuw verwijzen sommige Europeanen naar chilipeper met 'Guinese peper', terwijl Brazilianen hun inheemse chilipepers malaguetas of pimenta de rabo noemen. Geen wonder dat zelfs zulke deskundige historici als Hernâni Xavier van Aporvela ervan overtuigd zijn dat chilipepers van oorsprong in West-Afrika groeiden en door Portugal al lang voordat Columbus scheep ging, werden geïmporteerd.

Mijn veronderstelling luidt dat chilipepers het eigenlijke Portugal betrekkelijk laat bereikten via enkele verschillende maar indirecte routes, en in opeenvolgende golven in de keuken werden opgenomen. Wie een Portugese delicatessenzaak binnenloopt, ziet daar naar alle waarschijnlijkheid roodgekleurde *chouriços, linguiças, morcelas* en *salpicões* aan het plafond hangen en in de etalage liggen – allemaal worsten die in meerdere of mindere mate met *pimentão* zijn gekleurd. Dat gebeurt ook met thuis klaargemaakte gerechten, maar bij lange na niet in die mate als over de grens in Spanje het geval is. Alles wijst erop dat deze milde chili Portugal via het buurland en niet rechtstreeks uit de Nieuwe Wereld bereikte, en dat de nieuwe specerij hier behalve zwarte peper ook de dure saffraan verving.

Wanneer een Lisboeta iets scherps klaarmaakt, reikt ze naar de malagueta of de piripiri. Met beide woorden wordt in ruime zin een scherpe peper aangeduid, zij het met de laatste meestal een gedroogde vorm. Op enig moment moeten chilipepers onder de naam malaguetas zowel uit Brazilië als van de Guinese kust zijn geïmporteerd, vermoedelijk pas lang na de komst van pimentões uit Spanje. Pas in de afgelopen decennia zijn ze algemeen populair geworden, toen de *retornados* – kolonisten (en inheemsen) die in de jaren zeventig van de vorige eeuw de voormalige koloniën van Portugal ontvluchtten toen die onafhankelijk waren geworden – hun Afrikaanse voorkeuren mee terugbrachten naar de hoofdstad. De populariteit van Oost-Afrikaanse piripiri is van tamelijk recente datum. Wie in een restaurant vraagt om piripiri (hier even gangbaar als ketchup in Amerika), krijgt een potje gemalen scherpe peper in olijfolie. Je kunt aan elk gerecht naar wens de smaakmaker toevoegen (hoewel het je een paar opgetrokken wenkbrauwen oplevert als je het bij heel traditionele schotels gebruikt). Ook nu nog wordt peper geassocieerd met de werkende klasse (en met de mannelijke sekse). Mijn ondervinding is dat scherpe peper geenszins alomtegenwoordig is in Portugal. Volgens Rui Lis, de non-conformistische advocaat die in Afrika wel aan zijn peper is gekomen, komt dat doordat ik te veel in yuppierestaurants heb gegeten. Na enig aandringen geeft hij toe dat Portugese vrouwen doorgaans niet van de smaakmaker houden, maar mannen, echte mannen, moeten hun piripiri hebben.[19]

Natuurlijk schenken de meeste Lisboetas even weinig aandacht aan de herkomst van piripiri als aan het wereldomspannende rijk waarover hun stad ooit heerste. Vreemd is dat niet: de scherpe peper is veel prikkelender dan een vaag herinnerde geschiedenisles over een klein land met lang vervlogen rijkdommen waarnaar begerige handen van Madrid tot Londen tot Amsterdam zich uitstrekten.

Schipbreuken en custardtaartjes

Aan de overkant van de spoorbaan en de autoweg die nu tussen het Mosteiro dos Jerónimos en de Taag liggen staat het bekendste monument van Lissabon, een sierlijke kleine toren die nog het meest weg heeft van een kinderfort dat hier in elkaar is gezet zodat de kinderen riddertje kunnen spelen in de stralende zuidelijke zon. Evenals het klooster is de Torre de Belém gebouwd van glimmende witte kalksteen en verfraaid met gracieuze bogen en fiere schilden waarop het kruisvaarderskruis is afgebeeld. Het hele geval is omringd door een stenen neptouw dat met een zeemansknoop is vastgestrikt, alsof de architect zijn creatie in geschenkverpakking aan de koning had willen aanbieden. Maar dit alles is slechts schone schijn, een opgesierde dekmantel van vier meter dikke muren, een geschutsstelling voor de zestien kanonnen waarmee iedereen die ongenood Lissabon binnenvaart onder vuur kan worden genomen. De hoogste geschutsstelling van de toren biedt een onbelemmerd zicht op de rivier – helemaal tot de plek waar hij zich verbreedt en bij Cascais de Atlantische Oceaan begroet. Elk vijandelijk schip dat van de oceaankant de stad naderde moest langs deze kanonnen varen, maar misschien nog belangrijker was dat deze ingesnoerde geschutsbatterij de potentiële smokkelaar te kennen gaf dat er met de koning niet te spotten viel. Zodra de peperschepen de riviermonding op voeren, kwamen de douanebeambten in actie; zij volgden de schepen helemaal tot Lissabon om erop toe te zien dat er geen korrel koninklijke specerij heimelijk aan wal werd gebracht.

Tussen deze plek en de baai kon de zee verraderlijk zijn. De onzichtbare zandbanken voor de monding verplaatsten zich bij elke storm. Er zijn daar honderden schepen vergaan met Belém in zicht. Over één van deze schipbreuken weten we nu een heleboel dankzij een recente archeologische opgraving, een gezamenlijk Amerikaans-Portugees project onder leiding van Filipe Castro en Francisco Alves.

Op 15 september 1606 zagen de uitkijkposten van de Torre de Belém de hoge masten van de Nossa Senhora dos Mártires zwiepen in de gierende wind, verder overhellen en vervolgens in het water storten toen de zware romp onder water tegen een obstakel botste en openbarstte, zodat kanonnen, caixas, zeelieden en bijna een half miljoen kilo zwarte peper in het kolkende water verdwenen. De volgende ochtend zagen de Lisboetas dat het middernachtelijk tij de stranden zwart van de peperkorrels had gekleurd. Ooggetuigen meldden een wilde stormloop op de aan wal gespoelde, kostbare lading voordat de koninklijke beambten de rest konden bemachtigen. En toen de maritiem archeologen onlangs naar de overblijfselen van die grote nau doken, bleken deze zelfs na al die tijd nog te zijn ingebed in een laag modder vermengd met peperkorrels. Veel van de voorwerpen waren verdwenen, gestolen door amateurduikers of weggespoeld door de stormen van vier eeuwen, maar te midden van de peperkorrels bevatte de versplinterde romp niettemin nog een keur aan schatten uit het oosten – zilveren realen, gouden sieraden en Chinees porselein – alsook de meer gangbare tinnen borden en aardewerken potten die de hoofdmoot van de archeologie uitmaken. Een aantal van de vondsten is te bezichtigen in het Museu de Marinha. Ze hebben er zelfs een royale berg peperkorrels. Peper is goed houdbaar, maar niet zó goed. Enkele teamleden hebben de vierhonderd jaar oude peperkorrels daadwerkelijk geproefd. Zoals te verwachten viel, was elk spoortje smaak verdwenen. Toch bekent professor Castro dat hij een flauw aroma bespeurde toen hij in het diepst van de modderlagen dook. Voor het overgrote deel waren de peperkorrels echter niet meer dan een broze buitenlaag zonder inhoud. Ze moesten in alcohol gedehydrateerd worden, waarna ze in kleine partijen met een föhn werden gedroogd en vervolgens met lijm geïmpregneerd om te voorkomen dat ze in het museum tot stof zouden vervallen.

De ondergang van de Mártires was slechts het zoveelste incident in de lange rij schipbreuken die een symptoom waren van een imperium dat even broos en hol aan het worden was als nu de peperkorrels in het Museu de Marinha. Op de lange lijst van oorzaken is het verlies van de Portugese specerijenhandel een van de voornaamste, maar het uit zijn krachten gegroeide rijk – slechts bijeengehouden door de zwakke lijm van verre forten en factorijen – was simpelweg te wankel om bestand te zijn tegen de incompetentie van binnenin en de aanvallen van buitenaf.

Dat het misliep, zo verklaren mijn zeilhistorici nadrukkelijk, was voor een groot deel de schuld van de Spanjaarden. In 1578 zette koning Sebastião I van Portugal (een van de meer onevenwichtige vorsten in de reeks) een nieuwe kruistocht tegen de Moren op touw, die zijn dood werd. Als gevolg daarvan viel de Portugese kroon twee jaar later in de schoot van Filips II, de overijverige en fanatiek godsdienstige Spaanse koning van het Habsburgse huis, vanaf dat moment tevens Filips I van Portugal. 'We verwijzen naar die zestig jaar Spaans bewind als onze "Babylonische ballingschap",' verwittigt luitenant Neves me, voor het geval ik enige illusies mocht koesteren over warme gevoelens tussen Portugal en zijn opdringerige buur. In theorie zouden de twee koninkrijken gescheiden blijven onder Filips, maar in de praktijk liep het algauw anders. De Spaanse heerser kon met zijn vingers niet van de winstgevende specerijenhandel afblijven, al helemaal niet toen hij geld nodig had voor zijn godsdienstoorlogen. Tegelijkertijd verloor de jaarlijkse Carreira da Índia, die voor het bedienen van de zeilen toch al te afhankelijk was van slaven en veroordeelden, steeds meer ervaren zeemannen aan de comfortabeler en profijtelijker Spaanse galjoenen op hun verhoudingsgewijs snelle oversteek naar Amerika. Toen Filips in 1588 op het rampzalige idee kwam een strafexpeditie naar de protestantse Engelse koningin te sturen, was een groot deel van zijn armada feitelijk Portugees. 'Het waren onze schepen die hij te gronde richtte!' roept Hernâni Xavier verontwaardigd. Maar de aandacht van Spaanse koningen lag elders, wat betekende dat de vloot van Lissabon wegkwijnde en het Portugese rijk aan verwaarlozing ten onder ging.

Dat Nederland in de specerijenhandel ging, werd ook door Filips' beleid teweeggebracht – of in elk geval bespoedigd. Portugal onderhield warme betrekkingen met de Lage Landen vanaf de tijd dat zijn koningen huwelijken met de Bourgondische adel sloten, en zijn kooplieden losten zout en olie op de middeleeuwse kades van Brugge. Gedurende het grootste deel van de zestiende eeuw werd de Portugese peper via Antwerpen gedistribueerd, en Nederlandse tussenhandelaars zakten regelmatig naar Lissabon af om hun ruimen te vullen met paradijskorrels, zwarte peper en kaneel. De Portugese koningen hadden deze handel gestimuleerd door de Nederlanders een aantal voorrechten toe te kennen, vergelijkbaar met de Venetiaanse *fondachi* in moslimlanden. De kroon stond de noorderlingen zelfs toe op eigen terrein hun ketterse rites te beoefenen. In 1580 was Nederland echter in een gewapende opstand tegen Spanje verwikkeld (de Nederlanden waren een aantal jaren eerder onder Habsburgs bewind komen te staan). Filips II sloot in antwoord daarop al zijn havens voor Nederlandse schepen en stuurde zijn keurtroepen noordwaarts om de ketters in het gareel te brengen. Het liep allemaal niet zoals hij had gepland. De conquistadores leden de ene vernederende nederlaag na de andere, en de Hollandse marine voer regelrecht naar Gibraltar en bracht op een steenworp afstand van de Andalusische kust een Spaanse armada tot zinken. Nu ze geen peper meer kregen, besloten de Nederlanders die zelf te gaan halen, waarbij ze onderweg elk vijandelijk schip plunderden en lek schoten dat ze maar te pakken konden krijgen. De slecht bemande Portugese schepen waren een bijzonder gemakkelijke prooi, zeker vergeleken met de zwaarbewapende Spaanse galjoenen waaruit de zilvervloot uit Nieuw-Spanje was samengesteld.

Goa was zo goed verdedigd dat de Hollanders het niet met geweld konden innemen, maar de andere vestingwerken in de Estado da Índia werden Portugal een voor een ontfutseld. De specerijeilanden Tidore en Ambon vielen in 1605, Malakka in 1641, Ceylon in 1656. Zelfs Cochin, waar de Carreira zijn schepen jaar in jaar uit tot de nok met peper had beladen, bezweek in 1663 onder de Hollandse aanvallen. Toen er in 1640, na zestig jaar Spaanse ballingschap, weer een Portugese koning in het Paço da Ribeira huisde, beschikte deze over niet meer dan elf volwaardige schepen: acht galjoenen van Portugese bouw – waarvan een in reparatie – en drie andere schepen die van de Fransen en de Hollanders waren afgenomen. Daarentegen konden de Hollanders, volgens een schatting uit die tijd, meer dan veertienduizend schepen voor de oorlog bijeenroepen! De pepervloot vertrok steeds later in het seizoen uit India om zo de Hollandse (en later Engelse) kapers te ontwijken, met als gevolg dat ze de betrouwbare winden van de moesson misliepen en op de thuisreis schipbreuk leden. Het aantal schipbreuken liep aan het begin van de zeventiende eeuw zo hoog op dat Portugal in sommige jaren helemaal geen peper te verkopen had.

Toch was lang niet iedere schipbreuk aan de Hollanders te wijten. De schepen waren op de terugweg naar Lissabon altijd chronisch overbeladen vanwege het bemanningsaandeel in de goederen, of dat nu de officieel toegewezen caixas of de smokkelwaar betrof. Gezien het erbarmelijke salaris was dat de enige manier om de gevaarlijke reis de moeite waard te maken. Incompetentie op ieder niveau droeg ook aan de schipbreuken bij. In Portugal werd de functie van scheepskapitein als een koninklijke gunst toegewezen aan leden van de hoge adel. Een voorsteven van een achtersteven kunnen onderscheiden behoorde niet tot de vereisten. Als gevolg daarvan was het in de praktijk de stuurman die het schip voer. Het laat zich raden wat er gebeurde wanneer kapitein en stuurman van inzicht verschilden. Van Mozambique tot Madeira werden de stranden van tijd tot tijd overspoeld met een pepervloed. Daar kwam nog bij dat er een tekort aan ervaren stuurmannen was. Tijdens een vergadering die in 1643 te Goa in het paleis van de onderkoning werd gehouden, realiseerden de plaatselijke gezagsdragers zich dat er thuis in Lissabon niet één bevoegde stuurman was die een schip naar India kon varen, omdat iedereen met voldoende ervaring (alle tien!) in Goa vastzat wegens de Hollandse blokkade.

Ook matrozen die wisten wat ze deden, waren dun gezaaid. Bij de vele slachtoffers op de Carreira zelf voegden zich de zeelieden die nooit uit Indië terugkeerden, wat bij elkaar een jarenlange aderlating van matrozen voor het koninkrijk betekende. Luitenant Neves komt met het veelzeggende cijfer dat er in al die jaren meer doden op de terugreis uit India vielen dan het totale aantal zeelieden in de volledige Spaanse armada die op Amerika voer. Zoals iedere historicus van de specerijenroute komt Neves met het voorval dat de koninklijke kroniekschrijver Castanheda in 1505 heeft opgetekend bij het vertrek van de pepervloot uit Belém. De matrozen waren zo onervaren dat de kapitein van één karveel een streng knoflook aan de ene en een streng uien aan de andere kant van het schip spijkerde, zodat ze links en rechts uit elkaar konden houden. Als hij vervolgens het schip naar stuurboord wilde draaien, riep hij 'Knoflook', en om naar bakboord te gaan 'Uien'. De verwarring beperkte zich echter niet tot de matrozen, want Castanheda haalde de twee ook door elkaar. De toestand bij de eerste storm laat zich raden. En de matrozen werden er in de loop van de eeuw niet beter op.

De Portugese geestdrift voor de verbreiding van het geloof, hetzelfde fanatisme dat voorheen tot de ontdekkingsreizen had geleid, keerde zich nu tegen het rijk. Niet alleen werd de koninklijke schatkist geleegd voor het vergulden van de schitterende altaren van Goa Dourada, de zeemacht maakte door zijn politiek van kerstening met de kanonneerboot weinig vrienden in het oosten. Ondertussen had het brute optreden van de inquisitie thuis tot gevolg dat vele 'nieuwe christenen' hun biezen pakten naar een minder vijandige omgeving. Deze uittocht van voormalige joodse handwerksmannen, kooplui en vakmensen betekende een catastrofe voor de Portugese middenstand, evenzeer als het een verrijking was voor Amsterdam, Antwerpen en Londen, die hen opnamen. Bovendien leidde de Contrareformatie tot een sluipende uitholling van de cultuur, minder zichtbaar maar bijna even verwoestend als de autodafe's waar weigeraars van varkensvlees levend werden verbrand. Vergelijk eens het tijdperk van koning João II, die twee Franse boekhandelaars toestemming gaf om zoveel boeken als ze wilden belastingvrij te importeren, omdat hij geloofde dat 'het algemeen welzijn ermee gebaat is als er vele boeken in ons koninkrijk in omloop zijn', met het verstikkende klimaat van honderd jaar later. Tegen die tijd was er uit vrees voor buitenlandse ketterijen een totalitaire vorm van censuur ingesteld voor alle boeken die in het koninkrijk werden gedrukt of ingevoerd. Zelfs meesterwerken van Portugese auteurs zoals Da Orta waren in het buitenland op veel grotere schaal in omloop dan thuis.

In Azië was het aanvankelijk de verantwoordelijkheid van iedere Lusitaniër om het geloof te verbreiden. Luitenant Neves beschrijft de Portugese zeeman uit de begintijd als een soort Multi-tool die dienst kon doen als matroos, soldaat, koopman en gewapende missionaris, afhankelijk van wat de omstandigheden vereisten. Maar reeds voorafgaand aan de periode van Spaanse heerschappij was de religieuze campagne vast in handen van een geschoold kader, de jezuïeten, van wie er velen niet eens Portugees waren. De Lusitaniërs hadden ooit de vaste overtuiging gekoesterd dat hun kleine land de zeeën had kunnen veroveren omdat zij Gods wil ten uitvoer brachten. Omstreeks het midden van de zestiende eeuw was er van bekeringsijver echter nog nauwelijks een spoor te bekennen onder de manschappen die voorbij de Torre de Belém voeren, geheel bevangen als zij waren door de drang om hun zakken te vullen.

De plaatselijke bewoners hadden van de kolonisten niet veel te verwachten. Dat vindt zijn weerklank in Linschotens constatering dat elke onderkoning, nadat hij voor zijn driejarige diensttijd in Goa is gearriveerd, het eerste jaar gebruikt om zich in te richten, het tweede om zoveel mogelijk rijkdom te vergaren en het derde om zijn sporen uit te wissen. Vrijwel hetzelfde kon van elke andere koninklijke functionaris worden gezegd. De Nederlander schrijft: 'Onder hen is er niet één die acht slaat op de inkomsten van het rijk, of zich in de dienst van de koning beijvert in plaats van zijn eigen belang na te jagen.' Dit was rechtstreeks van invloed op de specerijenhandel in de hele Estado da Índia. Je kon veel meer geld verdienen door binnen Azië te kopen en te verkopen dan door peper en kruidnagel naar de agenten van de koning te sturen, die de specerijen huiswaarts verscheepten. Derhalve viel het handelsstelsel min of meer terug in hetzelfde patroon dat vóór Da Gama's komst had bestaan. Er is geschat dat de Portugezen in 1515 zo'n 30 procent van de peperproductie in Malabar verscheepten. Aan het eind van de eeuw was dit gezakt tot 3 à 4 procent. (Hierbij moet worden aangetekend dat de totale productie ondertussen was toegenomen.) Opnieuw brachten Gujarati-kooplieden peper naar havens aan de Rode Zee en de Perzische Golf. En Venetië werd weer het grootste specerijenwarenhuis in het Middellandse Zeegebied. De onderkoningen en de kapiteins van de over Azië verspreide forten pikten maar al te graag een graantje van deze handel mee en waakten er wel voor iets te ondernemen waardoor de bron van hun smeergeld zou opdrogen. Zo kwam het dat zelfs al vóór de Spaanse machtsovername, en lang vóór de komst van de snelle schepen uit Amsterdam, de Portugezen hun marktaandeel in Europa zagen teruglopen.

Het is een wonder dat het volledige Lusitaanse rijk niet als een slecht gebakken soufflé instortte bij de inslag van het eerste Hollandse kanon. Maar misschien moeten we de omgekeerde benadering kiezen. In plaats van de ondergang van de Estado da Índia te bejammeren kunnen we ons misschien beter verbazen over de lange bloeiperiode van dit onwaarschijnlijke koninkrijk, op nauwelijks meer gebaseerd dan de winst op het halve dozijn schepen dat jaarlijks in de Carreira arriveerde. Verbazingwekkend genoeg hield dit nogal geïmproviseerde imperium het tot de twintigste eeuw uit, zij het in veel kleinere omvang. Pas in 1961 gaf Goa zich voor de Indiase troepen gewonnen. In de tussentijd vond Lissabon andere inkomstenbronnen om zijn paleizen te bouwen en zijn kerken te vergulden. Toen de Portugese specerijenroute in het oosten door toedoen van de Nederlanders langzaam verstikte, richtten de monarchen in Lissabon zich naar het westen en boorden in de lang genegeerde Braziliaanse gebieden een nieuwe geldstroom aan. Suiker, en niet peper, zou van deze kolonie een nieuw eldorado maken.[20]

Er is veel goeds en veel slechts gezegd over de gevolgen van de oceaanreizen die Da Gama en Columbus in hun zoektocht naar specerijen en het paradijs ondernamen, maar ze brachten hoe dan ook een stroom van mensen en goederen over de aarde op gang. Het zilver dat in Mexico werd gedolven beïnvloedde nu de valutamarkt in China. Een verhoogde vraag naar peper in Europa leidde tot aanpassingen van de productietechniek in India. De behoefte aan arbeidskrachten op Portugese suikerplantages deed zich tot diep in Afrika voelen. Mensen in Lissabon en Madrid namen beslissingen die het leven van mensen aan de andere kant van de aarde rechtstreeks raakten. De Venetiaanse ambassadeur onder Manuel I had een scherp inzicht in de omvang van deze transformaties: 'Het is uw grote en gedenkwaardige wapenfeit dat u volkeren die de natuur verdeelt onder uw heerschappij hebt samengebracht, en met uw handel twee afzonderlijke werelden hebt verenigd.' De raderen van de globalisering begonnen te draaien in het kielzog van de grote naus die bij de kleine witte toren van Belém vertrokken.

Als je een geboren en getogen Lissabonse vertelt dat je deze historische buitenwijk gaat bezoeken, zal ze glimlachend met de lippen smakken. Allicht, iedere bezoeker van Lissabon moet een bedevaart naar Beléms nationale heiligdom maken. Maar koester niet de illusie dat ze daarbij denkt aan het Mosteiro dos Jerónimos en de Torre de Belém. 'Die zijn natuurlijk best mooi,' zegt de Lisboeta over deze juweeltjes van architectuur, 'maar je moet er vooral heen voor de *pastéis de Belém*.' De inwoners van Lissabon kunnen in vervoering raken over hun zoetigheden. Als ontbijt is een zoete, muffinachtige *bolo* geliefd; de middagmaaltijd wordt vaak afgesloten met een van de vele soorten *pudim* (de term 'flan' doet geen recht aan de talloze variaties in kleur en consistentie.) Andere desserts zijn zo typisch Portugees dat er geen toereikende Engelse vertaling voor te vinden is. Ik ben ervan overtuigd dat de stad meer banketbakkers per hoofd van de bevolking heeft dan enige andere plek op aarde. Het raadplegen van een recente Gouden Gids van Lissabon levert inderdaad meer dan achthonderd *pastelarias* op voor alleen al de hoofdstad. (Een vergelijkbaar naslagwerk geeft er voor het veel grotere Parijs slechts 180!) In de meeste Portugese gebakjes zit veel ei, ze hebben vaak een kaneelsmaak en ze zijn zonder uitzondering erg zoet. Deze eigenschappen verenigen zich in het nationale dessert, de pastéis de nata, in Belém omgedoopt tot pastéis de Belém. Derhalve is het misschien niet helemaal toevallig dat de hogeschool van dit custardtaartje, het Casa dos Pastéis de Belém, precies ligt ingeklemd tussen het roze geverfde presidentiële paleis en het nationale pantheon bij het Jerónimos, waar de grootste koningen, helden en dichters van het land zijn begraven. In het weekend, op het eind van de middag, staan bezoekers en stedelingen tezamen vier rijen dik voor de bar van de winkel op hun beurt te wachten, om als het zover is het nog warme gebak onder het genot van een romige espresso op te peuzelen.

De hedendaagse Portugezen staan zelden stil bij hun geschiedenis. Daarin verschillen ze niet van de mensen elders. Hernâni Xavier mag er de homo's en communisten die volgens hem het ministerie van Onderwijs bestieren graag de schuld van geven, maar zelfs hij moet erkennen dat de zestiende eeuw zijn landgenoten weinig belang inboezemt. Heldhaftigheid is in de Europese Unie niet in de mode, en de meeste ingezetenen van wat ooit de christelijke wereld heette worden niet graag herinnerd aan de jihadistische geloofsijver die de aanzet gaf tot 'het tijdperk der ontdekkingsreizen'. Voor het merendeel van zijn landgenoten is Camões slechts de naam van een straat, een plein, een instituut. Wanneer ze op school het heldendicht van de grote dichter over hun voorouders lezen ('onversaagd / In broze spanten op verraderlijke zeeën, / over nooit in kaart gebrachte routes, en door tegenwind enkel gestaald; / na zoveel van de aarde te hebben verkend / van de evenaar tot de middernachtzon verstoutten [zij zich] / de poorten van de dageraad zelve te betreden'), is dat voor hen slechts literatuur. Je kunt moeilijk verwachten dat de afstammelingen van deze Lusitaniërs verband leggen tussen Camões' oude, onverzettelijke zeelieden die om een onbekende wereld voeren en de kaneel op hun pastéis de Belém, of dat ze zich de klacht van een andere Portugese dichter herinneren: 'Bij de geur van deze kaneel verliest het koninkrijk zijn mensen.'

Maar toch, welk een verhalen zouden die custardvlaaitjes kunnen vertellen! In één enkele hap is het Portugese verleden samengebald. De broze schilferige korst die op de tong uiteenvalt is een souvenir van de Moren, die de techniek om filodeeg te maken naar Iberië brachten. De rijkelijk gestrooide kaneel is, met al die andere aromatische stoffen, het enige wat er van het Aziatische rijk is overgebleven. Dan is er de suiker die door de Portugezen naar Amerika werd gebracht, een aandenken aan het continent dat onderweg naar de specerijen toevallig werd ontdekt, een herinnering aan het zoete riet omwille waarvan hulpeloze Afrikanen op een lijdensweg over zee werden gestuurd en dat de witte kristallen opbracht waarvan scheepsladingen naar banketbakkers van Lissabon tot Wenen werden verzonden. Al deze geschiedenis komt samen in deze romige, naar kaneel geurende custard.

III

Amsterdam

Snoep, specerijen en sinten

Ik kon nog net een glimp opvangen van de twee Zwarte Pieten die op het punt stonden om met hun zakken met snoep de gracht over te steken. De gestalten met hun zwarte gezichten waren het enige stipje kleur in het vervagende decemberlicht; het fluweel van hun in rood, geel en groen uitgevoerde pakjes glom van de eindeloze Amsterdamse motregen. Aan de overkant van de straat kon ik hun zwart geschminkte gezichten nauwelijks onderscheiden, afgezien van de brede karmozijnrode grijns en de flikkering van een regelmatig Nederlands gebit terwijl ze toekeken hoe ik behoedzaam voortschuifelde over de glibberige kinderkopjes. Ik keek naar links noch naar rechts en waagde het erop – dom als ik soms ben. Een voortjakkerende fiets deed me bijna in de gracht belanden. Gelukkig zwenkte de fietsende oma op het nippertje opzij, al denk ik dat haar behendige manoeuvre niet zozeer voortkwam uit zorg voor mijn veiligheid maar vooral moest voorkomen dat de toren van taartdozen uit haar mandje tuimelde.

Het was 5 december, sinterklaasavond, het feest van Sint-Nicolaas. Nederlandse oma's grijpen die gelegenheid aan om hun kleinkinderen te verwennen met allerlei soorten zoetigheid. Ouders verstoppen cadeautjes in klompen en bezemkasten. En ontelbare blonde, blauwogige Nederlanders schminken hun gezicht zwart en verkleden zich als huisslaven uit de renaissance, als Zwarte Pieten – zoals de 'Afrikaanse' hulpjes van de goede sint worden genoemd. Op straathoeken en in supermarkten staan ze pepernoten uit te delen aan iedere voorbijganger. Deze kruidige koekjes en theatrale zwarte gezichten zijn even Hollands als windmolens en klompen. Maar ze zijn tevens de (niet zo) stille getuigen van de koloniale geschiedenis van het land, van de handel in suiker en specerijen die Amsterdam groot maakte.

Pepernoten zijn een soort klein, donker koekje dat wordt gemaakt met bruine suiker en een specerijenmengsel waarvan de samenstelling afhangt van de streek en de fabrikant. Ondanks hun naam bevatten ze in tegenstelling tot de Venetiaanse peverini nauwelijks peper, maar hoe ze ook gekruid zijn – sommige krijgen nu zelfs een chocoladejasje, tot afgrijzen van de puristen –, ze horen evenzeer bij het feest van Sint-Nicolaas als de goedheiligman en zijn donkere assistenten zelf.

De sint met zijn witte baard en rode tabberd zou ieder Amerikaans kind dat in de weken voor Kerstmis een winkelcentrum heeft bezocht bekend voorkomen. De kerstman, in Amerika Santa Claus geheten, gaat terug op het Nederlandse origineel. Maar in Nederland stamt hij af van een legendarische vierde-eeuwse bisschop uit de zonnige stad Myra (in het huidige Turkije) en verbeeldt hij geen van de kou blozende schalk uit de winterse poolstreek. In de middeleeuwen was hij de beschermheilige van kooplieden en matrozen, zodat het voor de hand lag dat Amsterdam als opkomende zeehaven Nicolaas tot officiële schutspatroon van de stad benoemde.[1]

In archiefstukken van 1360 wordt al een sinterklaasviering voor kinderen beschreven. Volgens de overlevering verscheen hij in middeleeuwse Nederlandse kloosterscholen, waar hij brave leerlingen beloonde met kruidensnoepjes en een roe van berkentakken achterliet voor het tuchtigen van de deugnieten. Algauw raakte de witbebaarde bezoeker ook verbonden met het uitdelen van cadeautjes. In het middeleeuwse Amsterdam werd op het centrale plein, de Dam, elk jaar een sinterklaasmarkt gehouden. De kraampjes puilden dan uit van zoetigheden als kaneelbast, honinggebak en pepernoten, die allemaal een aparte smaak hadden dankzij de suiker en de specerijen die waren geïmporteerd uit het mythische oosten – waar de bisschop vandaan kwam. Al deze pret was de calvinisten te gortig toen die het na de reformatie voor het zeggen kregen, en zij probeerden de statige sint af te schaffen omdat hij een vorm van paapse afgoderij zou vertegenwoordigen. 'Het opzetten van marktkramen op sinterklaasavond en daar dan goederen verkopen die Sint-Nicolaas zou hebben gebracht, brengt de kinderen op een dwaalspoor, welke praktijk niet alleen in strijd is met de goede zeden, maar de mensen bovendien wegvoert van het ware geloof en aanzet tot atheïsme, bijgeloof en afgodendienst,' zo luidde de tekst van een anti-Klaas-verordering uit 1600. In de ene na de andere stad werden maatregelen uitgevaardigd die het de mensen verbood kruidige sinterklaaskoeken te bakken en de schoen te zetten. Maar het mocht niet baten. De goede oude sint was gewoonweg te populair.

Tegenwoordig komt Sinterklaas zogenaamd enkele weken vóór zijn feestdag op 5 december in Nederland aan, op een stoomschip uit Spanje – een gebeurtenis waarvan alle tv-zenders uitvoerig verslag doen. De sint wordt vergezeld door een wit paard en een of meer Zwarte Pieten. Ze zeggen dat Zwarte Piet eigenlijk een Spaanse Moor is, maar dat idee is betrekkelijk recent. In vroeger tijden stond de knecht met zijn zwarte gezicht doorgaans voor de duivel, en hij was vaak geketend. De moderne Piet ziet er met zijn zwierige pakje en verwijfde pruik uit alsof hij uit een negentiende-eeuwse minstrel show is gestapt [een voormalige Amerikaanse variétévorm waarbij blanken in negertravestie optraden – vert.]. Die overeenkomst kan geen toeval zijn. Deze bepaalde verschijningsvorm van Zwarte Piet werd ongeveer in dezelfde periode bedacht als die racistische cabaretvoorstellingen, precies rond de tijd dat Nederland de slavernij in zijn koloniën afschafte – te weten in 1863, waartoe het als een van de laatste Europese staten overging. Toen Suriname in 1975 onafhankelijk van Nederland werd, maakte de Surinaamse regering zich geen illusies over wat Zwarte Piet vertegenwoordigde en zij schafte de geschminkte figuur prompt af. Op de suikerplantages van Suriname (voorheen Nederlands-Guyana) hadden ze zo hun eigen opvattingen over het verkleden van zwarte mannen in ketenen. Desondanks bleek Zwarte Piet zo populair dat hij in 1992 in ere werd hersteld.

Natuurlijk is het in Nederland zelf hoogst onwaarschijnlijk dat de mensen Zwarte Piet associëren met de gruwelen van de Middenpassage, evenmin als ze tijdens het knabbelen op hun gekruide pepernoten denken aan de genocide die hun voorvaderen op de Indonesische nootmuskaateilanden hebben gepleegd. Hierin lijken ze veel op de Portugezen, en ze zijn zich zelden bewust van het verlies van hun suikerkolonies in Amerika en hun specerijeilanden in Indonesië, hoewel ze, opnieuw net als de Portugezen, hardnekkig blijven vasthouden aan hun voorkeur voor bepaalde zoetigheden. De Nederlandse zoetekauw heeft een voorliefde voor gekruide zoetigheid die in vergelijking met die van de Portugezen welhaast middeleeuws aandoet – althans voor wat betreft het snoepgoed dat traditioneel rondom sinterklaas en Kerstmis gegeten wordt. Als we de cijfers mogen geloven, dan eet de Nederlandse bevolking van vijftien miljoen mensen per jaar zo'n achtentwintig miljoen kilo kruid- en peperkoek!

Iedereen moet op de winterse feestdagen speculaas in huis hebben. Mijn favoriete versie van deze middeleeuwse lekkernij bestaat uit een omhulsel van zachte koek, gekruid met de zoete scherpte van kaneel en de zachte tinteling van gember en nootmuskaat, en gevuld met vochtige, zoete amandelspijs. Maar speculaas is er in vele vormen. Ik werd voor het eerst op deze Hollandse specialiteit geattendeerd door de culinair historica Peter Rose.[2] Peter kan meer speculaasvarianten opsommen dan een wedergeboren predikant zonden kan onderscheiden. Ze heeft ten minste zevenenveertig verschillende soorten speculaaskoek gevonden en beschreven. Ze heeft zelfs een recept voor speculaas gegeven in het tijdschrift *Gourmet*. De meeste Nederlandse fabrikanten gaan zo ver niet: het grenst in dit land aan een staatsgeheim welke specerijen er in speculaas gaan. Er kan geen twijfel over bestaan dat de Nederlanders dol zijn op hun traditionele lekkernij. Niettemin kopen ze de koek meestal kant-en-klaar, en ondanks de ultrageheime samenstelling ligt de mix van speculaaskruiden ook gewoon in de winkel, als ingrediënt voor talloze recepten. Zakjes met deze zoete masala zijn in iedere supermarkt te koop, en ze bevatten doorgaans kaneel, foelie, anijszaad, kardemom, nootmuskaat en kruidnagel, alsook gember.

Uit archiefstukken blijkt dat de Nederlanders al in de middeleeuwen verzot waren op kruidkoek – of peperkoek, zoals de algemene benaming voor deze lekkernij luidt, ongeacht of er peper in zit. Het recept hiervoor kun je bijvoorbeeld opzoeken in een gemeenteverordening uit 1417 van de Oost-Nederlandse stad Deventer, waarin de autoriteiten precies voorschrijven wat er in hun compacte, broodvormige kruidkoek met honing moet zitten. Iedere maker van Deventer Koek die zich hier niet aan hield, kon de astronomische boete van 666 gulden verwachten. Uiteindelijk blijkt dat de goede burgers van Deventer wel wisten waar ze mee bezig waren, want aan het eind van de zeventiende eeuw exporteerde de stad 715.000 koeken per jaar (en dat voor een stad van amper zevenduizend inwoners). Meer recent heeft het leger de nationale lekkernij als morele oppepper ingezet en aan Nederlandse soldaten peperkoek in hun rantsoen verstrekt, net zoals Amerikaanse GI's hun Hershey-repen krijgen.

In Amsterdam komt het specerijenverleden van de stad niet alleen tot uiting in de speculaas en de pepernoten van het decemberseizoen. Je kunt het ook zien in de statige gebouwen aan de oude kades, waarop het embleem van de Vereenigde Oost-Indische Compagnie is aangebracht. Je kunt het ruiken in de oude pakhuizen. Bouwvakkers die voormalige specerijdepots ontmantelen om ze tot trendy appartementen te renoveren, berichten soms over de zoete geur van nootmuskaat en kruidnagel die uit de balken wasemt. In de Nederlandse keukens hangt vanzelfsprekend ook een kruidengeur, en dan vaak een waarbij andere Europeanen ineen zouden krimpen. Maar dat komt doordat de smaak zich elders heeft gewijzigd. Ooit vond kruidkoek ook ver buiten Nederlands grenzen gretig aftrek; die Deventer Koek was evenzeer voor de export als voor de plaatselijke zoetekauw bedoeld. Nederland was de laatste natie in Europa die de specerijenhandel domineerde, en zijn inwoners verzaakten hun liefde voor specerijen nooit in die mate als de meeste andere Europeanen deden toen de renaissancekeuken uit de mode raakte. Dit komt het duidelijkst naar voren in het traditionele snoepgoed voor feestdagen, in traktaties zoals Amsterdamse korstjes, kruidige korstjes uit Amsterdam; in oudewijvenkoek, een pittige, lichtbruine, broodvormige koek met anijssmaak; in het nog maar zelden geziene Kruukplaetje, ouderwetse gekruide wafels die in Zuid-Holland worden gemaakt. Maar specerijen, met name de zoete specerijen die zo geliefd waren onder zestiende-eeuwse Italiaanse koks als Scappi en Messisbugo, vind je hier niet alleen in koeken maar zelfs in worsten en stoofpotten. De specerijenconsumptie per hoofd van de bevolking is hier vergelijkbaar met Marokko en minstens het tweevoudige van die in Amerika. De Nederlanders, die weinig achting en aandacht voor hun eigen keuken hebben, verkeren hierover in zalige onwetendheid als ze bij hun plaatselijke Albert Heijn een kant-en-klare kruidenmix voor hun kipschotel kopen. Ze strooien hier nootmuskaat over de asperges, doen kruidnagel in de rode kool, brengen worstjes op smaak met foelie en bedekken zelfs paling met een laagje kaneel. Een bezoek aan een slagerij in een provinciaal winkelcentrum levert doorgaans een rijke oogst aan opmerkelijke Hollandse culinaire gebruiken op. Verscholen tussen de panklare schnitzels, Italiaanse salami en met mayonaise overgoten glibbersalades liggen bloedworsten gekruid met peper en foelie, en de gehaktachtige balkenbrij waarin zoveel kruidnagel zit dat hij heet op de tong is.

Zelfs de terecht beroemde Nederlandse kaas is soms op smaak gebracht met een verbazingwekkende hoeveelheid kruiden. Wie daar bewijs van wil, moet vanaf de Dam een paar honderd meter lopen naar de westelijke grachtengordel, de wijk waar de specerijen- en houthandelaars in de Gouden Eeuw van Amsterdam hun herenhuizen lieten bouwen. Tussen een smalle rij boetiekjes, verborgen achter een sobere winkelgevel, bevindt zich hier een van de kaasheiligdommen van Amsterdam. Niet dat de Kaaskamer, ook nadat je de voordeur hebt opengetrokken, veel van een eretempel heeft. De bescheiden ruimte doet eerder denken aan een gigantische kast. Toch is het voor Nederlandse kaasliefhebbers een heilige plaats. Aan alle wanden zie je ontelbare wielen kaas rij na rij uitgestald, van elkaar gescheiden door eenvoudige grenen planken. De onderste laag bestaat uit dikke, gele schijven vier jaar oude boerenkaas, brokkelig en met een rijpe karamelsmaak. Op de schappen bij het plafond liggen kleine rode bolvormen romige, jonge Goudse. En in het midden liggen kazen die tjokvol kruiden zitten. Sommige boerenkaas is pikant gemaakt met zwarte peper, mild paprikapoeder en scherpe chilipeper. Door komijn hebben zowel jonge als oude kazen een bijna Marokkaanse geur gekregen. Het meest onverwacht is de nagelkaas, die barst van de hele kruidnagels, misschien wel drie tot vier per hap. Opmerkelijk is dat de dominante smaak van de kruidnagels wordt verzacht door de boterige kaas en de overwegend zoete ondertoon die zo karakteristiek is voor de meeste Hollandse kazen. Iedereen die niet met houten schoeisel is grootgebracht zal de combinatie vermoedelijk bizar vinden, maar ik vind het eigenlijk best lekker. Wat meer is, een brok nagelkaas moet een einde maken aan alle twijfel die culinair historici nog zouden kunnen koesteren over de hoeveelheid specerijen die Europeanen tot zich konden nemen, nu of vierhonderd jaar geleden.[3]

Dineren in de Gouden Eeuw

Worden de zijstraten van de westelijke grachtengordel geflankeerd door bescheiden bakstenen winkelpanden met onopgesmukte trapgevels, de grachten zelf pronken met een stoet van imposante, met kalksteen beklede herenhuizen vol reliëfwerk en barokke krullen. Toen deze Amsterdamse wijk begin zeventiende eeuw werd aangelegd, in de dynamische begintijd van de Gouden Eeuw, was zij speciaal bestemd voor de rijkste stadsbewoners, de kooplieden die bulkten van het geld dat zij met de handel in specerijen en andere buitenlandse goederen verdienden. De binnenste gracht, waar de mooiste panden moesten komen, werd toepasselijk de Herengracht genoemd, naar de Heren Zeventien, de bijzonder machtige bewindhebbers van de Vereenigde Oost-Indische Compagnie, die de specerijenhandel van de Portugezen had afgenomen.

Toen de rijke houtkoopman Jacob Cromhout omstreeks 1660 een nieuw huis wilde bouwen, koos hij vanzelfsprekend een locatie aan de Herengracht. De Oost-Indische Compagnie had veel mensen welvaart gebracht, niet het minst degenen die timmerhout verkochten aan de florerende scheepsbouwindustrie. Cromhout had bijzonder goed geboerd en dat wilde hij de wereld laten zien. Hij nam een knappe architect in dienst die een fraai grachtenpand ontwierp, met twee gevelspitsen en van vier verdiepingen hoog. De algehele indruk is die van een harmonieus stel staande klokken, als een Siamese tweeling verbonden en met een front van zachte kalksteen. Onlangs is het herenhuis tot museum gemaakt, zodat iedereen kan zien hoe de betere stand van Amsterdam ooit woonde – en kookte. Opmerkelijk is dat de keukens sinds de zeventiende eeuw nooit zijn veranderd. En wat voor keukens! Als dit de McVilla uit die tijd was, dan had het beslist de bijbehorende droomkeukens. De grootste van de twee heeft een marmeren aanrecht van zo'n vierenhalve meter, een marmeren vloer, twee in de muur ingebouwde ovens, een fornuis, en bovendien een kachel en overal smaakvolle Delfts blauwe tegels. De gootsteen heeft zelfs stromend water! Maar in weerwil van de geavanceerde keukenapparatuur wijst alles erop dat de Cromhouts beslist ouderwets aten.

Wat werd er in de ernaast gelegen eetkamer opgediend? Om hiervan een idee te krijgen, bladeren we in *De verstandige kock,* een populaire receptenbundel die tussen 1668 en 1711 ten minste tienmaal herdrukt werd en door Peter Rose in het Engels is vertaald. Peter zal de eerste zijn om toe te geven dat de meeste mensen in het zeventiende-eeuwse Holland behoorlijk goed aten. Hij slaat de ene na de andere bladzijde van het kookboek om en wijst op recepten voor kalfsvlees, speenvarken, kalkoen, patrijs, reiger, haring, tarbot, steur, andijvie, asperges en artisjokken ter illustratie van wat je in het Amsterdam van die tijd allemaal kon krijgen. Al was dit natuurlijk niet het soort eten dat je in het plaatselijke bierhuis werd voorgezet. Zoals alle kookboeken uit die tijd was *De verstandige kock* bedoeld voor de rijken, wat duidelijk blijkt uit de royale hoeveelheden specerijen in de recepten. De recepten doen denken aan de Italiaanse kookkunst van ongeveer een eeuw eerder, met een voorkeur voor zoetzure bereidingen waarbij verjus de basissmaak geeft en het gerecht met flink wat suiker wordt aangezoet. Bepaalde combinaties van nootmuskaat, peper, foelie, kruidnagel en kaneel lijken in bijna elk vleesrecept op te duiken, maar komen bij vis en groente minder voor. Peter houdt vol dat het kruidengebruik matig was, zeker in vergelijking met middeleeuwse standaarden. Maar als ik gelijk heb en het middeleeuwse eten minder specerijen bevatte dan algemeen wordt aangenomen, dan was het Hollandse eten hoogstwaarschijnlijk juist sterker gekruid dan ooit tevoren. Nu ik bovendien die nagelkaas heb geproefd, is het voor mij geen vraag meer of Nederlanders van specerijen houden. Toegegeven, zoals in de meeste kookboeken uit die tijd is zelden duidelijk hoeveel kruidnagel of nootmuskaat de kok moet toevoegen. Maar als dat in een recept wél een keer gebeurt, zijn de hoeveelheden buitengewoon groot. In een recept voor hase-saus wordt een zoetzure basis van ongeveer een kop verjus gecombineerd met een dozijn suikerkoekjes, een onbestemde hoeveelheid 'hele kruidnagels, stukken kaneel, een paar blaadjes foelie', en een afgestreken eetlepel kaneelpoeder. In een ander recept waarbij hoeveelheden wel worden aangegeven, dat voor een venesoen-pastey (een soort vleespastei), wordt drie pond rundvlees gekruid met bijna anderhalve eetlepel peper, vier eetlepels gember, tweeënhalve eetlepel nootmuskaat en een halve eetlepel kruidnagel alvorens het in deeg wordt gebakken. Hiertegen moet de veertiende-eeuwse *Ménagier de Paris* het afleggen!

Het is onduidelijk of Jacob Cromhout en zijn vrouw Margaretha elke dag zo aten of dat dergelijke gerechten vooral op tafel kwamen als er bezoek was. Vast staat dat de Nederlandse bevolking als geheel veel meer specerijen consumeerde dan de gemiddelde Europeaan, anderzijds konden veel meer Nederlanders zich de exotische kruiden ook veroorloven. Aan het eind van de zeventiende eeuw konden peper en gember bezwaarlijk als luxeartikelen worden beschouwd, hoewel kruidnagel, nootmuskaat en foelie vermoedelijk iets in prijs stegen.[4] Aan de andere kant kochten de meeste mensen de specerijen in kleine hoeveelheden, doorgaans in verpakkingen van vijftien gram of minder. Op schilderijen uit die tijd treffen we soms kleine puntzakjes aan (kennelijk werd hiervoor papier van kranten of almanakken hergebruikt), gevuld met een portie gemalen peper ter waarde van enkele stuivers.

Als decoratie voor alle nieuwe huizen voor de snelgroeiende bevolking van Amsterdam werden duizenden stillevens vervaardigd, die ons veel kunnen vertellen over de smaakvoorkeuren van Jacob Cromhouts generatie. De Hollandse burgerij was dol op schilderijen van alle soorten: landschappen, genrestukken, portretten en stillevens. En eten was een bijzonder populair onderwerp. Op de schilderijen blinkt geïmporteerd Chinees porselein, fonkelend Rijnlands glas en zelfs een enkele vijzel van gepolijst koper om specerijen fijn te maken. Kunsthistorici die in deze glorietijd van het stilleven zijn gespecialiseerd, voeren eindeloze debatten over de natuurgetrouwheid ervan.

Gaat het hier eigenlijk om morele lessen, vermomd als verleidelijke etenswaren? Of waren deze fijn gepenseelde stukken voor de kunstenaar een geschikt medium om zijn meesterschap in uit te drukken en daarom een gewild verzamelobject onder connaisseurs? Wat de bedoelingen van de kunstenaar ook waren, het resultaat was ontegenzeggelijk zinnenstrelend, zo niet obsceen. De hammen liggen uitnodigend te wachten tot ze in doorschijnende rozige plakken worden gesneden, het rijpe fruit oogt zo sappig dat je ervan gaat watertanden, het zilte vocht in de oesters glinstert zo realistisch dat je het bijna in je keel naar beneden voelt glijden. Niemand kan mij ervan afbrengen dat het plezier in eten bij schilder of opdrachtgever op de voorgrond stond. Daarmee is niet gezegd dat de mensen precies die dingen aten die op het linnen doek werden afgebeeld. Daartussen bestond waarschijnlijk niet meer overeenkomst dan tussen de hedendaagse foto's van volmaakt geslaagde recepten in de kooktijdschriften en datgene wat er in werkelijkheid op onze tafels belandt. Niettemin moet er beslist enig verband zijn geweest, evenals tussen de instructies in *De verstandige kock* en de gerechten die op het marmeren aanrecht van de Cromhouts werden bereid.

De aanblik van die schilderijen en de lectuur van dát kookboek stemmen me ietwat wantrouwig tegenover de opinies die buitenlandse bezoekers ten beste geven over het Hollandse eten. In hoeverre is het Gallische vooringenomenheid wanneer abbé Pierre Sartre schrijft: 'Hun vleesbouillon is slechts water vol zout en nootmuskaat waaraan zwezerik en gehakt is toegevoegd, maar die in het geheel geen vleessmaak heeft'? (Toegegeven, hij schreef dat in het midden van de achttiende eeuw, voor Holland een periode van verval.) Misschien doen we er beter aan naar sir William Temple te luisteren, die begin zeventiende eeuw de Lage Landen bezocht. Hoewel de Engelsman beslist gemengde gevoelens koestert over de Nederlanders, geeft hij enigszins schoorvoetend blijk van bewondering voor het Nederlandse enthousiasme aan de eettafel. 'Ze komen graag naar een banket, maar als dat begint moet je wel geduld oefenen,' waarschuwt hij, anders dan de Fransman. 'Ze doen er langer over om hun vlees op te eten dan wij om het te bereiden. Betreft het een souper, dan mag je blij zijn als je bij het ochtendgloren weg kunt.' Hij is vooral gechar-

In het zeventiende-eeuwse Amsterdam konden zelfs gewone handwerkslieden zich een paar gram peper veroorloven, die vers gemalen werd verkocht en verpakt in papier van oude almanakken.

meerd van de manier waarop de Hollanders vis klaarmaken. Misschien heeft zijn lof op dit punt te maken met zijn Engelse achtergrond. Wel is hij het volledig eens met een Iberische tijdgenoot die ontsteld was over de slechte tafelmanieren van de Nederlanders. Tijdens een bezoek aan Den Haag stuitte de Spaanse ambassadeur op een groep afgevaardigden van de Staten-Generaal, die zaten te wachten tot de vergadering begon en ondertussen stukken zwart brood afscheurden en op brokken kaas kauwden. Dit verschilde duidelijk hemelsbreed van de met veel ceremonieel omgeven eetrituelen aan het hof van Zijne Katholieke Majesteit, maar in zekere zin was hij geïmponeerd door het informele gedrag van zijn vijanden, getuige zijn uitspraak: 'Zo'n volk is onoverwinnelijk!'

De Nederlanders nuttigden grote hoeveelheden kaas. De Duitsers noemen hun buren 'kaaskoppen', maar die bijnaam was deels geboren uit jaloezie. Holland had niet slechts genoeg om de eigen natie te voeden, maar kon tevens kaas exporteren voor klinkende munt.

De Nederlanders hadden, als vrijwel de enigen in Europa, meer dan voldoende te eten, en dat gold voor alle lagen van de bevolking. Opnieuw openen de schilderijen uit die periode een venster op de toenmalige keukens en taveernes. Niemand geeft een beter beeld van de tafelende middenklasse en de etende, drinkende (en omvallende) plattelanders dan de schilder Jan Steen. Zijn weergaven van drinkgelagen zijn bijzonder levensecht, wat ongetwijfeld komt doordat hij zeer bekend was met het onderwerp: hij begon zijn loopbaan als brouwer. De boemelaars op zijn schilderijen drinken geen Rijnwijn uit sierlijke bekerglazen, noch eten ze gekruide haas van Italiaanse faienceborden zoals dat wellicht aan de Herengracht gebruikelijk was. Nee, ze zopen bier en werkten dikke plakken kaas en ham met hompen brood naar binnen. De lonen waren in het zeventiende-eeuwse Nederland hoger dan waar dan ook in Europa, en het uit de Baltische landen ingevoerde graan was betrekkelijk goedkoop. Derhalve kostte het zwarte brood – het hoofdvoedsel voor de gewone bevolking – maar zo weinig dat een geschoolde arbeider na aanschaf van zijn driepondsbrood nog ruim voldoende wisselgeld over had voor zijn groente, kaas en haring.[5] Mede daardoor kon hij zich de geïmporteerde specerijen veroorloven, ook al proefde zijn gezin de duurdere kruiden maar één keer per jaar: tijdens de feestdagen in hun speculaas. De door hongersnood geplaagde boeren van Zuid-Europa zouden de schilderijen van mollige kinderen in Amsterdamse weeshuizen, die ter aanvulling van hun dagelijkse kost van brood, bonen en bier hun wekelijkse portie vlees of vis kregen, met open mond hebben bekeken. Dankzij deze relatieve welvaart kende de kersverse Republiek, anders dan de rest van Europa, in de zeventiende eeuw nauwelijks voedseloproeren.

De tuinderijen rondom de Nederlandse steden voorzagen de stadsbewoners van voldoende groente, en koeien gedijden op het groene gras dat onder de niet-aflatende Hollandse motregen welig tierde. Toch kon de Nederlandse levenskwaliteit onmogelijk alleen door productie van eigen bodem worden gedragen. 'Wegens zijn lage ligging en de natheid brengt dit land weinig tarwe en helemaal geen rogge voort,' noteerde een geïmponeerde Italiaanse reiziger in 1567, 'en toch kan het van zijn overvloed andere landen voeden. [...] Hoewel men geen wijn maakt, is hier meer wijn en wordt er meer van gedronken dan in enige andere streek waar wijn wordt geproduceerd.' Uit dit alles volgt dat de Nederlandse keuken aan elkaar hing van importproducten, of dat nu haring uit de nabijgelegen Noordzee was, wijn uit het Rijnland, rogge van de Poolse vlakten, suiker uit Zuid-Amerika, of nootmuskaat uit de Molukken dat bijna aan de andere kant van de wereld lag. De moderne Nederlandse uitdrukking 'Wat je van ver haalt is lekker' heeft zich dan ook ontwikkeld uit de oudere versie 'Wat men van veerst haelt, dat smaeket soetst'. Omdat je met het grootste deel van het land niet veel meer kon doen dan er melkkoeien laten grazen, moest iedereen met ambitie verder kijken dan de dijken en polders. Evenals in Venetië en Lissabon liep de weg naar rijkdom over zee.

Locatie is alles, zeggen ze in de makelaardij, en de Lage Landen mochten wat dat betreft niet klagen. Hier werden de via de Rijn aangevoerde wijn en steenkool overgeladen van rivieraken in zeeschepen, hier leverden de Portugezen hun olie en zout af voor de Duitse markt, hier legden de Genuese en Venetiaanse galleien voor de laatste keer aan voordat ze de thuisreis aanvaardden. Aanvankelijk deden de Zuidelijke Nederlanden (het huidige België) hun voordeel met de passerende handelswaar. In de middeleeuwen moest je in de grote Vlaamse metropolis Brugge zijn als je Engelse wol wilde ruilen tegen Perzische zijde en Zweeds bont tegen peper uit Malabar. Later, toen Venetië in de specerijenhandel het onderspit delfde en Lissabon over de wereldzeeën heerste, verplaatste de handel zich naar Antwerpen en ten slotte eind zestiende eeuw naar Amsterdam als gevolg van de oorlog met Spanje. Maar het echte geld, een mate van welvaart die de patriciërswoningen aan de Herengracht kon bekostigen en handwerkslieden in staat stelde als edelmannen te eten, kwam pas later, in de zeventiende eeuw, toen Amsterdam dankzij oorlog, geluk en een scherp zakeninstinct de specerijenhoofdstad van de wereld werd.

Een dam in de Amstel

Als je zoals de meeste bezoekers aankomt op het Centraal Station van de stad, neem dan even de tijd om vanaf perron 15 aan de noordzijde het panorama te bekijken dat zich aan de overkant van de smalle waterengte ontrolt. Niet zo lang geleden moest alles wat je hier ziet – de hoogbouw en de bomen, de woonwijken en de speelplaatsen voor de kinderen, de parken en de bedrijven – nog veroverd worden op moerasland en de zee. Om het voortbestaan van de stad te waarborgen, zijn de Amsterdammers altijd doorgegaan met kanalen en grachten graven en veengrond droogleggen. Zelfs het neogotische treinstation werd gebouwd op palen die zich midden in de voormalige grote haven van de stad bevinden. Op zeventiende-eeuwse prenten is te zien dat er tientallen schepen voor anker liggen op de plaats waar zich nu het station bevindt, en vanwaar een statige waterweg naar het hart van de stad op de Dam voert. Geen wonder dat de Nederlanders de reputatie hebben, gehard en koppig te zijn. Dat valt ze na al die jaren van tegen de zee vechten niet te verwijten. Hoe dan ook, deze waterige oorsprong had zijn voordelen. Zoals een Engelse bezoeker opmerkte: '[Zij] zijn geboren zeelieden en kunnen net als kikkers zowel op land als in water leven.' Dat kwam goed van pas toen ze Lissabon zijn rijk afhandig maakten en de Indische Oceaan op een Hollandse vijver begon te lijken.

Vergeleken met Lissabon en Venetië maakte Amsterdam betrekkelijk laat zijn debuut op het Europese toneel. In de tijd dat de oproep van de muezzin door de stegen van de Alfama schalde en er op de Rialto druk werd geroddeld over de prinses uit Constantinopel die met een vork at, was het inwendige van wat de Romeinen Batavia hadden genoemd nog een dunbevolkt moerasland doorsneden met kronkelende rivieren. Ergens in de twaalfde eeuw vond een aantal enorme overstromingen plaats, die Nederland veranderden in een reusachtige kom vol water met in het midden een enorme baai, de Zuiderzee. Aan de zuidkant van deze binnenzee damde een kleine gemeenschap de Amstel af, een riviertje dat in verbinding stond met de machtige Rijn. Om die reden noemden de mensen die plaats Amstelredamme, wat later werd verkort tot Amsterdam. Het open gebied nabij deze dam, tegenwoordig gedomineerd door het Koninklijk Paleis en Madame Tussauds, diende aanvankelijk als marktplaats en groeide uit tot het belangrijkste plein van de stad. Het heet nog steeds de Dam, al is de oude bedding lang geleden bestraat en stroomt de Amstel nu elders.

Algauw gingen de bewoners daar op zakenreis. Dat weten we omdat enkelen van hen problemen in het buitenland ondervonden. Klaarblijkelijk is er reeds in 1248 een schip van 'Amstelland' in beslag genomen in Lübeck aan de Oostzee. Die eerste handelaars brachten allerlei soorten goederen mee terug – van leer en bont tot graan en honing – maar ze zouden zich spoedig specialiseren in een cruciaal product: bier. Met name Duits bier. Omstreeks 1365 werd er maandelijks maar liefst vijfentwintighonderd ton bier, oftewel rond een derde van de totale bierexport van Hamburg, naar Amsterdam verscheept. En niettegenstaande het Nederlandse talent voor drinken was dat aanzienlijk meer dan de drieduizend stedelingen konden nuttigen. Wat ze niet op konden verkochten ze.

Gedurende de vijftiende en de zestiende eeuw gingen de Amsterdamse kooplieden na bier ook in haring en vervolgens in graan. Er waren meer schepen nodig om dit alles te transporteren, zodat er ook Scandinavisch hout werd ingevoerd, dat door de florerende scheepsindustrie tot planken werd verzaagd. (Wie vanaf het Centraal Station in oostelijke richting kijkt, kan daar nog de gekruiste armen van de laatste door de wind aangedreven zaagmolen van de oude stad zien.) De kleine stad groeide door in het omringende veen een opeenvolging van halve grachtencirkels uit te graven, alle met de Dam als middelpunt. Niettemin toont een kaart uit 1482 een stad die met gemak in een van de kleinere wijken van Venetië zou passen.

Zelfs nog in de jaren zestig van de zestiende eeuw schonk het merendeel van de wereld weinig aandacht aan Amsterdam – of aan Nederlanders in het algemeen. Alhoewel, er was één dwangmatige persoon die geobsedeerd was door de Nederlanden, of juister, door alle Nederlanders die zich hadden bekeerd tot een van de ketterse geloofsovertuigingen van de Reformatie. Aan het begin van de zestiende eeuw waren de staatsgebieden die nu België, Luxemburg en Nederland vormen onder Spaanse heerschappij gekomen, en de ultra-orthodoxe Filips II had zich voorgenomen alle ketterij in zijn achtertuin met wortel en tak uit te roeien. En hij beschikte over de hulpbronnen van vijf continenten om dat kracht bij te zetten. De Nederlanders waren van hun kant ook bepaald niet dol op 'Zijne Katholieke Majesteit'. Niet alleen legde de verre monarch het rechtzinnige geloof zo nodig met dwang op aan de bevolking van kersverse lutheranen, sacramentarianen, wederdopers en bovenal calvinisten, hij liet datzelfde volk daar ook nog zelf voor betalen door extra belastingen te heffen. Vanzelfsprekend moesten de koppige Nederlanders, met name de welvarende (en grotendeels protestantse) steden in de provincie Holland, daar niets van hebben. In 1568 besloot Filips de problemen de kop in te drukken door er een klein detachement van zijn enorme leger op af te sturen. Deze politionele actie escaleerde echter tot een wrede oorlog die pas tachtig jaar later officieel zou eindigen. De overgekomen Spaanse soldaten gingen tekeer als dolgeworden kruisvaarders, roeiden hele steden uit en executeerden de mensen bij duizenden. Maar ondanks aanvankelijke successen liep hun strategie van de verschroeide aarde letterlijk vast in de modder. Uiteindelijk liep de laatste Spaanse inval in 1574 uit op een catastrofe, toen de burgers van Leiden hun dijken doorstaken en het katholieke leger verdronk.

Toen de kruitdampen waren opgetrokken en de dijken waren hersteld, bleken er in 1587 de facto twee staten te zijn ontstaan. In het zuiden waren de zogeheten Spaanse Nederlanden (grotendeels het huidige België) in overweldigende mate katholiek gebleven, terwijl de Republiek der Zeven Verenigde Nederlanden in het noorden een gemengde katholieke en protestantse bevolking had gekregen – al maakten in de economisch dominante provincies Holland en Utrecht de calvinisten de dienst uit.

Voor Amsterdam, dat na 1575 nauwelijks nog iets te verduren had van Filips' stoottroepen, pakte de oorlog uitzonderlijk goed uit. Zonder de jihad van Zijne Katholieke Majesteit zou de stad zeker niet zo vroegtijdig in de Oost-Indische specerijenhandel verzeild zijn geraakt. Immers, voordat de Spanjaarden in 1580 hun buurland Portugal annexeerden hadden de Hollanders onbelemmerd naar Lissabon kunnen varen waar ze naar believen specerijen konden inladen. Toentertijd werden de specerijen bij terugkomst hoofdzakelijk gedistribueerd via Antwerpen in de Zuidelijke Nederlanden. Er was dus geen reden om een gevaarvolle reis naar India te ondernemen, ook al waren de winsten op de tussenhandel van Lissabon naar Antwerpen niet riant. Dat alles veranderde echter met de komst van de Spaanse inquisitie. De Hollanders konden in Lissabon niet meer terecht, en toen Filips' bataljons arriveerden, stortte de Antwerpse economie in en werd de stad deels platgebrand. Voor Amsterdam betekende dit echter een enorme impuls, omdat de bankiers, kooplieden, schilders en artsen die zich massaal in Antwerpen hadden gevestigd nu naar het noorden vluchtten. Eenmaal aangekomen in de bedrijvige stad aan de Amstel voegden zij zich bij de drommen protestantse vluchtelingen die uit Frankrijk en Duitsland waren toegestroomd, plus de joden die waren ontsnapt aan de autodafe's in Lissabon en Sevilla.

De aanhoudende oorlog leidde tot wreedheden aan beide kanten. Nederlandse kapiteins vonden het zonder meer geoorloofd om ieder Spaans vaartuig aan te vallen en bedreven daarbij de ene wandaad na de andere. Een karakteristiek voorval vond plaats in 1605, toen Hollandse schepen een Spaans troepentransport in het Engelse Kanaal onderschepten en de Hollandse admiraal geen gevangenen maakte maar alle opvarenden ruggelings aan elkaar gebonden overboord liet zetten. Daarbij kwam dat weliswaar ieder Spaans schip als een legitiem doelwit werd beschouwd, maar dat de Hollandse kaperkapiteins zich met extra ijver van hun vaderlandse plicht kweten wanneer ze met Amerikaans goud beladen galjoenen te pakken konden krijgen. Niet dat ze andere buitenkansjes lieten lopen. Na 1580, toen Portugal onder Spaans bewind kwam, werden Portugese naus die peper en kaneel vervoerden minstens zo aantrekkelijk. Vanaf dat moment werd elk onderdeel van Portugals Indische specerijenimperium als een legitieme prooi beschouwd, was de hele Estado da Índia gereduceerd tot rijke oorlogsbuit die de boekaniersrepubliek de onrechtvaardige paapse tiran afhandig mocht maken. Amsterdam floreerde toen dubloenen, bestemd voor Filips' leger, in plaats daarvan in taveernes op de Dam werden besteed en ladingen geroofde peper hun geur verspreidden in pakhuizen die voorheen naar haring stonken.

Maar ook voordat de eerste Nederlandse boeg de Indische Oceaan doorkliefde, ging het de ambitieuze stad voor de wind. Reeds in 1596 kon Amsterdam zich erop beroemen dat het handelsvolume van de door de Verenigde Provinciën verzorgde transporten ruimschoots die van Engeland en Frankrijk samen overtroffen! Uit douanearchieven blijkt dat het aantal Nederlandse schepen dat de Zuiderzee op voer de afgelopen honderd jaar met 400 procent was gestegen en dat een fors deel daarvan aanmeerde op de plaats waar nu de torens van het Centraal Station omhoog wijzen. De motivering om zich met de specerijenhandel in te laten moet hier dus een andere zijn geweest dan eerder voor de Venetianen of de Lisboetas. In 1600 hadden de welvarende kooplieden van Amsterdam, die hun geld hoofdzakelijk hadden verdiend met prozaïsche goederen als timmerhout en haring, stellig geen idee dat de specerijenhandel hier eenzelfde bron van welvaart kon gaan vormen als dat in Venetië het geval was geweest. Het lijdt geen twijfel dat deze nuchtere Hollanders het dwaasheid zouden hebben gevonden om de schatkist even afhankelijk van de peper-naus te maken als in Lissabon. Niettemin waren de winstmarges aanlokkelijk. In de eerste helft van de zeventiende eeuw bedroeg de brutowinst op graan zo'n 30 tot 40 procent, terwijl dat bij specerijen eerder in de richting van 300 procent ging (zij het met hogere kosten). Toch moeten deze geharde durfkapitalisten zich, op z'n minst in de begintijd, enigermate aangetrokken hebben gevoeld door de betoverende glans waarmee de geurige besjes, knoppen en bast van de Oriënt van oudsher waren omgeven. Nu het oorlog was, kon men de gelegenheid te baat nemen om zich in te vechten in de markt waar de Portugezen volgens de berichten zulke enorme winsten behaalden. De moeilijkheid was dat de Nederlandse geldschieters eigenlijk nauwelijks iets van deze handel afwisten.

Maar toen, in 1592, kwam de jonge Linschoten terug in Enkhuizen, nog helemaal gebruind van de tropenzon. Hoewel Jan Huyghen van Linschoten pas achter in de twintig was toen hij na zijn lange verblijf in Goa naar huis terugkeerde, wist hij vermoedelijk meer over het Portugese specerijenimperium dan iedere andere levende Hollander. Hij had in elk geval genoeg materiaal verzameld voor een bestseller, iets wat de stadsdokter, de eerzuchtige Berent ten Broecke, snel doorhad toen hij zichzelf als coauteur suggereerde. Het resulterende

Iterinario was precies wat de investeerders nodig hadden: een boek dat je vertelde hoe je in de exotische specerijenhandel kon gaan. Linschoten onthulde dat het afgelegen Portugese rijk in verval was geraakt. Het boek zat propvol navigatiekaarten, landkaarten, tekeningen en beschrijvingen van verre oorden. Het bevatte lijsten van de grondstoffenprijzen in Cambay en van de specerijenprijzen in Malakka. Er waren sappige verhalen bij over India, maar tevens over Sumatra, Java en de nootmuskaateilanden in het oosten. Toen de *Iterinario* in 1596 verscheen, vond het niet alleen in Amsterdam maar onder ondernemingsgezinde personen in heel Europa gretig aftrek.

Dan was er de kwestie van het geld. Hoe kom je aan het benodigde kapitaal voor zo'n riskante onderneming? Toen Dom Manuel een eeuw eerder Vasco da Gama op weg naar Calicut stuurde, hoefde hij geen verantwoording aan investeerders af te leggen, maar de kooplieden op de Dam zouden hun eigen geld op het spel moeten zetten. Ze vonden een oplossing die voor die tijd revolutionair was, maar die nu volstrekt gewoon is voor iedereen die een nieuw bedrijf op Wall Street laat noteren. Na een halfslachtige poging om verscheidene regionale ondernemingen op te zetten, richtten ze een aandeelhoudersmaatschappij op – volgens de meeste historici de eerste ter wereld – en noemden die de Vereenigde Oost-Indische Compagnie (VOC).

Vergeleken met de Portugezen, die om een mengeling van dynastieke, religieuze en financiële motieven in de specerijenhandel gingen, en ook vergeleken met de Venetianen, die God aanriepen bij alles wat ze deden, was de Nederlandse beweegreden veel moderner: het ging erom zoveel mogelijk geld te verdienen. Toch werd de expansie naar het oosten zelfs bij deze wegbereiders van het kapitalisme gevoed door een krachtige dosis geloofsijver. De VOC was immers geboren uit een botsing der religies, al kreeg het conflict met de Estado da Índia steeds meer trekken van een handelsoorlog. Maar ongeacht de motieven die er speelden: de Nederlanders stuurden hun schepen niet in het kader van een kruistocht voorbij Kaap de Goede Hoop, de Compagnie had geen vice-voorzitter belast met bekeringszaken en er was geen post begroot voor kerken en missionarissen. Hun specerijen werden niet bezoedeld door enige associatie met het paradijs. Met andere woorden, ze runden een bedrijf en verkochten goederen die niet zoveel verschilden van hout en bier. Ze behoorden tot het type zakenlieden dat we vandaag de dag zouden herkennen, nauwelijks gehinderd door de oude romantiek van hun handelswaar.

Lunch en de specerijenhandelaar

'Het kan ons niet schelen wat ze ermee doen zolang ze ons maar een goede prijs betalen,' antwoordt Lavooij op mijn vraag naar wat zijn klanten met de door hem geleverde specerijen doen, waarmee hij ongetwijfeld de opinies van zijn collega's van vierhonderd jaar geleden nazegt. Frank Lavooij is directeur van NedSpice, gevestigd in Rotterdam, en een van de grootste specerijenhandelaars van Europa. 'Het maakt ons niet uit of ze ze roken, eten of weggooien,' vervolgt hij, met een schuine blik op de artikelnummers en -prijzen die over het computerscherm schieten. Als voorbeeld noemt hij de tonnen kruidnagel die in de vorm van kruidnagelsigaretten in rook opgaan. Een andere belangrijke toepassing van kruidnagel verbijstert hem eigenlijk nog meer. In Zuid-Azië prikken ze met deze kleine 'spijkertjes' het blad vast dat om sirih wordt gewikkeld, het licht verdovende pakketje van kruiden en betelnoot dat honderden miljoenen Indiërs dagelijks kauwen. Hierbij wordt de kruidnagel gewoon weggegooid alvorens men het mengsel in de mond stopt. Al sinds honderden jaren importeren de Indiërs speciaal voor dit doel kruidnagels. (In 1498, tijdens zijn lange gesprek met Vasco da Gama, kauwde de zamorin van Calicut op dezelfde verdovende melange.)

Als je vandaag de dag meer over de specerijenhandel wilt weten, kom je in Amsterdam niet ver; je vangt hier op straat eerder de lucht van cannabis op dan de zoete geur van nootmuskaat of foelie. De echte zaken worden nu in Rotterdam gedaan; de haven daar heeft Amsterdam als Nederlands dynamische transportcentrum al lang geleden vervangen. En Frank Lavooij is de man die ik moet hebben.

Vanuit het Centraal Station van Amsterdam slingert de trein zich door het karakteristieke Hollandse landschap van op de zee veroverd land, keurig in felgroene rechthoeken opgedeeld door sloten waarin de lucht zich spiegelt. Je weet dat je in Rotterdam bent aangekomen wanneer windmolens en torenspitsen plaatsmaken voor hoogbouw en gloednieuwe minaretten. Zodra je hier het Centraal Station bent uitgelopen, waan je je bijna in Minneapolis. Waar je ook kijkt, het enige wat je ziet zijn eentonige kantoortorens. Rotterdam werd in de Tweede Wereldoorlog bijna volledig verwoest en daarna snel herbouwd, en die haast om weer aan het werk te gaan hangt nog steeds in de lucht. Lavooijs kantoor ligt op een korte wandeling van het station, in een van die anonieme nieuwe blokkendozen.

Hier bespeur ik eindelijk een vleugje van wat mij hier heeft gebracht: een zwakke maar onmiskenbare pepergeur zweeft boven het aroma van polyester dat de nieuwe vloerbedekking in de directiekamer van NedSpice uitwasemt. De pepergeur is afkomstig van een pepermolen die op Lavooijs bureau staat. Die past hier goed, want peper vormt het leeuwendeel van de bedrijfsomzet. Het restant bestaat vooral uit kruidnagel, nootmuskaat, kaneel en piment. 'Als je groot in kruiden bent, moet je groot in peper zijn,' verklaart hij vanachter zijn uitgestrekte bureau.

Frank Lavooij is geen opvallende verschijning. Hij is van gemiddelde lengte, tenger gebouwd en ziet er jonger uit dan je uit zijn cv zou opmaken. Toch benadert deze specerijenkoopman van achtenvijftig nog het dichtst een van de bewindhebbers van de voc die Amsterdam in zijn gloriedagen bestuurden. Behalve mede-eigenaar van NedSpice is hij voorzitter van de Rotterdamse Kamer van Koophandel. Als we enige tijd later door zijn chauffeur worden afgezet bij een restaurant dat de machtigen van Rotterdam frequenteren, staan de andere gasten als een roedel wolven op bij de binnenkomst van het alfamannetje. Niet dat Lavooij als een roofdier overkomt; integendeel, hij paart een bedaard zelfvertrouwen aan een bijna pijnlijke beleefdheid. Zijn positie aan het hoofd van de meute betekent dat hij zowel politicus als zakenman moet zijn. Hij is kalm, berekenend, kosmopolitisch en een beetje humorloos – hoewel er een lichte grijns doorbreekt wanneer ik het onderwerp aansnijd van de rauwe haring die hij placht te eten toen hij in een kleine stad in het zuiden van Nederland opgroeide.

Tot mijn teleurstelling kreeg ik te horen dat de lunchplek van de specerijenhandelaar geen rauwe haring op de kaart had staan. Het restaurant is even standaard als de rest van Rotterdam, met zijn ligging aan een chique winkelpromenade en zijn (zij het uitstekende) Franse keuken die zijn sterren overal zou kunnen hebben verworven. Terwijl ik mijn hertenbiefstukjes met bospaddenstoelenschuim oppeuzelde, luisterde ik naar Lavooij en dacht opnieuw bij mezelf dat de specerijenhandel sinds Linschotens tijd maar weinig veranderd is. Sommige details hebben zich natuurlijk gewijzigd. Tegenwoordig heeft de Malabarkust geen monopolie meer op de verschrompelde besjes waarvoor duizenden galeischepen, karvelen en naus de zeeën hebben bevaren, en ook Java is geen belangrijke speler meer. De grootste peperexporteur ter wereld is nu Vietnam, op enige afstand gevolgd door India, Indonesië en Brazilië. Dientengevolge reist Lavooijs zakenpartner onafgebroken heen en weer tussen Nederland en Zuidoost-Azië, waar hij de contacten onderhoudt met de handelsagenten die de Vietnamese boeren instructies geven over de juiste verbouwingswijze van de weerbarstige klimop.

De meeste specerijen worden door kleine boeren in het hoogland nog steeds als bijgewas verbouwd, zoals Thomas Thumpassery dat in de Indiase heuvels boven Quilon doet. Tussenpersonen halen de oogsten op en sturen die naar agenten in steden als Cochin. Alleen verkopen ze de handelswaar nu niet meer aan Gujarati-koopmannen, de Estado da Índia of de VOC, maar aan multinationals in de specerijenbranche zoals NedSpice. Vervolgens worden de specerijen naar Nederland verscheept, opnieuw verpakt en over heel Europa en Amerika gedistribueerd. Het grootste verschil is wellicht dat de transporttijd van zes tot zeven maanden in de zeventiende eeuw is teruggebracht tot ongeveer twee weken – een tijd van niks, aldus Lavooij, aangezien de houdbaarheidsdatum van veel specerijen in jaren wordt uitgedrukt. En verder komen de schepen nu natuurlijk in Rotterdam aan in plaats van in Amsterdam of Lissabon.

Evenals in de glorietijd van de VOC blijft maar een fractie van zijn geloste specerijen in Nederland – niet meer dan 5 procent, schat Lavooij.[6] De rest gaat naar Duitsland, Groot-Brittannië en de Verenigde Staten, en verdwijnt daar hoofdzakelijk in industrieel voedsel. In weerwil van zijn eerdere uitlatingen laat de directeur van NedSpice de bestemming van zijn product niet geheel buiten beschouwing. De vraag naar specerijen neemt jaar na jaar gestaag toe, wat volgens hem een rechtstreeks gevolg is van het feit dat de mensen steeds meer industrieel voedsel eten. Er zijn maar weinig thuiskoks met een rijk gesorteerd kruidenrekje vol foelie en kardemom. 'De kruiden in onze keuken,' zegt de directeur van NedSpice over het koken in Nederland, 'zijn zwarte en witte peper, nootmuskaat en kaneel. Je hebt niet zoveel mensen die zeggen: "O, daar moet nog een beetje foelie in."' Toch eten ze wel degelijk foelie, kurkuma en kruidnagel. Die specerijen zitten in kant-en-klaarproducten, het gemaksvoedsel dat aan beide kanten van de Atlantische Oceaan wordt gekocht in hypermarkten als die van Wal-Mart en Carrefour. 'We zien de consumptie nog steeds langzaam maar gestaag stijgen, en de prijs lijkt daar geen invloed op te hebben,' vervolgt hij zijn betoog over deze nieuwe specerijenhausse via een sluipweg. Gezien de ontwikkeling dat wereldwijd meer en meer consumenten op gemaksvoedsel leven, lijkt het nauwelijks voorstelbaar dat de vraag naar bijvoorbeeld peper zou inzakken of zelfs maar teruglopen, vertelt Lavooij me op de terugweg naar het treinstation waarbij er even een zelfverzekerde glimlach over zijn effen gezicht glijdt.

Anders dan de specerijenhandelaar van vandaag, konden de Hollandse kooplieden op de drempel van de zeventiende eeuw de locoprijzen op de peperbeurs van Cochin niet met één muisklik oproepen, noch op hun aandeelhoudersvergadering de groeiende Europese consumptie van gemalen specerijen met grafieken demonstreren. Maar ze hadden wel Linschoten, die hun vertelde dat je in Malakka meer dan zeven pond nootmuskaat kon kopen voor een gulden, terwijl zij wisten dat ze die in Amsterdam voor meer dan een gulden per pond konden verkopen. De concurrent – de onderbemande, slecht geleide Estado da Índia – was ernstig verzwakt. Vanuit verschillende Nederlandse steden kwamen de durfkapitalisten bijeen om een vijandige overname te plannen.

Linschoten achterna

Als je in het centrum van Amsterdam in de buurt van de Nieuwmarkt bent, is het Oost-Indisch Huis makkelijk te vinden. Je volgt gewoon de blonde studenten op hun fietsen. Het lijkt wel alsof ze allemaal hun rijwiel voor het indrukwekkende gebouw zetten, want de honderden fietsen blokkeren de hele stoep. Het bouwwerk strekt zich vier verdiepingen hoog over een heel blok uit, en zoals bij zoveel oude gebouwen in Amsterdam heeft de gevel iets van gemberkoek, hoewel je in dit geval moet denken aan genoeg gemberkoek voor de hele Hollandse natie. Uit de fietsen kun je opmaken dat het complex nu onderdeel van de universiteit is, maar toen het omstreeks 1660 werd gebouwd, in de tijd dat Amsterdam een handelsstad was, fungeerde het als het zenuwcentrum van de Oost-Indische Compagnie.

Toen hier in 1603 de oorspronkelijke kantoren werden betrokken, waren die nog heel bescheiden. De Compagnie behielp zich met een deel van een wapendepot, gehuurd van de stad. Maar met het succes kwam de noodzaak tot uitbreiding. Ten slotte besloeg het hoofdkwartier een heel blok tegenover de Hoogstraat. Later, in minder voorspoedige jaren, achtte men een grootse entree van belang ter camouflage van de schrikbarende rode cijfers.

Maar in 1600 leek de markt voor de duurdere specerijen nog onverzadigbaar. Vooral de vraag naar kruidnagel, nootmuskaat en foelie was met sprongen gestegen. Volgens een algemeen aanvaarde schatting was de consumptie van deze exotische kruiden in de loop van de zestiende eeuw verviervoudigd – al was het beginpunt natuurlijk wel heel laag. De peperverkoop stagneerde daarentegen, althans per hoofd van de bevolking gerekend. In het licht van de economische situatie is dit begrijpelijk. In bijna heel Europa (met de mogelijke uitzondering van Italië) daalde de levensstandaard van de armen toen de lonen achterbleven terwijl de prijzen van basisproducten zoals brood omhoogschoten. Het was dus niet vreemd dat de minder bedeelden beknibbelden op de kleine luxes van het leven en de peper die ze zich voorheen konden veroorloven, niet langer kochten. De rijken hadden daarentegen weinig last van deze inflatiespiraal, omdat zij nooit meer dan een klein percentage van hun inkomen aan basisproducten kwijt waren. Zij besteedden hun geld vooral aan luxe zaken zoals boeken en bedienden, die in tegenstelling tot de eerste levensbehoeften met de dag goedkoper werden. Geen wonder dat een toenemend aantal van hen zich de dure Molukse specerijen kon veroorloven.

Toch kunnen de economische omstandigheden de opgeleefde voorliefde voor sterk gekruid eten maar ten dele verklaren. Laten we eens kijken naar de invloed van (in toenemende mate betaalbare) kookboeken die in Venetië, Londen en Antwerpen van de persen rolden. Weliswaar waren de Italiaanse kookboeken toonaangevend, maar er waren heel wat plaatselijke uitgaven in dezelfde geest. Het oudste gedrukte kookboek in de Nederlandse taal, *Een notabel boecxken van cokeryen* (Een opmerkelijk boekje over koken), bevatte al talloze recepten waarin niet alleen goedkope peper en gember moesten, maar ook prijziger specerijen zoals kaneel, kruidnagel, nootmuskaat en foelie. Evenals veel andere kookboeken die zowel vóór als tijdens de Tachtigjarige Oorlog in de Nederlanden werden gepubliceerd, getuigt ook deze uitgave van een aanhoudende voorkeur voor sterk gekruide, zoetzure gerechten.

Hoewel er dus beslist voldoende vraag was, kostte het de Nederlandse investeerders verscheidene jaren om de aanvoer op orde te krijgen. De eerste Nederlandse uitstapjes naar Zuid-Azië waren een allegaartje van hopeloze mislukkingen en een paar matige succesjes. Tot de eerste groep behoren enkele bijzonder ondoordachte pogingen om via de Poolzee naar Indië te varen! Geïnspireerd door Linschotens verslag richtten specerijenhandelaars overal in het land een stuk of zes ad hoc-vennootschappen op. Naast Amsterdam financierden ook Hoorn, Enkhuizen, Delft en Rotterdam hun eigen vloten en stuurden die naar het oosten. Het gevolg was een wedloop waarbij ze minstens zoveel energie staken in de concurrentie met elkaar als in het bevechten van de Spaanse galjoenen. De regering in Den Haag mocht dan vooral uit zakenlieden bestaan, dat betekende niet dat ze kampioenen van het vrije ondernemerschap waren. De genadeloze concurrentie tussen de Oost-Indiëvaarders was niet alleen slecht voor de handel, maar ook voor de oorlogsinspanningen, en dus oefenden de bestuurders van de Republiek druk uit op de afzonderlijke vennootschappen om hun krachten te bundelen. Het resultaat was de

Vereenigde Oost-Indische Compagnie, afgekort de VOC. Het was niet gemakkelijk om de felle concurrenten in één organisatie onder te brengen. Na maanden van rommelige onderhandelingen werd in 1602 een tamelijk onhandig bestuurslichaam opgericht waarin de acht kleinere steden ieder één lid hadden terwijl Amsterdam er zelf acht had. Daaraan werd nog één wisselzetel toegevoegd, waarmee het totaal op zeventien kwam, zodat de raad bekend werd als de Heren Zeventien.[7] Het sierlijk geschreven compagnie-handvest met zijn indrukwekkende regeringszegel was ook in andere opzichten opmerkelijk. Interessant was dat kleinere investeerders voorrang kregen. (Hierin ligt een overeenkomst met de Venetiaanse bepaling die galeikapiteins verplichtte om ook vrachten van kleine specerijenhandelaars aan boord te nemen.) En de kleine jongens haastten zich hun schaarse stuivers in deze veelbelovende starter te steken.

Zoals iedere economisch historicus zonder meer zal beamen, is een irrationele jubelstemming bepaald geen modern verschijnsel. De Nederlanders lieten zich even gemakkelijk meeslepen door een gehypete investeringskans als de eenentwintigste-eeuwse daghandelaar, misschien zelfs wel nog gemakkelijker. Gezien de toenmalige omstandigheden is dat ook begrijpelijk. Verplaats je eens in de positie van de gemiddelde Amsterdamse taveerneganger anno 1600. Dagelijks verschijnen er nieuwe boeken over de wonderbaarlijke werelden die door Columbus, Cabot, Da Gama en Magellaan zijn ontdekt. Je kersverse land heeft de legers afgeslagen van het grootste rijk dat de wereld ooit had gezien. Nederlandse zeelieden zijn helemaal naar Gibraltar gevaren en hebben daar een flink deel van Zijne Katholieke Majesteits vloot tot zinken gebracht. Blijkt daar niet zonneklaar uit op wiens hand God in werkelijkheid is? Het gerucht gaat dat een groep rijke en vooraanstaande kooplieden een grootse onderneming heeft opgezet die het Portugese specerijenimperium aan de Spaanse tiran zal ontfutselen, en dat kleine investeerders bijzonder welkom zijn. Is het dan vreemd dat kruideniers, metselaars en vroedvrouwen in de rij stonden om hun centjes in deze nieuwe onderneming te steken?

Voor alle duidelijkheid moet gezegd dat de Staten-Generaal, toen zij het handvest van de VOC goedkeurden, daarmee meer beoogden dan een opportunistisch project waarmee de man in de straat snel wat geld kon verdienen. Het land was in oorlog, en men zag de nieuwe compagnie als een aanwinst voor de oorlogsstrategie. Het handvest toont dit aan. Hoewel het vooral over financiële aangelegenheden gaat, maakt een bepaalde clausule zichtbaar dat het hier een speciaal soort bedrijf betreft. Het artikel geeft de zojuist opgerichte compagnie de bevoegdheid om in naam van de regering verdragen met vorsten en potentaten te sluiten. Bovendien zijn de voc-bestuurders gerechtigd forten en garnizoensplaatsen te bouwen wanneer zij dat nodig achten, en voor het toezicht op deze nieuwe rijksdelen gouverneurs en rechters te benoemen. In feite creëerde de Nederlandse regering een staat binnen een staat, een paramilitair bedrijf dat, terwijl het geld voor de aandeelhouders verdiende, tevens tot doel had de Spaanse belangen te ondermijnen. In die zin had de voc een dubbele missie, net zoals de Estado da Índia. Maar waar de Portugese organisatie vaak inefficiënt functioneerde door de tegenstrijdige doeleinden op het gebied van kerstening versus specerijen, daar bestond er binnen de voc geen twijfel over dat de winst vooropstond. In die zin leken de Nederlanders meer op de Venetianen dan op de Portugezen: de organisatiestructuur zou de kruisvaardersdoge niet veel gezegd hebben, maar hij zou ongetwijfeld alle begrip hebben gehad voor de noodzaak om het handelsimperium met alle vereiste middelen te beschermen. Hoewel de ondertekenaars van het Nederlandse handvest wellicht niet hadden beoogd een imperium in Oost-Azië te stichten, maakten de kleine lettertjes dat bijna onvermijdelijk. Er was onheil op til voor de toenmalige bevolking van de afgelegen specerijarchipel.

De specerijarchipel

Op een moderne kaart gaan de nietige stipjes waar de nootmuskaat en kruidnagel gehaald werden, verloren tussen de ontelbare eilanden die samen Indonesië vormen. De ooit legendarische Molukken zijn niet alleen vanuit Nederland een enorme reis, maar liggen overal ver vandaan: ruim vijftienhonderd kilometer ten zuiden van Manilla, een goede vijftienhonderd kilometer ten noorden van Australië, en bijna vijfentwintighonderd kilometer ten oosten van de Indonesische hoofdstad Jakarta. Op sommige eilanden, zoals Ternate met zijn kruidnagelplantages, verheffen zich smeulende vulkaanbergen, hun woeste flanken overwoekerd door ruig oerwoud waaruit palmbomen als sjofele zwabbers omhoog steken. De eilanden van de Bandagroep, ooit bedekt met hoge en gracieuze nootmuskaatbomen, worden omringd door koraalstranden die uitlopen in een transparante azuurblauwe zee, met riffen die dankzij hun geïsoleerde ligging ongerept zijn. De Europese overtuiging dat specerijen in het paradijs groeiden, lag nog niet zo ver bezijden de waarheid. Niettemin is deze Tuin van Eden sinds de komst van de Portugezen en de Nederlanders het toneel van veel strijd geweest. En wie vandaag de dag naar de specerijeilanden wil, doet er goed aan bij het ministerie van Buitenlandse Zaken te informeren of er momenteel wegens rellen geen negatief reisadvies geldt. In 1999 en 2000 kwam op Ternate en de omringende eilanden een etnisch en religieus conflict tot uitbarsting, wat resulteerde in een gruwelijke slachtpartij waarbij meer dan duizend doden vielen en meer dan tienduizend mensen op de vlucht sloegen.

De weinige buitenlanders die nu voet op Banda zetten, komen daar vooral om te duiken in het kristalheldere water. Ternate verwelkomt een enkele onversaagde vulkanoloog. Maar bijna niemand komt hier voor de specerijen. Het merendeel van de kruidnagels in de wereld wordt nu geproduceerd op eilanden voor de oostkust van Afrika, zoals Madagaskar en Zanzibar. Banda produceert ongeveer een tiende van de nootmuskaat die het een eeuw geleden nog voortbracht. De grootmacht in nootmuskaat is nu het Caraïbische eiland Grenada, waar de specerij zo cruciaal voor de economie is geworden dat het land zelfs een nootmuskaat op zijn vlag heeft gezet. In de tussentijd hebben de Indonesische eilanden de wisselvalligheden van de geschiedenis te verduren gehad. Hun lot werd zo'n elfduizend kilometer verderop bepaald, in het VOC-hoofdkwartier aan de Hoogstraat.

Toen de Nederlandse schepen hun eerste tocht naar de specerijen aanvaardden, waren de inheemse eilandbewoners al minstens duizend jaar actief in de specerijenhandel. Ook had de komst van de Portugezen de zaken in Zuidoost-Azië minder in beroering gebracht dan in de westelijke Indische Oceaan het geval was geweest. Het grootste

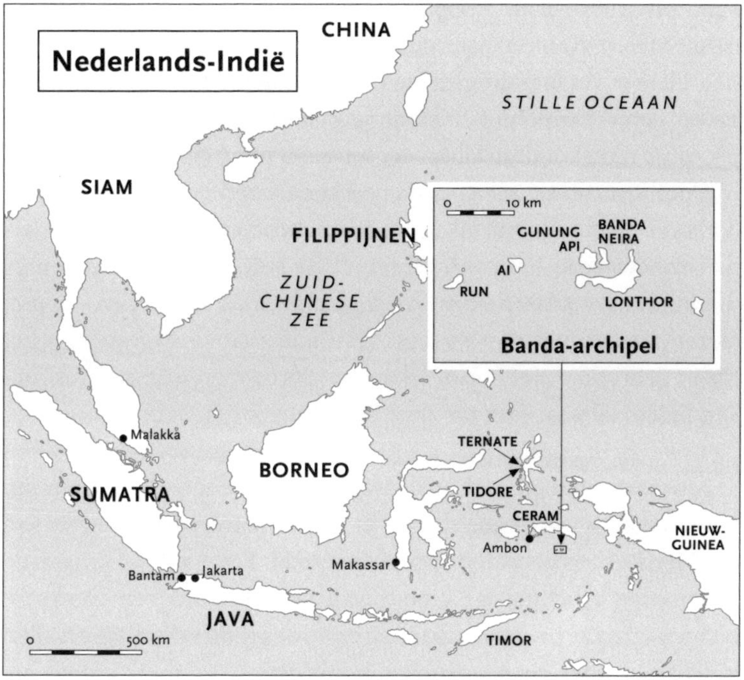

deel van de specerijen die werden verbouwd in wat nu Indonesië is, werd nog steeds afgenomen door Aziatische klanten. Javaanse en Gujarati-handelaars verkochten peper aan de Chinezen en de Perzen, Chinese kassie en Ceylonese kaneel werden af- en aangevoerd door jonken en dhows, en islamitische en Chinese kooplieden distribueerden de kruidnagel, nootmuskaat en foelie die uitsluitend op de afgelegen Molukken groeiden van Kyoto tot Caïro. Het beetje dat overschoot, belandde in de keukens en apotheken van Europa.

Hoewel peper gemeten in gewicht verreweg de meest verhandelde specerij was, waren de Molukse specerijen veel waardevoller: afhankelijk van de tijd en plaats doorgaans drie tot zes keer zo duur.[8] Het was simpelweg een kwestie van vraag en aanbod. Peper en gember groeiden verspreid over duizenden hectaren in Zuid-India en Java, maar kruidnagel (*Syzygium aromaticum*) beperkte zich tot een groepje aan de evenaar gelegen, onbeduidende uitsteeksels in de Molukse Zee. Bij elkaar gevoegd zouden Ternate en zijn buren – Tidore, Makian, Motir en Bacan – nog geen twintig bij twintig vierkante kilometer meten. Nootmuskaat en foelie (*Myristica fragrans*) hadden een nog kleiner verspreidingsgebied en groeiden alleen op de Bandagroep, een verzameling uit stollingsgesteenten samengestelde stipjes, op zo'n zeshonderd kilometer ten zuiden van Ternate.

Door de eeuwen heen waren de Bandanezen voor hun levensonderhoud steeds afhankelijker van de nootmuskaat geworden. Net als de sojaboeren in Iowa verkochten ze de hele oogst van hun enige marktgewas om daarmee in hun dagelijks brood te voorzien – of preciezer gezegd: hun rijst en sago. (Het merg van de sagopalm is het meest gebruikte 'meel' op de eilanden.) Soms voeren ze met hun jonken helemaal naar Java om daar hun geurige gewas te bezorgen en etenswaren in te slaan.

Muskaatnoten groeien op de wijze van citroenen of pruimen aan bomen die bij voldoende ruimte in fraaie symmetrische kegels van weelderig groen gebladerte staan opgesteld. Eenmaal rijp krijgen de bolvormige vruchten ter grootte van een abrikoos een bleekroze kleur, waarna ze uit de schil barsten en op de grond vallen. De gevallen vrucht is zonder meer verrukkelijk. Als de muskaatnoot tijdens het rijpen openbarst, komt onder het geelbruine vruchtvlees de karmijnrode bast tevoorschijn waarvan de foelie gemaakt wordt, en weer daarbinnen bevindt zich de gitzwarte muskaatnoot zelf. Zoals blijkt uit de naam die foelie in verscheidene andere Europese talen heeft (*fleur de muscade* in het Frans en *Muskatblüte* in het Duits), dachten de middeleeuwse Europeanen abusievelijk dat foelie de bloem van de nootmuskaatboom was. (Officieel heet het vlies dat om de muskaatnoot heen zit de 'zaadrok'.) Deze vergissing, onder anderen gemaakt door Marco Polo, is verklaarbaar. Na droging is foelie aromatischer dan nootmuskaat en mooi lichtroze van kleur, zoals je bij een bloem zou verwachten.

Omstreeks 1600 konden de Europeanen talloze meer of minder accurate beschrijvingen lezen van deze legendarische immergroene boom. In zijn geschrift uit 1609 gaf de Spaanse koloniale geschiedschrijver Argensola een bijzonder beeldend portret van de specerij:

NUTMEG

Door houtsneden, zoals deze uit een kruidenboek van de zestiende-eeuwse Florentijn Pier Andrea Mattioli, kon het Europese publiek kennismaken met exotische planten zoals nootmuskaat.

> Ze lijken op de Europese perenbomen, ook in de vorm van hun vrucht, al heeft die meer de rondheid van de perzik. Wanneer de nootmuskaten bloeien, verspreiden ze een opwekkende geur; langzaamaan verliezen ze hun oorspronkelijke groene kleur, zoals dat bij alle groenten gebeurt; deze maakt plaats voor blauw, vermengd met grijs, kersenkleur en een bleke goudkleur, zoals we die in een regenboog zien, doch niet in die regelmatige verdeling, maar in vlekken zoals bij de jaspissteen. Ontelbare aantallen papegaaien en andere vogels met divers verendek, allemaal een lust voor het oog, strijken op de takken neer, aangetrokken door de zoete lucht. Als de noten gedroogd zijn, werpen ze de schil af waarin ze groeien, en dan hebben we de foelie, met daarin een witte kern, die niet zo scherp van smaak is als de noten. [...] Van deze foelie, die warm en droog is in de tweede graad, en binnen de derde valt, maken de Bandanezen een bijzonder kostbare olie die alle zenuwkwalen geneest, en tevens door koude veroorzaakte pijn wegneemt. [...] Met [de noten] helen of verminderen zij slechte adem, zuiveren ze de ogen, verkwikken ze maag, lever en milt, en maken ze vlees beter verteerbaar. Ze zijn een remedie tegen vele andere kwalen, en verlenen ook het gelaat een stralende glans.

Werd foelie aanvankelijk met een bloem verward, kruidnagels zijn echt bloemen – of preciezer gezegd: de knoppen van een struikachtige tropische boom. De boom bloeit in clusters, in boeketten van zo'n dertig gele bloemen, waarbij elk knopje eruitziet als een ronde, citroengele paperclip. Omgeven door dicht groen loof doen ze denken aan bloeiende rododendrons, met het verschil dat deze bomen zo'n tien meter hoog kunnen worden. De hele plant heeft een doordringende geur; behalve de bloemen verspreiden ook de bladeren het onmiskenbare, licht weeë kruidnagelaroma. Na een tropische plensbui is de lucht op een kruidnagelplantage bijna onverdraaglijk. De zestiende-eeuwse Portugese botanist Da Orta vertelt dat hij de met kruidnagel beladen schepen op kilometers afstand kon ruiken:

> Men zegt dat de geur van kruidnagel verder draagt dan elk ander aroma. Ik heb dat ervaren toen ik Goa naderde vanuit Cochin, met de wind vanaf de kust, en we op een kalme avond op vijf kilometer van de

> kust waren. De geur was zo sterk en zo verrukkelijk dat ik meende dat daar hele bossen van bloemen moesten staan. Bij navraag vernam ik dat we in de buurt waren van een schip dat met kruidnagels terug van Maluco [de Molukken] kwam.

De gedroogde knoppen brachten het meest op, maar er was ook vraag naar kruidnagelstengels. Hun aroma was minder, maar ze waren ook een stuk minder duur – op de mediterrane markt soms even goedkoop als peper.

Vrijwel alle kruiden zijn wel eens gebruikt omwille van hun (echte of denkbeeldige) geneeskrachtige eigenschappen, maar zowel nootmuskaat als kruidnagel heeft een aantoonbare farmacologische werking. Zowel de knoppen als de bladeren van kruidnagel bevatten eugenol, dat als een effectief plaatselijk verdovend middel kan worden gebruikt, een feit dat tandartsen (en hun patiënten) vroeger naar waarde wisten te schatten. De gedroogde knopjes vonden vroeger ook toepassing in een confituur met azijn of suiker die naar India werd uitgevoerd. In Zuid-Azië werden ze gebruikt voor een welriekende adem, als ingrediënt voor sirih, en omwille van hun verdovende eigenschappen.

Nootmuskaat heeft eerder een psychedelisch effect. In kleine doseringen kan het als kalmerend middel werken. Toen ik met Frank Lavooij lunchte, ried hij me nootmuskaat in een glas warme melk aan als probaat slaapmiddel – al is het maar goed dat hij zakenman en geen apotheker is, want van de hoeveelheid die hij voorstelde zou ik zijn gaan trippen.[9] De chemische stof myristicine in nootmuskaat is naar men aanneemt verantwoordelijk voor het hallucinogene effect. Hoewel ik er niet uit eigen ervaring van kan getuigen, zijn de bewustzijnsverruimende eigenschappen van de specerij klaarblijkelijk een publiek geheim. Zowel Amerikaanse gedetineerden als feestende hippies op Goa's stranden hebben nootmuskaat gebruikt om high te worden. In Zanzibar kauwen de inheemse vrouwen soms op nootmuskaat in plaats van de plaatselijke marihuana te roken. De Spaanse missionaris Frei Sebastien Manrique beschrijft dat verslaafden in Bengalen, omstreeks het begin van de zeventiende eeuw, nootmuskaat, foelie en andere aromatica door hun opium mengden voor een extra krachtig mengsel. Het schijnt dat mensen heel verschillend reageren op nootmuskaat als roesmiddel: sommige gebruikers ervaren een diepgaande vervorming van ruimte en tijd, terwijl anderen visuele hallucinaties krijgen. Het hallucinogene effect werd voor het eerst in 1576 opgetekend door de Vlaamse arts Lobelius, toen hij een zwangere Engelse vrouw beschreef die 'uitzinnig bedwelmd raakte na het eten van 10 à 12 muskaatnoten', blijkbaar omdat ze daarmee een abortus probeerde op te wekken. Voor lezers die voor een koopje high willen worden, zij vermeld dat een nootmuskaattrip allerlei nare bijverschijnselen kan hebben, zoals braken, hoofdpijn en langdurige desoriëntatie.

In het verre Europa wisten de mensen op z'n minst sinds Marco Polo's tijd van het bestaan van de specerijeilanden met hun medicinale plantages. Ze hadden zelfs een globaal idee van hun ligging. De reislustige Venetiaan had het min of meer bij het rechte eind toen hij schreef: '[De zee] strekt zich uit naar het oosten, en volgens de verklaringen van ervaren stuurmannen en zeelieden die haar bevaren en goed met de ware toedracht bekend zijn, bevat zij 7448 eilanden, waarvan de meeste bewoond. En ik verzeker u dat er op al deze eilanden geen boom is die geen sterke en aangename geur afgeeft en de mensen van nut is.' Zijn aantal was niet helemaal juist; het zijn er in werkelijkheid meer dan 25.000. Maar zo ver is hij nooit gekomen. De eerste Europeanen daar waren de Portugezen.

Ze troffen er een wereld aan die sterk van India verschilde. Hier waren geen grote koninkrijken of imperia, maar honderden, zo niet duizenden kleine vorstendommen en een handvol grote havensteden die door de specerijenhandel rijk waren geworden. Malakka, Makassar en Achin waren in grootte en belangrijkheid vergelijkbaar met steden als Genua en Antwerpen, terwijl de hoeveelheid specerijen die hun poorten passeerde zelfs die van Venetië of Alexandrië evenaarde.

Ondanks hun intimidatiepolitiek bij hun aankomst aan het begin van de zestiende eeuw waren de Portugezen van weinig invloed in deze regio. Zeker, ze bezetten een paar strategische plaatsen, met als voornaamste de stad Malakka, die, zoals het huidige Singapore, de hoofdroute tussen Oost- en Zuid-Azië volledig controleerde. Ook bouwden de *conquistadores* nog een fort op Ternate, waar ze (zonder succes) de kruidnagelhandel in hun greep probeerden te krijgen. Niettemin was de Aziatische specerijenhandel zo'n honderd jaar later, toen de eerste Nederlandse schepen Kaap de Goede Hoop rondden, nagenoeg onveranderd gebleven. Een ratjetoe van sultans, vorsten en lokale stamhoofden controleerde de verkoop en productie van specerijen, terwijl het gebruikelijke gezelschap ze in de regio distribueerde. Zelfs de meeste Portugese schepen werden bijna uitsluitend bemand door Maleisische zeelieden. De Estado da Índia was gewoon een schakel in de handelsketen geworden. Er lagen echter grote veranderingen in het verschiet, want de Portugezen noch de rijksten onder de sultans waren een partij voor de nietsontziende zakenlieden van de VOC.

De compagnie werpt het anker uit

Vandaag de dag resideert de achtenveertigste sultan van Ternate in zijn tweehonderd jaar oude paleis op het voornaamste van de kruidnageleilanden. Hij wordt verzorgd door bedienden die hun nek geweld aandoen om hun hoofd beneden het zijne te houden, zoals de traditie vereist. Zijn getrouwen spreken hem aan met de heilige titel Jo'o, ofwel 'Heer'. En telkens wanneer de gloeiende top van de Gammalama dreigt uit te barsten, maakt de halfgoddelijke eerbiedwaardigheid een rituele omvaart in een uitgeholde kano teneinde de eilandvulkaan gunstig te stemmen. Enige politieke macht heeft hij onder de grondwet van Indonesië echter niet. Dat is jammer, althans in de ogen van de huidige sultan, dr. Mudaffar Sjah (gepromoveerd filosoof aan de Universiteit van Indonesië). In een interview dat hij de *South China Morning Post* op de koninklijke veranda heeft toegestaan, stelt hij dat het huidige religieuze conflict zou verdwijnen als de mensen maar terugkeerden tot de oude gebruiken, tot de tradities van het verleden. Nippend aan zijn lycheesap mijmert de vooraanstaande moslim over het vervlogen gouden tijdperk, toen zijn voorvaderen nog echte macht hadden en de heersers van de specerijarchipel waren. De nostalgische monarch heeft echter ook zijn tegenstanders, zoals degenen die hem zijn lange ambtsvervulling onder het corrupte Soeharto-regime kwalijk nemen. Lokale dorpelingen beschuldigen hem ervan het sektarische bloedvergieten aan te wakkeren. En ze zullen niet nalaten je in herinnering te brengen dat de sultans van Ternate eeuwenlang met het Nederlandse koloniale regime hebben gecollaboreerd. Dat is zonder meer juist, al is het de vraag hoe Mudaffars voorvaderen, na de Portugezen te hebben meegemaakt, hadden kunnen bevroeden dat de Nederlanders nog erger waren.

De eerste inheemse bewoners die de Europeanen in levenden lijve zagen, leefden honderden kilometers ten zuiden van de hoofdstad van de sultan. In 1511 had admiraal Afonso de Albuquerque na de verovering van Malakka zijn vloot amper opnieuw bevoorraad voordat hij alweer drie schepen op weg stuurde om de legendarische eilanden te zoeken. Deze mini-armada, onder bevel van kapitein António de Abreu, ronselde waarschijnlijk (al dan niet onder dwang) enige Maleisische gidsen die hen op hun zeiltocht van ruim drieduizend kilometer langs Java, Bali en Timor de weg wezen, want ze vonden de nietige Banda-eilanden zonder enig probleem. Naar het schijnt werden ze goed ontvangen door de bewoners, bekend als deze waren met buitenlandse bezoekers, al vielen deze ruig bebaarde Europeanen een beetje uit de toon. Ze verkochten de Portugezen met plezier nootmuskaat, foelie en zelfs wat geïmporteerde kruidnagels, volgens de Europeanen tegen een spotprijs. Terug in Lissabon dachten ze daarop een winst van 1000 procent te kunnen maken. Interessant genoeg was een van de zeelieden op deze expeditie Fernão de Magalhães (in het buitenland beter bekend als Magellaan). De ervaringen die hij in Banda opdeed, zouden hem later helpen de Spaanse koning te overreden zijn reis om de wereld te financieren.

De honderd jaar daarna ging het er minder vriendelijk aan toe, althans op de noordelijke kruidnageleilanden. In 1522 bouwden de Portugezen een fort op Ternate, op een steenworp afstand van het paleis van de sultan. Daarna gingen ze ertoe over de ene na de andere heerser af te zetten of te vermoorden, de erfgenamen te vergiftigen en complete koninklijke families over te brengen naar het bolwerk van de Estado da Índia in het verre Malakka. Uiteindelijk bleek de moord op de zittende sultan in 1574 een wandaad te veel voor de inlanders.

Ze kwam het daaropvolgende jaar in opstand en verjoegen de vreemdelingen van hun eiland. Toen de Nederlanders bij hun aankomst in 1599 beloofden hen tegen de Portugezen te beschermen, grepen de Molukkers het aanbod van een verdrag derhalve met beide handen aan.

De Nederlanders hadden er slag van volken tot samenwerking te bewegen; hun methode zal iedere gangster die in beneden-Manhattan protectiegeld ophaalt, bekend voorkomen. Schepen barstensvol kanonnen gingen op schootsafstand van het dorp van het stamhoofd (of het koninklijk paleis) voor anker en boden 'bescherming' aan in ruil voor het recht om de hele plaatselijke specerijenoogst op te kopen tegen door de Compagnie vastgestelde prijzen. Een typerend voorbeeld was de overeenkomst die op 23 mei 1602 werd ondertekend door verscheidene Bandanese *orang kaya* (plaatselijke stamhoofden), die aan boord van het bewapende koopmansschip Gelderland waren uitgenodigd. De hoofdmannen kregen ongetwijfeld een speciale rondleiding over het schip, waarbij ze over de smalle trap omlaag naar het geschutsdek werden geleid voor een grondige bezichtiging van de omstreeks vijfentwintig glimmende gietijzeren kanonnen die op hun eigen fragiele woningen waren gericht. Misschien werden ze zelfs getrakteerd op een demonstratie van hun verwoestende kracht. Ze zullen dat zeker beter begrepen hebben dan het met juridische frases volgekrabbelde perkament dat de roze getinte indringers hun toestaken. De voorwaarden van het Nederlandstalige contract, die behelsden dat de Bandanezen de Nederlanders een niet-intrekbaar monopolie op nootmuskaat toekenden in ruil voor bescherming tegen de Portugezen en de Engelsen, kunnen ze onmogelijk hebben begrepen. Gegeven deze omstandigheden weigerden maar weinig stamhoofden te tekenen. Maar het is niet verbazingwekkend dat de eilandbewoners ook aan de contracten trachten te ontkomen. Want hadden de inboorlingen ze strikt nageleefd, dan waren ze van de honger gestorven. In dat tijdperk waren de nootmuskaateilanden volledig afhankelijk van geïmporteerd voedsel, maar de Nederlanders waren niet van zins volumineuze en bederfelijke waren zoals sago en rijst te vervoeren. In plaats daarvan kwamen ze met Indiase katoen, die ze de eilanders tegen een vaste prijs als ruilmiddel opdrongen. Het spreekt vanzelf dat deze overeenkomsten volgens de juridische afdeling van de VOC allemaal onberispelijk en geheel rechtmatig waren – als de inboorlingen niets te eten hadden, was dat hun eigen zaak – dus toen de eilanders zich niet strikt aan de bepalingen hielden, vonden de Nederlanders het hun volste recht om hen daar gewapenderhand toe te dwingen.

Dit werkte soepel in Zuidoost-Azië, waar de Estado da Índia nauwelijks vaste grond onder de voeten had. De Portugese aanval op Banda in 1600 konden de Nederlanders gemakkelijk afslaan, en een jaar later brachten de compagnieschepen een Portugese vloot tot zinken bij een echte zeeslag in de Baai van Bantam, waarmee de toegang tot de Molukse peper was veiliggesteld. In 1605 pikte de VOC het Portugese fort Amboina (Ambon) in, met zijn strategische ligging tussen de kruidnageleilanden en de nootmuskaatarchipel. India was echter een ander verhaal. Oorspronkelijk was het de opzet om de Portugezen uit het hele subcontinent te verdrijven, maar het afgetakelde imperium bezat meer veerkracht dan de Nederlanders hadden ingecalculeerd. Na verscheidene vruchteloze aanvallen op Gouden Goa hield de VOC het voor gezien en sloot een tijdelijk bondgenootschap met de regeerders van Calicut, die nog steeds gebelgd waren over Vasco da Gama en zijn kornuiten.

Ver weg, in het grauwe en vochtige Amsterdam, ging de prijs van VOC-aandelen als een jojo op en neer bij het nieuws van de Nederlandse successen en mislukkingen. De snelle koersstijging na de eerste uitgifte verkeerde in een vrije val toen het bericht binnensijpelde dat het kruidnageleiland Tidore door de Spanjaarden was heroverd en dat de Molukken wellicht opgegeven moesten worden. De situatie in Holland werd ironisch genoeg verergerd door het feit dat terugkerende VOC-schepen onophoudelijk balen peper losten op elke beschikbare kade. Niet alleen Nederland, maar heel Europa werd overspoeld door Nederlandse, Portugese en spoedig ook Engelse peper. Volgens Buzanval (de Franse ambassadeur en tevens VOC-aandeelhouder) zaten alleen al de pakhuizen in Amsterdam tot de nok vol met een hoeveelheid peper van meer dan een miljoen gulden waarvoor geen klant te vinden was. Binnen korte tijd werden aandelen die ooit tot in de hemel leken te groeien afgedankt tegen 60 procent van de nominale waarde. In de directiekamer van het Oost-Indisch Huis was het zo helder als glas dat de Compagnie verder dan peper moest kijken als zij de aandeelhouders tevreden wilde houden. De Heren Zeventien besloten hun ondernemingsplan te herzien en de aandacht te richten op de eilanden die door de sultans van Ternate werden geregeerd.

Na mijn langdurige, beschaafde lunch met de hoffelijke Frank Lavooij drong het eens te meer tot me door hoezeer de zakenwereld veranderd is. Wie onder de hedendaagse financiers achter hun computerschermen zou de aandrift of het lef hebben voor het werk dat de VOC'ers te doen stond? Wanneer ik Lavooij hoor praten over zijn veelgeprezen bedrijfsbeleid, op grond waarvan hij boeren aanmoedigt biologisch te verbouwen en verwerkingsfabrieken in derdewereldlanden bouwt (allemaal goed voor de winst, geeft hij direct toe), dan denk ik terug aan de veelgeprezen praktijken uit 1600 en vraag me af welke beslissingen Lavooij zou nemen als hij in de kamer met de Heren Zeventien zat. Als je de gezichten bestudeert op de vele portretten van VOC-functionarissen, kun je je haast niet voorstellen dat ze slavenhandel en genocide door de vingers zagen in het belang van hun aandeelhouders.

Alhoewel, dat is niet helemaal juist: één gezicht spreekt boekdelen.

De Compagnieman

Van de steden oftewel 'kamers' die tezamen de Oost-Indische Compagnie hebben gevormd, biedt Hoorn de schilderachtigste aanblik. In tegenstelling tot Amsterdam heeft deze kleine stad, nadat zijn haven in de achttiende eeuw dichtslibde, nooit een tweede leven gekregen, zodat niemand het nodig heeft gevonden de talloze straten met elegante herenhuizen af te breken om daar iets moderners voor in de plaats te zetten.

Het was een ongewoon zonnige middag toen mijn trein uit het Amsterdamse Centraal Station wegreed voor zijn reis van veertig minuten naar Hoorn, waar ik oog in oog met de beroemdste zoon van die stad wilde staan. In de bleke winterzon waren de polders van een bijzonder intens groen, onderbroken door de wollige plukjes van de schapen die tevreden tussen de hemelsblauwe sloten graasden. Toen ik het treinstation van Hoorn uit liep, was het onmiddellijk duidelijk dat de Oost-Indische Compagnie hier heel belangrijk moet zijn geweest. Je ziet het aan de voc-emblemen die onder boeiborden uitsteken, aan de imposante oude pakhuizen van de compagnie die zich vijf verdiepingen hoog boven de grote stadsgracht verheffen, aan namen zoals de Peperstraat, maar misschien nog het meest onmiskenbaar aan de gezichten van voormalige voc-beambten die je vanaf de muren van het plaatselijke historisch museum aanstaren.

Het markante Westfries Museum ligt aan de Roode Steen, een schilderachtig middeleeuws plein in de vorm van een parallellogram, op een paar passen afstand van de oude haven. De uitbundig versierde trapgevel aan de voorzijde van het museum heeft met zijn vele emblemen iets van een overdadige prijzenkast – maar dan in een innemende renaissancestijl. Vanbinnen is het een wirwar van kronkelgangen en trappenhuizen behangen met stoffige portretten van vlezige en welgedane burgerwachten (de stad moest een verordening uitvaardigen teneinde de duur van de door deze weekendsoldaten georganiseerde festiviteiten tot drie dagen te beperken, vertelt een suppoost me) en propvol souvenirs uit Hollands glorietijd.

Een reeks krakende treden geeft toegang tot de pronkzaal, een hoge, gelambriseerde kamer gewijd aan de Oost-Indische Compagnie. De schimmelige lucht van antiek wordt nu nog bedompter doordat de licht weeë geur van kruidnagel vermengd met nootmuskaat en foelie zich erbij voegt. De museumbeheerders zijn op het ingenieuze idee gekomen om hier jute zakken met zoete specerijen neer te zetten, als een concreet aandenken aan wat hun stad zijn bloei verleende. Het is een gelukkige inval, zeker wanneer je leest dat elke zak in het zeventiende-eeuwse Hoorn de waarde van een heel huis had – en dan nog een behoorlijk mooi huis ook. De wanden van de zaal zijn bekleed met groepsportretten van mannen die afgaande op hun uiterlijk zelden met de burgerwachten van beneden gefeest zullen hebben. Hier zien we de zakenmannen die de Oost-Indische Compagnie bestuurden. Linksboven prijkt de corpulente gestalte van voc-functionaris Cornelis de Groot, met zijn snor als een potloodstreepje, dubbele kin en minzame glimlach het toonbeeld van de kapitalistische magnaat. Vlak bij hem staat Francois van Brederhoff, de directeur van de Hoornse kamer en tevens ooit burgemeester, te kijken of hij te laat is voor een vergadering. Anderen kijken de bezoeker op hun gemak aan. Er is één persoon in de zaal die eruitziet alsof hij zijn portret liever niet had laten schilderen. Maar dat was vermoedelijk karakteristiek voor de man die velen voor de grootste schurk (en sommigen voor de onverschrokken held) van de Nederlandse specerijenhandel houden.

Jan Pieterszoon Coen poseerde voor minstens twee schilderijen. Dit portret is eigendom van het Rijksmuseum.

Jan Pieterszoon Coen poseerde voor dit portret nadat hij de hoogste baas van de Compagnie in het Verre Oosten was geworden. Zijn kortgeknipte, scherpe en verweerde hoofd steekt uit zijn modieuze kanten kraag als een slechtgehumeurde schildpad die zich voor het promenadeconcert heeft gekleed. Hij kijkt aan tegen een groepsportret aan de overzijde van de zaal, waarop voc-functionarissen met weelderige pruiken en rozige wangen geschaard zijn rond een lange tafel waarover een schitterend karmozijnrood Turks tapijt is gedrapeerd. Mogelijk staat er in Coens harde ogen ergernis over de trage schilder te lezen, maar wanneer ik zijn blik volg, verbeeld ik me onwillekeurig dat het minachting is.

Hadden deze jonge en verwende parvenu's eigenlijk wel enig idee van Coens verre wereld, wemelend van bewapende, weerspannige inboorlingen die zijn ondernemingsplan dwarsboomden? Voor deze goed doorvoede heren waren de woekerende jungles en door piraten onveilig gemaakte baaien niet meer dan stipjes en vlekjes op globes en kaarten. Wat kon het hun schelen hoe Coen de activa en passiva in het Verre Oosten afhandelde, mits hij de investeerders maar blij maakte? Per slot van rekening moesten zij allereerst de belangen van hun aandeelhouders behartigen, nietwaar? Jan Coen is door moderne Nederlandse historici stelselmatig zwartgemaakt, maar hij vond zelf dat hij simpelweg het bedrijfsbeleid van de voc ten uitvoer bracht, ook al veinsden de heren in hun directiekamer niets te weten van de genocide die dat tot gevolg had. Zijn blik naar de stuurlui aan wal daar aan de overkant spreekt boekdelen en je kunt hem bijna horen zeggen (zoals hij in de ene na de andere brief naar het hoofdkwartier geïrriteerd neerpende): Mijn methoden staan u misschien niet aan, maar waar zou u zonder mij zijn geweest?

Coen begon zijn loopbaan bij de Compagnie na een zevenjarige leertijd als boekhouder in Rome, waar hij de nieuwe ontwikkelingen in het Italiaanse geldwezen had kunnen bestuderen. Hij keerde in 1605 naar huis terug, precies in de periode dat het eerste voc-schip naar Hoorn terugkwam met een lading specerijen ter waarde van meer dan een miljoen gulden (naar huidige maatstaven het equivalent van zo'n honderdvijftig miljoen euro). Alleen al door die vracht ontvingen de aandeelhouders een nettowinst van 75 procent op hun geïnvesteerde vermogen! In datzelfde jaar werden VOC-aandelen voor het dubbele van hun nominale waarde op de Amsterdamse beurs verhandeld. Geen wonder dat er in alle Nederlandse havens een koortsachtige opwinding heerste. Hoewel de Coen van het West-Friese portret niet de indruk maakt ooit door een of andere rage te zijn meegesleept, zag hij in de specerijenhandel ongetwijfeld kansen die een uit zijn krachten gegroeid dorp als Hoorn hem nooit zou kunnen bieden. De ambitieuze twintigjarige slaagde erin een baan op de laagste sport van de VOC-carrièreladder te bemachtigen, als onderkoopman, met een maandsalaris van vijfendertig gulden plus kost en inwoning. Zijn bazen herkenden zijn talent en hij klom snel op. Op zijn eenendertigste had hij de topfunctie in het Verre Oosten. Wie anders dan de Nederlanders zouden hun imperium laten opbouwen door een accountant?

Een zeemansleven

Het scheepvaartmuseum in Amsterdam heeft een keur aan modellen van oude schepen die de specerijenroute via Kaap de Goede Hoop bevoeren. Lissabons pronkverzameling van miniatuurgaljoenen en naus is zeker zo indrukwekkend, maar in althans één opzicht zijn de Amsterdammers de Lisboetas de baas: zij hebben een levensgrote replica van een Oost-Indiëvaarder. Het schip, dat toepasselijk de Amsterdam heet, ligt even ten oosten van het Centraal Station voor anker bij de waterkant, precies op de plaats waar zich in de zeventiende eeuw de scheepswerven van de VOC bevonden. Maritiem historici schamperen nogal eens dat het slechts een kopie is, en dan ook nog eens van een achttiende-eeuws schip, maar toch is het model nauwelijks luxueuzer dan zijn voorgangers. Dit is beslist geen cruiseschip. De hut die koopmannen als Coen kregen toegewezen zou niet eens voor een inloopkast kunnen doorgaan, en de kombuis van het schip zou die naam slechts verdienen in een New Yorks eenkamerappartement. Het benedendek is omstreeks half zo groot als een basketbalveld, wat best ruim lijkt totdat je beseft dat het plaats moest bieden aan meer dan driehonderd onbehouwen en verveelde zeemannen.

De mannen aan boord van schepen van het type waarmee Jan Coen in 1607 naar de Oost voer, moeten een samengeraapt en ongeregeld zootje hebben gevormd. Maar zij waren in elk geval vrije mannen – in tegenstelling tot de slaven en veroordeelden waaruit de latere bemanningen van de Carreira da Índia waren samengesteld. De Nederlandse zeemannen werden geronseld door beroepsrekruteurs – de zogeheten 'zielverkopers' – die daartoe de taveernes en steegjes van de Hollandse achterbuurten afstruinden. Een geliefde list was de berooide kandidaten alvast gage voor te schieten, die zij dan doorgaans in de dichtstbijzijnde kroeg opdronken. Nu waren ze niet alleen platzak, maar ook nog geld verschuldigd. Er bleef hen niets anders over dan naar de Oost te gaan. Sommigen slaagden er nooit in de Compagnie af te betalen en waren feitelijk horigen geworden. Later, toen de bierhuizen ontoereikend bleken, wendde de VOC zich regelmatig tot de directies van weeshuizen en armengestichten om op die manier de benodigde bemanning van de compagnieschepen te krijgen. Evenals op de Portugese schepen stierven de Nederlandse zeelui bij bosjes aan ongelukken, gevechten en ziekten, zodat de zielverkopers nooit zonder werk zaten.

Op de Nederlandse schepen heerste destijds zo mogelijk een nog hardvochtiger discipline dan op de koopvaardijschepen van andere Europese naties. Misschien waren de mensen geharder na de gruwelen van de oorlog tegen Spanje, of misschien wisten de commandanten niet hoe ze hun agressieve, dronken, ondervoede en vaak zieke bemanningsleden er anders van konden weerhouden elkaar te vermoorden. Als een zeeman een ander verwondde, mocht de kapitein hem volgens het officiële reglement straffen door hem met een mes door zijn hand aan de mast vast te prikken tot hij zich losrukte. Iemand die een ander doodde, diende aan het dode slachtoffer te worden vastgebonden en overboord te worden gegooid. We kunnen ons overigens afvragen hoe vaak een schipper zijn toevlucht zou nemen tot straffen die het aantal zeelieden om het schip varende te houden nog verder terugbrachten.

Maar al was men krap behuisd, de bemanning van schepen als de Amsterdam was veel kleiner dan die van de drijvende steden die uit Lissabon vertrokken. Om te beginnen voeren op de eerste Nederlandse schepen geen kolonisten, priesters of koloniale ambtenaren plus hun gevolg van slaven en bedienden mee. In kwantitatief opzicht was de gemiddelde matroos vermoedelijk beter doorvoed dan zijn Portugese collega, althans vanaf het moment dat de Nederlanders hadden uitgepuzzeld wat er tegen de tropische hitte bestand was. (Bij de eerste reis naar Indië en terug stierf de helft van de bemanning.) De officieren kregen af en toe een culinair extraatje, maar hielden beslist niet hun stand op zoals de elite op de Carreira da Índia dat deed. Als de kombuis van de Amsterdam als representatief mag gelden, moest de kok eten voor zo'n 333 monden bereiden met behulp van een bescheiden ijzeren rooster en een ingebouwde ketel waarin hij net één grote kalkoen kon onderdompelen. Bakken was volstrekt onmogelijk, zodat zowel officieren als bemanning zich na het brood van de eerste paar dagen moesten behelpen met scheepsbeschuit, het harde brosse brood dat in alle zeevarende naties gemeengoed was. (Om het beter eetbaar te maken, werd het vaak in bier gedoopt en met stroop gezoet.)

Het conserveren van voedsel was nog even lastig als in de tijd van Vasco da Gama. Bovendien bleek het bier, tot grote consternatie van de Hollandse bemanning, niet langer dan zo'n twee maanden houdbaar in de tropische hitte. De mannen waren aangewezen op stinkend water, dat ze wegspoelden met een beetje wijn (die langer goed bleef). En het water was niet eens toereikend. Scheepsjournalen geven aan dat de zeelieden het moesten doen met ongeveer een liter water per dag, wat gegeven het zweterige werk, zoute eten en drukkende klimaat een minuscule hoeveelheid is. In de eerste paar weken kregen ze ter afwisseling nog een karige portie vers vlees. Volgens de officiële VOC-proviandlijsten mochten er verscheidene levende varkens mee aan boord worden genomen, alsook enkele tientallen kippen om te voorzien in eieren voor de zieken. Met de houdbaarheid van levende have aan boord was het echter nauwelijks beter gesteld dan die van bier. Zodra het verse vlees was opgegeten, bestond de dagelijkse kost van de bemanning uit gekookt pekelvlees, gekookt gezouten spek, gekookte pap en gekookte erwten. De officieren hadden het iets beter, ten minste wat betreft één intrigerend ingrediënt. Waar de matrozen het volgens de officiële VOC-bevoorradingslijsten met mosterd en mierikswortel moesten doen om hun eten op smaak te brengen, daar kregen de officieren een royaal rantsoen van zowel binnenlandse als Aziatische kruiden voor in hun pap – alles bij elkaar zo'n tachtig à negentig gram per week.[10] Dit is misschien wel de beste indicatie van de precieze hoeveelheid specerijen die de Nederlandse middenklasse omstreeks 1700 consumeerde.

Een bron van Hollands eiwit waarover de Portugese zeelieden op de peper-naus vanzelfsprekend niet beschikten, was kaas. Misschien lag het vooral aan de drieënhalve ons kaas per week die iedere matroos op zijn reis naar Indië kreeg dat de Nederlanders aanzienlijk langer waren dan de Portugezen en beter gevoed dan hun concurrenten. Niettemin waren de schepen tegen de tijd dat ze de Kaap rondden meestal door hun brandstof heen – gewoonlijk gedroogde turf of, op de heenreis, Duitse steenkool – waardoor er niet meer gekookt kon worden en de uitgedroogde zeelui vrijwel uitsluitend nog op aangevreten scheepsbeschuit konden knabbelen bij hun Goudse.

Het behoeft derhalve geen verbazing te wekken dat de uitgehongerde, naar alcohol dorstende zeelieden na aankomst in Cochin regelrecht koers naar de kroeg zetten, waar ze zich laveloos dronken. Zoals blijkt uit de feestverordeningen in Hoorn tolereerde de calvinistische maatschappij geen losbandig gedrag – of stelde daar in elk geval paal en perk aan. Natuurlijk waren de Nederlandse zeelui ook in eigen land berucht om hun uitspattingen met drank, vechtpartijen en lichtekooien, maar in India, een halve wereld van bemoeizuchtige buren en benepen dominees vandaan, konden de matrozen hun lusten geheel onbespied botvieren. (Te oordelen naar het beperkte aantal halfbloeden dat de Nederlanders in het Verre Oosten hebben voortgebracht, lijkt het evenwel niet uitgesloten dat hun bijzondere bedrevenheid met de schenkkan hun succes op amoureus gebied heeft beperkt – althans in vergelijking tot de Portugezen.) Linschoten, die wel wist waarvoor een Hollandse matroos warmliep, had zijn lezers verzekerd dat de sterke drank arak ruimschoots in Indië voorradig was; hij roemde met name de arak uit Maleisië. In India en Indonesië werd arak gemaakt door de vergiste nectar van de palmyrapalm te distilleren (ook vergiste suikerriet en rijst werden wel gebruikt), waardoor een betrekkelijk neutraal smakende heldere brandewijn werd verkregen.[11] Een Portugees die in 1587 India bezocht, merkte op dat 'araca' erg scherp is maar op dronk moet komen, en dat men er rozijnen aan toevoegde om de drank milder en zoeter te maken. Tegenwoordig is er in buurtwinkeltjes in heel Goa een fabrieksversie van precies dezelfde drank te koop onder de naam feni. De Goanen drinken het gewoonlijk puur, hoewel ze het voor de toeristen mixen met limoenlimonade. Er is ook een thuisgestookte versie, die regelmatig dodelijke slachtoffers maakt.

De arak leidde vanzelfsprekend tot onwelvoeglijkheden van elke denkbare soort, en niet alleen door gewone zeelieden bedreven. Bij de Nederlandse 'factorij' in Jakarta maakte de hoogste Compagnievertegenwoordiger zich weinig geliefd door herhaaldelijk vrouwen van hooggeplaatste Javanen lastig te vallen. Dit incident stond kennelijk niet op zichzelf. Een anoniem dagboek van enkele jaren later leest als een scabreuze roman. Volgens onze verslaggever gedroeg de voltallige leiding van datzelfde fort zich op hoogst oncalvinistische wijze, waarbij de dominee zich niet onbetuigd liet. Het begon klaarblijkelijk allemaal met Spaanse wijn (in plaats van het plaatselijke spul), waarna spoedig vier Indonesisch-Portugese mulattinnen naar de officiersmess werden genood om aan het avondmaal deel te nemen. Daar bleef het echter niet bij:

> Nadat de onderkoopmannen en assistenten waren vertrokken, bleven Raey, de kapitein, dominee Hermans, de luitenant en de cornet [rang gelijk aan vaandrig bij de ruiterij] bij de vrouwen. Ze waren vrolijk en uitbundig en dronken Spaanse wijn en maakten avances naar die vrouwen, door te zingen: *Tabe, tabe, Signora moeda – bawa bantal tikar – betta mau rassa!* [Gegroet, jongedame – neemt uw slaapmat en kussen mee!] Wat de dominee overdag had gepredikt, was alweer vergeten; ze hadden het veel te druk met die verleidelijke vrouwen. [...] De pret duurde tot één of twee uur 's ochtends, toen iedereen zijn bed opzocht, en de drie vrouwen sliepen boven. [...] De cornet bracht [een van de vrouwen] thuis en amuseerde zich met haar in haar huis.

Geen wonder dat Coen de Heren Zeventien later bestookte met een tirade waarin hij verzocht om de komst van 'gedegen protestantse predikanten, en geen stompzinnige, ongemanierde idioten zoals u mij eerder hebt gestuurd.' Niettemin was deze ruwe, weerspannige atmosfeer kenmerkend voor de Nederlandse handelsposten gedurende de beginjaren van de voc. Herhaaldelijk bracht Coen zijn meerderen onder de aandacht: 'U Edelen hebt hier de beschikking over mensen, niet over engelen!'

Coen vond als sobere calvinist het ongedisciplineerde gedrag niet alleen verwerpelijk, maar achtte het als hoge voc-functionaris ook slecht voor de zaken. Hij wilde dat godvrezende gezinnen een soort kern van fatsoen kwamen vestigen. 'Al komen ze hier zonder een draad aan het lijf, dan nog kunnen we ze gebruiken,' schreef hij naar Amsterdam. Hij pleitte er vooral voor jonge vrouwen naar Indië te sturen, waarbij het mes aan twee kanten sneed: het ontlastte de weeshuizen thuis en het voorzag de mannen overzee van een vrouw. Hoewel het uitermate discutabel is in hoeverre deze 'compagniemeisjes' de zeden hebben verbeterd, zouden ze eeuwenlang een vast onderdeel van de Oost-Indiëhandel uitmaken. In tegenstelling tot de Portugezen deden de Nederlanders nauwelijks pogingen om de mensen tot het christendom te bekeren. Huwelijken tussen Nederlanders en inheemsen waren daardoor ongebruikelijk. In een andere brief klaagt Coen dat de plaatselijke moslims het niet toestaan dat hun vrouwen met christenen trouwen en, erger nog, dat ze 'hun kinderen doden of aborteren opdat de moeder geen heidenen ter wereld brengt.'

'De handel in de vingers'

'Deze Coen is iemand die zowel de handel als de staatsmanskunst goed in de vingers heeft,' schreef de vertrekkende gouverneur-generaal van Nederlands-Indië in 1613 over de onlangs aangestelde directeur en 'boekhouder-generaal' van het voc-hoofdkwartier in Indonesië. 'Hij is eerlijk, evenwichtig en verspilt geen tijd aan bijzaken. Ik ben er zeker van dat er hier nooit iemand is geweest, noch zal zijn, die hem in doeltreffendheid evenaart, zoals U Edelen zelf uit zijn brieven zult kunnen opmaken.'

We kunnen een heleboel over Hoorns bekendste telg te weten komen uit zijn overvloedige brieven. (Hij pende zoveel vellen briefpapier vol dat de schepen die omstreeks de eerste dag van elk jaar in Nederland terugkeerden als 'boekschepen' werden betiteld.) Ongeduld en eigendunk zijn een telkens terugkerend thema in zijn brieven. 'Mijn stem verzwakt en de pen zwalkt omdat ik tot vermoeiens toe moet herhalen dat u in sommige gevallen weliswaar grote moed betoont, maar daarbij altijd op enig gebied tekortschiet.' Telkens opnieuw luidt het: 'Ik zweer u bij God Almachtig dat de Algemene Compagnie geen grotere vijanden heeft dan – excuus voor mijn taalgebruik – de onwetendheid en kortzichtigheid die onder U Edelen de overhand schijnt te hebben en het wint van de verstandigen.'

Coen mag dan vrijpostig zijn geweest, hij deed zijn werk uitstekend en hij klom razendsnel op in de bedrijfshiërarchie. Tussen 1607 en 1613 bevorderden de bestuurders hem van eenvoudig klerk tot opperkoopman en commandeur van twee schepen, en daarna tot boekhouder-generaal (min of meer het hoofd financiën). Bij zijn laatste promotie kreeg hij de opdracht een financieel overzicht van alle activiteiten van de VOC op te stellen, van Cochin tot Nagasaki, en hij kweet zich met zoveel enthousiasme van deze taak dat het hoofdkantoor hem onmiddellijk benoemde tot directeur-generaal, de tweede post in de dagelijkse leiding. Daarmee had de zeventwintigjarige Coen, ook al zou hij nog vijf jaar moeten wachten op de topfunctie van gouverneur-generaal, in de praktijk de leiding over de activiteiten van de Oost-Indische Compagnie in Azië. Het enige wat ontbrak waren de titel en het salaris – punten waarop hij in zijn epistels naar de Hoogstraat uitentreuren terugkwam.

In de ogen van Coen stonden niet alleen de verdorvenheid van het personeel en het ezelachtige leiderschap in Amsterdam een efficiënte bedrijfsvoering in de weg, maar ook de onbereidwillige producenten van de specerijen waar de hele onderneming om begonnen was. Naar alle waarschijnlijkheid was Coen er persoonlijk getuige van geweest hoe onwelwillend de inboorlingen konden zijn. Het staat vrijwel vast dat hij in 1609 meevoer op een vloot onder admiraal Verhoeff, op weg gestuurd om een fort op het Banda-eiland Neira te bouwen teneinde de inboorlingen duidelijk te maken dat het de Nederlanders beslist ernst was met de contracten. Uiteraard waren de Bandanazen niet geraadpleegd over dit bouwproject en zij toonden hun ontstemming door de admiraal en zo'n dertig van zijn medewerkers af te slachten. De laatste keer dat Coen het hoofd van zijn commandant zag, was dat vermoedelijk aan de punt van een Banda-speer gespietst. Natuurlijk namen de Nederlanders wraak, en het fort werd alsnog gebouwd. Daarna ging in elk geval een deel van de plaatselijke hoofdmannen, de orang kaya, (nogmaals) akkoord met de Nederlandse eis van een nootmuskaat- en foeliemonopolie in de hele archipel. Het eiland Neira zelf werd in naam van de Compagnie en de Staten-Generaal volledig geconfisqueerd 'om voor altijd in ons bezit te blijven', waarmee het Nederlands eerste officiële Oost-Indische kolonie werd. Het schijnt dat Coen twee dingen leerde van deze confrontatie: dat je de 'verraderlijke Moren', zoals hij de inboorlingen placht te noemen, niet kon vertrouwen, en dat een beetje bloedvergieten resultaten boekte. Op dat moment verkeerde hij niet in de positie om daar iets mee te doen, maar jaren later, als gouverneur-generaal, baseerde hij zijn beleid met ijzingwekkende logica op deze lessen.

Hij kreeg de topfunctie in 1618. Nu bezat hij de bevoegdheden om de doelstellingen van de Compagnie precies op zijn manier te verwezenlijken. Zijn eerste maatregel was dat hij zijn commandopost verplaatste van Bantam, waar de regerende sultan zich niet aan de Nederlandse regels wenste te houden, naar Jakarta. Toen de plaatselijke bevolking aldaar zich verzette, liet hij hun stad platbranden. Op de ashopen van Jakarta's moskee en marktplein bouwde Coen een gloednieuwe stad genaamd Batavia. (Coen wilde deze aanvankelijk Nieuw Hoorn noemen, naar zijn geboortestad, maar daar wilde het hoofdkwartier niet aan.) Vermoedelijk was het idee voor Batavia ontleend aan Goa, de hoofdstad van de Estado da Índia, hoewel de VOC-vestiging de vergelijking met het vergulde 'Rome van het oosten' niet bepaald kon doorstaan. De compagniestad leek welhaast in een of andere polder in Holland te zijn opgeschoten. Smalle huizen voorzien van trapgevels stonden tegen rechte grachten aan en windmolens torenden boven de stadsmuren uit. De inboorlingen noemden dit tropische Hoorn 'Kota Djankong', de stad van Jan Coen; mensen in Amsterdam en Den Haag betitelden het als een 'eerbare gevangenis'.

Toch moet het een behoorlijk levendige gevangenis zijn geweest, want de straten waren bevolkt met een menagerie van plaatselijke Javaanse en VOC-medewerkers, overzeese Chinese kolonisten en Indiase kooplieden, vrijwillige migranten uit Europa en slaven die gevankelijk uit Madagaskar waren meegevoerd – allen aangetrokken door de geur van geld die de met zoete specerijen beladen schepen uitwasemden.

Toen de halsstarrige Javanen eenmaal hun plaats was gewezen, boog de gouverneur-generaal zich over de Molukken. De Nederlanders zaten nu al decennialang in de Oost maar de weerspannige Lusitaniërs wilden zich maar niet uit de voeten maken, zodat de bestuurders van de Vereenigde Oost-Indische Compagnie tot hun spijt moesten vaststellen dat een pepermonopolie er niet in zat. Nootmuskaat en kruidnagel waren echter een heel ander verhaal. In dit geval lagen de Engelsen dwars, die zich ook met de specerijenhandel waren gaan bemoeien en zelfs een handelspost op de Banda's hadden gesticht. Het behoeft geen betoog dat Coen zich door dergelijke details niet zou laten weerhouden. Ondanks specifieke instructies om geen geweld te gebruiken stuurde de ongeduldige gouverneur-generaal zijn troepen erop af. Die verjoegen niet alleen de Engelsen, maar richtten tevens een bloedbad aan onder de oorspronkelijke bewoners van het Bandanese eiland Ai en verdreven de rest. Een prettige bijkomstigheid hiervan (althans voor de VOC) was dat de Nederlanders nu een twintig procent lagere prijs voor nootmuskaat konden bedingen bij de verbouwers. Toch was dit naar de mening van de gouverneur-generaal niet meer dan een lapmiddel voor een dooretterend probleem.

Het lijkt erop dat Coen de contouren van een definitieve oplossing voor het aanvoerprobleem reeds in 1618 voor ogen stonden. In een brief van dat jaar merkt hij op dat Laurens Reael, de VOC-vertegenwoordiger in Banda, had voorgesteld een hogere prijs voor nootmuskaat te betalen zodat de inlanders niet verleid zouden worden aan anderen te verkopen. 'Maar daarop zeg ik NEE!' bulderde de gouverneur-generaal. 'Als we toegeven, gaat de hele zaak naar de bliksem. Het ware beter dat alle Bandanezen hun eilanden verlieten; dan konden we daar Nederlandse kolonies vestigen.' Niet iedereen was het batig saldo van de Compagnie even hartstochtelijk toegedaan als Jan Coen. Dezelfde Reael die had aanbevolen meer voor de nootmuskaat te betalen, was zo vermetel om te suggereren dat een strikte handhaving van het monopolie de inboorlingen tot de bedelstaf zou brengen. 'We zijn zo gefixeerd op winst maken,' schreef hij, 'dat we anderen geen cent meer laten verdienen.' In dezelfde trant klaagde een daar aanwezige Hollandse admiraal dat de Compagnie door het uitschakelen van plaatselijke handelaars de Molukkers tot de hongerdood veroordeelde. 'Het is uitvoerbaar, maar met welk recht?' luidde zijn commentaar. Anderen spraken zich uit voor een rechtvaardiger oplossing in Oost-Indië. Maar hoe konden de boekhouders aan de Hoogstraat bezwaar maken tegen Coens tactiek als deze de aandelenkoersen van de VOC zo doeltreffend opstuwde?

In 1621 sloeg Coen toe. Begin maart ging zijn flottielje voor anker in de kristallijne kustwateren van Lonthor (Banda Besar), het grootste eiland in de archipel. Er waren bijna tweeduizend man aan boord, inclusief slaven en ongeveer honderd Japanse huursoldaten. Toen de ochtendstond van 21 maart de kronen van de nootmuskaatbomen roze kleurde, ploften Coens troepen op de koraalstranden neer en klauterden de donkere vulkaankliffen van het eiland op. De zwetende, zwaarbewapende soldaten marcheerden door de geurige wouden van het binnenland en drongen over smalle voetpaden dieper de kleverige jungle binnen terwijl de eilandbewoners alle kanten op vluchtten. Waar het staal en de kogels van de Compagnie het lieten afweten, bracht Hollands zilver de oplossing. In één geval bezorgde een omgekochte Bandanese overloper de aanvallers een strategische overwinning voor de lieve som van 250 realen.[12] Andere, minder plooibare inboorlingen wierpen zich liever van een klif in de onstuimige branding dan dat ze zich overgaven. Toen de schilderachtige rode zon aan het eind van de dag achter de smeulende vulkaantop van de Gugung Api dook, kon Jan Coen punt één van zijn strategische plan afstrepen: het eiland was feitelijk in zijn bezit.

Punt twee viel hem spoedig daarna in de schoot, toen een delegatie van orang kaya Coens schip bezocht voor vredesonderhandelingen. De gouverneur-generaal eiste dat de inboorlingen al hun fortificaties zouden afbreken, hun wapens overhandigden, hun zonen als gijzelaars uitleverden en voortaan een schatting van 10 procent van de nootmuskaatoogst zouden afdragen. De rest moest exclusief aan de VOC worden verkocht tegen een door de Compagnie vastgestelde prijs. Aangezien er voor hen weinig te onderhandelen viel, gaven de hoofden toe – al behoeft het geen verbazing te wekken dat geen van beide partijen de overeenkomst te goeder trouw aanging. Coen heeft zelf bekend dat hij verwachtte noch wenste dat de Bandanezen hun verplichtingen zouden nakomen; hij wachtte slechts op een aanleiding waardoor hij kon afmaken wat hij begonnen was.

Inmiddels waren de Bandanezen de heuvels in gevlucht, met achterlating van bergen uit de bomen gevallen muskaatnoten die op de grond lagen te rotten. Na een mislukte poging om de eilandbewoners de heuvels uit te lokken had Coen zijn rechtvaardiging voor het slotoffensief. Hij liet zijn soldaten de resten van de verlaten dorpen in brand steken en op elk Banda-eiland de bewoners opsporen. Allen die ze te pakken kregen, werden de grote schepen op gedreven en naar Batavia getransporteerd, waar ze als slaaf werden verkocht – dat wil zeggen: als ze het haalden. In een verscheping van 287 mannen, 356 vrouwen en 240 kinderen stierven er onderweg 176. Anderen zaten in de val in bergkloven, zonder toegang tot voedsel, en stierven bij bosjes – aan kou, honger en ziekten. Ten slotte legde Coen een blokkade om de eilanden, zodat niemand kon ontsnappen en niemand kon terugkomen om zijn plannen te dwarsbomen. Het genocideprogramma van de accountant was een groot succes. Het schijnt dat niet meer dan ongeveer 1000 Bandanezen het overleefden, op een oorspronkelijke bevolking van omstreeks 15.000.

Nauwgezet als altijd voorzag Coen zijn daden van een juridische onderbouwing door vóór zijn slotaanval een proces tegen zo'n veertig gevangenen te houden. Na aan martelingen te zijn onderworpen (een vaste procedure in de zeventiende-eeuwse jurisprudentie) bekenden de mannen dat ze de bepalingen van het vredesverdrag hadden gebroken en een aanslag op het leven van de gouverneur-generaal hadden beraamd. Toch waren ook sommigen van de Hollanders ontzet over het daaropvolgende onrecht. 'De ter dood veroordeelden werden de omheining binnengeleid, zes Japanse soldaten werden ook naar binnen bevolen, en met hun scherpe zwaarden onthoofden en vierendeelden zij eerst de acht leiders onder de orang kaya en daarna onthoofden en vierendeelden zij de zesendertig anderen,' schreef een luitenant-ter-zee die getuige van het bloedbad was. 'Het hele gebeuren was zo verschrikkelijk dat wij verdwaasd achterbleven. De hoofden en ledematen van de geëxecuteerden werden op bamboe palen gespietst en aldus tentoongesteld. Zo voltrok het zich: God weet wie er gelijk heeft. Maar wij allen, als gelovige christenen, waren met afschuw vervuld door de manier waarop deze zaak werd afgehandeld, en wij beleefden geen genoegen aan een dergelijke aanpak.'

Tot dusverre was alles strikt volgens plan verlopen, kon de gouverneur-generaal het hoofdkwartier na zijn terugkomst in Batavia melden. Ver weg, in de koele en klamme kamers van het Oost-Indisch Huis, waren de Heren Zeventien echter een beetje uit het veld geslagen door Coens bloedige methoden. Desondanks volgde de verwachte goedkeuring per kerende post, al werd de lof wat verdund door vrome bedenkingen bij zijn tactiek: 'Wij hadden een en ander liever met wat gematigder methoden gerealiseerd gezien.' Dat weerhield hen er niet van om twee jaar later alle eventueel resterende rancune uit de weg te ruimen door Coen een bonuspakket ter waarde van bijna vijfenveertigduizend gulden te geven, waarvan drieduizend hem speciaal waren toegekend voor de verovering van de specerijarchipel.

Met de genocide op de Banda-eilanden waren niet alle problemen van de Compagnie opgelost. De Hollanders verkeerden in dezelfde situatie als de Spanjaarden toen die de inheemse bevolking van hun Caraïbische veroveringen hadden uitgemoord: er was niemand meer om de plantages te bewerken. Ze bedachten ook dezelfde oplossing, namelijk Afrikaanse slaven en Aziatische koelies importeren voor die werkzaamheden. Daarnaast was er het niet uit te bannen smokkelen. Ondanks het feit dat de Compagnie haar monopolie meedogenloos handhaafde, bleef er nootmuskaat naar de wereldmarkt lekken, zij het op veel beperktere schaal nu de Bandanezen waren uitgeroeid.

Wat betreft kruidnagel was het probleem nog lastiger aan te pakken voor de Oost-Indische Compagnie. In tegenstelling tot nootmuskaat en foelie, die tot de minuscule Banda-eilanden beperkt waren, groeiden kruidnagelbomen overal in de Molukken, en toezien op de kruidnagelhandel ging de beperkte middelen van de vennootschap verre te boven. Smokkelaars konden met gemak het dubbele van de door de Compagnie vastgestelde prijs krijgen als ze langs de kanonnen van de monopolisten wisten te komen. Maar ook ditmaal gaven de Hollanders blijk van een scherp zakeninstinct. Als ze de kruidnagelplantages niet konden controleren, konden ze die toch gewoon platbranden? In 1625 werden alleen al op het schiereiland Hoamoal, aan de zuidkust van Ceram, zo'n vijfenzestigduizend bomen vernietigd – en daarmee de levens, dorpen en bestaansmiddelen van duizenden mensen. Elders op Ceram, Tidore en Ternate trokken functionarissen bewapend met bijlen en toortsen het land in om plantages te verdelgen. (Het zwijgen van de sultan werd gekocht met 'vernietigingspremies'.)

De sluikhandel kon ten dele ook gedijen door de aanwezigheid van havens die de smokkelwaar wilden opnemen. Dientengevolge richtte de Compagnie haar pijlen op de Portugezen, met wie ze overigens niet meer in staat van oorlog verkeerde. Malakka viel in 1641, Ceylon in 1658 en ten slotte zelfs Cochin in 1663. In Indonesië nam de VOC de onafhankelijke havens Atjeh, Makassar en Bantam in. Het had een flink deel van de zeventiende eeuw in beslag genomen, maar tegen 1670 bezaten de Hollanders praktisch het monopolie op nootmuskaat, foelie, kruidnagel en kaneel. En dat was rond de eeuwwisseling te merken aan de prijs! In Amsterdam brachten deze specerijen (met uitzondering van nootmuskaat) met gemak het dubbele op van wat ze in 1600 hadden gekost.

Jan Pieterszoon Coen zou niet meer meemaken dat op zijn met bloed bevlekte fundament een waar specerijenimperium werd gebouwd. De levensverwachting van Oost-Indiëgangers was laag, ongeacht je rang. De gouverneur-generaal stierf in Batavia op 21 september 1629, op de leeftijd van tweeënveertig jaar, naar verluidt aan een plotselinge aanval van 'dysenterie' (waarschijnlijk cholera). Hij werd de volgende dag met veel pracht en praal begraven, op kosten van de Compagnie. Het schijnt dat de Heren Zeventien razend waren toen in de Hoogstraat het nieuws arriveerde dat hun de rekening was gepresenteerd. Hun woede zal ongetwijfeld van korte duur zijn geweest, want de winst bleef maar binnenstromen.

Een van de gevolgen van de Hollandse inmenging in de specerijenhandel was dat de prijs van de specerijen waarin zij geen monopolie verwierven, zoals peper en gember, inzakte, terwijl de prijs van de 'fijne specerijen' van de Molukken steeg – evenals die van Ceylonese kaneel. Zo werden peper en gember, al nooit exceptioneel duur geweest, nu zelfs alledaagse kruiden, terwijl de overige steeds exclusiever werden doordat de VOC het aanbod bij de bron afkneep teneinde de prijs hoog te houden. In de zeventiende eeuw was kaneel nog steeds heel geliefd onder de connaisseurs, maar vooral in Frankrijk en Engeland werd nootmuskaat in toenemende mate dé specerij.

De explosief gegroeide vraag naar de meer exclusieve specerijen in de zestiende en zeventiende eeuw is op z'n minst ten dele toe te schrijven aan hun vermeende geneeskrachtige werking. Al vanaf de tijd dat de Romeinen hun kooplieden naar Cochin stuurden, waren Aziatische aromatica – en dan met name de 'fijne specerijen' – toegepast als remedie tegen allerhande kwalen. Maar met de komst van de boekdrukkunst in de zestiende eeuw ontstond een volledig nieuwe markt voor dieetboeken, waarin specerijen werden aanbevolen als voedingssupplement dat voor de balans zorgde en de eigenschappen van andere etenswaren 'corrigeerde'. Iedere zichzelf respecterende dokter moest de vele toepassingen van peper en, belangrijker nog, kruidnagel, kaneel en nootmuskaat in de heelkunde kennen. De bewindhebbers van de VOC hoefden slechts de voordeur van hun hoofdkwartier uit te lopen en langs de gracht van de Kloveniersburgwal naar de Nieuwmarkt te kijken, om te zien hoe daar de geurige balen specerijen werden verhandeld die vervolgens naar apotheken over heel Europa werden verzonden. Wat ze niet zagen, of begrepen, was dat het toenmalige dieetadvies hetzelfde lot zou treffen als het grapefruitdieet vandaag.

Specerijen op voorschrift

Na alles wat ik over de Nieuwmarkt had gelezen, wandelde ik er op een mistige dinsdagochtend naartoe in de verwachting dat deze omzoomd zou zijn door schilderachtige Hollandse gevels en er een vleugje nootmuskaat in de lucht zou hangen. In plaats daarvan staat er een allegaartje van eenvoudige winkels en moderne kantoorgebouwen om het plein. Het zou bijna een alledaags marktplein kunnen zijn, als niet in het midden ervan dat kaneelkleurige fort met zijn spitse torens had gestaan. Toen deze versterkte poort in 1488 werd gebouwd ter beveiliging van het opkomende gehucht Amsterdam, stond hij deels in het water dat de stad als een slotgracht omgaf. Aan het begin van de zeventiende eeuw, toen de stad uit zijn voegen dreigde te barsten, legden de bestuurders deze 'nieuwe markt' aan door een deel van de gracht te dempen en te bestraten. Algauw werden op dit nieuwe plein de uit het oosten aangevoerde aromatische schatten verhandeld, en de toren werd een weegstation voor de specerijen die de grachtboten vanaf de haven aanvoerden.

De geur van die tijd is door de eeuwen heen vervlogen, maar iets resteert er nog van. Aan de rand van de Nieuwmarkt kun je nog een vage specerijenlucht opvangen in een oud huis aan de Kloveniersburgwal dat licht naar de gracht overhelt, alsof het is uitgeput door de lange tijd dat het hier al staat. Volgens het uithangbord bevindt zich hier apotheek Jacob Hooy, naar eigen zeggen de oudste apotheek van de stad, opgericht in 1743. Vanbinnen zou je dat inderdaad wel zeggen. Op oude vergeelde lades is met zwierige letters in Latijn – Piper nigrum, Piper alum – aangegeven dat ze zwarte en witte peper bevatten. Op de schappen staan chocoladebruine vaten opgesteld, maar in tegenstelling tot de bruine specerijenkazen in de Kaaskamer dienen ze hier louter ter decoratie. Hoe dan ook, zodra je de stressverminderende kruidenpastilles ziet die op de toonbank staan uitgestald, weet je snel genoeg dat je in de eenentwintigste eeuw bent.

Maar niettegenstaande de schappen met biologische insecticiden en cd's met wereldmuziek is deze winkel nog altijd allereerst een drogisterij, en er is nog steeds een farmaceut die de klanten adviseert over de juiste kruidenmix om hun flatulentie of verkoudheid te bestrijden. Gember en foelie zijn hier zeker nog te koop, maar de winkelbediende vertelt me dat specerijen nu hoofdzakelijk in de ayurvedische geneeskunde worden gebruikt, en niet in de traditionele Europese geneeskunde waarin Jacob Hooy is gespecialiseerd. De Nederlanders zijn veel minder rigoureus in hun omgang met gezondheidszorg dan Amerikanen. De zogeheten natuurgeneeswijzen bestaan hier zij aan zij met de meer 'reguliere' allopathische behandelingen, terwijl homeopathie ook heel gangbaar is. Met de ayurvedische geneeskunde laat zich echter slechts een randgroep van medische connaisseurs in. Dat is opmerkelijk, want een sterk hieraan verwant systeem heeft de Europese medische praktijk meer dan duizend jaar lang beheerst. In dit zogeheten galenische systeem namen specerijen een voorname plaats in. Toen de apotheek zijn deuren voor de eerste maal opende, zouden de kamille en munt die bij Jacob Hooy worden verkocht goed genoeg zijn geacht voor kamermeisjes en vissersvrouwen, maar voor de hogere kringen kwamen slechts kostbare middelen als nootmuskaat en kruidnagel in aanmerking.

In 1600 was het galenische systeem de reguliere geneeskunde van zijn tijd. Na meer dan duizend jaar tot in detail te zijn uitgewerkt, bestond het uit een reusachtige hoeveelheid esoterisch kennis. Het was allemaal begonnen met de geschriften van een tweede-eeuwse Griekse arts genaamd Galenus, die zijn loopbaan begon op de eerstehulpafdeling van een gladiatorschool in Klein-Azië en hem bekroonde als lijfarts van keizers. Omstreeks de vroege middeleeuwen waren zijn werken voornamelijk behouden gebleven in de vorm van Arabische compilaties, die op hun beurt in het Latijn werden vertaald. In de renaissance kreeg de galenische school een nieuwe impuls toen onderzoekers van de klassieken oorspronkelijke Griekse geschriften van Galenus ontdekten. Het voortouw werd genomen door de Venetiaanse universiteitsstad Padua, met zijn banden met Griekenland (denk aan de Griekse vluchtelingen die Venetië na de val van Constantinopel overspoelden). Ook andere wetenschappelijke centra, waaronder de Universiteit van Leuven in de Zuidelijke Nederlanden, namen echter aan deze ontwikkeling deel.

Ironisch genoeg werden de medische handboeken inmiddels opgesteld door aan de universiteit opgeleide academici, en niet door de praktiserende artsen. Geen wonder dus dat de bekoring van het galenische systeem, met name bij de latere versies, meer van metafysische dan praktische aard was. (Dit zou ten dele de verklaring kunnen vormen voor de aantrekkingskracht van esoterische specerijen, gehaald uit mythische landen.) Omdat het stelsel niet afhankelijk was van empirische data die de heldere opzet ervan konden vertroebelen, waren de medische theoretici in staat een model met een transparante symmetrie en logica te bouwen.

Het systeem waarop de galenische theorie berustte was vergelijkbaar met het principe van een kompas, waarbij alles zijn plaats krijgt ten opzichte van vier punten. Noord, zuid, oost en west corresponderen met vier elementen (water, vuur, lucht en aarde), die op hun beurt overeenkomen met vier humoren oftewel lichaamssappen (flegma of slijm, gele gal, bloed en zwarte gal), die verbonden zijn met de vier seizoenen, die stroken met de vier stadia van een mensenleven, de vier delen van de dag, de vier kleuren, de vier smaken, zelfs de vier evangelisten... Hoe dan ook, het uitgangspunt zal duidelijk zijn. Per definitie konden alle verschijnselen in dit paradigma worden ondergebracht. Een vis bijvoorbeeld was van nature koud en nat vanwege zijn waterachtige leefomgeving, een specerij warm en droog vanwege zijn scherpe smaak en verzengend hete land van herkomst. Bij mensen werd het temperament van elk gegeven individu bepaald door de voor hem of haar karakteristieke menging van lichaamssappen. De theorie heeft een spoor nagelaten in onze taal, namelijk wanneer we iemand beschrijven als flegmatiek, zwartgallig of sanguinisch (letterlijk: bloedrijk), hoewel de tegenwoordige psychiaters bij een depressie gewoonlijk geen foelie meer voorschrijven om hun patiënt te zuiveren van zwarte gal.

Wanneer iemand zich vroeger tot een dokter wendde, bepaalde deze allereerst het temperament van zijn patiënt zodat hij het dieet kon aanpassen. De meeste deskundigen geloofden dat eenieders lichaamssappen een beetje uit balans waren en correctie vereisten, wat afgezien van de meest extreme gevallen bereikt kon worden door een beetje te spelen met het voedingspatroon. Derhalve kon de dokter iemand met een flegmatisch (dat wil zeggen: koud en vochtig) gestoord temperament corrigeren door een warm en droog dieet voor te schrijven, dat dan een overmaat aan warme voedingsstoffen zoals kaneel of mosterd kon bevatten. Door de specerijen zouden de 'cholerische' lichaamssappen van de persoon toenemen, zijn temperament zou zijn evenwicht hervinden en alles was weer in orde. Overigens moet het concept 'dieet' hier breed worden opgevat. Volgens sommige autoriteiten betrof het niet alleen eten en drinken, maar ook luchtkwaliteit, lichaamsbeweging, seksuele activiteit, emotionele toestand en talloze andere factoren waarvan werd verondersteld dat ze de voeding beïnvloedden. Onze flegmatische patiënt kon bijvoorbeeld ook de cholerische lichaamssappen in het lichaam aanjagen door in een warme en droge wind te gaan staan, of zelfs door heel kwaad te worden. Het aantrekkelijke van het systeem was dat je alles bij iedereen kon verklaren. Zodra alle invloeden waren gewogen, kon een belezen dokter je exact vertellen wat je voorafgaand aan een wandeling op een regenachtige dag moest eten, of welke ijselijke gevolgen het had als je te vroeg op een vochtige zomerochtend de liefde bedreef.

Het neteligste onderdeel van de diagnose was de eerste stap, het bepalen van iemands temperament, aangezien iedereen was samengesteld uit een mengsel van alle lichaamssappen, en eenduidige gevallen – bijvoorbeeld een volledig sanguinische persoonlijkheid – maar zelden voorkwamen. Sekse, leeftijd, levensstijl en klimaat speelden allemaal een rol in de analyse, evenals het beroep. (Dichters en profeten zijn notoir melancholisch, zoals iedereen weet.) De arts nam vaak zijn toevlucht tot nog vagere criteria, zoals persoonlijkheid, lichaamstype en fysiognomie. Je kon veel opmaken uit iemands huidkleur: sanguinische mensen zouden met hun overvloed aan bloed een blozend gelaat hebben, terwijl flegmatici er bleek en waterig uitzagen.

Hiermee kon men natuurlijk heel goed een dieet (in de brede betekenis) voorschrijven, maar het meewegen van factoren als iemands beroep en gelaatskleur maakte het stellen van een diagnose bij een echte ziekte er niet gemakkelijker op. Bij afwezigheid van bloedtests en röntgenfoto's vertrouwden de middeleeuwse artsen vooral op externe aanwijzingen zoals hoge koorts of een ongewone pols als tekenen van ziekte. Ook urine-analyse was een geliefde diagnostische methode. Door bijvoorbeeld te ruiken aan de urine van een patiënt, of zelfs daarvan te proeven, kon men klaarblijkelijk veel te weten komen en vervolgens adequate maatregelen nemen. Bijzonder geliefd was aderlaten. (Om die reden werden middeleeuwse dokters vaak 'bloedzuigers' genoemd.) Met deze snelle, efficiënte methode werd de patiënt ontlast van de vele ziekten veroorzaakt door een overmaat aan bloed. Het spreekt voor zich dat dit type medische behandelingen met nogal wisselend succes werd toegepast, en de verstandigste artsen hielden zich dan ook aan Hippocrates' gebod 'Allereerst niet schaden', en beperkten zich tot dieetadviezen of relatief onschuldige drankjes.

Net als tegenwoordig baseerde de dokter in de renaissance zijn gezag op een esoterisch systeem dat propvol onbegrijpelijke vaktaal was gestopt. Daartoe hadden de artsen dikke Latijnse boeken nodig vol analyses van duizelingwekkend complexe verbanden tussen de lichaamssappen en alle beïnvloedende factoren. Uitgevers wilden daar graag in voorzien. Maar ook de voor een breed publiek bestemde interpretaties van de galenische theorie vonden gretig aftrek. Zo had Platina met zijn bestseller *De honesta voluptate* evenzeer een voedingsgids als een kookboek willen schrijven en hij gaf daarin allerhande deskundige adviezen over het handhaven van het evenwicht tussen de lichaamssappen. Zelfs Linschotens *Itinerario* wemelde van adviezen over de gezondheidskundige toepassing van oosterse voedingswaren. Data over de prijs van kaneel en het liefdesleven van Portugese fidalgos worden door Linschotens coauteur (afgestudeerd aan de prestigieuze medische faculteit van Padua, let wel) aangevuld met: 'Kaneel verwarmt, ontsluit en stimuleert de ingewanden.' Hij vervolgt: 'Het is een probaat middel tegen neusverkoudheid, laat deze van het hoofd dalen naar de lagere delen. Het geneest zowel waterzucht als stoornissen en verstoppingen in de nieren. Kaneelolie sterkt alle organen: hart, maag, lever enzovoort.' Nootmuskaat is volgens de goede dokter eenzelfde wondermiddel: '[Muskaatnoten] stimuleren het brein en scherpen het geheugen; ze verwarmen de maag en drijven winden uit. Ze zuiveren de adem, wekken urine op, stoppen diarree en verhelpen een bedorven maag.'

Geschriften over voeding waren in manuscriptvorm beslist al vóór de komst van de boekdrukkunst voorhanden, maar die nauwgezet overgeschreven perkamenten banden waren tot dan toe slechts beschikbaar geweest voor een uiterst kleine elite. Evenals bij bijbels en kookboeken het geval was, bracht Gutenbergs revolutionaire uitvinding dit zeer specialistische onderwerp onder de aandacht van een veel breder publiek. Ook toen al leek de markt voor zelfhulpboeken over gezonde voeding onverzadigbaar. Van omstreeks 1470 tot 1650 rolde er in heel Europa een stroom van dieetliteratuur van de persen.

Net als bij veel andere onderwerpen zetten Venetiaanse uitgevers de trend. Omstreeks 1525 gaf drukkerij Aldine in Venetië zelfs edities van Galenus in het oorspronkelijke Grieks uit. Toen Venetië in verval raakte, namen drukkerijen in Amsterdam en andere noordelijke steden de fakkel over.

In Amsterdam kon Margaretha Cromhout, de rijke vrouw van de houtkoopman, haar kok nu onderrichten over de finesses van het evenwicht tussen de flegmatische en galachtige lichaamsvochten, ongeveer zoals door voeding geobsedeerde Amerikanen tegenwoordig hun grammen vet en koolhydraten afwegen. De minder verheven kringen volgden haar voorbeeld. In het protestantse Europa beperkte het lezerspubliek zich niet tot de rijkste klassen, ook al hadden die waarschijnlijk meer tijd om zich om hun dieet te bekommeren dan naaisters en schoenmakers. Een van de onbedoelde maar zeer ingrijpende gevolgen van de Reformatie was de enorme toename van geletterdheid, daar iedereen nu geacht werd de bijbel te lezen. De middenklassen konden goedkope pamfletten en almanakken kopen, vergelijkbaar met de oppervlakkige dieetboekjes die je tegenwoordig in supermarkten tegenkomt. Het feit dat het eindeloos populaire 'boek der geheimen' van de zestiende-eeuwse Nederlandse arts (en kookboekenauteur) Carolus Battus expliciet voor het 'gewone volk' was geschreven, onderstreept de brede samenstelling van het lezerspubliek in de Nederlanden.

Net als in het geval van Platina was de grens tussen kookboeken en gezondheidsgidsen even onscherp als vandaag de dag, en ook destijds waren de adviezen verwarrend en tegenstrijdig. Wie had er geen behoefte aan deskundig advies om dit uitermate complexe en mysterieuze voedingssysteem op de juiste wijze te kunnen toepassen? En had niet iedereen baat bij een wat nauwkeuriger afstelling van zijn lichaamssappenbalans? Maar hoe kon je als leek grip krijgen op het subtiele evenwicht tussen de voedingsstoffen? Kip was mogelijk te sanguinisch voor de lente vanwege zijn 'luchtige' temperament, peper te vurig voor iemand met een sanguinisch karakter, rapen te droog en te koud voor een oude man met een jonge vrouw. De dieetgidsen hadden altijd de juiste oplossing, ook al verschilden de bijzonderheden van auteur tot auteur. Ze zetten bijvoorbeeld uitvoerig uiteen hoe je de waterige (flegmatische) natuur van vis kon corrigeren door deze te roosteren of met een toepasselijke saus te serveren. Vaak werd de uitdrukking gebruikt dat je een vis of saus moest temperen om deze goed verteerbaar te maken. (In het Portugees gebruikt men het werkwoord *temperar* nog steeds in de zin van 'kruiden'.) Voor dat doel werden specerijen uitermate geschikt geacht. Het volgende advies is karakteristiek:

> Sauzen behoren in overeenstemming met de aard van het seizoen te worden gemaakt, want 's zomers worden sauzen bereid met betrekkelijk koele ingrediënten, terwijl ze bij koud weer met warme ingrediënten worden gemaakt. 's Zomers zijn de juiste ingrediënten derhalve verjus, azijn, citrus- en granaatappelsap, met suiker en rozenwater. [...] Bij koud weer zijn de juiste ingrediënten mosterd, gember, peper, kaneel, kruidnagel, knoflook, salie, munt, peterselie, wijn, vleesbouillon, en azijn die zo zwak is dat ze het karakter van wijn benadert. In de perioden daartussen, wanneer het te warm noch te koud is, bereidt men sauzen van getemperde warmte en koude.

Gezien het feit dat een recept onder invloed van al deze factoren continu moest worden aangepast, is het niet vreemd dat de kookboeken uit de middeleeuwen en de renaissance zo onnauwkeurig waren als het om hoeveelheden ging. Vaak hing het van de eigenschappen van degene voor wie het eten bestemd was af hoeveel gember er precies in de alomtegenwoordige karmelijnsaus ging. Daarmee is niet gezegd dat koks niet tevens kruiden voor de smaak toevoegden of dat mensen niet aten wat ze wilden en de adviezen van de diëtist in de wind sloegen, net zoals ze dat nu doen. Zo voorziet Platina de recepten van Martino voortdurend van commentaren die iedereen de eetlust zouden benemen. Een kenmerkend voorbeeld zijn de opmerkingen volgend op de instructies voor het maken van *torta ex riso*, een soort rijstpudding. Eerst beveelt de Vaticaanse geleerde het gerecht aan vanwege de voedzaamheid ervan. Maar dan voegt hij daar in dezelfde zin aan toe: 'Het verblijft gedurende lange tijd in de maag, maakt de ogen dof, produceert stenen en veroorzaakt verstoppingen.' Misschien ervoeren de eters eenzelfde zondige prikkeling als wij krijgen door verboden lekkernijen als Häagen-Dazs-ijs en extra romige kazen. Hoe valt de middeleeuwse populariteit van meloenen, ten strengste afgeraden door iedere deskundige, anders te verklaren?

Over het algemeen volstond een goede afstemming van je dieet om je op het smalle pad van de gezondheid te houden, maar bij ziekten of andere fysiologische aandoeningen namen de geneeskundige beroepsgroepen hun toevlucht tot wat in brede zin als medicijnen kan worden aangeduid. Waar de gewone mensen het moesten doen met de kruiden zoals die nu bij Jacob Hooy worden verkocht, gaven de rijken de voorkeur aan de meer exotische remedies. Doorgaans bevatten die allerlei kostbare ingrediënten, waarvan specerijen slechts het meest eetbare deel uitmaakten. Een Italiaans geneesmiddel dat 'het hart kalmeerde' bevatte goud, zilver, parels, smaragd, saffier en andere edelstenen, en daarnaast kaneel, kruidnagel, aloëhout, saffraan, staartpeper, kardemom, amber, koriander, kamfer en muskus. De ingrediënten moesten worden fijngestampt, met suiker worden vermengd en dan met wijn worden ingenomen.[13] Ook de vraag naar deze wondermiddelen steeg enorm na de komst van de boekdrukkunst. Een van deze 'boeken der geheimen', getiteld *Secreti del reverendo donno Alessio Piemontes,* werd in 1555 in Venetië voor het eerst uitgegeven. Kort daarna verscheen het in Latijnse, Franse, Engelse, Nederlandse en Duitse vertaling. Omstreeks 1575 waren er al vijftig edities uitgekomen, wellicht mede dankzij de belofte van een recept voor de eeuwige jeugd. Een Engelse editie opent met een preparaat waardoor 'een man zijn jeugdigheid bewaart en dat de ouderdom tegenhoudt'. Het geheim ligt in een 'miraculeus' brouwsel van Aziatische specerijen, saffraan, suiker, citrusvruchten, mineralen en alcohol, dat door een kalfs-, hoender- of duivenbouillon moest worden geroerd of moest worden aangelengd met witte wijn.

Zowel artsen als koks maakten vaak gebruik van specerijen om wanverhoudingen in de lichaamssappen te repareren omdat ze als een uitzonderlijk geconcentreerd correctief werden beschouwd. Daardoor kon een betrekkelijk kleine hoeveelheid warme en droge peper de gevaarlijk koude en vochtige vis veilig eetbaar maken. Gegeven de hoeveelheden vis die in het Europa van voor de Reformatie werden gegeten, behoeft het geen betoog dat er een toereikende aanvoer van peper nodig was voor het handhaven van de volksgezondheid – althans voor degenen die het konden betalen. Ingeval van fijnere aanpassingen kon men specerijen combineren, zodat precies het juiste evenwicht werd bereikt. Zo werd zwarte peper begrijpelijkerwijs als warmer dan kaneel beschouwd. Door de twee te combineren kon je een subtieler effect bereiken.

Er bestonden natuurlijk goedkopere correctieven, zoals knoflook en zelfs zout, maar de algemene opvatting was dat mensen met een 'fijnere' constitutie ook verfijndere kruiden nodig hadden. Dit werd verklaard uit het overduidelijke feit dat een boer per definitie een andere samenstelling van lichaamssappen had dan een koopman of een geleerde. Talloze schrijvers waarschuwden voor de pijn en ziekten die ontstonden wanneer iemand voedsel at dat niet bij zijn maatschappelijke positie paste. Zoals het eten van dikke boerensoep heel schadelijk voor de heersende klassen kon zijn, zo zouden meer verfijnde etenswaren het gewone volk bijzonder slecht bekomen. Het zal duidelijk zijn dat havervlokken beslist nooit terecht zouden zijn gekomen in een middeleeuws kookboek voor de betere standen.

Overigens werd gekruid eten niet voor iedereen geschikt geacht, ook indien klasse en prijs geen rol speelden. Specerijen werden bijvoorbeeld vaak ontraden voor vrouwen, wegens hun vermeende tere gesteldheid. Met onverholen afkeuring beschrijft de zestiende-eeuwse arts William Bulleyn dat sommige vrouwen peper gebruikten om hun gelaat te laten 'opdrogen' zodat het de modieuze bleke tint zou verkrijgen: 'Hoewel peper goed is voor hen die het oordeelkundig gebruiken, ligt dat anders bij de geaffecteerde vrouwen die meer dierlijkheid dan schoonheid bezitten en zich niet tevredenstellen met hun natuurlijke gelaatskleur, maar uit ijdelheid blank willen zijn: zij eten peper, gedroogd graan en drinken azijn (...) om hun bloed op te laten drogen.' Volgens een andere, enigszins paradoxale theorie moesten vrouwen om precies de tegenovergestelde reden scherpe specerijen vermijden, namelijk wegens hun stimulerende werking op de bloeddoorstroming wat tot seksuele opwinding kon leiden. Afgaande op het aantal recepten dat potentieproblemen beweert te verhelpen, schenen mannen daarentegen alle hulp nodig te hebben die ze op dit gebied konden krijgen. In het licht van de humorenleer waren specerijen, met hun geconcentreerde verwarmende vermogen, precies wat een man nodig had. Kruidnagel 'doet wonderen voor de venusdienst', zoals een schrijver het uitdrukt. Het mechanisme dat daaraan ten grondslag lag, zo geloofde men, hield in dat warme voedingsmiddelen de penis prikkelden en deden zwellen, terwijl een intensivering van de bloedsomloop meehielp bij de productie en de uiteindelijke lozing van het sperma. In diezelfde gedachtegang moesten koude voedingsmiddelen hetzelfde effect hebben als een koude douche, zodat vrijgezellen en priesters geacht werden grote hoeveelheden groene sla te eten. Ook in de middeleeuwen aten echte mannen geen sla. Interessant is dat specerijen tegenwoordig nog steeds op grote schaal in mannenparfums en aftershave worden gebruikt, terwijl bij vrouwenparfums de voorkeur naar bloemengeuren uitgaat.

Droge en warme voedingsmiddelen werkten naar men dacht niet alleen prestatieverhogend in de slaapkamer, ze zouden ook de geestelijke vermogens versterken. Het was algemeen bekend dat sanguinische en flegmatische mensen dom en vergeetachtig waren; waaruit volgde dat een droge constitutie intelligentie tot gevolg had. Ook in dit geval werkte de theorie vooral in het voordeel van de mannen uit de bovenklasse, vermoedelijk de enige mannen die de belangrijke beslissingen namen en diepe gedachten koesterden.

Betekent dit dat rijke mensen alleen specerijen aten omdat ze dachten dat die goed voor hen waren? Onder culinair historici heeft deze theorie de laatste tijd opgeld gedaan als verklaring voor de middeleeuwse voorliefde voor geïmporteerde specerijen. Hoewel daar vermoedelijk wel iets in zit, wordt de rol van specerijen als hersteller van het evenwicht waarschijnlijk overschat. Afgaande op de mate waarin de moderne mens gevolg geeft aan de uitspraken van voedingsdeskundigen moeten velen zich niet al te veel van de humorenleer hebben aangetrokken. Daar komt bij dat talloze literaire parodieën, van Shakespeare tot Rabelais, lijken uit te wijzen dat artsen, voedingsspecialisten en de diëten zelf vaak het mikpunt van spot waren.

We moeten bovendien beseffen dat de galenische geneeskunde niet het rijk alleen had. Ongeveer zoals wij onze toevlucht tot kruidengeneeskunde en yoga nemen wanneer de reguliere geneeskunde niet baat, zo wendden de mensen in het middeleeuwse Europa zich tot gebed, wonderen en magie wanneer het humorensysteem geen uitkomst bracht. Hetgeen vanzelfsprekend nogal eens gebeurde. Hoe dan ook, de grens tussen genezer en magiër was vaak onscherp. In 1403 mochten vijf 'tovenaars' een poging wagen om Karel VI van Frankrijk te genezen. Ongelukkigerwijs waren schadevergoedingen voor medische fouten nog onbekend, en de koning bestrafte de kwakzalvers met de brandstapel. Andere genezers werden ervan beschuldigd tovenarij, astrologie en een verscheidenheid aan andere onorthodoxe medische behandelingen aan te wenden, wat niet wegnam dat hun praktijken bloeiden.

Gedurende de renaissance vonden specerijen toepassing in de normale geneeskunde, maar ze deden ook dienst op meer esoterische gebieden. In de zestiende eeuw was alchemie de grote mode. Alchemisten waren op een metafysischer vlak werkzaam dan gewone dokters en voedingsdeskundigen, maar hun mysterieuze inzichten sijpelden vaak omlaag naar de algemene voedingsleer. Deze voorlopers van onze scheikundigen worden vaak geportretteerd als karikaturale figuren die obsessief onedele metalen in goud proberen te veranderen, maar velen van hen zochten vooral naar de receptuur voor de eeuwige jeugd, terwijl anderen nog verhevener doelen nastreefden. Eén invloedrijke school, geleid door de Florentijnse arts en humanist Ficino en zijn beschermeling Paracelsus, poneerde de mogelijkheid van een hyperbewustzijn dat zij de 'spiritus' noemden en dat gerealiseerd kon worden door een heel speciale rangschikking van de lichaamssappen. Door middel van deze 'spiritus' was de melancholische mens (verfijnde melancholie was uiteraard het kenmerk van het genie) dan in staat om de wereld op bovenzintuiglijke wijze waar te nemen. Met andere woorden: je kon een transcendente geestestoestand bereiken door de micronutriënten die je binnenkreeg zorgvuldig op elkaar af te stemmen. Vanwege hun zeer geconcentreerde eigenschappen waren specerijen daartoe bij uitstek geschikt. Paracelsus bijvoorbeeld was verzot op een soort aromatherapie waarbij zijn uit specerijen bereide brouwsels veeleer geïnhaleerd dan genuttigd moesten worden. Zo had hij een recept voor het aanvuren van zijn 'spiritus' waarbij een drank van goudtinctuur werd geparfumeerd met kardemom, kaneel, foelie en kruidnagel, aangevuld met bloemen- en klierenextracten.

Hoewel de obscure onderzoekingen van Paracelsus ver van de gewone man af stonden, drongen veel van zijn ideeën door in de populaire literatuur. Wie zou de geheime formule voor een lang en gezond leven niet willen vernemen, al helemaal in een tijd waarin pest en ziekten alomtegenwoordig waren en iemand van vijftig als een strompelend relikwie werd beschouwd?

Maar juist nu de kennis van het eerbiedwaardige humorensysteem voor een groter publiek dan ooit tevoren beschikbaar kwam, kregen de theorieën van Galenus steeds meer kritiek van rivaliserende scholen te verduren.

Specerijen raken uit de gratie

Op een van Rembrandts beroemdste schilderijen staat een groep mannen geschaard rondom een slap, op een karige lendendoek na geheel naakt lijk. Ze baden allen in een spookachtig licht dat lijkt uit te stralen van het witte kadaver in hun midden. Een van de mannen, de enige zonder wijde kanten kraag maar met hoed, maakt met een forceps een incisie in de linkerarm van de dode man zodat vlees, spieren en zenuwen onder de huid komen bloot te liggen. Het doek, geschilderd in 1632, staat bekend als *De anatomische les van dr. Tulp* en verbeeldt een tafereel dat zich afspeelde in de oude Waag op de Nieuwmarkt, waar de specerijen werden afgewogen. Toentertijd werd vanuit dat gebouw niet alleen het verkeer in medicinale voedingssupplementen zoals kaneel en nootmuskaat in goede banen geleid, maar hield het Amsterdamse chirurgijnsgilde er ook zijn jaarlijkse openbare sectie. Ontleding van mensen was pas sinds een paar jaar wettelijk toegestaan, en als het publiek een keer mocht komen kijken, bracht dat nog steeds een sensatie teweeg. Voorschrift was dat alleen de kadavers van terechtgestelde misdadigers mochten worden opengesneden en aan nieuwsgierige blikken overgeleverd. Deze man was zojuist opgehangen voor een gewapende overval. Terwijl kronkelige slierten weefsel aan het eind van zijn instrument bungelen, kijkt de befaamde dokter Nicolaes Tulp recht vooruit, waarschijnlijk naar het verzamelde publiek in de operatiezaal. Kennelijk wist hij zijn publiek even vaardig te bespelen als hij het scalpel hanteerde. Hij vervulde later achtmaal de functie van schatmeester van de stad en viermaal die van burgemeester.

Gewoonlijk stonden chirurgijns niet zo hoog in aanzien. In het middeleeuwse Europa was opereren een smerige aangelegenheid, veelal als nevenactiviteit beoefend door kappers en tandentrekkers, beroepen die een veel lagere status hadden dan de gestudeerde dokters die hun kleren liever schoon hielden en zorgvuldig uitgeschreven recepten verstrekten. Mensen wendden zich slechts als laatste redmiddel tot de chirurgijn. De katholieke kerk had het ontleden van lijken altijd verboden, waardoor de meeste chirurgijns het vak op nog levende patiënten moesten leren – vanzelfsprekend met wisselend succes. Toen Nederland zich echter protestants had verklaard, verdween het taboe op het opensnijden van lijken langzaam maar zeker en konden dokters eindelijk de wereld van het onderhuidse bestuderen.

In de middeleeuwen was het inwendige van het menselijk lichaam evenzeer terra incognita geweest als het verre Indië, en de eerste onderzoekers van harten en milten deden ontdekkingen die vaak net zo verrassend waren als die van Da Gama en Columbus. Vaak waren hun bevindingen in tegenspraak met wat ze in de erudiete handboeken van Galenus' adepten hadden gelezen. Maar misschien nog belangrijker was dat de empirische aanpak van Tulp en zijn collega's het galenische model – dat vernuftig geconstrueerde kaartenhuis, opgetrokken uit deductieve redeneringen – op zijn grondvesten deed wankelen. In zeventiende-eeuwse teksten wordt keer op keer het revolutionaire refrein aangeheven dat de antieken in een andere tijd en plaats hadden geleefd en dus niet als de bron van alle kennis konden worden gezien. Het humorensysteem werd nog niet afgedankt, maar het lag onder vuur en werd door concurrerende systemen steeds meer naar de rand van de gevestigde geneeskunde gedrongen. En er gebeurde toen precies hetzelfde als nu wanneer de medische opvattingen veranderen: het publiek raakte in verwarring. Voor wat betreft specerijen ontstond daardoor de vraag welke plaats ze nu precies in het voedingspatroon van de mens moesten innemen.

Was hun herkomst van overzee voorheen een pluspunt van specerijen geweest, nu maakte dat ze controversieel – althans, in bepaalde kringen. Sinds de Portugese en Castiliaanse reizen in het kader van de zoektocht naar christenen en specerijen keerden zeevaarders terug naar huis met beschrijvingen van honderden, zo niet duizenden planten waarvan niemand in Europa ooit had gehoord, plus talloze exemplaren ervan. Voedingskundigen en naturalisten stonden voor de enorme taak die allemaal te rangschikken en ze vervolgens hun plaats in het humorensysteem te geven. Veel van de nieuwe planten werden met argwaan bekeken. (Zoals bekend werden tomaten en aardappels lange tijd als giftig beschouwd.) Her en der werd geopperd of geïmporteerde planten en medicamenten wel geschikt waren voor Europeanen. Volgens het xenofobische kamp had God, toen hij de wereld schiep, erop toegezien dat elke groep mensen in de eigen achtertuin van al het benodigde werd voorzien – wat impliceerde dat plaatselijke medicamenten zoals kamille en bilzekruid plaatselijke kwalen beter konden genezen dan exotische kruidnagels en nootmuskaat. Dit sloot toevalligerwijs naadloos aan bij de opvattingen van bepaalde calvinistische predikers die goederen als kaneel en kruidnagel niet als geschenken uit het paradijs beschouwden, maar als een product van heidense en hedonistische bodem. Dergelijke verlokkingen zouden de mensen stellig afhouden van een fatsoenlijk en godvrezend leven, een leven dat enkel kon voortkomen uit een dieet van zelfgeteelde rapen en specerijloze kaas.

Het mocht dan zo zijn dat het religieuze klimaat in Nederland toleranter was komen te staan tegenover het snijden in lijken, wat de vleselijke genoegens van levenden betrof werden zowel protestanten als papen puriteinser dan ooit. Goed eten (ongeacht de precieze definitie daarvan) werd in toenemende mate als het probleem gezien, in plaats van als de oplossing zoals voorheen het geval was geweest. In de dieetboeken komt deze veranderende medische opvatting heel duidelijk naar voren. Ken Albala, een Amerikaanse culinair historicus die de vroege voedingsgidsen heeft bestudeerd, wijst erop dat de tolerante attitude in de vijftiende-eeuwse boeken, waarin de genoegens van de tafel soms zelfs worden aanbevolen (Platina's bestseller heet immers niet voor niets *De honesta voluptate et valetudine* ofwel 'Over eerlijk genot en goede gezondheid'), plaatsmaakt voor een moraliserende, nijdige benadering die niets van de fijne keuken moet hebben. In 1530 kon Luis Lobera de Ávila, een Spaanse voedingsexpert, zijn lezers nog steeds aanraden 'te eten wat het kostelijkste en verrukkelijkste is, want dat is tevens het meest voedzame'. In de zeventiende eeuw heb je meer kans om opinies te lezen als die van Leonard Lessius, de schrijver van een populaire gids met gedragsregels, die tekeerging tegen 'drankzucht opwekkende gerechten' en 'buitenissige bereidingen van vlees'.

De verandering van de medische mode werd ongetwijfeld versneld door de techniek van het drukken zelf. De nieuwe techniek verhield zich ongeveer tot de oude als Google tot een kaartenbak, en de komst van de drukpers betekende veel meer dan dat er nu een goedkoper, sneller alternatief voor het handgeschreven manuscript voorhanden was. De boekdrukkunst bracht een fundamentele verandering teweeg in de manier waarop mensen kennis over de wereld verkregen. Zonder (betrekkelijk) goedkope bijbels is de Reformatie ondenkbaar; zonder kookboeken die met honderdduizenden van de persen rollen zou de aanstaande revolutionaire verfijning van de eetgewoonten door heel Europa hoogstwaarschijnlijk niet meer dan een plaatselijk opstootje zijn geweest.[14] Door zijn hoge oplage heeft de branche van het gedrukte boek immer behoefte aan nieuwe producten, nieuwe ideeën. Het was niet meer mogelijk dezelfde informatie telkens opnieuw in omloop te brengen – zoals dat gebeurde in de tijd dat manuscripten schaars en kostbaar waren. Er is immers een limiet aan het aantal herdrukken van Galenus dat je klanten kunnen kopen.

Naar alle waarschijnlijkheid vond het mechanisme dat de huidige dieetboekenbranche gaande houdt zijn oorsprong in de renaissance. Destijds waren de uitgevers evenzeer als nu altijd op zoek naar iemand met een slim idee dat weerklank bij het publiek zou vinden. Als het boek verkocht, werd het door andere auteurs geïmiteerd. Wanneer de consument het uitgekauwde onderwerp beu was, deed zich een nieuw (of in een ander jasje verpakt) idee voor, en stortte iedereen zich vervolgens daarop. Hierin ligt wellicht ten dele de verklaring van het feit dat, lang voordat iemand zich iets als een Atkins-dieet kon voorstellen, de voedingstrends ook toen al kwamen en gingen met als enige reden dat de mode veranderde. Vanzelfsprekend volgden de modes elkaar steeds sneller op naarmate meer uitgevers hun productie verhoogden en meer mensen konden lezen en zich boeken konden veroorloven.

Omstreeks het midden van de zeventiende eeuw lijkt het alsof de lezers genoeg hadden van alle voedingsgidsen, want de vraag naar deze zelfhulpboeken stokte. Wellicht brachten de rivaliserende geneeskundige systemen van die tijd de mensen zo tot vertwijfeling dat ze hun vertrouwen in de experts verloren. Het kan ook zijn dat de mensen het gezeur over wat ze wel en niet moesten eten beu waren en gewoon niet meer luisterden. Of was het misschien alleen maar dat er weer een cyclus in het uitgeverswezen terug was bij het begin?

Al deze religieuze, wetenschappelijke en intellectuele beroering vond plaats in een tijd dat Europa in een nieuwe ronde van bloedige oorlogen verwikkeld was. Filips' kruistocht tegen de Nederlanders was bepaald niet de enige van zijn tijd. In Midden-Europa liep een in 1618 begonnen campagne tegen Tsjechische protestanten zodanig uit de hand dat alle Europese grootmachten erbij betrokken raakten. De Dertigjarige Oorlog, zoals het conflict zou komen te heten, raasde over het middendeel van het continent als een onverzadigbare tornado. In zijn spoor werden steden verwoest, vruchtbare vlakten in de as gelegd en stortten hele economieën in. Het was deze oorlog, en niet de Portugezen of Hollanders, die de Venetiaanse klanten in Midden-Europa wegvaagde en daarmee de noodlijdende specerijenhandel van de Republiek de genadeslag gaf. Maar de politieke verhoudingen werden in heel Europa herzien. Op de drempel van de zeventiende eeuw kende de christenheid één militant katholieke supermacht: Spanje. De staten echter die na alle bloedvergieten opkwamen – in het bijzonder Frankrijk en Oostenrijk – wilden allereerst hun grenzen intact houden en zagen niet veel in kruistochten tegen de protestanten of de Moren. Europa's scheidslijnen kregen de vorm van nationale grenzen. Wat een land karakteriseerde, werd minstens zozeer een zaak van taal en keuken als van geloof.

De godsdienstoorlogen hadden evengoed implicaties voor wetenschappers, koks en uitgevers als voor politici en priesters. In het katholieke Italië kwam de trotse en onafhankelijke medische faculteit van Padua aan de leiband van de pauselijke jezuïtische waakhonden te liggen. Als gevolg daarvan werd zij spoedig voorbijgestreefd door progressievere protestantse Europese scholen, zoals de Nederlandse universiteit in Leiden. Berucht is het geval van Galileï, die na herhaalde aanvaringen met de inquisitie Padua moest verlaten. Veel alchemisten en astrologen werkten in het geheim, uit vrees anders beschuldigd te worden van zwarte kunst – een ernstige aanklacht die je op de brandstapel kon doen belanden. Bij het religieuze fanatisme voegden zich gedurende de latere jaren van de Reformatie de heksenprocessen. De heksenjacht woedde het hevigst in de honderd jaar van 1550 tot 1650, toen overal in Europa een ware epidemie van heksenvervolgingen heerste. (Met de beruchte heksenprocessen die in 1692 in Salem plaatsvonden, een puriteins dorp aan de kust van Massachusetts, was dit Europese verschijnsel zelfs de oceaan overgestoken.) Vanzelfsprekend hielden artsen die prijs op hun eigen welzijn stelden zich verre van alle occulte praktijken die voorheen tot hun medische uitrusting hadden behoord.

Maar welke invloed had al deze beroering nu eigenlijk op de specerijenconsumptie in Europa? Op de korte termijn maar weinig. Te oordelen naar de laat-zeventiende-eeuwse receptenbundels was men buiten Frankrijk nog even enthousiast over koken met specerijen als honderd jaar tevoren. We zien dat alleen al aan de voorliefde voor specerijen in *De verstandige kock*. Nootmuskaat en kruidnagel duiken ook nog regelmatig op in de dokterstas. Toch sloegen de nationale keukens geleidelijk hun eigen weg in. En in Frankrijk, dat inmiddels van Italië de rol als trendsetter had overgenomen, raakten specerijen uit de mode. In Versailles waren sterk gekruide gerechten niet langer chic, en elders in Europa namen de modevolgers daar nota van. Dat alles voltrok zich niet plotseling en ook niet overal, maar de kiem van wat we de moderne Europese (en dus ook Amerikaanse) keuken kunnen noemen, met zijn nadruk op lokale smaakbepalende ingrediënten, werd gelegd omstreeks de tijd dat de Vereenigde Oost-Indische Compagnie de hoogste winsten uit haar geschiedenis behaalde met de zo gewelddadig verkregen nootmuskaatplantages.

De Gouden Eeuw verliest zijn glans

Ondanks de verschrikkelijke reputatie die Jan Coen nu overwegend heeft, bestaat in Nederland geen tekort aan straten en andere objecten die zijn naam dragen. In Amsterdam zijn een grote tunnel en een nabijgelegen haven naar hem genoemd. De Coenhaven ligt op een kort fietstochtje vanaf het Centraal Station. De route leidt je langs de oude houthaven waar het timmerhout voor de Oost-Indiëvaarders aankwam. Nu worden de oude kades geflankeerd door roestige barken, tot woonboten verbouwd en opgesierd met kinderschommels en bloembakken die magentarood afsteken tegen de loodgrijze hemel. Voor je zie je reusachtige kranen boven containerschepen uitsteken, als enorme bidsprinkhanen die elk moment kunnen toeslaan. De Coenhaven ziet eruit als alle andere moderne havens, met rij na rij lage, fantasieloze pakhuizen, het ene nog grijzer geverfd dan het andere. Maar snuif hier de lucht eens op. De gebruikelijke zout-en-diesel-havengeur is hier doortrokken van het donkere, kleiachtige aroma van cacao. Amsterdam heeft de eerste plaats allang moeten afstaan aan de ultramoderne haven van Rotterdam, maar is er niettemin in geslaagd tot 's werelds grootste cacao-importeur uit te groeien. Desondanks is de Coenhaven, met her en der een aangemeerd vrachtschip, niet meer dan een schim van de oude haven waar zich in de gloriedagen honderden schepen verdrongen en de wereld Amsterdam om zijn specerijenimport benijdde.

In het begin was het VOC-ondernemingsplan een doorslaand succes dat heel veel zeventiende-eeuwse Amsterdammers in staat had gesteld fraaie huizen te bouwen en die vol te hangen met kostbare schilderijen, maar het had een inherent gebrek. Het hield er geen rekening mee dat specerijen niet dezelfde soort handelswaar zijn als haring en bier, dat de vraag naar luxeartikelen zoals peper en nootmuskaat niet van de prijs afhing, maar van meer ongrijpbare, bijna metafysische factoren. Mode is onberekenbaar. Nadat de Hollanders met scherp zakeninstinct de aanbodzijde in de branche hadden overgenomen, namen ze aan dat de vraag wel zou blijven doorgroeien. Het probleem was echter dat specerijen, toen ze eenmaal een alledaags product waren geworden en hun symbolische faam hadden verloren, nog slechts een marginale plaats innamen in de moderne, post-middeleeuwse wereld.

In de zeventiende eeuw werd de chocola die de zilte bries in de Coenhaven zijn geur verleent, samen met thee en koffie de nieuwe favoriet van de trendsetters. De nieuwe tropische importproducten werden soms zelfs met dezelfde superlatieven aangeprezen als de oude Aziatische smaakmakers. Op vrijwel dezelfde manier als voorheen sommige specerijen werden voorgeschreven om de geestelijke vermogens te scherpen, werden nu met name koffie en thee om hun stimulerend effect aanbevolen bij de wegbereiders van de nieuwe rationele tijd. Deze waren geheel gespeend van het ouderwetse en zinnelijke imago dat de oosterse geurstoffen aankleefde, en tevens van het benevelende effect van kruidenwijn of bier. Vooral de sterk gekruide dranken verloren marktaandeel aan het moderne opwekkende kopje koffie of thee. Toegegeven, chocolade (de drank) had een ietwat twijfelachtiger reputatie dan de twee andere aftreksels, mogelijk omdat het via het in verval geraakte Madrileense hof naar Europa was gekomen, maar tegen de tijd dat Amsterdam een dominante positie in de cacaohandel had verworven, werd het in iedere modieuze salon geserveerd. De voc stapte ook in de koffie- en theehandel, maar slaagde er nooit in eenzelfde greep op de markt te krijgen als bij de fijne specerijen het geval was geweest. Toen de vraag naar de Oost-Aziatische kruiden inzakte, verbleekte de glans van de Amsterdamse Gouden Eeuw.

Dat Amsterdam haar toppositie in de wereld langzaam verloor, was te wijten aan diverse factoren. Zoals de opkomst van de stad niet uitsluitend te danken was geweest aan de Oost-Indische handel (vergeleken met bijvoorbeeld Lissabon), zo had ook haar neergang vele oorzaken. De terugval in de specerijenhandel was namelijk symptomatisch voor een algehele achteruitgang. In tegenstelling tot Venetië, dat zichzelf wist om te vormen tot amusementspark en zo een tweede leven begon, of Lissabon dat in de achttiende eeuw een hernieuwde bloei beleefde dankzij Braziliaans goud, gleed Amsterdam omstreeks 1750 af tot een positie aan de zijlijn en betrekkelijke armoede. Het ambitieuze uitbreidingsproject waarbij de florerende zeventiende-eeuwse stad de ring aanlegde die de Herengracht zou vormen, werd niet voltooid, en het nieuwe stadsdeel bleef tot de industriële revolutie gedeeltelijk onbewoond.

Omdat het Amsterdam gedurende het decennialange conflict met Spanje voor de wind was gegaan, mag het ironisch heten dat de moeilijkheden begonnen met een kortstondige bevlieging voor het ondertekenen van vredesverdragen. Het eerste slechte bericht deed zich voor in 1648, toen op de Dam het nieuws bekend werd dat de vrede met Spanje was getekend. Erger was dat de zich voortslepende Dertigjarige Oorlog in Midden-Europa in datzelfde jaar eindelijk tot een slotsom kwam. Drie jaar later stopte het bloedvergieten in de Engelse Burgeroorlog. Nu hadden de grote Europese mogendheden plotseling hun handen vrij, en hun begerige blik viel al spoedig op de rijkdommen van de nietige republiek.

Spanje was definitief uit beeld, maar Engeland bruiste van energie. In een reeks oorlogen tussen 1652 en 1678 hapte de nieuwe maritieme supermacht een aantal forse stukken uit het Nederlandse imperium, van Maleisië tot Manhattan. Op het Europese vasteland vielen de Fransen de Nederlanden binnen. Oorlogen tegen de legers van Lodewijk XIV waren erg genoeg, maar de economie van de Hollanders leed pas echt schade toen de ene Hollandse onderneming na de andere uit het rijk van de Zonnekoning werd verdreven in het kader van het Franse protectionisme.

In heel Europa voerden absolute vorsten en hun ministers geestdriftig mercantilistische economieën in: ze subsidieerden de export en weerden de import. De Fransen richtten hun eigen Oost-Indische Compagnie op, zodat ze geen door buitenlanders geïmporteerde specerijen meer hoefden te kopen. Ze stichtten een kleine kolonie in Pondicherry aan de Indiase zuidoostkust van waaruit ze hun peperschepen bevoorraadden, en ze deden zelfs een poging om de heerser van Ceylon weg te lokken uit de omarming van de Hollanders. Maar zoals een Fransman het uitdrukte: 'Geen minnaar waakt zo naijverig over zijn geliefde als de Hollanders over hun specerijenhandel', zodat de kunstgreep mislukte. Vrijwel alle peper bleef Europa binnenkomen via Amsterdam en Londen, en de Hollanders controleerden alle kaneel, nootmuskaat, foelie en kruidnagel die de Europese kusten bereikte. Dat maakt het, hoewel Nederlandse specerijen geen doelwit van sancties door Versailles schijnen te zijn geweest, wel verschrikkelijk toevallig dat sterk gekruid eten precies in die periode uit de gratie raakte bij uitsluitend de Franse elite. De vraag dringt zich op in hoeverre het nog gepast was om voor de koning en zijn mercantilistische ministers gerechten barstensvol door buitenlanders ingevoerde specerijen op te dienen. Niettemin biedt mercantilisme op zijn best een gedeeltelijke verklaring voor de ommekeer die de Franse keuken in de zeventiende eeuw doormaakte.

Het is niet echt verbazend dat de Europeanen de middeleeuwse kookkunst lieten varen in dezelfde periode als ze afstand deden van feodalisme, contrapunt, eitempera en een ptolemeïsch heelal. Maar waarom was Frankrijk de broedplaats van deze innovatie? Het hof van Lodewijk XIV stond bepaald niet bekend om zijn revolutionaire inslag. Het renaissancistische Frankrijk had geen Galileï of Monteverdi, noch een Spinoza of Rembrandt. Maar het had wel La Varenne.

Je hoeft *Le cuisinier françois*, het invloedrijke kookboek uit 1651 van François Pierre La Varenne, maar open te slaan om te zien hoe anders het er in Frankrijk inmiddels toeging.[15] Verdwenen zijn de royale porties suiker en exotische specerijen van de Italiaanse renaissancemeesters; daarvoor in de plaats gekomen zijn paddenstoelen en plaatselijke kruiden. Hoewel deze nouvelle cuisine beslist verfijnder was (of flauwer, afhankelijk van je smaakvoorkeur), gebruikt de Franse chef-kok in veel van zijn recepten nog steeds nootmuskaat of kruidnagel, zij het in veel krenteriger hoeveelheden. Een kenmerkend recept schrijft 'twee à drie' kruidnagels en een snufje nootmuskaat voor. Peper en gember ontbreken bijna volledig, en kaneel is verbannen naar de hoofdstukken over desserts.

Het had verschillende redenen dat de zeventiende-eeuwse culinaire revolutie op Franse bodem ontlook (al was er sprake van kruisbestuiving met trends in heel Europa). De oude, ooit zo machtige Franse aristocratie was in sterkere mate dan elders afhankelijk geworden van de grillen van de koning. Al in 1586 bericht een Spaanse commentator (toegegeven, niet de meest onpartijdige bron) dat de hovelingen en edellieden in Frankrijk de koninklijke mode zo slaafs volgen dat ze de koning zelfs na-apen als deze een voorkeur heeft voor 'walgelijk en ordinair' voedsel 'waarvoor zelfs de armste sloebers hun neus zouden ophalen'. (Doelde hij hiermee op truffels en paddenstoelen?) Tot op zekere hoogte hadden banketten in de nieuwe absolutistische monarchieën een andere functie gekregen. Richtte een edelman in vroeger tijden overvloedige feestmaaltijden aan om indruk op zijn ondergeschikten te maken, nu kon een aristocraat er zijn talenten als pluimstrijker mee demonstreren. Uiterlijk vertoon was enigszins van karakter veranderd. Maar één ding is zeker: Franse aristocraten keerden zich beslist niet van specerijen af omdat ze goedkoop waren geworden. De fijne specerijen waren aan het eind van La Varennes zeventiende-eeuwse revolutie minstens tweemaal zo duur als aan het begin ervan. Wel is het een feit dat specerijen veel van hun aantrekkingskracht verloren door de vestiging van een wereldwijd koloniaal stelsel dat bulkgoederen aanvoerde in plaats van berichten uit het paradijs.

Het valt echter onmogelijk te bepalen hoe snel de nieuwe stijl doordrong tot de keukens van de francofiele fijnproevers. Afgaande op de kookboeken lijkt de conclusie gewettigd dat de hogere klassen van het achttiende-eeuwse Engeland, Italië en Spanje de Fransen als voorbeeld namen, en vermoedelijk gold dat omstreeks de negentiende eeuw eveneens voor de Portugezen en Midden-Europeanen. Bezien we echter de importcijfers, dan wordt duidelijk dat het specerijengebruik heel geleidelijk moet zijn afgenomen. In het tijdperk van Lodewijk XIV deed zich zeker geen plotselinge daling van de specerijenimport voor, want zelfs in de jaren dat La Varenne keer op keer de herdrukken van zijn radicale manifest corrigeerde, bleven de ouderwetse kookboeken in het exotisch gekruide genre gewoon verschijnen. Wel was het zo dat de verbazingwekkende stijging van het specerijengebruik die in de zestiende en zeventiende eeuw plaatsvond, eerst vertraagde en toen stokte, terwijl de bevolking toenam. Ook tegenwoordig kruiden Franse slagers hun patés nog met een mengsel dat *quatre épices* heet, bestaande uit peper, kruidnagel, gember en nootmuskaat. Niettemin gaat het hier om een uitzondering. Behalve in Nederland worden de specerijen die ooit bij gestoofde kapoen werden gevoegd en op gebakken steur gesprenkeld, nu meestal alleen in zoetigheid gebruikt. Hoewel de lust in specerijen dus inderdaad overal in Europa afnam na de zeventiende eeuw, is dat wellicht de minst dramatische verandering. Veel ingrijpender is dat de Europeanen desserts op basis van suiker bedachten.

In de middeleeuwen was suiker gewoon een van de vele specerijen die in steeds groter hoeveelheden aan vleespasteien en braadstuk werden toegevoegd. Er waren wel zoete gerechten die wij desserts zouden noemen, maar die werden meestal tegelijk met het vlees, de vis en de groenteschotels opgediend. Er bestond geen noemenswaardig verschil tussen 'hartige' en 'zoete' gangen. Een Italiaanse duivenpastei uit de renaissance kon evenveel suiker bevatten als een gemiddelde Amerikaanse appeltaart tegenwoordig. Toen de Portugezen in de vijftiende eeuw hun overzeese suikerkoloniën stichtten en de andere Europeanen zo'n honderd jaar later hun voorbeeld volgden, werd suiker iets wat iedereen zich kon veroorloven. Tegelijkertijd werd er geleidelijk een grens getrokken tussen zoet en pikant. Zoals La Varennes boek heel duidelijk illustreert, was kaneel, dat in renaissancistische recepten voor vleesgerechten zo vaak een duo met suiker vormt, verbannen naar de zoete kant van de scheidslijn, waar het samen met gember was weggeborgen. Kruidnagel, nootmuskaat en peper mochten voorlopig nog vrijelijk vertoeven tussen de soepen en ragouts, zij het in zeer beperkte hoeveelheden. Deze uitsluitingspolitiek was ongelijk over Europa (denk bijvoorbeeld aan de eigenaardigheden van de Nederlandse keuken) en over het culinaire repertoire verdeeld, maar de trend was overal in de christelijke wereld aanwezig. De mensen bleven de geïmporteerde aromatica gebruiken, maar aangezien de meeste nu beperkt bleven tot de desserts en andere slechts in geringe mate werden gebruikt, liep de vraag steeds verder terug.

Dit zou op zijn minst ten dele verklaren waarom de markt voor voc-specerijen stagneerde terwijl de Europese bevolking juist toenam. Als we de cijfers goed interpreteren, was de Europese vraag naar peper in bescheiden mate gestegen in de loop van de vijftiende en zestiende eeuw. Toen de prijzenoorlog tussen de Nederlanders, Engelsen en Portugezen de prijs vervolgens deed inzakken, verdubbelde de vraag binnen enkele decennia. Maar daar bleef het bij. Zelfs toen de Europese bevolking in de negentiende eeuw verder toenam, was de vraag naar peper niet in beweging te krijgen.[16] Waarom dat zo was, houdt wellicht verband met de continu dalende levensstandaard waarmee het gewone volk – degenen die lange tijd de meeste peper hadden geconsumeerd – tot aan de industriële revolutie werd geconfronteerd. Bij de andere specerijen maakte de afzet eenzelfde hoge vlucht en daaropvolgende instorting door, zij het om een andere reden. In dit geval hebben de Hollanders wellicht zelf de kip met de gouden eieren geslacht. Om de prijs hoog te houden, hielden ze de hoeveelheid kaneel, kruidnagel, nootmuskaat en foelie die hun Europese klanten bereikte, strak in de hand. Hun winstmarge mag daardoor hoger zijn geweest, maar de totale hoeveelheid fijne specerijen waarover de Europese koks konden beschikken, werd kunstmatig laag gehouden. In 1700 waren er feitelijk minder specerijen op de markt dan een halve eeuw daarvoor. Wanneer het platbranden van specerijplantages in Azië niet het gewenste resultaat opleverde, lieten de Heren Zeventien hun voorraad in Amsterdam in vlammen opgaan. Alleen al in de jaren dertig van de achttiende eeuw werd bijna een miljoen kilo van de opgeslagen (en weliswaar niet meer verse) nootmuskaat en foelie verbrand – en dat in een periode dat de jaarlijkse verkopen nog geen 125.000 kilo bedroegen! Zelfs degenen die op de ouderwetse manier wilden koken waren derhalve gedwongen minder Molukse specerijen te gebruiken.

Voor wat betreft peper was de VOC niet bij machte het aanbod te reguleren. In de nadagen van de Amsterdamse Gouden Eeuw werd de Europese markt dan ook overspoeld met meer Hollandse (en Engelse, Franse en zelfs Deense) peper dan men kon verkopen. Ondertussen werd de VOC continu op de hielen gezeten door de Engelse Oost-Indische Compagnie, die haar pepervrachten jaar na jaar verhoogde. Dat de verdiensten van de VOC terugliepen kon echter niet alleen aan de irritante Engelsen worden geweten. Het is een punt van discussie of de VOC ooit echt winst maakte, zelfs in de begintijd toen de honger naar specerijen onverzadigbaar leek. Toch lijkt de Compagnie de eerste negentig jaar van haar bestaan goed gedraaid te hebben, ongeacht de kleine lettertjes op de balans. Misschien werd er meer dividend uitgekeerd dan de winst rechtvaardigde, maar dankzij die gelden bloeide de Amsterdamse economie, ook al moest de VOC meer en meer geld lenen om aan haar financiële verplichtingen te kunnen voldoen.

In de beginjaren hadden de bewindhebbers geld proberen te besparen door de dividenden in natura uit te keren. In 1610 werden de aandeelhouders opgescheept met een zak peperkorrels en foelie in de plaats van harde contanten (slechts 7,5 procent werd in geld voldaan). Alles bij elkaar werd zo'n 40 procent van de aangegeven waarde van alle voc-dividenden uitgekeerd in de vorm van kruidnagel, foelie en peper. Voor een aantal van de grotere investeerders die toch al in de specerijenhandel zaten, bracht dit weinig ongemak met zich mee, maar de schoenlappers en kasteleins die op zijn hoogst een stuk of twee aandelen bezaten, waren daar ongeveer even blij mee als de aandeelhouders van Heinz met een dividenduitkering in de vorm van ketchup zouden zijn. Degenen die hun hele investering niet in de stoofpot wilden gooien, moesten hun welriekende dividenden tegen afbraakprijzen zien te slijten. Het protest van de investeerders nam ten slotte zulke vormen aan dat de voc zich vanaf 1644 gedwongen zag in contanten te betalen. Als gevolg daarvan stond de Compagnie in 1692 vier miljoen gulden in het rood. Het probleem was dat het beheer van een particulier imperium, benodigd om het specerijenmonopolie te handhaven, zoveel geld kostte dat bijna de hele brutowinst werd opgeslokt.

Daarbij kwam het punt van de arbeidskrachten. De voc had altijd last gehad van incompetente en hebzuchtige employés, maar aan de top werkten voldoende betrouwbare mensen om een redelijke mate van eerlijkheid onder de rest te garanderen. Door de toenemende corruptie in de hogere gelederen liep de Compagnie echter een steeds groter deel van de winst mis. Fraude was in de Estado da Índia ook aan de orde van de dag geweest, maar niet elke employé van de Portugese kroon was louter voor het geld in India. De meesten natuurlijk wel, maar een flinke minderheid was mede op weg gegaan om roem of verlossing te vergaren. De Hollanders daarentegen ging het alleen om financieel gewin, en met de lage lonen die de voc betaalde kon je onmogelijk alleen met je salaris snel rijk worden. Jan Coen is veel ten laste gelegd, maar niemand heeft hem ooit van omkoping beschuldigd. In de volgende eeuw was de corruptie echter tot op het hoogste niveau doorgedrongen. Toen gouverneur-generaal Van Hoorn in 1709 zijn ambt in Nederlands-Indië neerlegde, werd zijn vermogen op tien miljoen gulden geschat. De provisies en verdiensten, opgestreken in de illegale specerijenhandel, werden een publiek geheim. In vestigingen in India ontstond het gebruik dat functionarissen de buit bij elkaar legden en herverdeelden op grond van het salaris dat elk ontving, zodat iedere employé een gepast deel van het verduisterde geld kreeg. Aan het begin van de achttiende eeuw liepen de jaarlijkse verliezen op van twee tot vier en zelfs zes miljoen gulden. Weldra was de Compagnie in technische zin failliet.

Als de voc slechts een normale aandeelhoudersmaatschappij was geweest, zou ze stellig te gronde zijn gegaan. Maar de Vereenigde Oost-Indische Compagnie was niet slechts een bedrijf, ze vormde feitelijk een staat binnen de staat. En net zoals veel regeringen van tegenwoordig kon zij blijven functioneren door simpelweg meer geld te lenen. In de achttiende eeuw kon ze het daarmee redden omdat Amsterdam, ondanks het geleidelijke verval, nog steeds de belangrijkste kapitaalmarkt ter wereld was. Investeerders uit heel Europa bleven de Compagnie steunen, en de voc keerde op haar beurt jaar na jaar dividenden uit, ook al waren haar indrukwekkende scheepswerven en pakhuizen nauwelijks solider dan kruimelige speculaaskoek. Dat had misschien nog een hele tijd goed kunnen gaan als de steunpilaar van de Compagnie – het monopolie op kruidnagel en nootmuskaat – niet was weggevallen. Omstreeks 1750 slaagde de Franse Oost-Indische Compagnie erin de Hollandse greep op de fijne specerijen te doorbreken. Een van haar employés, toepasselijk Pierre Poivre genaamd, stal zaailingen van nootmuskaat en kruidnagel die hij vervolgens met succes vermeerderde op Mauritius en Réunion, de Franse koloniën in de Indische Oceaan. Na jaren van dalende winsten en financiële injecties van overheidszijde werd de voc ten slotte in 1799 ontbonden, waarna de Hollandse regering het bestuur van Oost-Indië overnam. Op de Banda-eilanden bleven de Hollandse planters heer en meester over hun nootmuskaatplantages, tot Indonesië in 1949, ondanks het inzetten van het Nederlandse leger, de onafhankelijkheid verkreeg. Vrijwel alle etnische Nederlanders vertrokken, of werden eruit gegooid. Batavia was opnieuw Jakarta geworden.

Evenals eerder gedurende de godsdienstoorlogen van de zestiende eeuw kregen de Nederlandse steden een golf van immigranten en vluchtelingen te verwerken. En dat was nog maar het begin. In de afgelopen vijftig jaar is Nederland omgevormd tot een multiculturele samenleving, met alle diversiteit, spanningen en nieuwe smaken die zo'n transformatie met zich meebrengt.

Nasi goreng

Toen ik de directeur van NedSpice vroeg wat Nederlanders thuis aten, somde Frank Lavooij de traditionele gerechten voor me op: erwtensoep, stamppot (worst en gepureerde aardappels met kool) en nasi goreng (Indonesische gebakken rijst). 'Mijn vrouw maakt net zo gemakkelijk nasi goreng als pannenkoeken,' verzekerde hij me. Nasi goreng hoort evenzeer bij Nederland als koningin Beatrix.

De mate waarin het Nederlandse koloniale verleden tot het dagelijks eten is doorgedrongen, wordt meteen duidelijk zodra je een Amsterdamse supermarkt bezoekt. Neem bijvoorbeeld de Albert Heijn-supermarkt om de hoek bij de Dam. Deze Albert Heijn heeft evenveel ruimte voor Indonesische en andere Aziatische producten gereserveerd als een Amerikaanse supermarkt voor zijn ontbijtcereals inruimt. Niet dat de meeste Nederlandse thuiskoks overigens ook maar overwegen de zo populair geworden Indonesische gerechten helemaal zelf te bereiden. Nee, ze halen de juiste kruidenmix en smaakmakers bij de buurtsuper en voegen vervolgens vlees, kip en wat het pakket verder nog voorschrijft toe. In gangpad 1 heb je minstens zeven soorten mixen voor nasi goreng. Sommige zijn in een handomdraai bereid, terwijl je bij andere daadwerkelijk zelf moet koken. Lang houdbare 'satéstokjes' vereisen slechts een kort verblijf in de magnetron, terwijl je bij andere verse kipfilet moet kopen en groente moet snijden alvorens het kruidenzakje toe te voegen. Ter completering van de maaltijd staan de schappen vol met zakken kroepoek, luchtige Indonesische chips op basis van cassave of garnaal. (Deze smaken – niet onaangenaam – naar luchtig vet met een ondertoon van vis en, soms, scherpe chilipeper.) Alles bij elkaar zijn er honderden van dit soort producten. Hoewel sommige afkomstig zijn van gespecialiseerde Aziatische nicheproducenten, wordt het merendeel gemaakt door multinationals zoals Heinz, McCormick en Knorr.

Ook als ze andere dan specifiek Indonesische gerechten bereiden, maken de Nederlanders gebruik van kant-en-klare kruidenmixen. In gangpad 2 staan er tientallen bij elkaar. Er zijn vleeskruiden (koriander, zwarte peper, chilipeper, gember, marjolein en tijm) en kipkruiden (paprikapoeder, witte en zwarte peper, nootmuskaat, koriander, foelie, kerriepoeder, kardemom en oregano), maar ook smaakmakers voor oesters, mosselen, chili con carne, spaghetti, gyros en natuurlijk nasi goreng. Het rek bevat in totaal zevenentwintig kruidenmengsels!

In Nederland komen nu dagelijks immigranten aan, die specerijen uit alle windstreken meebrengen. In de nieuwe smeltkroes van rassen en godsdiensten gaat het niet altijd harmonieus toe, en de Nederlanders verwelkomen de donker gekleurde immigranten minder hartelijk dan voorheen, ondanks hun befaamde tolerantie. Niettemin laten de mensen zich in de keuze van hun dagelijks eten steeds vaker verleiden door kraampjes waar ze döner kebabs of satéspiesjes verkopen.

Net als de kruisvaarders van weleer keren de Nederlanders van hun veelvuldige buitenlandse vakanties terug met een verlangen naar pittiger smaken. 'Ik herinner me dat we, toen we in 1961 voor het eerst naar Spanje gingen, ons eigen eten meenamen,' vertelt Lavooij met een spotlachje wanneer hij uitweidt over de angst van de vroegere Hollandse vakantieganger dat hij met olijfolie en knoflook bereide dingen zou moeten eten. 'Nu is de situatie bijna omgekeerd,' constateert hij. De tegenwoordige Amsterdammers vinden het, net als welgestelde inwoners van Londen en Los Angeles, doodgewoon om de ene avond Thais te eten en de volgende Italiaans. Evenzeer als in de Verenigde Staten zijn het met name deze smaken – de vaag Italiaanse combinatie van knoflook, olijfolie en groene kruiden enerzijds en de Aziatische zoet-pikante stijl anderzijds – die tot de verbeelding van de gourmets spreken. Deze smaakpaletten zijn even alomtegenwoordig onder de welvarende klassen van de ontwikkelde wereld als het mengsel van kaneel en suiker dat ooit in de renaissance was.

De Nederlanders maakten eerder dan de meeste andere volken kennis met de *fusion*-keuken dankzij het feit dat ze in de jaren vijftig van de vorige eeuw het zojuist onafhankelijk geworden Indonesië moesten verlaten. Gerechten uit Nederlands-Indië waren toen overigens niet geheel onbekend in het moederland. Een Nederlands manuscript uit 1790 bevat recepten voor *achar* (atjar) en andere Indonesische gerechten. Ook reeds in de koloniale tijd keerden er druppelsgewijs mensen terug met op de Banda-eilanden verworven smaakvoorkeuren, maar dat viel in het niet bij de massale instroom in de jaren vijftig. Er arriveerden toen zo'n driehonderdduizend vluchtelingen in Nederland met niet veel meer dan ze konden dragen. Naast alle wrok en nostalgie hadden ze in hun bagage ook een menu gepropt voor een uitgebreide maaltijd die ze 'rijsttafel' noemden.

De rijsttafel is een eigenaardig bedenksel van de koloniale keuken waarbij gerechten van Bali, Java, Sumatra en andere Indonesische eilanden gecombineerd worden tot een reusachtig buffet. Het idee is min of meer ontleend aan de uitgebreide banketten die je bij een Indonesische bruiloft kunt aantreffen, hoewel rijsttafel in welvarende koloniale huishoudens een veel alledaagser gebeuren was. De koks waren vaak etnische Chinezen, wat niet alleen van invloed was op de smaken maar ook op de ingrediënten. Ze voegden met name veel varkensvlees toe aan wat oorspronkelijk een islamitisch feestmaal was. Vlees van alle soorten dieren, aan spiesjes als saté of klaargemaakt in een pikante stoofschotel zoals babi ricah, werd het hoofdbestanddeel van de maaltijd.

Het Amsterdam van vandaag heeft tientallen gelegenheden waar je rijsttafel kunt eten, van simpele eettentjes waar je kunt kiezen uit zo'n twee dozijn gerechten die in warmhoudbakken klaarliggen, tot chique restaurants waar de obers glimlachen en behulpzaam het menu toelichten. Ik besloot me een avond te buiten te gaan in een restaurant genaamd Puri Mas. Het restaurant ligt nog net binnen de Singelgracht, de laatste gracht die in de zeventiende eeuw rondom de stad werd gekerfd, aan het eind van een uitgaansstraat waar lieden in dienst van de vele restaurants je hun respectieve pad Thai of spaghetti bolognese proberen op te dringen. Het ligt een paar bruggen van het Rijksmuseum vandaan, en het zit dan ook vol met toeristen die nog niet helemaal zijn bekomen van een overdosis Rembrandt. Desondanks heerst er een elegante atmosfeer in de ruimte, die zich vermengt met het aroma van vissaus en specerijen. Je kunt genoegen nemen met een bescheiden rijsttafel bestaande uit een reeks van dertien kleine schotels, maar een betere keus is de Rijsttafel Royaal, met een zondvloed van zestien gerechten. Schotel na schotel na schotel wordt gebracht. De tafel is gedekt met kroepoek – de chips van cassave en garnaal – en een klein bakje met sambal, de met chilipeper en gember bereide saus die in Amsterdamse koelkasten even gewoon is als mayonaise. Loempia's en in beslag gefrituurde garnalen worden opgediend, samen met deegflapjes waaruit een zoet-pikant aroma van koriander, zwarte peper, komijn en kurkuma opstijgt. Er is een assortiment satés: kip, varkens- en lamsvlees aan spiesjes, scherp van de chilipeper, zoet van de suiker en zuur van de tamarinde. Dan komen de schaaltjes met stoofschotels: varkensvlees gekruid met chilipeper en gember, kip met chilipeper en koriander, lamsvlees in een compacte masala van kardemom, komijn, kurkuma, venkel, kaneel, kruidnagel en peper. Er zijn een paar groentegerechten en tot slot de obligate nasi goreng. Deze nasi goreng bevat sporadische flinters kip tussen de gebakken rijst, met slechts een zweem van specerijen.

Als je de maaltijd een ogenblik onderbreekt om de lawine van smaken te analyseren, besef je dat zoet en zuur overheersen, samen met een subtiele dosis exotische specerijen – dezelfde smaakcombinatie (afgezien van de chilipeper) die je in het middeleeuwse Venetië of het zestiende-eeuwse Amsterdam had kunnen aantreffen. Geen wonder dat de zeventiende-eeuwse Hollanders die in Indonesië aankwamen gecharmeerd waren van deze kookstijl: deze had een hoop gemeen met wat ze thuis aten.

Daarmee zijn we de cirkel rond. Tegenwoordig lijken de pikante gerechten van de renaissance niet exotischer dan de rijsttafel bij Puri Mas. De oude kookstijl is voor ons veel bevattelijker geworden dan deze nog maar vijftig jaar geleden was, toen Franse historici vol afschuw hun ogen ten hemel sloegen bij de toenmalige 'orgie van specerijen'. Je hebt nu geen mysterieuze Oriënt, priester-koning Johannes of wonderbaarlijke specerijen zo kostbaar als goud meer. De keukens van verre landen zijn even vertrouwd als vliegreizen – of winkelcentra waar allerlei fastfoodrestaurants eten uit alle werelddelen aanbieden. Amerikanen importeren meer specerijen per hoofd van de bevolking dan de middeleeuwse heersende klasse ooit heeft gedaan, en veel

Europeanen volgen hun voorbeeld. Smaken die voorheen bij exotische importproducten hoorden – de geuren van het paradijs zelf – zijn nu gewoon, alledaags en alomtegenwoordig. Hieraan hebben de Hollanders wellicht meer bijgedragen dan ieder ander. Onder hun koopmansoog werden specerijen een normaal – zo niet tamelijk goedkoop – gebruiksgoed, even gewoon als haring of timmerhout of bier.

EPILOOG

Baltimore en Calicut

De kruidenkamer

Als er in deze tijd een erfgenaam van de Estado da Índia en de Vereenigde Oost-Indische Compagnie is aan te wijzen, dan is dat McCormick & Company. Daarom belde ik de hoofdvestiging in Baltimore, in de hoop een glimp van de dominante specerijenmultinational van vandaag op te kunnen vangen. Gemakkelijker gezegd dan gedaan. Toen ik om een rondleiding door de fabriek verzocht, weigerde het hoofd publiciteit botweg. 'We geven geen rondleidingen,' zei ze bits. Toen ik een afspraak voor een interview wilde maken, hoorde ze me uit over mijn bedoelingen en beloofde me ten slotte terug te bellen. Wat ze niet deed. Ik voelde me als een Nederlandse spion die probeert in te breken in het kantoor van de Portugese onderkoning. Welke duistere geheimen verborgen zich in de catacomben van 's werelds grootste kruidenbedrijf?

Maar ik zette door. Zes maanden en een hoop bureaucratische formaliteiten later reed ik de parkeerplaats van McCormick op. De multinational wordt geleid vanuit een groot, vestingachtig gebouw in een bosrijk bedrijvenpark iets ten noorden van Baltimore. Begin jaren tachtig van de vorige eeuw trok McCormick weg uit het kantoor in de binnenstad, omdat men de afstand tot de productie-eenheden wilde verkleinen en weg wilde uit de destijds vervallen haven. Gelukkig is niet alles van het oude hoofdkwartier verloren gegaan. Achter de receptioniste hangt een van de oorspronkelijke jaren-dertig-muurschil-

Bezoekers aan het hoofdkwartier van McCormick worden begroet door een nostalgisch schilderij waarop de peper wordt geplukt en gedroogd op vrijwel dezelfde manier als ten tijde van de Romeinen.

deringen die uit het centrum zijn gered. Het is een afbeelding waarop Oost- en West-Indiërs zwarte peper en vanille oogsten – nog steeds de twee bestlopende producten van het bedrijf. (McCormick is 's werelds grootste inkoper van vanille.) Tot mijn grote verrassing hoef ik van de receptioniste niet mijn vingerafdrukken te laten nemen, noch een irisscan te ondergaan. Ze is de vriendelijkheid zelve wanneer ze James Lynn, mijn contactpersoon in de organisatie, oppiept. Als Jim mij een hand geeft en me naar binnen leidt, lijken alle geheimen te vervliegen maar de eigenaardigheden niet – we zijn hier per slot van rekening in Baltimore.

McCormick verhuisde niet alleen een aantal van de oude afbeeldingen, maar sloopte uit de oude vestiging ook een volledig nagemaakt Elizabethaans gehucht en propte dat hier tussen de nieuwe kantoren in. Als je in de karakterloze lobby de liftenbatterij bent gepasseerd, sta je plotseling voor een straat van houten huisjes met glas-in-loodramen. (Het dorp werd gebouwd om reclame te maken voor thee, in de jaren dertig een belangrijk McCormick-product.) Aan je linkerzijde staat 'Ye Olde McCormick Tea House': het theehuis waar bezoekers door een dienstmeid in klederdracht thee kregen geserveerd, aan de kade waar ook het oude kantoorgebouw stond. De gasten konden tevens het ernaast gelegen 'Tea Museum' bezoeken om de theetentoonstelling te bezichtigen en wetenswaardigheden op te doen in een manshoog boek getiteld *Ye Story of Tea*. De dienstmeid werd helaas al lang geleden wegbezuinigd, maar Jim laat me niettemin plaatsnemen aan een rustieke eikenhouten tafel en biedt me thee aan. Jim Lynn werkt op de communicatieafdeling, maar heeft zich naast die werkzaamheden tevens verdiept in de geschiedenis van het bedrijf.

Evenals Heinz, Kellogg's, Hershey's en vele andere grote Amerikaanse merken werd McCormick opgericht toen de negentiende eeuw op zijn einde liep. Jim begint zijn verhaal met de stoere en energieke Willoughby M. McCormick, die op een goede dag limonadesiroop ging verkopen vanuit zijn kelder in Baltimore. Hij overleefde de grote brand van Baltimore, de Eerste Wereldoorlog en de Grote Depressie – en breidde ondertussen gestaag zijn assortiment uit met onder meer specerijen, thee, mayonaise en zelfs insecticiden. Daarbij gaf hij rondleidingen in zijn fabriek. (Het is simpelweg een voorzorgsmaatregel dat het bedrijf slechts schoorvoetend bezoekers ontvangt, verzekert Jim me.) De specerijen die McCormick nodig had kocht hij op de goederenmarkt van New York, waarna hij de geïmporteerde specerijen in zijn eigen fabriek verwerkte en verpakte. Tot de Tweede Wereldoorlog was de internationale specerijenhandel nog hoofdzakelijk in Nederlandse en Engelse handen.

Onder de opvolgers van W.M. McCormick kreeg de Amerikaanse onderneming een beursnotering, waarna ze geleidelijk een internationale potpourri van kruidenbedrijven vergaarde, verspreid van Sjanghai tot San Salvador. Investeerders kunnen er alles over lezen in het jaarverslag van het bedrijf, waarin ze ook vernemen dat de winst van McCormick almaar stijgt, wat vooral komt doordat de wereldwijde specerijenconsumptie jaar in jaar uit toeneemt.

Als het hoofdkwartier van McCormick een geheim herbergt, dan is dat ergens op de vierde verdieping. Hier maken de met tapijten beklede gangen van de lagere verdiepingen plaats voor kale instituutscorridors met naamloze deuren aan beide kanten. Jim gaat me voor naar een van deze deuren, steekt een sleutel in het slot en geeft een tik tegen de lichtschakelaar. Wanneer de tl-buizen flikkerend aanspringen, toont de kleine ruimte een duizelingwekkende overvloed van kleuren en woorden. Honderden, duizenden ordelijk gerangschikte pakjes, van losse porties kruidenmix voor kip à la Marokko in felroze piramidetjes tot enorme, professionele kruidenpakketten 'Key West

Style' met turquoise etiketten, staan rij na rij na rij na rij opgesteld. Een schap mayonaise met chilismaak van de Midden-Amerikaanse divisie is weggepropt naast een demonstratierekje voor Stange, de Japanse divisie. ('Proef de magie' is het enige op de verpakking dat ik kan lezen.) Hier, in McCormick's geheime kruidenkamer, bevindt zich een momentopname van de huidige mondiale specerijenhandel en de routes die specerijen over de wereld volgen. Behalve in de Verenigde Staten heeft het bedrijf nu divisies in Australië, België, Canada, Midden-Amerika, China, Finland, Frankrijk, Groot-Brittannië, India, Japan, Mexico, Nederland, Zwitserland en Turkije, waarbij veel van de nationale merken bovendien naar elders geëxporteerd worden. Het bedrijf dat begon met vanillesiroop verkopen aan mineraalwatertaps in Baltimore is inmiddels de belichaming van de globalisering en betrekt zijn vanille voor de Zwitserse en Argentijnse chocoladerepen in Oeganda en Vietnam. Anderzijds was de specerijenhandel altijd al een mondiale aangelegenheid, ook voordat de Castilianen en Portugezen de eerste grote aanzet gaven tot de ontwikkeling van een wereldomspannend handelsnetwerk.

Toch zijn de eetgewoonten overal ter wereld aan het veranderen, en deze veranderingen zouden wel eens groter kunnen zijn dan die welke plaatsvonden na de 'Cabraliaanse uitwisseling', toen de chilipepers en pinda's van de Nieuwe Wereld en de zwarte peper en het suikerriet van de Oude Wereld elkaar kruisten op weg naar nieuwe continenten. Een van de dingen die McCormick's kruidenkamer aanschouwelijk demonstreerde, was dat de mensen niet meer koken. Ze doen dingen bij elkaar. 'Ja, we hebben alle potjes specerijen voor de fijnproever,' verzekert Jim me, 'maar we richten ons voor een groot deel op melanges – kruidenmixen en vleessauzen – want als de mensen thuiskomen gaat het vaak van *flots, flots, flots* [hij maakt het geluid van saus die uit een fles wordt geschud].' Tegenover elk pakje nootmuskaat en paprikapoeder op de schappen staan tientallen kant-en-klaar mixen van meerdere specerijen, voor het maken van rundvlees teriyaki (de Verenigde Staten), chili con carne (Nederland), Marokkaanse tajines (Frankrijk) of kip balti (Engeland). Zelfs in India, waar specerijen altijd in trek zijn gebleven, zie je steeds vaker dat de hedendaagse vrouw een plastic zakje met industrieel vervaardigde masala openscheurt in plaats van vijzel en stamper tevoorschijn te halen. Of je het leuk vindt of niet, de beslissingen over hoe je eten zal smaken worden genomen in bedrijfspanden.

En dat is nog niet alles. Jim Lynn vertelt me dat McCormick zich in toenemende mate op het terrein van de professionele voedselmarkt richt, waardoor het inmiddels de helft van zijn omzet haalt uit producten die nooit in de kast van de consument belanden, of althans niet rechtstreeks. Dat geheime recept waarop een zekere in kip gespecialiseerde zuidelijke fastfoodketen zich beroemt – 'Ze hebben liever niet dat wij ze bij naam noemen,' zegt Jim grijnzend – is een kruidenmix van McCormick; die speciale saus bij de hamburgergigant met de dubbele bogen is in Baltimore bedacht. McCormick levert smaken voor alles, van chips tot bier. De toekomst ligt in industrieel verwerkt voedsel. In McCormick's Technisch Innovatiecentrum worden veel smaken voor zulk voedsel ontworpen. Ook de voedselverwerkende industrie wil zich niet om de receptuur hoeven te bekommeren. 'Een voedselfabrikant wil geen vrachtwagenlading gember; hij wil een vrachtwagenlading kant-en-klare smaakmakers,' laat de pr-medewerker me weten. Daarom, zo zegt hij enkele malen nadrukkelijk, presenteert McCormick zich tegenwoordig als 'handelaar in smaken' in plaats van 'handelaar in specerijen'. Zeker is in elk geval dat McCormick's beslissingen over smaak de specerijenomzet ten goede komen.

Zoals Frans Lavooij, de Nederlandse specerijenhandelaar, me tevreden liet weten, eten de mensen steeds meer specerijen, hoewel ze zich daar zelf niet van bewust zijn. Er bestaat een broodjeaapverhaal over een wetenschappelijk onderzoek waarbij honden een steeds grotere hoeveelheid chilipeper in hun voer kregen. Uiteindelijk vinden ze voer zonder chilipeper dan zo flauw dat ze dat weigeren te eten. Klaarblijkelijk heeft deze hondenproef nooit plaatsgevonden, wat niet wegneemt dat wij een vergelijkbaar experiment ondergaan. We eten met zijn alleen steeds meer kant-en-klare producten, waarin de hoeveelheid specerijen almaar toeneemt.

Als het de Nederlanders was gelukt niet alleen het aanbod te controleren maar tevens de vraag te sturen, was het er misschien nooit van gekomen dat de Europeanen en hun kolonisten in de Nieuwe

Wereld hun specerijenverslaving tijdelijk onderbraken. Maar een mate van verticale integratie zoals McCormick die heeft gerealiseerd was in het zeventiende-eeuwse Amsterdam ondenkbaar. De Heren Zeventien konden slechts handenwringend toezien hoe de exotische aromatica uit de mode raakten en het specerijengebruik per hoofd van de bevolking in de achttiende eeuw daalde. De vraag naar peper, die volgens berekeningen van de VOC in 1688 een kleine drieënhalf miljoen kilo bedroeg, bleef min of meer op dat cijfer hangen tot aan de vooravond van de Franse Revolutie, ondanks de toename van de Europese bevolking. Pas aan het eind van de negentiende eeuw, toen de levensstandaard verbeterde, nam de algehele vraag naar specerijen eindelijk weer toe. Vrijwel iedereen kon zich nu kruidnagel en kaneel veroorloven. Maar het ging om een snufje hier en een korreltje daar. Victorianen huiverden ontzet doch gefascineerd bij de voormalige specerijenorgieën.

In het westen is deze abstinerende attitude pas de afgelopen vijftig jaar aan het veranderen. Tussen 1961 en 1994 steeg de hoeveelheid in de Verenigde Staten geïmporteerde specerijen met 400 procent, waarna deze de daaropvolgende tien jaar nog eens verdubbelde. De gemiddelde moderne Amerikaan eet meer peper dan de middeleeuwse aristocraat, nog afgezien van alle andere kruiden die ooit op de Rialto en de Nieuwmarkt verhandeld werden. De ranglijst wordt echter niet langer door Piper nigrum aangevoerd. Gedroogde chilipepers hebben de bessen uit Malabar reeds lang geleden ingehaald als Amerika's favoriete specerij.

Dat de Amerikaanse smaakvoorkeuren inzake specerijen veranderen heeft vergelijkbare redenen als in Nederland – of elders in de ontwikkelde wereld trouwens. Immigranten brengen hun voorkeur voor chilipeper en gember uit Latijns-Amerika en Azië mee, terwijl er tegelijkertijd reizigers (onder wie beroepskoks) van overzee terugkeren met trek in de complexe smaken die ze hebben uitgeprobeerd. Toch springen bedrijven zoals McCormick niet alleen op zulke trends in; ze creëren die ook, of buigen ze om als dat in hun kraam te pas komt. Zo worden buitenlandse smaken die mogelijk te sterk zijn, aangepast voor de binnenlandse markt. (Je kunt er zeker van zijn dat McCormick's specerijenmengsel voor 'Balti-curry' bij iemand in Baltistan niet de vlammen uit doet slaan.) Maar dat kun je Baltimore eigenlijk niet verwijten. Als de kruidenmixen hun oorspronkelijke, 'authentieke' concentratie behielden, zouden ze nooit een breed publiek bereiken. Wat niet wegneemt dat de mensen steeds pikanter en scherper gaan eten zonder dat ze het echt in de gaten hebben, net als de apocriefe honden.

Een mondiaal bedrijf zoals McCormick past ook de strategie toe om trends die in de ene markt opkomen in een andere te introduceren. Toen verpakkingen voor eenmalig gebruik (pakjes met een paar gram kruiden en feitelijk hetzelfde gebruiksdoel als de kleine puntzakjes peper die in het oude Amsterdam werden verkocht) populair werden in Groot-Brittannië, volgden er vergelijkbare verpakkingen in de Verenigde Staten en Frankrijk.

Globalisering heeft niet alleen invloed gehad op hoe mensen overal ter wereld eten; ook wat boeren verbouwen en waar ze dat verbouwen is erdoor veranderd. Tot op zekere hoogte gold dat al toen Malabar-peper in de vroege middeleeuwen van India naar Indonesië reisde, en gember door de Portugezen naar de Caraïben werd gebracht. Nu komen specerijen echter van allerlei onwaarschijnlijke plaatsen vandaan. Guatemala is 's werelds grootste kardemomexporteur, al weten de mensen daar nauwelijks wat ze met het spul aan moeten – vrijwel alles wordt naar het Midden-Oosten geëxporteerd. Het merendeel van de vanille in de wereld – een orchidee van Mexicaanse origine – is afkomstig van Madagaskar en Indonesië, maar daarnaast zijn er andere, relatief nieuwe producenten. Tegenwoordig haalt McCormick een flink deel van zijn vanille uit Oeganda. Vanwege de immer stijgende vraag stimuleert nu zelfs de Indiase Raad voor Specerijen pepertelers in Malabar om de lange slanke peulen te gaan verbouwen. Nieuw op het toneel is Vietnam, dat in vroeger tijden zwarte peper uit Malabar importeerde maar nu 's werelds voornaamste peperproducent is en alle andere met bodemprijzen wegconcurreert. (Daarna komen Indonesië en Brazilië; India is op grote afstand vierde.) Zoals Amerikaanse textielarbeiders jammeren over de goederenstroom uit Zuid-Azië, zo maken Indiase boeren zich vandaag de dag zorgen over goedkope peperimporten uit Indochina. Zelfs in India dringt het tot de mensen door dat de specerijenhandel aan het veranderen is, en wellicht meer dan elders treffen zij de voorbereidingen voor een karmische wedergeboorte.

Wapens en medicinale voedingssupplementen

De eerste aanwijzing dat specerijen in India bijzonder serieus worden genomen, kreeg ik toen ik op de binnenlandse vlucht naar Calicut stapte. Op een bord bij de passagierscontrole las ik de waarschuwing: 'Passagiers wordt verzocht geen tafelzuur, chilipoeder, massalapoeders...' – plus het gebruikelijke arsenaal aan aanstekers, scherpe voorwerpen en nagelschaartjes – '... in de handbagage mee te nemen.' ('Tafelzuur' verwijst in dit geval naar ingemaakte producten met veel specerijen, zoals mangochutney.) In India verrichten wetenschappers onderzoek naar de toepassing van specerijen als wapen, conserveringsmiddel, kleurstof, geneesmiddel en nutraceuticals (medicinaal voedingssupplement). Natuurlijk spannen ze zich ook in om de voor specerijen verbouwde plantenrassen te veredelen, ter verbetering van de smaak en houdbaarheid.

In verband met deze aanhoudende research is de Indiase regering bijzonder alert op 'biopiraterij', zoals ik ondervond toen ik toestemming probeerde te krijgen om het belangrijkste onderzoeksinstituut in de specerijenstaat Kerala te bezoeken. Gelukkig had mijn ervaring bij McCormick me gestaald. Zodoende arriveerde ik na een halfjaar corresponderen op het vliegveld van Calicut, een reeks brieven in de hand geklemd, die stuk voor stuk naar behoren waren gestempeld, gedateerd, genummerd en ondertekend door de staatssecretaris der Indiase Regering, Ministerie van Landbouw, Departement van Landbouwkundig Onderzoek en Onderwijs. Een grote witte taxi, gestuurd door het Indian Institute of Spices Research (IISR), stond me buiten op te wachten.

Het instituut bevindt zich in de periferie van Calicut, slechts een klein stukje landinwaarts van de plek waar Da Gama's mannen voor het eerst aan land gingen. Onderweg erheen moet je de gebruikelijke, aan zelfmoord grenzende Indiase autorit verduren en continu uitwijken voor motorfietsen, riksja's, onachtzame voetgangers, zwerfhonden en voortrazende bussen die zich niet zozeer aan weerszijden als wel over de witte middenstreep verplaatsen. Je ziet de instituutsbebouwing al in de verte liggen, als een kasteel op een heuveltop. Bij de ingang duurt het even voordat ik erdoor mag van de bewaker, die kennelijk in verwarring is gebracht door het feit dat een buitenlander toegang tot het heilige der heiligen heeft verkregen. Vervolgens kronkelt de weg, die aan weerszijden is ingeklemd door muren met prikkeldraadwindingen erop, verder over de heuvel omhoog. Op het hoogste punt word ik afgezet voor de vlekkeloze gebouwen, omgeven door nauwgezet onderhouden perken. Ik word zonder enige plichtplegingen het fonkelnieuwe bezoekerscentrum in gedirigeerd, vermoedelijk opdat ik niet in de verleiding kom om iets te doen of te bekijken wat niet strikt is toegestaan.

Het bezoekerscentrum is een aan specerijen gewijde tempel. De plaatselijke boeren die worden toegelaten, komen hier om naar foto's te kijken, instructieve folders in ontvangst te nemen en advies te krijgen. De tempelwachters, dat wil zeggen wetenschappers op sandalen, verzamelen zich nu om me heen om me de hand te schudden en me een kop chai, een schaal koekjes en een bakje cashewnoten aan te bieden. Ze zijn verbijsterd door mijn aanwezigheid, maar tevens geïntrigeerd. Net als de bewaker kunnen ze er niet helemaal bij dat ik achter de toverspreuk ben gekomen die de poort van hun ivoren toren opent. Ik ben blijkbaar de eerste niet-Indiër die deze eer te beurt valt.

Het toegestroomde gezelschap vertegenwoordigt het volledige spectrum van het IISR-onderzoeksprogramma. Er is de terughoudende biochemica in haar smaragdgroene sari – nog steeds nerveus door mijn aanwezigheid. De onberaden en briljante botanicus doorkruist de ruimte als een gekooide panter. Ik word voorgesteld aan de statige botanisch econoom, de enthousiaste veldbioloog en de zwijgzame jonge chemicus. Langzaam maar zeker ontdooien ze wanneer ze beseffen dat ik hier niet ben om hun biologische schatkist te plunderen. Ze laten hun afwerende houding varen en dan steekt de een na de ander enthousiast van wal: de biochemicus bedelft me onder statistieken die de voordelen van biologische landbouw moeten aantonen, de briljante botanicus oreert over de roofbouw op de aardse natuur, de veldbioloog betoogt met klem dat onze beschaving minder verspilling te zien zou geven als we in navolging van de swami's van louter water en zonlicht zouden leven. Dan worden er groene kokosnoten opgediend terwijl wij ons om het touchscreen scharen, waarop een gelikt interactief promotiefilmpje de successen van het instituut breed uitmeet.

De werkzaamheden hier zijn die van iedere landbouwkundige onderzoeksfaciliteit. Ze bestuderen wortelrot, verkennen methoden voor opbrengstverhoging en kweken varianten van betere kwaliteit. De biochemicus houdt een uitermate technisch betoog over de verbindingen die peper zijn unieke smaak geven. (Voor een biochemicus zijn alle tongstrelende sensaties te herleiden tot componenten en formules.) Een olie genaamd piperine maakt peper scherp, terwijl andere sporenoliën (oliën die in zeer geringe concentratie aanwezig zijn) voor het aroma zorgen. Als het gehalte van de ene hoog is, daalt doorgaans dat van de andere, wat betekent dat de scherpere pepers vaak iets minder smaak hebben. De IISR beheert een zadenbank voor peper, kurkuma en kardemom plus een aantal andere specerijen, en veldwerkers zijn continu op zoek naar nieuwe wilde variëteiten om aan de verzameling toe te voegen. De botanicus met de wilde haardos van een goeroe vertelt me dat ze hier meer dan 200 varianten van peper hebben, maar vervolgens schudt hij zijn olijke hoofd en zegt met een lichte glimlach: 'Maar de Brazilianen beweren er bijna 180 te hebben.' Het blijkt maar weer dat een geheim lastig te bewaren is. Anderzijds was zelfs de Nederlandse politiek van systematische moord niet toereikend om het VOC-monopolie op specerijen te handhaven.

Het blijkt dat de wetenschappers zich evenzeer storen aan de paranoia van overheidszijde als ik heb gedaan. Zoals alle onderzoekers willen zij hun bevindingen graag delen, maar zij mogen geen voordrachten houden op internationale conferenties. Hun belangstelling lijkt op dit moment het meest uit te gaan naar duurzame landbouw.

'In een natuurlijk en onverstoord systeem, in het oerbos,' komt de onstuitbare veldbioloog tussenbeide, 'komen peperplanten voor die meer dan honderd jaar oud zijn. Maar wanneer je het natuurlijke systeem verstoort door de grond te bewerken en mest toe te voegen, degenereert het leven. Onder gecultiveerde omstandigheden heeft de plant een productief leven van [slechts] zeven tot vijftien jaar.'

'Ziekten vormen een groter probleem dan een generatie geleden,' zegt de briljante botanicus, de anderen het zwijgen opleggend om met zijn uitleg te kunnen vervolgen. 'Niemand heeft de oorzaken afdoende onderzocht. Het zou kunnen liggen aan de klimaatverandering, de introductie van exogene stoffen, of enige andere factor. Eén ding is zeker: zodra de mensen kunstmest gaan gebruiken, heeft dat een funeste invloed op de aanwezige micro-organismen – die in vroeger tijden op alle plantages voor de vruchtbaarheid zorgden. Wanneer je dus weer op natuurlijke bemesting overschakelt, reageert de bodem daar heel goed op, niet alleen in het geval van zwarte peper maar bij alle gewassen.'

Biologische landbouw is natuurlijk niet alleen populair bij de wetenschappers; consumenten in de ontwikkelde wereld vragen er ook om. Zelfs McCormick heeft nu een biologische productenlijn. Als ik echter met de mensen in het midden van de keten praat – de boeren en de exporteurs – ontmoet ik weerstand. Toch zien ook enkelen van hen toekomst in de biologische teelt van specerijen, zoals hun beroepsgroep dat eeuwenlang heeft gedaan.

Het verleden kan wellicht ook in andere opzichten een recept voor de toekomst leveren. Medische onderzoekers in India en elders maken namelijk studie van de eigenschappen die specerijen hun krachtige werking verlenen in de ayurvedische geneeskunde. Evenals het oude galenische systeem berust de traditionele Indiase ayurveda-gezondheidsleer op een stelsel van lichaamssappen dat op natuurlijke wijze beïnvloed wordt door wat je eet. Voor ayurveda-behandelaars zijn specerijen evenzeer geneesmiddelen als smaakstoffen. De wetenschappers aan het IISR schakelen na hun verhandelingen over spectrumanalyse en genetische manipulatie enthousiast over op een gedachtewisseling over traditionele geneeskundige behandelingen. De briljante botanicus blijkt een ware informatiebron over de lokale medische toepassingen van specerijen.

'Nootmuskaat is hier een natuurlijk middel tegen slapeloosheid.' Hij houdt zijn monoloog in staccato uitgesproken zinnen, zonder te pauzeren. 'Je hebt er maar heel weinig van nodig. We wrijven baby's er een beetje van op de lippen, niet meer dan een paar korreltjes, om ze beter te laten slapen.' Van myristicine, het actieve ingrediënt in nootmuskaat, is aangetoond dat het enige uitwerking heeft tegen kanker en leverziekte, althans bij dieren. De hallucinogene effecten ervan blijven echter een netelig probleem. 'De hippies, je weet wel, in vroeger tijden, die hadden de gewoonte een glas drank te nemen waarin nootmuskaat was opgelost.' De botanicus gnuift aan het eind van zijn verhaal. 'Probeer het maar niet. Het is giftig!'

'In de ayurvedische geneeskunde wordt ook peper gebruikt,' vervolgt de specerijengoeroe. 'In peper zitten enzymen met antibiotische eigenschappen.' Wetenschappers hebben zich echter vooral beziggehouden met de uitwerking die piperine als 'effectvermeerderaar' heeft. Peper wordt vaak aan ayurvedische preparaten toegevoegd om de werking ervan te versterken. Het lijkt datzelfde te doen bij meer reguliere medicijnen. In één studie bleken onderzoekers de dosis van een tuberculosemiddel met de helft te kunnen verminderen zonder verlies van werkzaamheid; in een andere studie leek een chemokuur bij longkanker beter te werken wanneer tevens piperine werd ingenomen. Een Amerikaan heeft zelfs patent genomen op Bioperine, een piperine-extract, als 'biodisponibiliteitsverhoger'.

'Alle specerijen hebben geneeskracht,' voegt een ander aan het koor van instemming toe. Gember en kardemom zouden helpen tegen misselijkheid. De capsaïcine uit chilipepers wordt op grote schaal toegepast in zalven tegen artritis. Galanga schijnt kankercellen te doden en de gezonde niet aan te tasten, althans in het laboratorium. In een onderzoek door de Amerikaanse Landbouwkundige Dienst bleek nog geen halve theelepel kaneel per dag de bloedsuikerspiegel te verlagen van zestig proefpersonen in Pakistan met type 2 diabetes. Zelfs hun LDL-cholesterol (de slechte vorm) daalde.

Tegenwoordig geldt kurkuma, ook wel geelwortel of koenjit genoemd, echter als het medische wonderkind in de specerijenfamilie. Curcumine, de actieve stof in kurkuma, is een krachtige antioxidant waarnaar medisch onderzoek wordt verricht aan vooraanstaande universiteiten over de hele wereld. De specerij beschermt mogelijk tegen leukemie, er is waargenomen dat ze de groei van kankercellen in de longen van muizen met borstkanker remt, ze schijnt het ontstaan van staar bij diabetici te voorkomen, ze brengt melanoomcellen ertoe zichzelf te vernietigen en is mogelijk bruikbaar om malaria te bestrijden, cystische fibrose te behandelen, Alzheimer tegen te gaan en chronische vermoeidheid na chemokuur te verminderen. 'Een door de natuur geschonken antioxidant,' merkt de botanisch econoom grinnikend op. En het is ook nog eens een prachtige 'natuurlijke' kleurstof.

En hoe zit het met specerijen als wapen? Capsaïcine wordt op grote schaal toegepast in pepper sprays zoals Mace, die worden gebruikt als zelfverdedigingsmiddel en als politiewapen voor ordehandhaving. In de Verenigde Staten is een zeer krachtige spray verkrijgbaar als afweer tegen beren, en in Afrika smeert men een mengsel van vet en capsaïcine op omheiningen om olifanten op afstand te houden. Wetenschappers op het Indiase defensielaboratorium hebben bekendgemaakt dat de Tezpur de scherpste chilipeper van het subcontinent is, waarbij het kennelijk nog topgeheim is wat ze ermee gaan doen. (De Tezpur is ongeveer tweehonderd keer zo scherp als jalapeño.) Laten we het erop houden dat deze pepersoort maar beter overal in de handbagage verboden kan worden.

De wetenschappers aan het Indian Institute of Spices Research houden zich met alledaagsere toepassingen bezig. Aan het eind van ons aangenaam informatieve gesprek wens ik hen veel succes in hun strijd tegen wortelrot en hun zoektocht naar de smakelijkste peper, kurkuma en gember. Ik betaal de tien dollar waarom het ministerie van Landbouw had verzocht voor mijn bezoek aan de specerijentempel en stap in de wachtende taxi. Als de auto de hoofdweg naar Calicut op draait, zwaai ik ten afscheid naar de bewaker bij de toegangspoort.

Het was een lange reis geweest van St. Albans naar de peperkust van Malabar, door een wereld van smaken en door eeuwen van prikkelende geuren. Ik herinnerde me Luca's uitspraak – hoeveel flessen prosecco hadden we toen al gedronken? – dat de wereld verandert maar de mensen niet. Specerijen waren in 1500 om ongeveer dezelfde reden modieus als nu. Opnieuw hopen de mensen via specerijen een levenselixer of een enkeltje paradijs te krijgen. De vooruitzichten lijken goed voor de mensen die specerijen bestuderen en voor degenen die ons voorzien van nieuwe manieren om ze te consumeren. En zoals dat al minstens tweeduizend jaar gebeurt, zullen de mensen in het midden van de keten hun deel nemen door de boeren zo weinig mogelijk te betalen en ons de gepeperde rekening te presenteren. Toen ik uit het raampje van de voortsnellende taxi keek naar de peperbossen die achter met mobiele-telefoonadvertenties beschilderde hekken voorbijflitsten, drong het tot mij door dat we, net als die Venetianen, Lisboetas en Amsterdammers uit een ver verleden, in een nieuwe bloeitijd van specerijen leven.

Recepten

Venetië

Anatra speziata
Luca's recept voor gekruide eend

De laatste keer dat Luca Colferai me deze eend opdiende, zaten we op zijn boot midden in de lagune te dobberen terwijl boven ons een schitterend vuurwerk losbarstte. Zo lekker zal dit gerecht waarschijnlijk nooit meer smaken, maar het is me gelukt thuis een redelijke eigen versie te bereiden. Een bijkomend voordeel is dat je geen vallende as van je bord hoeft te vegen. De baktijd voor de eend en de hoeveelheid specerijen die je toevoegt, hangen af van de grootte van het dier. Luca's recept is geschikt voor een kleine eend van twee kilogram. Voor een eend van drie kilo moet je de hoeveelheden ongeveer met $1^{1}/_{2}$ vermenigvuldigen. Uit dit gerecht kun je ongeveer vier porties halen. Ik heb Luca's eigen bewoordingen gehandhaafd en zelf een paar opmerkingen tussengevoegd. Hij schrijft:

Bij mijn recept vul je de eend met een mengsel van kruiden waardoor de glorieuze smaak van de vogel fantastisch tot zijn recht komt. Nadat je het arme beest hebt onthoofd en van zijn ingewanden ontdaan en daarna hebt geplukt en afgeschroeid, vul je hem met het volgende, in deze volgorde: een handjevol grof zout, twee à drie teentjes knoflook, drie à vier kruidnagels, een kaneelstokje van drie centimeter, wat peperkorrels, een takje rozemarijn, twee laurierbladeren en tot slot een royale snuf grof zout. (Over het algemeen zou ik steranijs vermijden, al kun je het misschien toch eens proberen – maar dan op z'n hoogst één stuk).

Ik vind het zelf verrukkelijk met de anijs, en zou het er zeker bij doen!

Bestrijk een braadslee met een weinig olie, en doe ook een beetje op de eend, die van zichzelf al vet genoeg heeft. Zet het geheel in een warme maar niet schroeihete oven (ongeveer 220°C) en laat een uur bakken, of langer als het een grote eend is. Reken ongeveer 1¼ uur voor een eend van 2 kg en 1¾ uur voor een eend van 3 kg. *De eend kan meteen worden gegeten maar je kunt hem ook prima in stukken snijden en in het bakvocht acht of negen uur of zelfs tot de volgende dag bewaren.*

Een andere tip: zet de eend met de borst omhoog in de oven tot de bovenkant bruin is, draai hem dan op zijn kant en later op de andere kant. Haal hem uit de oven voordat hij helemaal gaar is en dek hem af. Op die manier gaart hij vanzelf bij en is hij malser.

De eend wordt doorgaans geserveerd met salsa peverada. Deze saus wordt gemaakt van kippen- en eendenlever, ansjovis, citroenschil en een beetje peper. Sommigen gebruiken peperoncino (gedroogde chilipeper) maar het recept is beslist van vroeger datum dan Christoffel Columbus' reizen: de saus is klassiek, donker, zoet, vettig, pikant, smaakvol en krachtig, en ooit barstte hij beslist van de peper.

De hoeveelheden zijn ruwweg de volgende: je hebt zo'n 50 gram eenden- of kippenlever nodig, ongeveer dezelfde hoeveelheid *soppressata*, een paar gezouten ansjovisfilets, een teentje knoflook en de schil van één citroen. Hak alles heel fijn en verwarm het in ongeveer 1,5 dl olijfolie op laag vuur tot het zachtjes pruttelt. Voeg zo'n twee theelepels gemalen witte peper en een paar eetlepels wijnazijn toe en laat ongeveer tien minuten heel licht koken. Gooi er ten slotte een royale eetlepel gehakte peterselie bij en zo nodig nog wat azijn en zout. De saus kan warm opgediend worden maar je kunt hem ook op kamertemperatuur serveren.

Lissabon

Morcelas de Arouca

Zoete worstjes uit Arouca

Dit recept is afkomstig van de Portugese culinair historicus José Marques da Cruz. Hij heeft me verzekerd dat dit typische renaissancegerecht nog steeds te proeven is in afgelegen cafés in de omgeving van het kloosterdorp Arouca, dat eenzaam in het achterland van Porto tussen de rotskloven ligt. Meer in het algemeen zijn *morcelas* pikante varkensworstjes.

Om deze zoete *morcelas* te maken heb je een paar meter natuurlijk varkensworstvel nodig, dat je in koud water goed wast. Neem dan een half pond mager varkensvlees, bij voorkeur hamlap, en laat dat met ongeveer een halve kop water en een kruidnagel in een kleine steelpan met deksel sudderen tot het vlees zacht is. Reken ongeveer 1,5 uur. Laat afkoelen en zet het kookvocht koud weg. Pureer dan het vlees in een keukenmachine.

Doe vervolgens 650 gram suiker in 3 dl water, breng dit aan de kook en roer tot je een matig dikke siroop hebt. Met ongeveer 5 minuten licht koken moet je de juiste consistentie krijgen. Voeg nu het gepureerde varkensvlees toe, 150 gram grof gehakte amandelen, 150 gram broodkruim van witbrood en nog eens 350 gram suiker. Blijf op matig vuur roeren tot de massa de consistentie van dikke havermoutpap heeft. Als je een lepel van het warme mengsel op een bord omkeert, mag het niet inzakken. Neem van het vuur en roer er 200 gram reuzel, een theelepel kaneel en een paar gemalen kruidnagels doorheen. Laat het mengsel afkoelen tot je het net met de hand kunt beroeren – niet langer.

De laatste stap is het vullen van de worstjes. Voor dit karweitje bestaan hulpstukken die je bij veel mixers los kunt kopen. De andere mogelijkheid is het mengsel in een slagroomspuit met een grote mond zonder kartels te doen en daarmee de worstvellen vullen. Dat gaat het gemakkelijkst als je het worstvel in stukken van ongeveer 30 centimeter knipt. Knoop één kant dicht, vul ongeveer 20 centimeter met de vulling, knoop de andere kant dicht en draai de worst dan in het midden zodat je twee worstjes van 10 centimeter krijgt. Met dit recept moet je in totaal zo'n twaalf worstjes kunnen maken. Zodra je de worstjes gevuld hebt, blancheer je ze ongeveer een minuut in kokend water. Hang ze ten slotte drie tot vier dagen te drogen.

Bereid de worstjes door ze in boter of reuzel op heel licht vuur bruin te bakken. Per persoon is één worstje vermoedelijk ruim voldoende. Je kunt de *morcelas* vanzelfsprekend serveren met een sterke kop espresso, hoewel ik de voorkeur geef aan een glas *aguardiente*, Portugals antwoord op grappa.

Amsterdam

Gevulde speculaas

Dit recept heb ik, in iets aangepaste vorm, overgenomen van de Nederlandse culinair historica Christianne Muusers. Het is vermoedelijk een tikje minder zoet dan de standaardversie die je in de winkel koopt. Van Christianne moet je een beetje rozenwater bij de amandelspijs doen, wat nóg een aroma aan deze al zo kruidige traktatie toevoegt. Je vindt haar recept op haar website: www.coquinaria.nl. Hoewel vrijwel iedereen in Nederland naar een zakje kant-en-klare speculaaskruiden zal grijpen, loont het de moeite de kruiden zelf te malen. Daarvan is de smaak veel intenser. Ik gebruik in het deeg graag muscovado, een biologische bruine suiker, al zal iedere andere bruine suiker beslist ook voldoen. Met dit recept maak je ongeveer vijftig stukken speculaas.

Voor het deeg zeef je 500 gram witte bloem, 300 gram bruine suiker, 50 gram speculaaskruiden (zie onder) en van elk een theelepel zout, bakpoeder en maagzout. Meng alles goed door elkaar. Voeg dan 300 gram in stukjes gesneden boter toe, en verklein deze met behulp van je vingers of twee messen tot ze de grootte van havervlokken hebben. Meng daar 200 gram geschaafde amandelen en de geraspte schil van twee citroenen doorheen, en vervolgens twee eieren die je hebt losgeklopt met vier eetlepels room. Kneed dit mengsel zachtjes met de hand tot je een tamelijk droog deeg hebt verkregen. Als het te brokkelig is, voeg je nog een paar eetlepels room toe. Dek af en laat een nacht in de koelkast rusten.

Voor de vulling heb je 600 gram amandelspijs nodig. Het werkt heel handig als je de amandelspijs in een keukenmachine doet en de extra ingrediënten daar dan geleidelijk doorheen mengt. Voeg eerst een heel ei toe en dan een eiwit en ten slotte een beetje rozenwater. Voeg dat eetlepel voor eetlepel toe tot de massa smeuïg maar niet nat is. Twee eetlepels is bij mij meestal voldoende, maar het hangt af van de amandelspijs. Laat deze eveneens voor gebruik in de koelkast rusten.

Om de speculaas te bakken verwarm je de oven voor op 175 °C. Neem de helft van het deeg en rol dat uit tot een lap van ongeveer een halve centimeter dik. Bekleed hiermee een beboterde bakplaat. Wees bij het uitrollen van het deeg kwistig met de bloem en maak je geen zorgen als de lap scheurt bij het overbrengen naar de bakplaat. Je zult er hoogstwaarschijnlijk toch stukken af moeten snijden of aan moeten plakken om een gelijkmatige rechthoek te verkrijgen. Spreid de amandelmassa uit over het deeg en laat daarbij een rand van ongeveer een centimeter vrij. Rol de rest van het deeg uit, drapeer het over de vulling en druk de randen goed aan. Bestrijk het oppervlak vervolgens royaal met ei en maak ten slotte met een mes een ruitjespatroon in het deeg. Je kunt de bovenkant ook versieren met hele geblancheerde amandelen. Bak gedurende 20 tot 30 minuten in de voorverwarmde oven tot de koek stevig aanvoelt en goudbruin is. Snij hem voordat hij helemaal is afgekoeld is stukken. Ik snij hem gewoonlijk in vierkanten of ruitvormen van ongeveer zes centimeter.

Voor de speculaasmix doe je 32 gram kaneel, 8 gram nootmuskaat, 8 gram kruidnagels, 4 gram witte peper, 4 gram gember en 4 gram kardemomzaden bij elkaar. Als de specerijen vers gemalen zijn, smaken ze oneindig veel lekkerder. Wanneer je geen keukenweegschaal hebt, kom je een heel eind door de specerijen met eet- en theelepels af te meten, al is dat niet helemaal nauwkeurig: je hebt dan 4 eetlepels kaneel, 1 eetlepel nootmuskaat en 1 eetlepel kruidnagels, en telkens 1½ theelepel witte peper, gember en kardemomzaden nodig.

Noten

1 Venetië

1 Volgens sommigen waren de enorme hoeveelheden bier die in Noord-Europa werden genuttigd een gevolg van dit zeer zoute voedingspatroon. Eén studie laat bijvoorbeeld zien dat ongeveer een kwart van de vracht die zowel in 1368 als in 1559 van de Duitse haven Lübeck naar Stockholm werd verscheept uit zout bestond. Nog eens 19 procent van de lading betrof hop, een belangrijk ingrediënt van bier.

2 Omstreeks 1350 bevond alle zout dat over de Adriatische Zee ging zich in een Venetiaans schip onderweg van of naar de stad. Nog in 1578 vernietigde de marine van de Republiek de zoutinstallaties bij Triëst. Op dat tijdstip maakten de Venetianen 80 procent winst op het zout dat op het Italiaanse vasteland werd verkocht.

3 Venetiaanse vrouwen behielden, als vrijwel de enige in Europa, juridische zeggenschap over hun vaak aanzienlijke bruidsschat. Bovendien was het voor vrouwen niet ongebruikelijk om forse bedragen te investeren in de overzeese handel in specerijen, zijde en andere koopwaar.

4 Als we de cijfers van de doge aanhouden, komt dat in huidige geldwaarde overeen met respectievelijk omstreeks tien miljard dollar en vier miljard dollar. Daar komt bij dat de nettowinst van 40 procent door moderne historici is bevestigd. Zelfs als de cijfers enigszins zijn opgeblazen, geven ze een indruk van de hoeveelheid geld die in de specerijenhandel omging.

5 Archeologen hebben een relatief grote hoeveelheid glazen flessen uit deze periode in Libanon gevonden, met name in de omgeving van de door Venetianen gedomineerde stad Tyrus. Glaswerk was destijds kennelijk een Joodse specialiteit. De technieken die de Venetianen hier leerden, zouden later de basis vormen voor de beroemde glasindustrie van Murano. Omstreeks de vijftiende eeuw konden de Venetianen de rollen omdraaien en glas naar het

Nabije Oosten exporteren. Ze maakten hun reputatie van vindingrijke zakenlieden zonder scrupules waar door moskeelampen te vervaardigen, versierd met zowel westerse bloemmotieven als vrome koranteksten, en die aan de heidenen te verkopen.

6 Volgens sommige schattingen kon het Moorse Palermo in 1050 bogen op 350.000 inwoners en Córdoba op maar liefst 450.000. Andere schattingen brengen deze getallen tot een derde terug. Niettemin had Venetië op dat moment hoogstens 45.000 inwoners, waarmee het de grootste christelijke stad ten westen van Constantinopel was.

7 Om een idee te geven van hoeveel geld dat was: een galeikapitein verdiende destijds ongeveer 33 lire (ruwweg gelijk aan de mark) per maand. Dat betekent dat alleen het contante deel van de overeenkomst in huidige valuta ten minste gelijkstaat aan 8,5 miljoen dollar.

8 Toen paus Johannes-Paulus II in 2004 in Istanbul aankwam, had hij de overblijfselen bij zich van de heilige Johannes Chrysostomus en de heilige Gregorius van Nazianzus, behorend tot de relikwieën die in 1204 waren geroofd. De beenderen gingen vergezeld van een verontschuldiging voor zogeheten 'zonden van de daad en zonden door nalatigheid' bedreven door rooms-katholieken tegen orthodoxe christenen, waaronder in dit geval de plundering van Constantinopel valt. Tot op heden hebben de Venetianen zijn voorbeeld niet gevolgd.

9 Naast *colombino* was er *beledi*, of 'witte' gember, die zowel uit Malabar als uit het binnenland kon komen. *Deli* en *micchino* waren soorten van mindere kwaliteit, de eerste kleiner en minder wit dan de andere variëteiten, de tweede vaak rood gekleurd door de toegevoegde klei ter verhoging van de houdbaarheid. Ook gember in siroop had zijn afnemers.

10 In een later tijdperk verbrandde de Nederlandse Oost-Indische Compagnie periodiek haar twintig jaar oude voorraad specerijen omdat ze onverkoopbaar werden geacht. Volgt daaruit dat ze soms vijftien jaar oude nootmuskaat en kruidnagel verkochten?

11 Als je verder leest, blijkt dat de specerijen waren afgemeten voor zes kapoenen, wat overeenkomt met bijna 14 kilo vlees. Met andere woorden: nauwelijks 10 gram specerijen (ongeveer 3 theelepels) voor elke kilo vlees. Veel andere recepten in de bundel kennen eenzelfde verhouding tussen specerijen en vlees.

12 Een ander vaak aangehaald cijfer is dat de hertog van Buckingham er in één enkel jaar (1452-1453) bijna een halve ton specerijen doorheen joeg, maar bij nadere inspectie van de kasboeken blijkt dat eerder te gaan om een kleine 400 pond specerijen (peper en gember maken daar meer dan driekwart van uit) voor een huishouden dat in datzelfde jaar zo'n 1500 schapen, 250 runderen, 80 varkens en minstens 5000 vissen verorberde. Daar komt bij dat specerijen destijds gewoonlijk verkocht werden in 'lichte ponden' van ongeveer

twaalf ounces [de Engelse *ounce* is 28,3 gram – vert.]. Al met al werd er dus vermoedelijk een karig pondje specerijen per dag, voornamelijk bestaande uit peper en gember, geconsumeerd door tussen de honderd en tweehonderd mensen.

13 Vóór 1400 zijn de data te fragmentarisch om een compleet beeld te kunnen schetsen. De prijzen van op z'n minst enkele specerijen lijken in de daaropvolgende eeuwen te dalen, wat op een verhoogde aanvoer kan duiden. Vermoedelijk waren specerijen dus ten tijde van de kruistochten exclusiever dan tweehonderd jaar later. Sporadisch cijfermateriaal lijkt uit te wijzen dat dit in elk geval voor het afgelegen Engeland gold, maar het is zeer twijfelachtig of Engelse gegevens mogen worden geëxtrapoleerd naar het continent.

14 Natuurlijk heeft dit type analyse ook zijn beperkingen. Was de verhouding tussen de prijs van peper en de prijs van gevogelte en eieren ongeveer dezelfde als nu, rood vlees was doorgaans goedkoper. Bernardo Morosini kon een kleine anderhalf pond rundvlees kopen voor 25 gram peper, terwijl je daar in de rest van Europa een hoeveelheid tussen 1 en 5 pond voor kon krijgen, afhankelijk van tijd en plaats. Ook waren streekproducten dichter bij huis goedkoper. Olijfolie bijvoorbeeld was in Venetië redelijk betaalbaar (ruim een halve liter voor 25 gram peper) maar betrekkelijk duur in Noord-Europa, waar de waarde van een liter olie kon oplopen van 1 tot zelfs 3 ons van de Aziatische specerij!

15 Een Vlaamse reiziger heeft de komst van de pest in Genua vastgelegd: 'In januari 1348 legden drie galeischepen in Genua aan. Ze waren voortgedreven door een woeste oostenwind, besmet met een gruwelijke ziekte en bevracht met een verscheidenheid aan specerijen en andere waardevolle goederen. Toen de inwoners van Genua dit vernamen, en zagen hoe plotseling en ongeneeslijk ze andere mensen besmetten, werden ze uit de haven verjaagd met brandende pijlen en allerlei oorlogstuig; want niemand durfde hen aan te raken; ook was niemand in staat handel met hen te drijven, want wie dat deed zou zeker terstond sterven.'

16 Het lezerspubliek was opmerkelijk breed. Uit een inventarisatie van vijftiende- en zestiende-eeuwse particuliere bibliotheken in Frankrijk blijkt dat de bezitters merendeels advocaten en geestelijken waren; niettemin behoorden 66 van de 377 boekverzamelingen toe aan kleermakers, wevers, handelaars, leerlooiers, schoenmakers, marskramers, slotenmakers, vilders, ververs, kruideniers, kaashandelaars en pasteibakkers!

17 Een halve dukaat zou nu overeenkomen met een paar honderd euro.

18 In het zestiende-eeuwse Venetië konden geïnteresseerde bezoekers een goedkoop boekje aanschaffen; dat bevatte de 'tarievenlijst van alle prostituees waarin men de prijs en de eigenschappen van alle courtisanes van Venetië kan vinden'. Volgens twee bronnen uit die tijd waren er toen ongeveer

twaalfduizend officiële prostituees in de stad, ofwel ongeveer één op de drie volwassen vrouwen. Dit cijfer is stellig overdreven, maar het geeft een idee van de omvang van de seksindustrie.

II Lissabon

1 In de jaren na 1620 importeerden Portugese handelaars zo'n 65.000 kilo paradijskorrels, meer dan iedere andere specerij behalve zwarte peper en gember. Aan het eind van de negentiende eeuw werd alleen al uit Ghana bijna 100.000 kilo geëxporteerd, maar omstreeks de Eerste Wereldoorlog was de export uit West-Afrika vrijwel gestopt. In Ghana en Nigeria, waar de specerij nog wordt verbouwd, vinden de zaden nog steeds toepassing. Men doet ze niet alleen in het eten, maar op koude dagen worden ze ook gekauwd om het lichaam te verwarmen.

2 In Marokko worden bepaalde hoofdgerechten (met als bekendste de duivenpastei genaamd *bisteyaa*) nog steeds voor het opdienen met kaneel en suiker bestrooid. Natuurlijk was bijna de hele middeleeuwse Europese kookkunst schatplichtig aan de Arabieren, maar op het Iberisch schiereiland was die invloed rechtstreekser. Het Portugees wemelt van de Arabische woorden voor voedingswaren, van *berengela* voor aubergine tot *açafrão* voor saffraan, *laranja* voor sinaasappel, *limão* voor limoen, *arroz* voor rijst, *amêndoa* voor amandel, *espinafre* voor spinazie en *açucar* voor suiker. De suiker en rijst die in de zuidelijke provincie Algarve werden geteeld, waren eveneens door de Arabieren geïntroduceerd.

3 João II verdient zijn plaats in de geschiedenis niet alleen wegens zijn streven de specerijenroute open te leggen. In 1484 vaardigde hij maatregelen uit tegen het 'omkeren van nachtpotten'. Deze dienden voortaan geledigd te worden op 'aangewezen plaatsen', zoals de stranden. Hij gaf zelfs opdracht tot de aanleg van een riolenstelsel in hetzelfde jaar dat Bartolomeu Dias naar Kaap de Goede Hoop voer, zij het met weinig resultaat. Honderd jaar geleden hadden de woningen in veel arme buurten van Lissabon nog steeds geen sanitair, en weerklonk de kreet '*Àgua, vai!*' nog door de stegen.

4 Fidalgo komt van *filho d'algo* – letterlijk: de 'zoon van iemand' – maar werd later een algemene aanduiding voor een edelman.

5 In een boek getiteld *De Portugese Columbus: geheim agent van koning Jan II* heeft een gerespecteerde Portugese wetenschapper betoogd dat Christoffel Columbus feitelijk geen Italiaan maar een Portugees was. Deze opvatting wordt echter door weinigen gedeeld.

6 Het is verleidelijk om te speculeren over wat er gebeurd zou zijn als de Portugezen vijfenzeventig jaar eerder waren gekomen, toen Chinese vloten van honderd tot tweehonderd schepen onder bevel van de Ming-admiraal

Cheng Ho naar Zuidoost-Azië en Ceylon voeren, en de Chinezen een officieel netwerk van handelsrelaties onderhielden van Malindi tot Japan. Om niet geheel opgehelderde redenen besloot Beijing in de jaren na 1430 niet alleen de expedities stop te zetten, maar ook een eind te maken aan alle overzeese handel door Chinese onderdanen. Zelfs het bouwen van nieuwe zeewaardige schepen werd verboden.

7 De Ottomaanse verovering van het Egypte der Mamelukken in 1516-1517 schijnt in de hand te zijn gewerkt doordat de Egyptische inkomsten uit het belasten van de specerijenhandel scherp daalden toen de Portugezen aan het begin van de eeuw hun specerijenmonopolie vestigden.

8 We hebben cijfers over een vracht uit 1518, die in totaal ongeveer 2,3 miljoen kilo bedroeg. Daarvan bestond omstreeks 2,1 miljoen kilo uit peper, 5400 kilo uit kruidnagel, 1400 kilo uit kaneel en omstreeks 900 kilo uit foelie. De hoeveelheid peper klopt waarschijnlijk, omdat de handel daarin streng werd gecontroleerd, maar in de persoonlijke scheepskisten van de matrozen moet een aanzienlijke extra lading van de overige specerijen zijn geïmporteerd.

9 Geschoolde ambachtslieden moesten ongeveer acht jaar werken voor een dergelijke hoeveelheid geld.

10 Over deze kwestie liepen de meningen onvermijdelijk uiteen. De Italiaanse koopman Filippo Sassetti, die in de jaren tachtig van de zestiende eeuw met de Carreira in Cochin aankwam, schreef naar huis dat je veiliger van Lissabon naar India kon reizen dan van Barcelona naar Genua. Daarbij dacht hij ongetwijfeld aan de piraten waarvan de Middellandse Zee destijds vergeven was.

11 Linschoten wekt de indruk dat hij op dit gebied observationeel onderzoek heeft verricht. De Hollander was echter niet de enige die de Lusitaanse seksuele normen opvallend vond. In 1550 schreef een geschokte Italiaanse jezuïtische missionaris uit India dat 'de Portugezen de ondeugden en gewoonten van het land ongeremd hebben overgenomen, inclusief het zondige gebruik om een menigte van zowel mannelijke als vrouwelijke slaven te kopen. [...] Er zijn talloze mannen die massa's meisjes kopen, met hen allemaal slapen en ze daarna weer verkopen. Er zijn ontelbare getrouwde kolonisten die vier, acht of tien vrouwelijke slaven hebben en met hen allemaal slapen, wat algemeen bekend is. Soms gaat dit alle perken te buiten, zoals bij een man in Malakka die vierentwintig vrouwen van verschillende rassen had, die alle zijn slaaf en alle zijn bijzit waren. Ik verwijs naar deze stad omdat deze toestand hier aan iedereen bekend is. Zo snel als ze het zich kunnen veroorloven, kopen de meeste mannen hier een slavin en nemen haar dan vrijwel zonder uitzondering als vriendin (*amiga*), naast de vele andere dwalingen die hier volgens mijn povere inzicht worden begaan.'

12 Volgens de overlevering liet Manuel I zich op zijn wandelingen door Lissa-

bon soms vergezellen door een menagerie van verscheidene olifanten en een neushoorn. De neushoorn werd later als geschenk naar paus Leo x gestuurd, maar het arme beest leed onderweg schipbreuk. Uiteindelijk kreeg de heilige vader toch nog zijn beloofde huisdier, maar dan wel gebalsemd en opgezet.

13 Het is interessant om dit negatieve oordeel over zakendoen te vergelijken met de houding van moslims. Mohammed, die aanvankelijk leider van een handelskaravaan was, heeft volgens de overlevering gezegd: 'De koopman smaakt zowel de gelukzaligheid van deze wereld als die van de volgende', en, duidelijker: 'Hij die geld verdient, behaagt daarmee God.' De christenen moesten zich in allerlei theologische bochten wringen om met handel verdiend geld te legitimeren.

14 Een van de gerechten die bij de vervolging van de cryptojoden ontstond heette *caldo verde com torah*, bestaande uit de gebruikelijke aardappel-koolsoep waarin dan een varkensworst dreef. Je moest de worst, 'de torah', opeten om je christelijke gezindte aan te tonen. Naar verluidt werden bemoeizuchtige glurende buren onder meer om de tuin geleid door een worst gemaakt van brood, kip, eend enzovoort te eten, die zo was bereid dat hij er precies als varkensworst uitzag. Er wordt nog steeds zo'n type worst met een mengsel van brood en vleessoorten gemaakt, maar deze bevat tegenwoordig ook varkensvlees.

15 Da Orta wist bij leven uit de klauwen van het Heilig Officie te blijven, maar zo'n tien jaar nadat hij dood en begraven was, kregen de kerkelijke inquisiteurs hem alsnog te pakken. Hij werd postuum veroordeeld voor judaïsme en voor die misdaad werden zijn beenderen opgegraven en verbrand.

16 In het belastingjaar 2003-2004 exporteerde alleen India al vijf keer zoveel chilipeper als zwarte peper, namelijk 86.575 ton chilipeper tegen slechts 16.635 ton zwarte peper.

17 Min of meer parallel aan Europa maakte ook China een opleving van consumentisme door in de zestiende eeuw. Deze werd ten dele aangezwengeld door een toegenomen binnenlandse industrieproductie, maar tot op zekere hoogte ook door Amerikaans zilver waarmee China evenals Europa werd overspoeld. Ook hier leidde een door de boekdrukkunst ontketende revolutie tot een nieuwe hausse in kookboeken, en vierde hetzelfde soort epicurisme hoogtij als in het renaissancistische Italië.

18 In de zestiende eeuw emigreerden op grote schaal Joden uit Spanje naar het oostelijke Middellandse Zeegebied, van wie velen in de transatlantische handel werkzaam waren geweest. Opmerkelijk is verder dat de Turkse naam voor chilipeper, *biber aci*, duidelijk komt van het Caraïbische *ají*.

19 Verbazingwekkend genoeg zijn er nog steeds traditionele mannen- en vrouwengerechten. Niet dat Portugal in dit opzicht uniek is. In plaatsen als Texas heeft scherpe chilipeper ook een uitgesproken macho-associatie.

20 Toen de Portugezen hun aandeel in de specerijenhandel bijna helemaal kwijt waren aan de Hollanders, probeerden ze in Brazilië specerijen te verbouwen. In 1678 droeg de koning zijn vazal in Goa op om peperranken, kruidnagelbomen en dergelijke naar andere Portugese kolonies te sturen, met name naar Brazilië. Destijds mislukte de onderneming, hoewel de koning postuum zijn gelijk haalde. Tegenwoordig behoort Brazilië tot de vijf grootste peperexporteurs ter wereld.

III Amsterdam

1 De Venetianen, die blijkbaar hun handen nooit thuis konden houden wanneer ze op een buitenlandse heilige stuitten, stalen in 1100 de stoffelijke resten van Sint-Nicolaas uit Turkije en deponeerden ze in een kerk aan het Lido. Deze resten moeten bijzonder wonderbaarlijk zijn geweest want de goedheiligman was naar verluidt enkele decennia eerder ook uit Myra gestolen en in Bari bijgezet. Als gevolg hiervan is de oude bisschop tevens de beschermheilige van dieven. Hij is ook de schutspatroon van pandjesbazen, vermoedelijk vanwege zijn bijstand aan de 'armlastigen'.

2 Peter zet uiteen dat lang niet alle speculaas met amandelspijs is gevuld – het kan ook gewoon een dik gemberkoekje zijn – en dat er naast speculaas, dat vooral tijdens de feestdagen wordt gegeten, nog allerlei andere kruidige koeken zijn. Een zachte variant die in de vorm van broden wordt gebakken, heet 'zoete koek' en wordt het hele jaar door gegeten.

3 De meest gegeten, en verfijndere versie van nagelkaas wordt gemaakt met een mengsel van komijn en kruidnagel. Toch krijg je ook hierbij minimaal één kruidnagel bij elke hap binnen.

4 Na 1650 bepaalde de Oost-Indische Compagnie de groothandelsprijs van kruidnagel op 3,75 gulden per Amsterdams pond (494 gram) en die van nootmuskaat op omstreeks 3 gulden – wat rond 50 procent hoger was dan eerder die eeuw. Nadat Ceylon verworven was, verdubbelden de Heren Zeventien ook de prijs van kaneel tot omstreeks 3 gulden. Ter vergelijking: aan het eind van diezelfde eeuw kon je voor slechts één gulden een kleine 1,5 kilo peper en ruim 3,5 kilo gember kopen – waartegenover staat dat een halfgeschoolde ambachtsman destijds amper een gulden per dag verdiende en een tweederangs stilleven in olieverf ongeveer 20 gulden deed.

5 Een Amsterdamse scheepstimmerman die zo'n 30 stuivers (1½ gulden) per dag verdiende, had bijvoorbeeld 4½ stuiver te besteden aan een driepondsbrood, 2½ stuiver aan een pond Goudse, ½ stuiver aan een 'groene' of nieuwe haring, en nog eens hetzelfde aan een zakje met 10 tot 15 gram peper.

6 Dit cijfer mag dan gelden voor de invoer van NedSpice, Nederland als geheel consumeert ongeveer een derde van de specerijen die het invoert. Alle cij-

fers geven echter een vertekend beeld doordat ze geen rekening houden met de specerijen in ingevoerde en uitgevoerde industriële voedingswaren.

7 Financieel historici voeren de VOC nogal eens aan als het eerste moderne bedrijf. Het spreekt vanzelf dat de ingevoerde vernieuwingen in de bedrijfsstructuur buiten het bestek van dit boek vallen, om maar te zwijgen van mijn bevattingsvermogen.

8 Om een willekeurige selectie uit de beschikbare cijfers te geven: aan het begin van de dertiende eeuw verkochten de Genuezen hun klanten kruidnagel en nootmuskaat voor ongeveer viermaal de prijs van peper; in 1347 kon je in Alexandrië tien kilo peper krijgen voor 7½ dukaten, terwijl je voor die hoeveelheid kruidnagel minstens 22 dukaten moest neertellen; en volgens Linschoten kostte peper zelfs in het al behoorlijk oostelijk gelegen Malakka ongeveer de helft van kruidnagel en een derde van foelie. Nootmuskaat was hier echter zelfs goedkoper!

9 Paul Gahlinger, de auteur van *Illegal Drugs*, zegt hierover: 'Het eten van twintig gram gemalen nootmuskaat kan hevige lichamelijke en psychologische effecten teweegbrengen, afhankelijk van de persoon.' Aanhoudende misselijkheid wordt gevolgd door een dwaas gevoel en lachbuien, waarna een gevoel van euforie intreedt, vergezeld van hallucinaties. De beweging kan gestoord zijn, en de spraak onsamenhangend. Hij voegt daaraan toe: 'De nawerking is vaak behoorlijk onaangenaam: pijnlijke botten, zere spieren, prikkende ogen, een loopneus, vermoeidheid, neerslachtigheid en hoofdpijn.'

10 Weliswaar bestond meer dan de helft van de geconsumeerde kruiden uit in eigen land geproduceerd anijszaad en komijn (de officiersmess had zelfs komijnekaas), maar de rest betrof exotische waar: ongeveer een pond peper, gember, kruidnagel, nootmuskaat, kaneel en foelie per officier voor de hele reis.

11 Nectar van de palmyrapalm gist van nature in de bloemen. Wie de moeite neemt deze bloemen af te tappen, kan aldus een licht alcoholische drank verkrijgen die *toddy* (palmwijn) wordt genoemd. Het sap wordt ook ingekookt tot palmsuiker.

12 Dit stond destijds ongeveer gelijk aan een maandsalaris van Coen.

13 In Portugal golden dassenpoeders enige tijd als een remedie tegen de pest. In een brief aan koning Duarte, geschreven in 1430, gaf diens lijfarts gedetailleerde instructies voor de bereiding van een van deze wondermiddelen. Eerst moest je een das dronken voeren met wijn die door kamfer was gefilterd en waardoorheen een mengsel van goud, zaadparels en koraal was geroerd. Vervolgens onthoofdde je het dier, waarna je het liet leegbloeden en hart en lever verwijderde. Het bloed werd vermengd met 2 ons [een 'ons' van vóór het metrieke stelsel, circa 30 gram – vert.] heel fijne kaneel, 1 ons geuaana (Guinese/meleguetapeper), ½ ons ijzerhard, ¼ ons gember of saf-

fraan, 1/8 ons fijne kruidnagel, 1/32 ons mirre, 1/16 ons aloë en 1/64 ons fijne 'eenhoorn-hoorn', waarna dit mengsel moest drogen onder een 'trage zon' of bij de 'warmte van een vuur'. Hierdoorheen roerde je dan 2 ons verpulverd hart, lever en zelfs tanden van de arme das. Voor gebruik moest de melange worden opgelost in wijn of in water met een scheut azijn. Nadat het medicijn was genuttigd – 'de allerbeste remedie tegen de pest' – moest de patiënt gaan liggen, zich warm toedekken en zo'n zes uur uitzweten zonder te slapen, eten of drinken. Daarna mocht hij drinken en eten, maar uitsluitend water en brood geweekt in koud water. Indien de pijn door de zwellingen aanhield, mocht men hem aderlaten in het aangedane lichaamsdeel.

14 Hoewel niet te achterhalen valt hoeveel boeken over koken en voeding er tussen 1550 en 1700 werden gedrukt, hebben historici geschat dat in die periode alles bij elkaar waarschijnlijk zo'n vierhonderd miljoen boeken van de persen rolden. Zelfs bij de voorzichtige aanname dat boeken over eten een onbeduidende 0,1 procent van alle vervaardigde boeken uitmaakten (tegenwoordig is dat eerder 10 procent), hebben we het nog steeds over vierhonderdduizend boeken, terwijl het er beslist meer zijn geweest.

15 De immense invloed van dit kookboek was niet alleen in Frankrijk merkbaar, waar het in vijfenzeventig jaar zo'n dertig edities beleefde, maar bleek ook uit de herdrukken en vertalingen in Nederland (1653), Engeland (1653) en zelfs Italië (1690).

16 Globaal genomen bedroeg de peperimport in 1500, toen Europa ongeveer tachtig miljoen mensen herbergde, een kleine 1,2 miljoen kilogram. In 1600, toen de bevolking was gestegen tot honderd miljoen, was dat omstreeks 1,5 miljoen kilogram, maar rond 1675, bij min of meer gelijkblijvende bevolking, maar liefst 7 miljoen. Voor een dergelijke hoeveelheid peper was echter geen afzetmarkt, hoezeer de prijs ook zakte. In 1688 schatten de Heren Zeventien de Europese vraag op niet meer dan 3,5 miljoen kilogram. Vijftig jaar later was de Europese import precies tot daartoe gedaald, en dat niveau zou tot het begin van de negentiende eeuw aanhouden. De import van kruidnagel bereikte in de jaren twintig van de zeventiende eeuw zijn hoogtepunt met ongeveer 350.000 kilogram, een aantal dat pas halverwege de twintigste eeuw opnieuw gehaald zou worden.

Lijst van illustraties en kaarten

Linscotani van Jan Huyghen van Linschoten (Amsterdam, 1614). Biblioteca Riccardiana. Reproductie met toestemming van het Italiaanse ministerie voor Cultureel Erfgoed en Culturele Activiteiten.

p. 198 'Kaneel', eind zestiende eeuw, uit *Verhandelingen over de heelkruiden en medicijnen van India van Garcia da Orta* (Londen, Henry Sotheran and Co., 1913).

p. 233 Pieter Claesz, *Stilleven met kalkoenpastei*, 1627, detail. Beschikbaar gesteld door het Rijksmuseum.

p. 251 Nederlands-Indië.

p. 253 'Nootmuskaat', midden zestiende eeuw, uit *Herbal* van Joseph Wood Krutch. Reproductie met toestemming van David R. Godine, Uitgever.

p. 263 Anoniem, *Jan Pietersz. Coen* (1587-1629), circa 1625. Beschikbaar gesteld door het Rijksmuseum.

p. 312 Edwin Tunis, *Zonder titel* (Peper en vanille), circa 1934. Beschikbaar gesteld door McCormick & Company Inc.

Bibliografie

'The Account of the Great Household of Humphrey, First Duke of Buckingham.', in *The Camden Miscellany* XXVIII, Camden 4th series, dl. 29, p. 1-57. Londen: Camden Society, 1984

Achaya, K.T., *A Historical Dictionary of Indian Food. Delhi en New York*, Oxford University Press, 1988

Adamson, Melitta Weiss, red. *Regional Cuisines of Medieval Europa: A Book of Essays*, New York, Routledge, 2002

Albala, K., Eating *Right in the Renaissance*, Berkeley: University of California Press, 2002

Albala, K., 'The Place of Spain in European Nutritional Theory of the 16th Century'. Presented at the Cultural and Historical Aspects of Food Symposium, Oregon State University, 9-11 april, 1999, http://food.oregonstate.edu/ref/culture/albala.html

Allmand, C., red. The *New Cambridge Medieval History. Volume* 7, c. 1415-c. 1500. Cambridge, U.K, en New York: Cambridge University Press, 1998

Andrews, J., *Peppers: The Domesticated Capsicums*, Austin, University of Texas Press, 1984

Andrews, J., *The Pepper Trail: History & Recipes From Around the World*, herziene editie, Denton, University of North Texas Press, 1999

Anonimo T., 'Libro della cocina' *In Arte della cucina*, dl. 1, red. Emilio Faccioli, p. 21-57. Milaan, 1966. Digitale versie: http://staff.uni-marburg.de/~gloning/an-tosc.html

Anonimo Veneziano, *Libro di cucina del secolo* XIV, red., Ludovico Frati, Leghorn 1899. Digitale versie (aangepaste tekst): Thomas Gloning 2000; http://staff-www.uni-marburg.de/%7Egloning/frati.htm

Anonimo Veneziano, *Libro di cucina del secolo* XIV, red., Ludovico Frati, Leghorn,

1899. Vertaald door Louise Smithson, 2002. http://www.geocities.com/helewyse/libro.html
Ariès, Ph., Duby, G., red. *Geschiedenis van het persoonlijke leven*, Amsterdam, Agon 1987-1992
Ashtor, E., *Studies on the Levantine Trade in the Middle Ages*, Londen, Variorum Reprints 1978
Ashtor, E., 'The Volume of Mediaeval Spice Trade' in *Journal of European Economic History* 9 (1980) pp. 753-763

Barnes, D.R., en P.G. Rose, *Matters of Taste. Food and Drink in Seventeenth-Century Dutch Art and Life*, Albany, N.Y., Albany Institute of History & Art; Syracuse, N.Y., Syracuse University Press 2002
Battus, C., *Eenen seer schoonen ende excellenten Cocboeck*, Dordrecht, Jan Canin 1593. Transcriptie door Marleen Willebrands. Digitale versie: http://www.kookhistorie.com
Benporat, C., *Cucina italiana del quattrocentro*, Florence, L.S. Olschki 1996
Blakely, A., *Negers in Nederland*, Den Haag, Synthese 2007
Boxer, C.R., *Four Centuries of Portugese Expansion, 1415-1825. A Succinct Survey*, Berkely, University of California Press 1969
Boxer, C.R., The *Portuguese Seaborne Empire, 1415-1825*, Londen, Hutchinson 1969
Bruijn, J.R., F.S. Gaastra en I. Schöffer. *Dutch-Asiatic Shipping in the 17th and 18th Centuries*, Den Haag, Martinus Nijhoff, 1987
Buck, P., *Lisbon. A Cultural and Literary Companion*, New York, Interlinks 2002

Camões, L. de, *The Lusíads*. Vertaald door Landeg White. Oxford, U.K., en New York, Oxford University Press 1997
Cantor, N.F., *The Civilization of the Middle Ages. A Completely Revised and Expanded Edition of 'Medieval History: The Life and Death of a Civilization'*, New York, Harper Collings 1993
Capatti, A., M. Montanari, *Italian Cuisine. A Cultural History*. Vertaald door Aine O'Healy. New York, Columbia University Press 2003
Castro, F.V. de, *The Pepper Wreck. A Portuguese Indiaman at the Mouth of the Tagus River*, College Station, Texas A&M University Press 2005
Chaudhury, S., Morineau, M. red. Merchants, *Companies, and Trade. Europe and Asia in the Early Modern Era*. Cambridge, U.K., en New York, Cambridge University Press 1999
'Chemotherapy Fatique: Supplement Reduced Chemotherapy Induced Fatigue.' In Cancer Weekly, 6 mei, 2003, p. 68
Cipolla, C., *Before the Industrial Revolution. European Society and Economy*, 1000-1700, New York, Norton 1976
Città di Venezia *Dinamica demografica*, Città di Venezia, Servizio Statistica e

Ricerca, Popolazione 2006, htttp://www.comune.venezia.it/statistica/Statistiche/Popolazione/Dinamica_Demografica/dinamica_demografica.asp
Clari, R. de., *The Conquest of Constantinople*, vertaald door Edgar Holmes McNeal. New York, Columbia University Press 1936
'Complementary and Alternative Medicine: Cinnamon Spices Up Insulin Sensitivity' in *Health & Medicine Week*, 15 dec., 2003, p. 188
Conrad, L.I., M. Neve, V. Nutton, R. Porter, en A. Wear, *The Western Medical Tradition*, Cambridge, U.K., Cambridge University Press 1995
'Cystic Fibrosis: Scientists Test If Curry Ingredient Might Fight CF.', in *Genetics & Environmental Law Weekly*, 15 mei, 2004, p. 14

Dalby, A., *Dangerous Tastes*, Berkeley and Los Angeles, University of California Press 2000
Dalby, A., *Flavours of Byzantium*, Totnes, U.K., Prospect Books 2003
Desdier, S. The *City and Republick of Venice*, London, Printed for Char, Brome 1699. Early English Books Online. http://wwwlib.umi.com/eebo/image/102922
Deursen, A.Th. van., *Mensen van klein vermogen*, Assen, Van Gorcum 1978-1990
Duncan, T.B., *Atlantic Islands, Madeira, the Azores, and the Cape Verdes in Seventeenth-Century Commerce and Navigation*, Chicago, University of Chicago Press 1972

Eisenstein, E.,*The Printing Revolution in Early Modern Europe*,Cambridge, U.K., en New York, Cambridge University Press 1993
Ellen, R.F., *On the Edge of the Banda Zone: Past and Present in the Social Organization of a Moluccan Trading Network*, Honolulu, University of Hawaii Press 2003

Favier, J., *Gold & Spices. The Rise of Commerce in the Middle Ages*, vertaald door Caroline Higgitt, New York, Holmes & Meier 1998
Febvre, L., en H.J. Martin, *The Coming of the Book. The Impact of Printing, 1450-1800*, vertaald door David Gerard, London, N.L.B. 1976
Feil, D.K., 'How Venetians Think about Carnival and History', in *Australian Journal of Anthropology* 9, no. 2 (1998): pp. 141-162
Feret, B.L., *Gastronomical and Culinary Literature. A Survey and Analysis of Historically Oriented Collections in the U.S.A*, Metuchen, N.J., Scarecrow Press 1979
Fernández-Armesto, F., red. *The European Opportunity*, Aldershot, U.K. en Brookfield, Vt, Variorum 1995
Food and Agriculture Organization of the United Nations (FAO), 'Crops Primary Equivalent'. Food Supply, in *Faostat, Agriculture*, http://faostat.fao.org
Fuchs, L., *The New Herbal of 1543, New Krüterbuch*, Cologne, Germany en New York, Taschen 2001

Georgopoulou, M., 'Late Medieval Crete and Venice. An Appropriation of Byzantine Heritage', in *Art Bulletin* 11 (september 1995)
Glamman, Kristof. Dutch-Asiatic Trade, 1620-1740. Copenhagen: Nijhoff, 1958.
Global Price and Income History Group. Data File List. University of California, Davis, http://gpih.ucdavis.edu/Datafilelist.html
Godinho, V. de Magalhaes, *L'Économie de l'empire portugais aux xve et xvie siècles*, Paris, S.E.V.P.E.N 1969

Hanna, W.A., *Indonesian Banda. Colonialism and Its Aftermath in the Nutmeg Islands*. Philadelphia, Institute for the Study of Human Issues 1978
Hooker, M.T., *The History of Holland*, Westport, Conn., Greenwood Press 1999
Huizinga, J., *Herfsttij der Middeleeuwen*, Amsterdam, Olympus 2004
Huizinga, J., *Nederlands beschaving in de zeventiende eeuw: een schets*, Amsterdam, Contact 1998

'Indian National Institute of Nutrition: Findings in Cataracts Provide New Insights', in *Lab Business Week*, 4 september 2005, p. 112

Jansen, G., red., *Jan Steen. Painter and Storyteller*, Washington D.C., National Gallery of Art 1996
'The Journal of Friar Odoric', in *Principal Navigations, Voyages, Traffiques and Discoveries of the English Nation*, verzameld door Richard Hakluyt, geredigeerd door Edmund Goldsmid, Adelaide, Australia: eBooks@Adelaide, 2004. http://etext.library.adelaide.edu.au/h/hakluyt/voyages/odoric/complete.html

Kaplan, M., *The Portuguese. The Land and Its People*. London en New York, Penguin 1991
Katzer, G., 'Gernot Katzer's Spice Pages', http://www.uni-graz.at/~katzer/engl/index.html
Kittel, E.E., T.F. Madden, red., *Medieval and Renaissance Venice*, Urbana en Chicago, University of Illinois Press 1999

Lane, F.C., *Venice. Maritime Republic*, Baltimore, Johns Hopkins University Press 1999
Larner, J., *Marco Polo and the Discovery of the World*, New Haven, Conn. en London, Yale University Press 1999
Laurioux, B., 'Spices in the Medieval Diet. A New Approach', in *Food and Foodways 1* (1985), pp. 43-76
Linschoten, J.H. van, *Itinerario, voyage ofte schipvaert, naer Oost ofte Portugaels Indien inhoudende een corte beschryvinghe der selver landen ende zee-custen*, Amstelredam, Cornelis Claesz 1596

'Loyola University: Early Diet May Play Key Role in Protecting Against Childhood Leukemia', in *Hospital Business Week*, 3 oktober 2004, p. 30
'Lung Cancer: Oral Supplementation of Piperine Altered Phase II Enzymes and Reduced DNA Damage', in *Clinical Oncology Week*, 25 april 2005, p. 186
Luzzatto, G., 'Il costo della vita a Venezia nel trecento', in *Storia dell'economia italiana*, red. Carlo Cipolla, pp. 409-424, Turijn, Edizioni Scientifiche Einaudi 1959

Madden, T.F., *Enrico Dandolo and the Rise of Venice*, Baltimore, Johns Hopkins University Press, 2003
Magalhães, J.A.R., *The Portuguese in the 16th Century World. Areas and Products.* Lissabon, Comissão Nacional para as Comemorações dos Descobrimentos Portugueses 1998
Mak, G., *Een kleine geschiedenis van Amsterdam*, Amsterdam, Atlas 2005
Maria of Portugal, Infanta, *O 'Livro de cozinha' da Infanta D. Maria de Portugal*, Coimbra, Por Ordem da Universidade 1967
Marques, A.H.R. de Oliveira, *Daily Life in Portugal in the Late Middle Ages*, vertaald door S.S. Wyatt, Madison, University of Wisconsin Press 1971
Martin, J., D. Romano, red., *Venice Reconsidered. The History and Civilization of an Italian City-State, 1297-1797*, Baltimore, Johns Hopkins University Press 2000
Martino, M., 'Libro de arte coquinaria', in *Arte della cucina*, deel I, red. Emilio Faccioli, pp. 115-204, Milaan 1966. Digitale versie: Valeria Romanelli, 2004. http://staff-www.uni-marburg.de/~gloning/martino2.html
Masselman, G., *The Cradle of Colonialism*, New Haven, Conn., Yale University Press 1963
Mathur, R., R.S. Dangi, S.C. Dass, R.C. Malhotra, 'The Hottest Chilli Variety in India', in *Current Science* 79, no. 3 (10 aug., 2000), pp. 287-288
McCall, C., 'Traditional Ruler Has Answer for Malukus' Ills – More Tradition', in *South China Morning Post*, 18 maart 2002
McCormick & Co., *Modern Marco Polo-ing*, Baltimore, McCormick & Co. 1939
McEvedy, C., R. Jones, *Atlas of World Population History*, New York, Facts on File 1978
McNeill, W.H., *Venice. The Hinge of Europe*, Chicago, University of Chicago Press 1974
'Melanoma: Curcumin Blocks Growth of Melanoma in Lab Test', in *Cancer Weekly*, 9 augustus 2005, p. 198
Le Ménagier de Paris, vertaald door Janet Hinson. http://www.davidfriedman.com/Medieval/Cookbooks/Menagier/Menagier_Contents.html
Messisbugo, C. da., *Banchetti composizioni di vivande e apparecchio generale*, red. Fernando Bandini, Venetië, Neri Pozza Editore, 1960
Milham, M.E., 'Martino and His De re coquinaria', in *Medieval Food and Drink*,

red. Mary-Jo Arn., Binghamton, N.Y., Center for Medieval and Early Renaissance Studies 1995
Montanari, M., *The Culture of Food*, vertaald door Carl Ipsen, Oxford, U.K., en Cambridge, Mass., Blackwell 1994
Moor, G. de, 'Lonen en prijzen in het cisterciënzerinnenklooster Leeuwenhorst bij Noordwijkerhout, 1410-1570', Internationaal Instituut voor Sociale Geschiedenis, http://www.iisg.nl/hpw/data.html
Morgan, J., *From Holland With Love*, Amsterdam, Ideeboek 1979
Mueller, R.C., *The Venetian Money Market. Banks, Panics and the Public Debt, 1200-1500*, Baltimore, Johns Hopkins University Press 1997

Nicol, D.M., *Byzantium and Venice. A Study in Diplomatic and Cultural Relations*, Cambridge, U.K. en New York, Cambridge University Press 1988

Otterloo, A. van, C. Salzman, 'The Taste of the Netherlands and the Boundaries of the Nation State', in *Mededelingenblad en Verzamelde Opstellen. Periodiek voor voedingsgeschiedenis, streekgastronomie en toerisme* 13, no. 2-3 (dec. 1995), pp. 7-15
Oxford Symposium on Food and Cookery, 1992 Proceedings, *Spicing Up the Palate: Studies of Flavourings, Ancient and Modern*, Londen, Prospect Books 1993

Pagrach-Chandra, G., *Windmills in My Oven. A Book of Dutch Baking*. Blackawton, Totnes, U.K., Prospect Books 2002
Parker, Geoffrey, en Charles Wilson, red. *An Introduction to the Sources of European Economic History, 1500-1800*, Ithaca, N.Y., Cornell University Press 1977
Pearson, M.N., red. Spices in the Indian Ocean World. Aldershot, U.K., en Brookfield, Vt.: Variorum, 1996.
Peterson, T.S., *Acquired Taste: The French Origins of Modern Cooking*, Ithaca, N.Y., Cornell University Press 1994
Pichon, J., red., *Le Ménagier de Paris. Traité de morale et d'economie domestique composé vers 1393 par un bourgeois parisien*, Parijs, Crapelet 1846. Digitale versie: Bibliothéque Nationale de France, http://visualiseur.bnf.fr/Visualiseur?Destination=Gallica&O=NUMM-83111
Platina, *Platina, On Right Pleasure and Good Health: A Critical Edition and Translation of 'De honesta voluptate et valetudine'*, vertaald en geredigeerd door Mary Ella Milham, Tempe, Ariz, Medieval and Renaissance Texts and Studies 1998
Polo, M., en R. van Pisa, *The Travels of Marco Polo*, vertaald door Henry Yule, red. Henri Cordier 1920. Project Gutenberg. Digitale versie: http://www.gutenberg.org/etext/10636
Posthumus, N.W., *Nederlandsche Prijsgeschiedenis*, Leiden 1943. Medieval and Early Modern Data Bank, Prices (Posthumus), http://_sccweb.scc_net.

rutgers.edu/memdb/databasesSpecificFiles/SearchForm/SearchForm_Metzpr.asp?provenance=databaseList

Pounds, N.J.G., *Hearth & Home. A History of Material Culture*, Bloomington, Indiana University Press 1993

Priuli, G., I. Diarii (ca. 1494-1521), red. Arturo Sagre, *Città di Castello, Italië. Tipi della casa* Editrice S. Lapi 1912

Ramamurthi, D., 'Curcumin May Be Used With Drugs to Fight Malaria', in *Hindu*, 9 maart 2005

Revkin, A.C., 'Hot Idea Repels Crop-Munching, Crunching Elephants', in *New York Times*, 20 juni 2000

Robbert, L.B., 'Money and Prices in Thirteenth-Century Venice', in *Journal of Medieval History* 20 (1994): pp. 373-90

Rodrigues, D., *Arte de cozinha*, Lissabon, Imprensa Nacional – Casa da Moeda 1987

Rogers, J.E. Thorold, *A History of Agriculture and Prices in England. From the Year after the Oxford Parliament (1259) to the Commencement of the Continental War (1793)*. dl. 1-3. Oxford, U.K., Clarendon Press 1866-1902

Rose, P.G., red. *The Sensible Cook. Dutch Foodways in the Old and the New World*, vertaald door Peter G. Rose, Syracuse, N.Y., Syracuse University Press 1989

Saraiva, J.H., *Portugal. A Companion History*, Manchester, U.K., Carcanet 1997

Schama, S., *Overvloed en onbehagen. De Nederlandse cultuur in de Gouden Eeuw*, vertaald door Eugène Debekausen, Barbara de Lange en Tilly Maters. Amsterdam, Contact 1988

Shoshan, B., *Popular Culture in Medieval Cairo*, Cambridge, U.K., Cambridge University Press 1993

Subrahmanyam, S., *The Career and Legend of Vasco da Gama*, Cambridge, U.K. en New York, Cambridge University Press, 1997

Sunderarajan, P. 'Turmeric: A Potential Weapon against Alzheimer's', in *Hindu* 25 april 2005

Taillevent, *Le Viandier de Taillevent*, vertaald door James Prescott. Eugene, Ore., Alfarhaugr Publishing Society, 1989. Digitale versie: http://telusplanet.net/public/prescotj/data/viandier/viandierl.html"_telusplanet.net/public/prescotj/data/viandier/viandierl.html_

Temple, W., *Observations Upon the United Provinces of the Netherlands*, Londen, A. Maxwell for Sa. Gellibrand 1673

Tenenti, A., *Piracy and the Decline of Venice, 1580-1615*, vertaald door Janet Pullan en Brian Pullan, Londen, Longmans 1967

'Thai Food with Galangal Touted as Cancer Cure' in *Global News Wire – Asia Africa Intelligence Wire*, 8 feb., 2005

Tracy, J.D., *The Political Economy of Merchant Empires*, Cambridge, U.K. en New York, Cambridge University Press 1991

Tracy, J.D., red., *The Rise of Merchant Empires. Long-Distance Trade in the Early Modern World, 1350-1750*. Cambridge, U.K. en New York, Cambridge University Press 1990

Turner, J., *Spice: The History of a Temptation*, New York, Knopf 2004

Twain, M., *The Innocents Abroad*, New York en Oxford, U.K., Oxford University Press 1996

'Type 2 Diabetes: Cinnamon Molecule with Insulin-like Properties for Type 2 Diabetes Noted', in *Obesity, Fitness & Wellness Week*, 12 februari 2005, p. 1511

U.C. Davis Department of Geology. 'The Importance of Salt'. http://teamwork.ucdavis.edu/~gel115/salt.html

'University of Madras, Tamil Nadu; Oral Supplementation of Piperine Altered Phase II Enzymes and Reduced DNA Damage', in *Nursing Home & Elder Business Week*, 1 mei 2005 p. 134

Usamah ibn Munqidh, *An Arab-Syrian Gentleman and Warrior in the Period of the Crusades. Memoirs of Usamah ibn Munqidh*, vertaald door Philip K. Hitti, Princeton, N.J., Princeton University Press 1987

Varthema, L. de, *The Travels of Ludovico di Varthema in Egypt, Syria, Arabia Deserta and Arabia Felix, in Persia, India, and Ethiopia, A.D. 1503 to 1508*, vertaald door John Winter Jones, Londen, Hakluyt Society 1863

Villehardouin, G. de, *Memoirs Or Chronicle of the Fourth Crusade and the Conquest of Constantinople*, vertaald door Frank T. Marzials, Londen, J.M. Dent, 1908. Medieval Sourcebook, http://www.fordham.edu/halsall/ basis/villehardouin html

Vries, J. de, A. van der Woude, *The First Modern Economy: Success, Failure, and Perseverance of the Dutch Economy, 1500-1815*, Cambridge U.K. en New York, Cambridge University Press 1997

Weiss, E.A., *Spice Crops. Oxon*, U.K. en New York, CABI Publishing 2002

Winius, G.D., red., *Portugal, the Pathfinder. Journeys From the Medieval Toward the Modern World, 1300-ca. 1600*, Madison, Wis., Hispanic Seminary of Medieval Studies 1995

Zumthor, P., *Daily Life in Rembrandt's Holland*, vertaald door Simon Watson Taylor, Londen, Weidenfeld and Nicolson 1962

Register